Carsten Peter Thiede

Geheimakte Petrus

Carsten Peter Thiede

GEHEIMAKTE PETRUS

Auf den Spuren des Apostels

Kreuz

Die Deutsche Bibliothek – CIP-Einheitsaufnahme
Ein Titeldatensatz für diese Publikation ist bei
Der Deutschen Bibliothek erhältlich.

1   2   3   4   5   04   03   02   01   00

© 2000 Kreuz Verlag GmbH & Co. KG Stuttgart
Ein Unternehmen der Dornier Medienholding GmbH
Postfach 80 06 69, 70506 Stuttgart, Tel: 0711/78 80 30
Sie erreichen uns rund um die Uhr unter www.kreuzverlag.de
Umschlagbild: Bruchstücke aus der »Roten Mauer« mit der Inschrift:
PETROS ENI, und: Seitenmauer im Grab des Apostels Petrus
Umschlaggestaltung: Atelier Reichert, Stuttgart
Satz: de·te·pe, Aalen
Druck und Bindung: GGP Media, Pößneck
Die Schreibweise entspricht den Regeln der neuen Rechtschreibung.

ISBN 3 7831 1857 3

Inhalt

IV Der Apostel und die Verantwortung

V Petrus, Paulus und der Weg nach Rom

VI Noch einmal Rom: Freundschaften, Kämpfe und Briefe

VII Epilog: Tod und Begräbnis

Einleitung

Ein Abend am See Genezareth: Im Kibbuz Nof Ginnosar, dort, wo vor einigen Jahren, beim tiefsten Wasserstand, ein Fischerboot aus dem ersten Jahrhundert aus dem Uferschlamm gegraben und von begeisterten israelischen Touristikunternehmern das Jesus-Boot oder doch wenigstens das Petrus-Boot genannt wurde, sitzt eine Reisegruppe und isst Petersfisch, der auf hebräisch nichts mit Petrus zu tun hat, sondern einfach nur Amnon heißt. Wenige Kilometer weiter liegen die wieder ausgegrabenen Reste der alten Stadt Migdal/Magdala, die von den Griechen Tarichaea genannt wurde und einmal Migdal Nunaja hieß, »Fischersturm«. Hier befand sich zur Zeit des Petrus das größte Fischereizentrum am See, hier wurde der Fisch gepökelt und in alle Welt exportiert, hier lebte Maria Magdalena, diejenige »aus Migdal« also, ehe sie sich Jesus anschloss. Die Reisegruppe, die ihren Petersfisch genießt, ohne wie der Jünger seinerzeit eine römische Tetradrachme in seinem Maul zu finden, wird am nächsten Morgen nach Kapernaum weiterfahren und dort auf das Haus des Petrus stoßen. Später, in Jafo südlich von Tel Aviv, wird man dem Haus des Gerbers Simon einen Besuch abstatten, in dem Petrus wohnte. Archäologische, historische Wirklichkeit oder späte Legenden? Nächstes Jahr in Rom, der Wettstreit der Petrus-Stätten, vom Ort der Begegnung mit dem auferstandenen Christus an der Via Appia (»Quo vadis, Domine?«, wie es durch den Nobelpreis-Roman des Polen Henryk Sienkiewicz und die Verfilmung mit Peter Ustinov als Nero sprichwörtlich wurde), über den Abdruck der Knie des betenden Petrus in der Kirche Santa Francesca Romana bis zum Grab in der vatikanischen Nekropole: Scheint da das fromme Licht später Traditionen in das Dunkel der Quellen?

Der Historiker sieht sich immer wieder herausgefordert – denn gegen allen Anschein wissen wir heute doch zu viel über den Weg des geschichtlichen Petrus, als dass wir ihn sich selbst, der Volksfrömmigkeit oder der spätaufklärerischen Dekonstruktion überlassen dürften. Immer mehr stellen sich die literarischen und archäologischen Quellen als brauchbare Ausgangspunkte heraus. Petrus wird als Gestalt der Geschichte greifbar. Und die immer neuen Funde aus der neutestamentlichen Epoche lassen sichtbar werden, wie das Leben eines mittelständischen Fischereiunternehmers in Galiläa aussah, welche Schulbildung und Sprachkenntnisse er besaß, wie seine jüdischen Wurzeln dazu beitrugen, ihn zum glaubwürdigen Verkündiger einer neuen Glaubensgewissheit zu machen. Selbst die beiden Briefe, die unter seinem Namen im Neuen Testament überliefert sind, können vor einem solchen Hintergrund unbefangener verstanden werden.

Das vorliegende Buch folgt den erhaltenen und neu gewonnenen Quellen. Es zeichnet den Weg des Petrus nach, von Betsaida über Kapernaum nach Jerusalem, Jafo, Caesarea, nach Rom und Antiochia, zurück nach Jerusalem und wieder nach Rom. Er selbst, seine Umwelt, seine Kultur und die Kulturen, denen er begegnete, gelangen ins Blickfeld. Dabei werden immer wieder auch Quellen herangezogen, die nichts mit der biblischen Überlieferung zu tun haben, umso mehr aber mit der Alltagswirklichkeit der Menschen jener Zeit. Die ältesten Funde – Papyri, Inschriften, Münzen, Zeichnungen, sogar schlichte aufeinandergehäufte Steine: Sie alle ergeben ein überraschendes Petrus-Bild.

Auch die späteren Legenden, von denen in den neutestamentlichen Schriften nichts mehr zu lesen ist, verbergen aufschlussreiche Indizien. Kaum eine spannendere Geschichte ist beispielsweise denkbar als jene vom dramatischen Kampf zwischen Petrus und dem Magier Simon, mitten auf dem römischen Forum. Schon im zweiten Jahrhundert wollten sich Leser auf diese Weise unterhalten lassen, und damit waren sie nicht weit von denen entfernt, die heute den Roman »Quo Vadis?« lesen. Doch selbst dahinter steckt eine kulturgeschichtliche Wirklichkeit, die mehr ist als entspannende Unterhaltung. Auf der Suche nach den Spuren des geschichtlichen Petrus, von Galiläa nach Rom, wird verständlich, wie sehr damals geschichtliches Wissen, gläubige Überzeugung und das Vergnügen an spannenden Geschichten zusammenkamen. Und es ist vielleicht nicht das geringste Ergebnis einer solchen Spurensuche, wenn wir verstehen, dass sich diese Qualitäten nicht ausschließen, sondern ergänzen.

Selbst in Rom ist Petrus mehr als eine antike Präsenz, die sich mit einigen in Plastik schützend eingehüllten Knochen beim so genannten Tropaion des Gaius unter der heutigen Peterskirche historisch begreifen ließe. »Petrus ist hier drinnen« steht in griechischer Sprache auf einem Stein, der beim Grab in der Nekropole gefunden wurde. Ein großes Wort – zu groß vielleicht, denn eigentlich – und das können wir auch heute noch, gerade heute wieder, sichtbar werden lassen – ist Petrus nicht an dieser einen, letzten Stätte dingfest gemacht, sondern ist nach wie vor spürbar an zahllosen literarischen, historischen und archäologischen Orten. Offenheit für die Quellen und die Mittel der heutigen Geschichtswissenschaft helfen uns, näher an diese Orte und Ursprünge heranzukommen. Die Vorstellung, von Petrus wisse man nicht viel, jedenfalls viel weniger als von Paulus, revidiert sich dabei schnell. Die »Akte Petrus« kann eine mysteriöse Geheimakte sein, wenn man sich ihr mit dem Gepäck der Kirchengeschichte oder unter dem Eindruck der Nebelschwaden mancher allzu umtriebiger Kirchenkritiker nähert. Aber sie war nie eine Verschlusssache. Wie so viele andere scheinbar geheimnisvollen Dossiers ist sie immer schon zugänglich gewesen. Es ist ein aufschlussreiches Erlebnis, sie unter Verwendung der heutigen Hilfsmittel wieder zu öffnen.

I

Petrus tritt auf

Erste Quellen

Der Jude Shimon Bar Jona hat keine Autobiographie hinterlassen. Keiner seiner Begleiter oder Schüler hat eine Lebensbeschreibung dieses galiläischen Fischers verfasst, der als Petrus dazu beitrug, die Geschichte der Welt zu verändern. Kein zeitgenössisches Fresko ist von ihm erhalten, keine Beschreibung seines Aussehens. Und doch erscheint er in den Schriften von Zeitgenossen, die ihn kannten und zum Teil sogar mit ihm zusammengearbeitet hatten. Dies sind unsere unmittelbaren Quellen: zunächst eine Sammlung aus siebenundzwanzig Schriften, die unter dem Namen ›Neues Testament‹ bekannt wurde, nämlich die Bücher des Matthäus-Levi, des Markus und des Lukas, der gleich zwei Schriftrollen schrieb, die heute allerdings durch die Jesusdarstellung eines gewissen Johannes voneinander getrennt werden. Nach Johannes kommt ein weiterer Jude, Sha'ul, der Pharisäer, den wir meist den Apostel Paulus nennen, und der in zwei Briefen, dem ersten an die Korinter und dem an die Galater, von Begegnungen mit Petrus erzählt. Und zum Schluss haben wir noch zwei Briefe, die dem Mann selbst zugeschrieben sind und die beide etwas über ihn verraten. Das sind neun Quellenschriften, die je nach Forschermeinung entweder noch zu seinen Lebzeiten entstanden oder lange nach seinem Tod, entweder aus persönlicher Kenntnis des Menschen und seiner Leistung oder aus spätem, distanziertem beziehungsweise verklärendem Rückblick. Alle neun sind selektiv – das liegt auf der Hand, denn in keiner steht er im Mittelpunkt. Weder über seine Geburt und Jugend noch über seinen Tod wird im Neuen Testament berichtet. Über seine Geburt und Jugend erfahren wir auch in anderen, späteren Texten nichts; nur seine Herkunft aus Bethsaida am See Genezareth ist uns bekannt und – wie man lange meinte – der Name seines Vaters, Jona. Außerdem muss er schon vor der Begegnung mit Jesus verheiratet gewesen sein, denn Jesus heilt seine Schwiegermutter.

Dank der neuesten archäologischen Forschungen wissen wir jetzt immerhin einiges mehr über das Umfeld seiner frühen Jahre. Die Zeit und die Welt der frühen Jahre des Petrus in Bethsaida lassen sich gut rekonstruieren. Über seinen Tod schließlich wird in verschiedenen nachbiblischen Texten berichtet, und da sie voneinander unabhängig sind, lässt sich ihnen ein plausibles Gesamtbild entnehmen. Dazwischen stehen die neun Schriften, vor allem die sieben, die angeblich nicht von ihm, sondern von seinen Weggefährten und Kollegen der ersten Generation verfasst wurden. Jeder Historiker sollte bekennen, wie er zu seinen Quellen steht, und der Autor dieses Buches will da keine Ausnahme machen. Es hat sich mittlerweile herumgesprochen, dass immer mehr Historiker, Altphilologen und Neutestamentler die frühen Daten und die unmanipulierte Glaubwürdigkeit der Überlieferung der neutestamentlichen Quellenschriften ermitteln und bestätigen.[1] Anders als noch vor ein paar Jahren muss man sich dafür nicht mehr entschuldigen. Ohne auf Einzelheiten einzugehen, die im Folgenden immer wieder am konkreten Beispiel sichtbar werden, soll hier daher von vornherein so viel gesagt sein: In diesem Buch wird nicht die noch weit verbreitete Position vorausgesetzt, derzufolge die Evangelien lange nach 70 n. Chr. entstanden, viele Jahre nach dem Tod des Petrus. ›Markus‹ wird zwar gelegentlich zugestanden, kurz vor dem Jahr 70 verfasst worden zu sein, aber Matthäus, Lukas und die Apostelgeschichte gehören dann nach vorherrschender Auffassung doch wieder in die achtziger Jahre, in die chronologische Müllgrube all jener Schriften, mit deren Entstehungszeit man nichts Rechtes anfangen kann. Johannes hat sein Datengrab traditionell gegen Ende des 1. Jahrhunderts. Allein Paulus wird eine gewisse schriftstellerische Aktivität in den fünfziger Jahren zugestanden. Die beiden Petrus-Briefe dagegen sind natürlich, so will es die gängige Einleitungswissenschaft, keineswegs von Petrus, sondern gegen Ende des ersten Jahrhunderts (1. Petrus) und in der ersten Hälfte des zweiten Jahrhunderts (2. Petrus) von wohlmeinenden Fälschern – ein Wort, das höflicherweise nicht gebraucht, sondern durch Fachausdrücke wie Pseudepigraphie verbrämt wird – zur Ehre des Apostels oder zum Missbrauch seiner Autorität unter dessen Namen herausgebracht worden.

Diesen Eindruck kann man gewinnen, wenn man eine gängige Einleitung in das Neue Testament zur Hand nimmt, und dagegen stehen die Spitzenthesen jener Forscher, die beispielsweise Markus in das Jahr 40 datieren, die Apostelgeschichte vor das Jahr 62 (vor dem sie endet), den 1. Petrusbrief um das Jahr 59 und den 2. Petrusbrief um 60 n. Chr. Wer sich für Zahlen und Ereignisabläufe interessiert, wird das unterhaltsam finden, vielleicht sogar spannend – aber

14

da das nicht allen so geht, soll in diesem Buch nur das Notwendige an den passenden Stellen dazu gesagt werden. Die Aufrichtigkeit gebietet jedenfalls, schon am Anfang deutlich zu machen, dass der Autor als Historiker und Philologe zu den Vertretern dieser Fächer gehört, die alle neutestamentlichen Schriften in die Zeit vor 70 n. Chr. datieren, in die Zeit vor der Zerstörung Jerusalems und des Tempels – und das heißt auch, konkret auf die Schriften bezogen, die sich mit Petrus befassen, in die Zeit, als der Jünger und Apostel noch lebte. Im Einzelfall wird sich immer wieder erweisen müssen, welches ›Modell‹ den Gegebenheiten besser gerecht wird.

Es geht jedenfalls nicht um einen verdeckten oder offenen Kampf »liberaler« gegen »konservative« Positionen; dies ist nicht das Buch dafür. Wir müssen nur deutlich vor Augen haben, dass keine Darstellung einer historischen Person oder historischer Ereignisse ohne das grundsätzliche Vertrauen in die Benutzbarkeit überprüfbarer Quellen möglich ist. Wer dagegen erklärt, dass er seinen Quellen grundsätzlich, von vornherein und aus vorgefertigter Überzeugung, nicht trauen will oder kann, hat sich im Fachgebiet verirrt. Die Antike war eine schillernde Epoche mit zahllosen biographischen und historischen Schriften, aber es gibt keinen Althistoriker, der ernsthaft erklären würde, seinen Quellen erst einmal sicherheitshalber nicht trauen zu wollen, weil sie ohnehin nicht von ihren angeblichen Autoren stammten, zweifelhafte Propagandatexte seien und zeitlich in viel zu großem Abstand zu den Ereignissen stünden. Da nun aber Petrus und seine Zeit in die Antike gehören – denn Petrus ist eben nicht ein tumber Fischer aus einer Ecke, wo sich Fuchs und Hase gute Nacht sagten, der sich da auf die Bühne der Welt verlaufen hat, sondern eine Person der griechisch-jüdischen Spätantike aus einer wohl bekannten Provinz des Römischen Reiches –, versteht es sich von selbst, dass er genau so und nicht anders behandelt wird.

Für diesen ersten Hauptteil, in dem uns der Petrus der Evangelien interessiert, haben wir noch eine Entscheidung zu treffen: Müssen wir Schritt für Schritt die vier Berichte ›harmonisieren‹, um ein schlüssiges Gesamtbild zu erhalten, oder können wir eines der Evangelien als Ausgangspunkt nehmen, das wir durch die anderen überprüfen und gegebenenfalls ergänzen? Aus der Sicht der spätantiken Quellenüberlieferung fällt die Antwort leicht: Es gibt dieses eine Evangelium, und es ist jenes, das wir als Markus-Evangelium kennen. Die früheste Überlieferung über die Evangelien und ihre Ursprünge bringt Markus mit Petrus persönlich in Verbindung. Und aus den unterschiedlichsten Gründen stimmen selbst solche Forscher, die sich sonst über das frühe Christentum gern uneins sind, heute in einem Punkt überein: Das Evangelium nach Markus ist das älteste der vier Evangelien. Das kann man zugespitzt so formulieren: Der Jude Markus schrieb die älteste historische Darstellung in griechischer Sprache und nach antiken Maßstäben, in denen Petrus eine der handelnden Personen ist. Einige heutige Historiker gehen noch einen Schritt weiter und argumentieren mit klassischen Philologen, dass dieses Evangelium älter sei als die Paulus-Briefe. Damit wäre es die erste Petrus-Quelle überhaupt. Einzelheiten dazu werden auf den folgenden Seiten erörtert. Die Grundlagen dafür sind jedenfalls bereits in der Spätantike selbst gelegt. Die enge Verbindung zwischen Petrus und dem Evangelium des Markus wird, mit unterschiedlicher Detailgenauigkeit, bereits im Laufe des zweiten und im frühen dritten Jahrhundert von so verschiedenen und unabhängigen Autoren wie Papias von Hierapolis, Justinus aus Sichem, Klemens von Alexandria, Irenaeus von Lyon, Origenes von Caesarea und dem so genannten Anti-Markionitischen Prolog hervorgehoben. Später, im vierten Jahrhundert, schließt sich ihnen noch Euseb, Bischof von Caesarea, Historiker und Berater Kaiser Konstantins, an, und zu Beginn des fünften Jahrhunderts folgt Hieronymus, einer der brillantesten Philologen des Altertums, der sich nach Bethlehem zurückzog, um die Bibel aus den hebräischen, aramäischen und griechischen Ursprachen ins Lateinische zu übersetzen.[2] Auch im Neuen Testament könnte es indirekte Hinweise auf das Markus-Evangelium geben: Irenaeus, der aus Kleinasien kam und sich in römischen Kirchen- und Archivkreisen bewegte, ehe er im Jahre 196 Bischof von Lyon wurde, war sogar davon überzeugt, dass sich Petrus noch selbst auf das unter seiner Autorität veröffentlichte Markus-Evangelium bezogen hatte.[3]

Einig sind sie sich stillschweigend oder ausdrücklich alle darin, dass Markus sein Evangelium vor dem großen Umbruchdatum verfasste, vor der Zerstörung Jerusalems und des Tempels 70 n. Chr., und dass Petrus zu diesem Zeitpunkt noch lebte. Auch hier werden wir später noch sehen, wie sich ein gern benutztes Gegenargument, demzufolge Irenaeus angeblich bereits den Tod des Petrus voraussetzt, in

Luft auflöst, und wir werden auch immer wieder auf Indizien stoßen, die ein Datum zwischen frühestens 40 und spätestens 67 n. Chr. nahe legen. Dazu bedarf es noch nicht einmal der lebhaft anhaltenden Debatte um das Papyrusfragment des Markus-Evangeliums in der siebten Höhle von Qumran, 7Q5, das in letzter Zeit trotz mancher Widerstände zunehmend für richtig identifiziert gehalten wird und dementsprechend älter sein muss als 68 n. Chr., das Jahr, in dem die Römer die essenische Bibliothek von Qumran eroberten.[4] Markus auf diese Weise eine Vorrangstellung einzuräumen, das heißt natürlich nicht, die anderen Quellen weniger hoch einzuschätzen. Gerade die alte, frühchristliche Tradition, die Matthäus mit dem Jünger Levi-Matthäus gleichsetzt, in Lukas den sorgfältigen Historiker und gelegentlichen Paulus-Begleiter sieht, der sein Doppelwerk einem hochrangigen Römer widmete und Johannes für den Augenzeugen hält, als den er sich ausdrücklich selbst erklärte, kann nicht übergangen werden. Die neuere Forschung gibt immer wieder Hinweise darauf, dass diese alten Überlieferungen keineswegs so abenteuerlich sind, wie man lange glaubte.[5] Aber es geht in diesem ersten Teil nicht darum, Evangelienkritik zu betreiben. Die Darstellung der ersten Wirkungsjahre des Petrus hat in diesen Schriften ihre ausführlichsten alten Quellen, selbst wenn sie nicht von den Autoren stammen sollten, deren Namen sie tragen, und selbst dann, wenn sie gegen alle Indizien doch erst nach der Zerstörung Jerusalems und des Tempels verfasst worden sein sollten. Archäologische, literarische und andere historische Hinweise werden uns immer wieder helfen, der Glaubwürdigkeit dieser Berichte abwägend auf der Spur zu bleiben.

Erste Jahre

Wir wissen nicht, wann Petrus geboren wurde. Die Kunstgeschichte führt uns in die Irre: Bereits der Jünger wird in der Regel als älterer Herr dargestellt, oft mit lichter werdendem Haar, graubärtig, Würde ausstrahlend – hier spiegelt sich die spätere apostolische Reife wieder, wohl auch schon die Tradition, die ihn als Schlüsselverwahrer und Bischof von Rom zeigen wollte. Viel wahrscheinlicher ist es, dass Jesus einen jungen Fischer zu sich holte, kaum älter als er selbst.

Wenn Petrus um das Jahr 67 n.Chr. starb – und dafür spricht alles, wie wir noch sehen werden –, dann kann er nicht bereits um 28 n.Chr., zum Zeitpunkt seiner Berufung, ein alter Mann gewesen sein. Sein Geburtsdatum dürfte also in den Jahren vor der »Zeitenwende« liegen. Er und sein Bruder Andreas stammten aus Betsaida (Johannes 1,44), das zwar politisch zur Gaulanitis gehörte, der Tetrarchie des Philippus, aber im allgemeinen Bewusstsein als Teil Galiläas galt. Und als Galiläer bekam Petrus später einige Schwierigkeiten: Nach der Verhaftung Jesu, als er zwar den Mut hatte, bis in den Hof des hohenpriesterlichen Palastes dem Verhafteten hinterherzugehen, dann aber alles tat, um unerkannt zu bleiben, verriet ihn sein Akzent als Anhänger des Galiläers Jesus. Es war keine besonders hoch geschätzte Form des Aramäischen. Noch bei den Auftritten der Apostel nach Ostern lässt sich leichte Verwunderung, wenn nicht gar Spott über Bildung und Kultur der Galiläer heraushören: »Sie entsetzten sich aber, verwunderten sich und sprachen: ›Sind nicht diese alle, die da reden, aus Galiläa? Wie hören wir denn jeder seine Muttersprache?‹«, rufen die Festpilger in Jerusalem zu Shavuot/Pfingsten und deuten an, dass sie so etwas noch nie erlebt hatten, von Menschen aus dem biederen Norden aber auch keineswegs erwarteten (Apostelgeschichte 2,7–8).

Bei genauerem Hinsehen stellt sich das Vorurteil als unbegründet heraus. Galiläa war groß. Neben winzigen Dörfern und vereinzelten Gehöften gab es bedeutende Städte. Sepphoris, bis ca. 20 n.Chr. die Landeshauptstadt und keine 6 Kilometer von Nazareth entfernt, wurde als »Zierde ganz Galiläas« bezeichnet, besaß ein Theater mit 5000 Sitzplätzen und hatte eine Bevölkerung, in der sich fromme Juden mit Bankiers, Kaufleuten und Großgrundbesitzern mischten. Griechisch und Aramäisch wurden mit größter Selbstverständlichkeit gesprochen. Als Petrus und die anderen durch Galiläa zogen, war Tiberias die neue Hauptstadt. Sie lag am Westufer des Sees Genezareth und wurde von Herodes Antipas – jenem Mann, der Johannes den Täufer hinrichten ließ – zu einem von griechischer Sprache und Kultur geprägten Zentrum ausgebaut. Menschen aus dieser Stadt kamen mit Booten über den See, um bei Jesus und seinen Jüngern zu sein (Johannes 6,23–25). Und dann war da Betsaida, die Stadt, in der Simon und Andreas aufwuchsen, mit ihnen Philippus, ein weiterer der Jünger, und – einer späteren christlichen Tradition zufolge – auch noch die beiden Söhne des Zebedäus, Johannes und Jakobus, die sich ebenfalls Jesus anschlossen.

Der alte aramäische Name verrät, wovon die Leute dort lebten. Man kann ihn als Bet-Saida verstehen, »Haus des Jagens«, oder als Bet-Sai-jadah, »Haus des Fischens«. Vielleicht traf beides zu, denn der Ort bestand aus zwei Teilen. Der eine lag auf einer Anhöhe 2 Kilometer vom heutigen Seeufer entfernt, der andere unten am See, nahe des Jordan-Zuflusses. Der Seeverlauf hat sich in den vergangenen zweitausend Jahren im Bereich des Jordans allerdings verändert; zur Zeit des Petrus lagen beide Siedlungen nahe beieinander, die untere war wohl nichts anderes als der Hafen der oberen. Politische Wechselfälle führten schließlich zu einer Situation, die man auch aus der jüngeren deutschen Geschichte kennt: So wie der östliche Stadtteil von Görlitz heute als Zgorzelec zu Polen gehört, so fand sich das untere Betsaida nach dem Tod Herodes' des Großen, 4 v. Chr., im Gebiet des Vierfürsten – griechisch: Tetrarchen – Herodes Antipas wieder, während die eigentliche Stadt oben auf dem Hügel der östlichen Tetrarchie des Philippus zugeschlagen wurde, dessen Regierungsbezirk die Gaulanitis wurde – im wesentlichen also das heute noch ganz ähnlich genannte ›Golan‹-Gebiet. Es gibt keine Hinweise darauf, dass diese neue Grenzziehung die Bewohner der Stadt von ihrem Hafen abschnitt. Sie scheint sich auf das allgemeine Bewusstsein so wenig ausgewirkt zu haben, dass es für Johannes völlig ausreichte, den geographischen Oberbegriff ›Galiläa‹ auch auf Betsaida-Julias anzuwenden (Johannes 12,21). Als erste christliche Pilger ab dem vierten Jahrhundert nach Betsaida suchten, nahmen sie den Hügel nicht ernst und suchten nur am Wasser, wie es sich ihrer Meinung nach für den Herkunftsort von Fischern gehörte. So fanden Archäologen in dem Bereich, der heute Bet ha-Bek oder arabisch el Aradsch heißt, Ruinen einer byzantinischen Kirche, die noch im siebten Jahrhundert von Willibald, einem späteren Bischof von Eichstätt, in seinem Pilgerbericht beschrieben wurde. Das ändert natürlich nichts daran, dass die eigentliche Stadt nicht am Ufer, sondern in kurzer Entfernung lag. Der Hügel selbst, mit 45 000 Quadratmetern bebauter Fläche, dürfte vor allem die Akropolis aufgenommen haben, das Zentrum der Stadt, das die Unterstadt überragte. Und es ist erstaunlich, welche geradezu rasante Entwicklung das Betsaida auf dem Hügel unter Philippus nahm, als Petrus dort aufwuchs.

Beide Vierfürsten, Antipas und Philippus, waren Söhne des Herodes (wenn auch von verschiedenen Frauen), und sie verfolgten unterschiedliche Interessen. Antipas, Herrscher über Galiläa und Mörder Johannes' des Täufers, von Jesus »der Fuchs« genannt, war ein raffinierter, pro-römischer Taktiker, der sich mit besonderer Liebe um das Westufer des Sees mit seiner neuen Hauptstadt Tiberias kümmerte, ohne auf fromme jüdische Befindlichkeiten Rücksicht zu nehmen. Das ist auch daran schon zu erkennen, dass er Tiberias nach seinem römischen Kaiser Tiberius benannte. Dieser Tiberius wurde nach der Erhebung seines Stiefvaters Augustus zum »Göttlichen« vor allem im Osten des Römischen Reichs in griechischer Sprache offiziell als »Sohn Gottes« (*huios theou*) tituliert, was jedem gläubigen Juden als Blasphemie erscheinen musste.[6] Und Antipas ging noch einen Schritt weiter: Er ließ einen großen Teil der neuen Hauptstadt über einem alten Friedhof bauen. Das war ein Affront, der wohl auch Jesus in seiner Entscheidung beeinflusste, nie nach Tiberias zu gehen.

Philippus dagegen, in Rom erzogen und umfassend gebildet, galt den Zeitgenossen als guter, gerechter Herrscher.[7] Er machte aus zwei Städten in seiner Tetrarchie multikulturelle Zentren. Dem einen, Caesarea Philippi, werden wir später noch begegnen, denn dort erklärte Simon Petrus seinen Lehrer Jesus zum Messias und wahren Sohn Gottes. Am Namen dieser Stadt erkennen wir aber bereits jetzt, wie geschickt sich Philippus von seinem Halbbruder Antipas unterschied. Er nannte sie, die aus ältester Zeit – zu Ehren eines Heiligtums der griechischen Gottheit Pan – den Namen »Paneas« trug, nach seinem Kaiser – hier war das noch Augustus –, aber er bediente sich nicht plump seines Namens, sondern nahm seinen Rang: Caesarea, »die Kaiserliche«. So wurden die Empfindlichkeiten frommer Juden nicht sofort verletzt. Dass dort auch ein Tempel des »Gottessohnes« Augustus stand, hatte er nicht zu verantworten: Den hatte bereits sein Vater Herodes der Große errichten lassen. Betsaida wiederum wurde von Philippus in den Rang einer Stadt erhoben und erhielt den Beinamen »Julias«. Auch dies war eine subtile Ehrenbezeugung an seinen Kaiser. Die Forschung rätselt zwar noch, welche Julia hinter dem Namen steckte, aber es kommen nur zwei in Frage, und beide erfüllten ihren Zweck: Sollte Philippus die Umbenennung gleich nach seinem Herrschaftsantritt 4 v. Chr. vollzogen haben, käme die Tochter des Kaisers Augustus in Frage, die kurz darauf, im Jahr 2 v.Chr., wegen fortgesetzten Ehebruchs auf eine Insel verbannt wurde. Das wäre für den Tetrarchen eher peinlich geworden, und so meinen nicht wenige Historiker, dass die Umbenennung viel später erfolgte, erst 30 n.Chr., zu Ehren der Julia Augusta, der Frau des Augustus und Mutter des Tiberius, aus Anlass ihres ersten Todestages am 22. September 30 n.Chr. Münzfunde scheinen das zu bestätigen.[8]

Die Frage mag eher nebensächlich erscheinen, aber dahinter verbirgt sich eines der vielen Indizien für die Genauigkeit der Evangelien. Matthäus, Markus, Lukas und Johannes nennen die Stadt stets Betsaida, nie Julias. Wäre sie bereits seit 4 v.Chr. als Julias bekannt gewesen, hätte das keinen Sinn. Hieß sie allerdings zur Zeit der Jünger nur Betsaida und wurde erst umbenannt, als Jesus, Petrus und die anderen die Gegend verlassen hatten – im Jahr der Kreuzigung, 30 n.Chr. –, dann würden die Indizien zusammenpassen. Ähnlich verhält es sich auch mit Caesarea Philippi: Ehe Philippus sie so nannte, hieß die Stadt Paneas, um 66 n.Chr. wurde sie zu Ehren von Nero in Neronias umbenannt, nach dessen Tod 68 n.Chr. erhielt sie wieder ihren alten Namen Paneas, und so – abgeschliffen zum arabischen »Banjas« – heißt sie auch heute noch. Die Evangelien nennen sie nur Caesarea Philippi, und damit verorten sie sich bewusst und präzise in dem Zeitraum, als die Stadt so hieß. Wann auch immer der Tetrarch Philippus die Stadt umbenannte, er war ein Freund des Augustus und ein Kenner der römisch-griechischen Kultur. Sein neues Bildungsprogramm wirkte sich sofort aus, und es schien auch von der Bevölkerung mit wohlwollendem Vorschussvertrauen aufgenommen zu werden. Sogar die Namen der beiden Brüder, Simon und Andreas, weisen indirekt darauf hin. Simon ist noch ein ›bikultureller‹ Name, der als Shimon oder Symeôn[9] hebräisch und aramäisch klingt, aber auch seit Aristophanes (ca. 457 – ca. 385 v.Chr.) im griechischen Theater vorkommt und in der Gestalt des Simon von Athen berühmt wurde, eines Schuhmachers und Freundes des Sokrates.[10] Vor einiger Zeit wurde dieser älteste bekannte Träger des Namens Simon auch archäologisch bestätigt – ein Becher mit der Inschrift »Simonos« (dem Simon gehörend) wurde mit Schuhnägeln und anderen Utensilien nahe der Agora von Athen gefunden: Man hatte den Laden des Mannes entdeckt.[11]

Über den vollen Namen und die Herkunft Simons des Fischers erfahren wir noch mehr – nicht gleich am Anfang der Evangelien, sondern erst später, als vom Messias-Bekenntnis in Caesarea Philippi
berichtet wird. Doch die Information, die wir dort wie in einem
Nebensatz erhalten, gehört bereits hierher: Es ist die Auskunft darüber, wessen Sohn Simon war. »Selig bist du, Simon, Jonas Sohn«, sagt
Jesus zu ihm in Matthäus 16,17 (und nur dort), eine Aussage, die von
allen Bibellesern als eindeutiger Hinweis auf den Namen des Vaters
verstanden wird. Dass ein anderer Evangelist diesen Vater dagegen
Johannes bzw. aramäisch Jo(h)anan nennt (Johannes 1,42; 21,15–17),
ist zwar immer schon aufgefallen, wird aber in der Regel mit Varianten des gleichen, dahinterliegenden aramäischen Namens erklärt: *Ba-
riônâ* schreibt Matthäus, und nach dem *Bar* (aramäisch für »Sohn«)
gilt das *Jona* dann als Abkürzung von Johannes, griechisch *Iôan(n)ês*
oder, näher am Aramäischen, *Iôanan*. Denn so hilflos können die
Evangelisten wohl kaum gewesen sein, dass weder sie noch spätere
Abschreiber ihrer Texte den doch recht deutlichen Unterschied zwischen »Jona« und »Johannes« bemerkt hätten. Oder sollte man annehmen, sie hätten schon gar nicht mehr gewusst, wie der Vater des
ersten Leiters der Jerusalemer Urgemeinde, des in allen Jünger- und
Apostellisten stets als Erster genannten Simon Petrus, tatsächlich
hieß? Im Griechischen sind sich beide Namen, wie wir gerade sahen,
sehr viel ähnlicher als im Deutschen. Eine große Zahl von alten
Handschriften des Johannes-Evangeliums hat dementsprechend einfach die Form des Matthäus übernommen.[12]

So könnte man also den Vaternamen des Simon als Kurzfassung
verstehen, und die scheint sogar in der alten, vorchristlichen Übersetzung der hebräischen Bibel ins Griechische belegt zu sein, in der so
genannten ›Septuaginta‹: Wo im hebräischen Text und der deutschen
Übersetzung von 2. Könige 25,23 »Johanan« steht, hat die Septuaginta »Iôna«[13] angeführt. Ähnliche Varianten in der Namensform finden wir auch bei anderen Personen der jüdisch-frühchristlichen Geschichte. So haben wir beispielsweise eine Frau, die von Lukas
Priskilla, von Paulus aber Priska genannt wird,[14] und einen Mann,
der bei Lukas als Silas erscheint, bei Paulus und Petrus dagegen als
Silvanus.[15] Warum auch nicht – wir machen es heute noch so und
stoßen dann in der Literatur auf abweichende Namen der gleichen
Personen. Das vielleicht aktuellste Beispiel ist der Vorname des Au-

ßenministers der ersten rot-grünen Regierung Deutschlands. Werden ihn künftige Historiker richtig Joseph titulieren oder so, wie ihn die Umwelt heute nennt, nämlich Joschka – oder werden wir beide Varianten finden? Dennoch dürfen wir natürlich fragen, ob hinter der Entscheidung des Matthäus, die Kurzform vorzuziehen, mehr als eine im Urchristentum bekannte Namensspielart stecken könnte. Und in der Tat scheint das so zu sein. Es fällt auch in deutschen Übersetzungen auf: Der Name »Jona« bei Matthäus ist zweifellos eng verwandt mit dem Eigennamen »Jona«, den der Prophet von Ninive trug. Von Hause aus war Jona allerdings ein Galiläer – er stammte aus Gat-Hefer, einem Ort in der Nähe von Nazareth. Für Jesus wurde gerade dieser Prophet überaus wichtig. Schon einige Zeit vor dem Ereignis in Caesarea Philippi hatte er das betont: »Denn wie Jona drei Tage und drei Nächte im Bauch des Fisches war, so wird der Menschensohn drei Tage und drei Nächte im Schoß der Erde sein«, hatte er, in Anwesenheit der Jünger, zu den Schriftgelehrten und Pharisäern gesagt (Matthäus 12,39–40). Noch unmittelbar vor der Szene in Caesarea nahm er das Thema ein zweites Mal auf, gegenüber Pharisäern und Sadduzäern: »Ein böses und abtrünniges Geschlecht fordert ein Zeichen; doch es soll ihm kein Zeichen gegeben werden, es sei denn das Zeichen des Jona. Und er ließ sie stehen und ging davon« (Matthäus 16,4). Mit anderen Worten: Matthäus könnte Jesus so gedeutet haben, als hätte er dem Simon Petrus einen Wink geben wollen. Der Fischer wäre dann nicht nur leiblich der Sohn eines Johanan, kurz Jona; er wäre auch in übertragener Bedeutung der Sohn jenes Propheten, der mit seinem Leben als Apostel »das Zeichen des Jona« darstellen sollte – als Lehrer, Nachfolger und Märtyrer, dem nach dem Tod die Auferstehung versprochen ist. Immerhin war »das Zeichen des Jona« – das heißt also sein eigener Tod und seine Auferstehung – das einzige, das Jesus den Ungläubigen, den »Abtrünnigen« ankündigte. In diesem Sinne Nachfolger Jesu und »Sohn des Jona« zu sein, war also ein Auftrag, nicht nur ein Name.[16]

Ganz unkompliziert ist dagegen der Fall des Andreas. Der Bruder des Simon hatte einen rein griechischen Namen. Er bedeutet so viel wie »der Männliche«, »der Mutige«, und der älteste bekannte Andreas war ein Arzt am Hofe des Ptolemaeus IV. Philopater, eines mazedonischen Königs von Ägypten, der im dritten vorchristlichen Jahrhundert, während des Vierten Syrischen Krieges, an der Eroberung der heute israelischen Gebiete beteiligt war. Mit anderen Worten: Ein Eigenname wie Andreas war fast so alt wie der griechische Simon, selbst in Israel. Ob solche Namen im Norden schon seit vorchristlichen Jahrhunderten bleibend populär waren, ist eine andere Frage; vielleicht bedurfte es eines frischen Anschubs, wie ihn der Regierungsantritt jenes Freundes alles Griechischen brachte, des Tetrarchen Philippus. Der Name des dritten künftigen Jüngers aus Betsaida scheint das zu unterstreichen, denn er erhielt von seinen Eltern den gleichen Namen wie der Herrscher. Natürlich war auch »Philippus« altbekannt – der Vater Alexanders des Großen hieß so, beispielsweise, und er bedeutet erst einmal nicht mehr als »Pferdefreund«. Die Beliebtheit in jener Epoche lässt sich auch daran ablesen, dass noch ein weiterer früher Jesusanhänger so hieß, einer der sieben griechischsprachigen Judenchristen in Jerusalem, die sich um die Witwenversorgung kümmerten. Dieser Philippus wurde berühmt als einer der erfolgreichsten Missionare unter Nicht-Juden.[17] Das ausgeprägt griechischsprachige Kulturleben in Betsaida und den anderen Orten im Einzugsbereich der Tetrarchie des Philippus schien sich jedenfalls auch anderswo herumgesprochen zu haben: Als einige aus der griechischsprachigen Diaspora zum Pesach-Pilgerfest nach Jerusalem angereiste Gottesfürchtige Jesus sprechen wollten, fragten sie zuerst nach den Jüngern, die ihre eigene Sprache von Hause aus sprachen, und stießen so auf Philippus und den Bruder des Simon, Andreas (Johannes 21,21–22).

Betsaida war bedeutend genug, um auch von Plinius dem Älteren erwähnt zu werden, jenem beim Ausbruch des Vesuv am 24. August 79 n.Chr. zu Tode gekommenen römischen Prokurator, Admiral und Schriftsteller, dessen ›Naturgeschichte‹ ein einzigartiges Kompendium antiken Wissens ist.[18] Philippus zog sie offenbar dem größeren Caesarea vor – hier jedenfalls, in Betsaida, wollte er begraben werden, in dem von ihm noch selbst errichteten Grabmonument.[19] Die Stadt lag nicht nur am See Genezareth, sondern auch unweit der Via Maris, der damals bedeutendsten Handelsstraße, die von Damaskus nach Caesarea am Meer und dann am Mittelmeer entlang bis nach Ägypten führte und die schon im Alten Testament bei Jesaja erwähnt wird (Jesaja 8,23). Noch näher, unmittelbar vor den Toren von Betsaida, verlief die Ost-West-Achse nach Akko (griechisch Ptolemais, Apostelgeschichte 21,7) und ins syrophönizische, griechischsprachige Tyrus. Die Route führte in südöstlicher Richtung bis in die Gegend der östlich vom See gelegenen Dekapolis, dem Gebiet des teilunabhängigen Zehnstädtebundes. Und die Strecke Tyrus – Dekapolis kannte Jesus aus eigener Erfahrung (Markus 7,24–39). Auch nach Norden waren die Verbindungen gut ausgebaut. Den Weg von Betsaida nach Caesarea Philippi gingen die Jünger mindestens einmal (Markus 8,22–27). Alle diese Indizien weisen in die gleiche Richtung: Der Ort, aus dem Simon Petrus stammte, war kein Provinznest. Wer dort aufwuchs, gehörte nicht zu den Ahnungslosesten der Ahnungslosen, sondern lebte mitten im Wechselspiel der Sprachen und Kulturen, genoss die Vorteile internationaler Verbindungen, hatte alle Startvorteile für eine kommende Karriere in den Ländern und zwischen den Religionen des Römischen Reiches.

Die jüngsten archäologischen Grabungen in Betsaida bestätigen dieses Bild, und da das Gebiet seit 1999 auch für Besucher zugänglich ist, kann man sich gut einen eigenen Eindruck verschaffen. Häuser verschiedener Größe und Ausstattung wurden ausgegraben, ein Weinkeller mit Krügen wurde gefunden und vor allem zahlreiche Gegenstände, die auf die Fischerei als Haupterwerb der Bewohner hinwiesen: Steinanker, Angeln, Nadeln für die Reparatur von Netzen, Bleigewichte, die an ausgespannten Netzen befestigt wurden, sogar ein Siegel, das zwei Fischer zeigt, die aus ihrem Boot zwei Netze auswerfen. Das Boot auf dem Siegel entspricht dem Schiffstyp, den das Johannes-Evangelium beschreibt (6,22) – ein kleines Boot für den Fischfang in Ufernähe, das Raum für zwei Personen hatte. Die kleinen Netze wiederum waren ebenfalls typisch für das Fischen in der Nähe des Ufers, und genauso beschreibt es Markus: »Als er (Jesus) aber am Galiläischen Meer (dem See Genezareth) entlangging, sah er Simon und Andreas, Simons Bruder, wie sie ihre Netze ins Meer warfen« (Markus 1,16).[20] Nichts an den Funden in Betsaida lässt auf Armut schließen. Petrus, Andreas und das Brüderpaar Johannes und Jakobus werden auch keineswegs als mittellose Bedienstete dargestellt; wer die Quellen genau liest, erkennt schnell, dass sie eher mittelständische Unternehmer waren, mit mehreren Booten und Mitarbeitern. So beschreibt beispielsweise das Markus-Evangelium einen regelrechten Betriebsausflug: »Sie ließen die Leute gehen und fuhren mit ihm in einem Boot weg, in dem er saß. Einige andere Boote begleiteten ihn« (Markus 4,36). Zebedäus, der Vater von Johannes und Jakobus, besaß ebenfalls einen Betrieb mit Tagelöhnern (Markus 1,26). Fischfang war ein lukratives Geschäft. Die große Pökelei von Migdal/ Magdala, dem Ort, aus dem Maria von Magdala stammte, die ›Magdalena‹, war so berühmt, dass sogar der griechisch-römische Geograph Strabo sie erwähnt.[21] Griechisch hieß die Stadt dementsprechend auch Taricheai, auf deutsch »Fischpökelstätte«. Rund fünfundzwanzig Fischarten wurden im See gezählt, und für jede Art des Fangs gab es nicht nur die passenden Netze, sondern auch die geeigneten Bootstypen – die großen mit Platz für bis zu vierzehn Personen, die kleinen für zwei, solche für Schleppnetze (Matthäus 13,47–48; Johannes 21, 6–8) und wieder andere, in die der Fang hineingeholt wurde (Lukas 5, 6–7). Und wie das Boot zeigt, das 1986 beim Kibbuz Nof Ginnosar gefunden wurde und vom Anfang des ersten Jahrhunderts stammt, gab es sogar Schiffe mit überdachtem Heck, in denen man sich nachts ausruhen konnte – wie Jesus es auf einer der Fahrten auch tat, während Simon Petrus und die anderen auf Deck blieben (Markus 4,38).

Wenn Simon und die anderen aus Betsaida nach Kapernaum umzogen, noch ehe sie auf Jesus stießen, dann lässt das wohl auch auf ihren Unternehmungsgeist schließen. Kapernaum nämlich war noch einmal eine kleine Steigerung: Es lag unmittelbar an der bedeutendsten internationalen Handelsstraße, die durch Galiläa führte, der bereits erwähnten Via Maris. Öl- und Weinpressen, die dort gefunden wurden, lassen darauf schließen, dass die Lebensqualität nicht nur vom Fischfang abhängig war. Und nebenan lag eine römische Garnison. Die Reste der Kaserne sind zu sehen, wenn man das touristische Kapernaum verlässt und sich auf das griechisch-orthodoxe Gelände hinter der Trennmauer begibt.[22] Zu der Zeit, als Simon dort sein Haus bezog, wurden die Römer hier nicht als Besatzungsmacht und Bedrohung gesehen, sondern vor allem als Wirtschaftsfaktor. Gerade in jenen Jahren war der Garnisonskommandant ein Freund der Juden, der ihnen Geld zum Bau der Synagoge gab (Lukas 7,5).[23] Als Jesus um Hilfe für den erkrankten Diener des Garnisonskommandanten gebeten wird, zögert er keinen Augenblick und macht sich noch vom Synagogen-Gebet direkt auf den Weg zur Kaserne (Matthäus 8,5– 13; Lukas 7,1–10). Die Angehörigen der Garnison waren zugleich ein internationales Element. Fast alle Soldaten in diesem Bereich des Imperiums wurden in der Region ausgehoben. Ihre natürliche Verständigungssprache war Griechisch. Kommandierende Offiziere konnten, mussten aber nicht aus dem lateinischsprachigen Westen kommen, doch waren Lateinkenntnisse auf dieser Ebene eine Voraussetzung – denn Latein war und blieb die offizielle Amtssprache der militärischen und zivilen Verwaltung. Zahlreiche Inschriften, vom Pilatus-Stein aus Caesarea Maritima bis zur amtlichen, dreisprachigen Inschrift über dem Kreuz Jesu belegen, dass es ohne Latein nicht ging, wenn die Römer von Amts wegen handelten. So war man hier in Kapernaum am Puls der Zeit, und die Fischer um Simon Petrus waren schon seit ihrer Jugend in Betsaida nicht nur fließend zweisprachig. Denn neben das selbstverständliche Aramäisch und Griechisch trat mit Sicherheit das Hebräische als Sprache des Gottesdienstes und der Bibellektüre und wohl auch zumindest ein wenig Latein, das man im Umgang mit den Offizieren der benachbarten Garnison aufgreifen konnte. Über die Fähigkeit der Jünger, sich auf ihren späteren Reisen auch in lateinischer Sprache zu verständigen, gibt es keine Informationen.

In der Sprachforschung kennt man den Begriff der »asymmetrischen« Mehrsprachigkeit: Unter der allerdings nicht immer zutreffenden Annahme, dass kein Mensch in mehr als einer Sprache wirklich schöpferisch frei denken und arbeiten kann,[24] trennt man verschiedene Kompetenzebenen. Wer beispielsweise italienisch problemlos versteht und lesen kann, aber nicht oder kaum spricht, kann noch als zweisprachig bezeichnet werden, jedoch nur mit einer partiellen, nämlich passiven Kompetenz. Das lässt sich weiter einschränken, wenn nur das Verstehen, aber nicht das Lesen der anderen Sprache gegeben ist. Irgendwo zwischen diesen beiden Ebenen dürften die Lateinkenntnisse von galiläischen Juden im Umfeld der römischen Garnisonen und der großen Handelsrouten gelegen haben. Auch Juden in anderen Gegenden der Levante hatten offenbar keine Schwierigkeiten, solche Fähigkeiten zu erwerben. Die lateinischen Einsprengsel im Evangelium des aus Jerusalem stammenden Markus sind immer wieder notiert worden, eine Spitzenthese wollte sogar wissen, dass dieses Evangelium ursprünglich in lateinischer Sprache verfasst worden war.[25] Beim Griechischen sah es dagegen ganz anders aus. Die Durchdringung der Alltagswelt in Galiläa, und noch intensiver in der Gaulanitis mit Betsaida, war zur Zeit von Simon und Andreas so ausgeprägt, dass sie sich allgemein herumgesprochen hatte: Wir sahen bereits, wie sich griechischsprachige Festpilger in Jerusalem ausdrücklich an den (auch) griechischsprachigen Philippus wandten und dieser sofort den gleichfalls griechischsprachigen Andreas hinzuzog (Johannes 12,20–22). Da die Brüder Andreas und Simon die gleiche Herkunft und die gleiche Grundbildung hatten, müssen wir annehmen, dass auch Simon Petrus diese aktive ›Zweisprachenkompetenz‹ besaß. Eine gewisse Dreisprachigkeit ist daraus abzuleiten, dass im Bereich der Synagoge natürlich auch Hebräischkenntnisse erforderlich waren. Denn Hinweise auf rein griechischsprachige Synagogen oder solche, in denen an Stelle der hebräischen Lesungen, Gebete und kultischen Handlungen nur aramäische Übersetzungen, ›Targume‹ usw., benutzt worden wären, gibt es für Galiläa nicht. Zusammen mit den vielleicht nur rudimentären, aber zweifellos anwendbaren Lateinkenntnissen finden wir also in dem Umfeld, in dem Simon, seine Verwandten und Kollegen und letztlich auch Jesus selbst aufwuchsen, eine abgestufte Viersprachigkeit vor.[26]

Die Mehrsprachigkeit war vielleicht die wichtigste ›Mitgift‹ der Fischer um Simon und Andreas, ehe sie zu Begleitern Jesu wurden. Auch er selbst brachte solche Voraussetzungen mit: Dass Jesus nicht nur aramäisch als Muttersprache und hebräisch als Kultsprache beherrschte (Lukas 4,17–21), ist heute ebenso unumstritten wie seine offenbar recht weitgehenden Griechischkenntnisse.[27] Mit den künftigen Jüngern hatte er außerdem eine gewisse Elementarbildung gemeinsam, die damals männlichen Juden zugute kam. Lesen, Schreiben und das Auswendiglernen von Bibeltexten waren die wesentlichen Lernziele. Dabei liegt auf der Hand, dass damals wie heute nicht jeder Schüler gleich gute Leistungen erzielte, aber gerade für Besitzer und leitende Mitarbeiter von Fischereibetrieben war das Lesen und Schreiben unverzichtbar. Was in der Forschung kaum noch angezweifelt werden kann, sollte sich daher auch weiter herumsprechen: Simon und die anderen aus Betsaida und Kapernaum waren weder ungebildet noch anderweitig zurückgeblieben. Dass sie mehrsprachig waren, lesen und schreiben konnten, einiges von den gemeinsamen Traditionen der Heiligen Schrift verstanden und außerdem noch ein Handwerk erfolgreich beherrschten, muss ihnen zugestanden werden und könnte auch dazu beigetragen haben, dass Jesus sie in seinen Kreis aufnahm.[28]

Der Weg zur Berufung

Dieser Jüngerkreis wurde zügig zusammengestellt, darin sind sich die Quellen trotz ihrer unterschiedlichen Akzentsetzungen einig. Bei Markus geht es Schlag auf Schlag. Kaum hat er sein Evangelium begonnen und von Johannes dem Täufer berichtet, leitet er zur Berufung der ersten Jünger über. In Kapitel 1,16 lesen wir, wie Jesus am Ufer des Sees Genezareth zuerst Simon und Andreas berief. Schon wenig später kam ein zweites Brüderpaar hinzu, Jakobus und Johannes. Die meisten deutschen Übersetzungen bieten einen ungenauen Text, der eine subtile Information bei Markus unterschlägt. Wie wir in der Darstellung der verschiedenen Formen des Fischfangs, bei der Begegnung zwischen Jesus, Simon und Andreas stillschweigend voraussetzten, saßen die beiden in einem kleinen Zweipersonenboot in Ufernähe. Wörtlich steht in Markus 1,16 zuerst jedoch nur so viel: »Und als er am See von Galiläa entlangging, sah er Simon und Andreas, Simons Bruder, im See die Netze auswerfen; denn sie waren Fischer.« Ein Boot wird nicht ausdrücklich erwähnt. Theoretisch könnten sie auch im Wasser stehend ein Netz ausgeworfen haben. Denn auch der übernächste Vers lässt nicht auf ein Boot schließen: Als Jesus sie zu sich gerufen hatte, »verließen sie ihre Netze und folgten ihm nach«. Simon und Andreas – Fischer ohne Boote? Den Schlüssel bietet jedoch Vers 19: »Und als er ein wenig weiterging, sah er Jakobus, den Sohn des Zebedäus, und Johannes, seinen Bruder, wie sie im Boot die Netze flickten.« So jedenfalls bietet es die revidierte Luther-Übersetzung von 1984. Das hilft uns allerdings erst dann, wenn wir es richtig übersetzen, und nicht so ungenau wie die Luther-Bibel und die gleichfalls weit verbreitete so genannte Einheitsübersetzung und viele andere mit ihnen. Denn richtig steht hier: »Und als er ein wenig weiterging, sah er Jakobus, den (Sohn) des Zebedäus, und Johannes, dessen Bruder – auch sie im Boot –, wie sie die Netze ausbesserten.« Die entscheidende Einfügung »auch sie im Boot« stellt den Zusammenhang her.[29] Erst jetzt ist klar, dass zuvor schon Simon und Andreas in einem Boot saßen. Wir sehen es hier nicht zum ersten Mal und werden es noch öfter feststellen müssen: Die Kriterien, nach denen übersetzt wird – oder umschrieben und verändert –, sind nicht selten rätselhaft. Manches, was ein normaler

Bibelleser nicht versteht, haben auch die Übersetzer nicht verstanden, oder sie haben es nach eigenem Gutdünken bis zur Unkenntlichkeit verändert. Die Genauigkeit der Bibel hängt aber auch von der Genauigkeit des Textes und unserer Übersetzungen ab. Selbst bei kleinen Schiffen sollten wir uns keine falschen Großzügigkeiten erlauben.

Das Verhalten dieser vier Jünger mag uns seltsam vorkommen. Erwachsene Männer mit Besitz und Familien lassen freiwillig alles zurück – »Siehe, wir haben alles verlassen und sind dir nachgefolgt«, betont Petrus später noch einmal ausdrücklich (Markus 10,28).[30] Liest man nur die drei eng verwandten, »synoptisch« – also »zusammenschauend« – genannten Evangelien von Markus, Matthäus und Lukas, kommt einem das in der Tat nahezu rücksichtslos vor. Die sorgfältige Analyse des Neuen Testaments nach den Regeln der Vergleichenden Literaturwissenschaft hat Forscher aber längst zu der Einsicht geführt, dass wir alle vier Evangelien zusammennehmen müssen, weil auch Johannes mit seiner Blickrichtung zum Gesamtverständnis der Ereignisse beiträgt. Nicht ständige Widersprüche tun sich da auf, sondern häufige Vervollständigungen. Jeder der vier schreibt aus seiner Perspektive, ordnet und wählt seine Informationen, auch das selbst Erlebte, ganz so, wie es seinem Darstellungsziel entspricht. Geschichte wurde schon immer so geschrieben, auch die vorchristliche griechische und römische Geschichte. Das heißt natürlich nicht, dass sich alles im harmonisierten Wohlgefallen klärt – dafür sind uns zu viele Details nicht erhalten geblieben. Doch die Erkenntnis, dass wir immer wieder auch an Grenzen stoßen, darf nicht mit der Erkenntnis verwechselt werden, dass Quellen sich ergänzen können, statt sich zu widersprechen. Jeder Einzelfall verlangt nach Prüfung. Um es auf den Punkt zu bringen: Wenn uns ein Mosaikstein fehlt, dann heißt das nicht, dass er immer gefehlt hat. Das Fehlen des Beweises sollte nie verwechselt werden mit dem Beweis des Fehlens.

Kurz: Dem Johannes-Evangelium lässt sich entnehmen, dass es bereits vor dem Zusammentreffen am Ufer des Sees Genezareth eine erste, vorentscheidende Begegnung mit einigen der Fischer gegeben hatte. Markus, dem es darauf ankommt, so schnell wie möglich zur Berufungsgeschichte in Galiläa zu gelangen, übergeht sie; Johannes dagegen berichtet, wie es zur Begegnung bei Bethanien »auf der anderen Seite« des Jordans kam, damals, als Johannes der Täufer dort auftrat (Johannes 1,28–35): Zwei der Anhänger des Täufers erleben mit, wie Jesus von ihm als »Lamm Gottes« bezeichnet wird. Sie beschließen, ihm zu folgen. Einer der beiden wird als Andreas, Bruder des Simon Petrus, identifiziert; der andere bleibt namenlos. Andreas geht zu seinem Bruder, der offenbar nicht zum engeren Umkreis des Täufers gehört: »Wir haben den Messias gefunden«, sagt er, und der Evangelist ergänzt: »Das bedeutet übersetzt: Christus.« Er bringt Simon zu Jesus. Dieser wiederum sagt bereits hier, beim Jordan: »Du bist Simon, der Sohn des Johannes; du sollst Kephas heißen.« Und der Evangelist fügt hinzu: »Das heißt übersetzt: Petrus.«

War alles Entscheidende bereits am Jordan geschehen? Wir müssen erneut genau hinsehen, denn auch hier sind die meisten Übersetzungen zu frei. Der griechisch schreibende Johannes sagt nicht, wie es die einflussreichsten Übersetzungen wiedergeben, dass »Messias« – das aramäische Wort – »der Gesalbte« bedeutet. Er benutzt das griechische Wort »Christos«. Für einen Griechen kann das vieles heißen, »der Getünchte« zum Beispiel, oder »der weiß Angemalte«. Erst der Hörer und Leser, der sich im griechischen Alten Testament auskannte, in der Septuaginta – und das waren natürlich auch viele Nicht-Juden, die sich für das Judentum interessierten –, verstand den Zusammenhang, so wie er gemeint war: Denn hier steht »Christos« überall dort, wo in der hebräischen Bibel »Messias« steht, und Messias bedeutet in der Tat: der Gesalbte Gottes. Aber man muss es wissen, um es zu verstehen, man muss, anders gesagt, bereits eine gewisse Initiation durchlaufen haben. Auch der zweite Fall zeigt, wie Johannes mit der Denkfähigkeit seiner Leser rechnet, und wie wenig es uns nützt, wenn wir die sorgfältigen Zwischentöne in seinem Evangelium und die Nuancen zwischen ihm und den anderen drei durch vereinfachendes Übersetzen einebnen. Johannes übersetzt das aramäische Wort »Kephas« und sagt ausdrücklich »Petros«, benutzt also einen männlich endenden Eigennamen, mit der griechischen Endung -os. Wir haben uns an die lateinische Form Petrus mit der Endung –us gewöhnt, aber wie auch immer wir den Namen schreiben, eins ist klar: Das Wortspiel mit dem »Fels«, griechisch: »Petra«, verwendet Johannes nicht – das finden wir dann erst später, in Caesarea Philippi, in der ausführlichen Berichterstattung des Matthäus.[31] Deutsche Übersetzungen holen etwas an diese Stelle, was dort nicht steht.

Die Leser des Johannes, vor allem wenn sie aramäisch-griechisch zweisprachig waren, bekamen natürlich mit, dass hier etwas dahintersteckt. Aber es wird eben nicht ausgesprochen. Und das hat einen Sinn: Johannes schafft seinen eigenen Spannungsbogen. Wir werden noch sehen, wie er ein anderes Ereignis auswählt, bei dem Simon Petrus sich selbst zu Jesus bekennt. Nicht Caesarea Philippi ist ihm wichtig, sondern Kapernaum. Er beschreibt Entwicklungen, während Markus die von ihm ausgewählten Begebenheiten wie Quadern nebeneinander stellt. Das ganze Bild wird erkennbar, wenn wir genau hinsehen: »Du sollst Kephas heißen«, sagt Jesus bei Johannes. Was bedeutet das? Wo verkörpert sich das Felsartige, das doch irgendwo in diesem Namen schon hier gesehen werden kann? Johannes schrieb dreieinhalb Jahrzehnte nach Ostern, als sich längst herumgesprochen hatte, welche Funktion Simon Petrus in der Urgemeinde ausübte, und welche konsolidierende Autorität ihm zugestanden wurde – so sehr, dass auch andere ihn nur noch mit diesem Beinamen bezeichneten, mit Petrus oder, wie Paulus es vorzieht, mit der aramäischen Form Kephas. Man kann Johannes hier kaum missverstehen, denn er leitet diesen Abschnitt so ein, dass die Bekanntheit des Beinamens Petrus bereits vorausgesetzt wird: »Einer von den zweien, die Johannes (den Täufer) gehört hatten und Jesus nachgefolgt waren, war Andreas, der Bruder des *Simon Petrus*« (1,40). Ihm, dem vierten Evangelisten, reicht dann die Andeutung, die er als eine Prophetie berichtet, denn indem Jesus sagt, dass dies sein Name sein soll, greift er bereits auf die Geschichte der ersten Gemeinde voraus. Wer es ganz genau wissen wollte, der fand die im einzelnen ausgesprochene Erläuterung dann bei Matthäus. Auch Markus und Lukas hielten es nicht für nötig, so weit ins Detail zu gehen.

Wir können also eine gewisse Chronologie festhalten: Eine erste Begegnung zwischen Jesus und einigen der künftigen Jünger, unter ihnen namentlich Andreas, Simon Petrus und als Dritter auch noch Philippus (1,43), fand bereits im Süden statt, an einer Stelle nicht weit von Jericho, auf der anderen Seite des Jordan.[32] Die Taufstelle lag an einer Furt des Flusses, nördlich vom Zufluss in das Tote Meer, und war zutiefst mit israelitischer Heilsgeschichte verbunden – denn in dieser Gegend hatte einst das Volk Israel unter Führung Josuas den Jordan überquert (Josua 3,1–17). Sie lag auch strategisch günstig, denn an dieser Stelle der Jordansenke bogen die galiläischen Festpilger, die zum Tempel gingen oder von dort kamen, nach Westen bzw. Norden ab und stießen auf jene, deren Heimat im Osten lag, in der Peraea und darüber hinaus. In diesem Zusammenhang eines Pilgerfestes – wahrscheinlich des Passahs 28 n. Chr. – dürfen wir auch das Erscheinen von Jesus und den anderen an gerade diesem Ort sehen. Andreas mag schon länger mit Johannes zusammengewesen sein, hier nun trifft er wieder auf seinen Bruder Simon, der ebenso wie Philippus aus Betsaida gekommen war, und sie stoßen auf Jesus, der sich ebenfalls gerade auf dem Weg von oder nach Jerusalem befand.[33] An diese erste Begegnung schließt sich die Begebenheit am Ufer des Sees Genezareth reibungslos an. Man ist wieder zu Hause, und nun kann Jesus an das anknüpfen, was man gemeinsam erlebt hatte. Anders gesagt, die Männer, die das Besondere, das Messianische an Jesus bereits empfunden hatten, ohne sich noch völlig im Klaren darüber zu sein, was das eigentlich bedeutete und welche Konsequenzen es haben würde, diese Männer hatten Bedenkzeit genug, um mit sich selbst und ihren Familien klarzukommen. Würden sie mit diesem Galiläer gehen wollen, falls er tatsächlich kommen sollte, um sie in seinen Dienst zu rufen? Als er dann kam, war es kein Aufbruch Hals über Kopf. Und niemand rechnete damit, dass es ein Abschied auf immer sein könnte.

Die Dramatik der Berufung am See wird durch die zusätzlichen Beobachtungen verstärkt, die Lukas mitteilt. Lukas nämlich überspringt die Szene der eigentlichen Berufung und ordnet sein Material völlig anders. Bei ihm erscheint Jesus in Kapernaum nahezu unvermittelt, nach dem Weggang aus Nazareth. Und nach einem Besuch in der Synagoge, der mit der Heilung eines Besessenen endet, geht er »in das Haus des Simon«, wo er dessen Schwiegermutter von hohem Fieber befreit (Lukas 4,35–39).[34] Hier ist also stillschweigend schon eine Bekanntschaft vorausgesetzt. Und in der Tat entscheidet sich Lukas dann anschließend für eine Szene, in der die Berufung des Simon nicht ausgesprochen wird, sondern vorausgesetzt ist und verstärkt wird. Er steigt in das Boot des Simon, redet erst zu den Menschen am Ufer und hilft Simon dann, gegen alle Erwartungen einen über alle Maßen erfolgreichen Fischfang zu machen. Die Zeugen werden von einem heiligen Schrecken erfasst, wie er schon im Alten Testament die Reaktion gläubiger Juden im Augenblick des Handelns Gottes ist. Als professionelle Fischer wussten sie, dass es nicht normal war, wenn nach einer erfolglosen Nacht ausgerechnet am hellen Tag ein Fang gelingt, der Netze reißen und zwei Schiffe bis fast zum Versinken voll werden lässt. Simon fällt vor Jesus auf die Knie und redet ihn mit der Ehrenbezeugung »Herr« an, die hier, gerade in der Verbindung mit einer solchen Geste, vielleicht doch schon mehr andeutet als gediegene Höflichkeit. Denn Simon wusste, wie alle anderen auch, dass »Herr«, griechisch »Kyrios«, in der griechischen Bibel das üblichste der Worte für den unaussprechlichen Namen Gottes ist. Das heißt sicher nicht, dass Simon hier schon so weit blickt und Jesus mit Gott auf eine Stufe stellt. Das Ungeheure des Ereignisses erfüllt ihn jedoch mit Ehrfurcht bis zu dem Punkt, wo er Gottes Handeln in Jesus innerhalb weniger Stunden erneut und diesmal geradezu überwältigend zu sehen beginnt. Und Jesus bietet sofort eine übertragene Deutung des Geschehens an. »Fürchte dich nicht«,[35] sagt er und erklärt Simon zum »Menschenfischer«. Dieses Ereignis besiegelt den Entschluss der Gruppe, »alles zu verlassen« und mit Jesus zu gehen (Lukas 5,1–11). Die beiden Brüderpaare Simon und Andreas sowie Jakobus und Johannes schließen sich ihm sofort an, dazu Philippus und wohl auch Nathanael,[36] ohne dass ihre Namen an dieser Stelle ausdrücklich genannt werden. Weitere Berufungen folgen. Der erste Kern ist gebildet. Obwohl er nie allein herausgehoben wird und nach der vergleichenden Untersuchung von Markus, Matthäus, Lukas und dem Johannes-Evangelium auch nicht einmal der erste war, der sich Jesus zuwandte, so ist doch bereits hier abzusehen, dass Simon ein wenig anders ist als die anderen, spontaner und mutiger, direkter und emotionaler. Es sind erste Skizzen eines Charakterbildes, das in den weiteren Jahren an Farbe gewinnt.

Eine frühe Wohngemeinschaft

Simon und die anderen waren vorbereitet, sie wurden berufen und nahmen den Ruf an. Aber das hieß nun keineswegs, dass sie von einer Sekunde auf die andere alles stehen und liegen ließen. Konkrete Nachfolge fand zuerst einmal am gleichen Ort statt, in Kapernaum, dem Arbeitsplatz der Firmen Simon & Andreas und Zebedäus &

Söhne nach dem Umzug aus Betsaida. Die neuere deutsche Schreibung sieht für den Ortsnamen »Kafarnaum« vor. Das ist die richtige Umschrift des griechischen Textes der Evangelien. Luthers griechische und lateinische Textausgaben hatten diese Fassung, und so gelangten sie in seine deutschen Übersetzungen und damit in das allgemeine Bewusstsein. Dabei wollen wir es hier belassen, denn eine große geistesgeschichtliche Wahrheit wird durch die neue Schreibweise »Kafarnaum« nicht vermittelt. Hinter dem ursprünglichen hebräischen Kephar Nachûm, dem »Dorf des Na[c]hum«, versteckt sich keine Erkenntnis, die von der Rechtschreibung abhängig wäre.[37]

Kapernaum war ein Dorf, das auch zur Zeit seiner größten Ausdehnung, zwischen dem vierten und siebten nachchristlichen Jahrhundert, kaum mehr als 1500 Einwohner hatte. Aber es war bereits seit dem dreizehnten vorchristlichen Jahrhundert besiedelt und zog gerade nach dem Tod Herodes' des Großen viele Handwerker und Unternehmer an, denn da es der einzige Ort auf galiläischer Seite vor der Grenze zu Gaulanitis war, der neuen Tetrarchie des Philippus, und da der Handelsverkehr auf der Via Maris ständig zunahm, konnte man hier auch vom Grenzverkehr profitieren. Die große Zollstation, an der die Handelszölle und die Fischfangabgaben eingenommen wurden, lag wenige hundert Meter entfernt.[38] Hier dürfte sich auch der Zoll-und Steuereinnehmer Matthäus-Levi befunden haben, als er von Jesus angesprochen wurde. Noch im vierten Jahrhundert konnte die spanische Reisende Egeria die Lage dieser Zollstation beschreiben, an der öffentlichen Straße, die an Kapernaum und dem ›Siebenquell‹ (dem heutigen Tabgha) vorbeiführte.[39] Archäologen haben einen rund 700 Meter langen und gut 2 Meter breiten, gemauerten Hafendamm in diesem Bereich entdeckt. Es war also ein offenbar bedeutender Umschlagplatz für Fischereiprodukte. Und dazu kamen die Zolleinnahmen für die auf dem Landweg transportierten Güter aus dem Nordosten, bis aus Damaskus und dem rund 100 Kilometer östlich vom See Genezareth liegenden Hauran, damals wie heute das Hauptanbaugebiet für Getreide, das bis in die westlichen Küstenregionen exportiert wurde. Es ist zwar noch nicht nachgewiesen, dass sich der Zollort für Fischfang- und Landhandelsabgaben an ein und der gleichen Stelle befand,[40] aber auf jeden Fall war Kapernaum die einzige Ansiedlung in diesem doppelten Grenzbereich, und so traf sich hier alles, was in die verschiedenen Richtungen reiste.

Die Bewohner Kapernaums profitierten davon wirtschaftlich und kulturell – und obwohl der Ort klein war, sind die solide mit Basaltstein gemauerten Häuser geräumig und großzügig konstruiert. Arm waren die Einwohner zur Zeit des Simon hier nicht. Mehrere Häuser bildeten eine ›Insel‹ mit einem oder mehreren Innenhöfen und einem Vorhof vor dem Haupteingang.[41] Die Inseln waren durch Fußgängerwege miteinander verbunden. Befahrbare Straßen führten an den See. Wie üblich benutzten die Menschen ihre Häuser in der Regel nur zum Schlafen und als Lagerräume, während sich der Alltag im Freien abspielte. Die Häuser waren einstöckig, bis zu einer Höhe von 3 Metern, mit Dächern, die aus Holz, Schilf und Lehm bestanden. In vielen Fällen führten Außentreppen aus Stein auf die Dächer. Denn die Dächer wurden regelmäßig benutzt. Flachs zum Beispiel wurde dort zum Trocknen ausgebreitet (Josua 2,6). Man saß und schlief dort, um die erfrischende Brise zu genießen, die es in den Innenhöfen nicht gab. An heißen Tagen zog man sich aufs Dach zum Schlafen zurück; so lesen wir es bereits in 1 Samuel 9,25–26: »Und als sie hinabgegangen waren von der Höhe der Stadt, machten sie Saul ein Lager auf dem Dach, und er legte sich schlafen.« Als die Feier des Laubhüttenfestes nach der Rückkehr aus dem Babylonischen Exil wieder eingeführt wird, werden Laubhütten auch auf Hausdächern errichtet (Nehemia 8,16). Zu Gottesdienst und Gebet ging man mitunter auf das Dach (Zefanja 1,5). Später wird sich ein wichtiges Ereignis im Leben des Simon Petrus auf einem Dach abspielen, dem Hausdach des Gerbers Simon in Jafo/Joppe, auf das er ging, um zu beten (Apostelgeschichte 10,9–21). Der archäologische Befund in Kapernaum, einschließlich der steinernen Außentreppen, und diese Belege für die Vertrautheit der Menschen mit Dächern und ihrer Konstruktion entsprechen einem Bericht, den wir bei Markus lesen: »Und es versammelten sich viele, sodass sie nicht Raum hatten, auch nicht draußen vor der Tür ... und es kamen einige zu ihm, die brachten einen Gelähmten, von vieren getragen. Und da sie ihn nicht zu ihm bringen konnten wegen der Menge, deckten sie das Dach auf, wo er war, machten ein Loch und ließen das Bett herunter, auf dem der Gelähmte lag« (Markus 2,2–4).

Auch das Haus des Simon Petrus entsprach diesem Bautyp. Wir

müssen es uns als eine dieser Inseln vorstellen, mit mehreren Wohnbe-reichen.[42] Markus setzt jedenfalls voraus, dass Andreas und die Schwiegermutter des Simon ebenfalls hier wohnten (Markus 1,29–30); die Ehefrauen und Schwiegerväter, auch vielleicht noch Zebedäus und dessen Söhne Johannes und Jakobus, können wir uns dazudenken.[43] Heutigen Besuchern Kapernaums wird das ›Haus des Petrus‹ unter ei-nem modernen, auf Betonstelzen stehenden Gebäude gezeigt, das sich nicht entscheiden kann, ob es eine Riesenspinne sein will oder ein Un-bekanntes Flugobjekt, das vergessen hat, wieder abzuheben. Spekta-kulär ist allerdings der Blick durch den Glasboden dieses Baus, der sich bei näherem Hinsehen als Kapelle der Franziskaner herausstellt, zu deren Kustodie dieser Teil Kapernaums gehört. Denn hier kann man die gesamte Architekturgeschichte vom 1. bis ins 5. Jahrhundert überblicken. Deutlich erkennbar sind die Elemente, die zum typi-schen Wohninselbau des frühen ersten Jahrhunderts gehören, bis hin zur Türschwelle in den Vorhof. Judenchristen hatten offenbar dieses Haus zu ihrem Versammlungsraum gemacht. Noch im ersten Jahr-hundert wurden die Wände frisch verputzt, neue Fußböden wurden eingezogen – und es fällt auf, dass im Zentralraum keinerlei Hausrats-gegenstände aus dieser Zeit gefunden wurden, sondern zahlreiche Lampen: zu viele für ein normales Wohnzimmer, aber gerade in ihrer Fülle typisch für Gebets- und Versammlungsräume, wie das frühe Ju-denchristentum sie anscheinend bevorzugte.[44] Aus dem späten zwei-ten und dritten Jahrhundert stammen Graffiti mit Anrufungen Jesu, auch mit den Wörtern »Christus« und »Herr« und der Nennung des Petrus, teils in aramäischer, teils in griechischer Sprache. Im vierten Jahrhundert kamen Pilgerinschriften in lateinischer und syrischer Sprache hinzu. Eines der neun altsyrischen Graffiti belegt noch zu-sätzlich den judenchristlichen Charakter des Ortes, denn hier ist ein Teil von Baruch 4,9–15 erhalten mit einem Einschub, der das Abend-mahl behandelt. Baruch ist ein apokryphes Buch, das im Heiligen Land ganz selten durch Textfunde belegt ist. Nur ein weiteres Frag-ment wurde entdeckt (Baruch 6, 43–44, in griechischer Sprache), und zwar auffälligerweise in Höhle 7 von Qumran, in der von den Esse-nern zu Studienzwecken eine judenchristliche Bibliothek aufbewahrt wurde.[45] Fischerhaken und Zeichnungen, die ein Boot, Kreuze und andere christliche Symbole darstellen, wurden ebenfalls gefunden – und alle diese Funde gab es nur in diesem einen Haus Kapernaums.

Diese konkurrenzlose Stätte wurde schließlich im vierten Jahrhundert in eine Hauskirche umgebaut. So sah sie schon die spanische Reisende Egeria, der wir vorhin begegneten. In ihrem Reisebericht schreibt sie, um 384 n.Chr.: »In Kapernaum wurde das Haus des Fürsten der Apostel, dessen ursprüngliche Wände noch stehen, in eine Kirche umgebaut. Hier heilte der Herr den Gelähmten.«[46] Diese Hauskirche wurde schließlich im fünften Jahrhundert zu einem großen Bau aus drei ineinanderliegenden Achtecken erweitert. Das innere Achteck, das man durch den Glasboden der modernen Kapelle gut erkennen kann, umschließt das Haus aus dem ersten Jahrhundert. Einer der Archäologen, die alle diese Bauphasen rekonstruierten, schlug vor, dass die Judenchristen hier ganz bewusst an die Architektur des Jerusalemer Tempels anknüpfen wollten.[47]

Jesus hielt sich längere Zeit in Kapernaum auf, und offenbar in diesem Haus.[48] Jedenfalls gibt es in keiner Quelle einen Hinweis darauf, dass ein anderes Haus als dasjenige betrachtet wurde, in dem Jesus gewohnt hätte, obwohl immer konkret von einem bestimmten Haus berichtet wird, in dem er wohnte und Heilungen vollbrachte und vor dessen Tür er zu den Menschen sprach. Hätte es Alternativen gegeben, wären sie nicht spurlos aus der Überlieferung verschwunden. Kapernaum ist jedenfalls geradezu Jesu »eigene Stadt« (Matthäus 9,1; 4,13–17). Hierhin kehrte er mit Simon und den anderen immer wieder zurück, und von hier aus brachen sie auf, um über Samaria nach Jerusalem zu gehen. Als sie Kapernaum verließen, hatten sie Jesus als Interpreten der Heiligen Schrift erlebt, als Lehrer, als Heilenden; sie hatten erlebt, wie offen er gegenüber Nichtjuden war: Auch mit ihnen suchte er das Gespräch, auch sie ernährte und heilte er, mit Brot und Fisch und mit seiner Botschaft.[49] Juden, Griechen und Römer gehörten zum unmittelbaren Wirkungsfeld. Kaum einer der Jünger, auch Simon Petrus nicht, wird daran gezweifelt haben, dass Jesus in erster Linie für sie und alle anderen Juden gekommen war. Und doch konnten sie nicht übersehen, dass sich die nichtjüdische Umwelt einbezogen fühlte und von Jesus zunehmend berücksichtigt wurde. Als fromme Juden mag sie das zuerst noch irritiert haben, da sie auf einen missionarischen Messias kaum vorbereitet waren. Aber als mehrsprachige internationale Berührungen gewohnte Fischer brachten sie aus Betsaida und Kapernaum die Voraussetzungen mit, die sie später, nach Ostern, immer öfter benötigten.

II

Ein Charakter wird geformt

Entwicklungen und kleine Schritte

Dem Eindruck kann sich kaum ein Leser der Evangelien entziehen: Zwischen den Tagen, an denen Jesus seine Jünger in Galiläa auswählte, und seiner Gefangennahme im Garten Gethsemane am Westhang des Ölbergs bildeten Simon Petrus und die anderen eine enge Gemeinschaft. Sie waren von einer unbestrittenen Führungspersönlichkeit ausgewählt worden, erkannten seine Autorität an und ordneten sich ein, ohne Privilegien zu verlangen. Rangstreitigkeiten gab es nicht. Da war zwar der berühmte Disput in Kapernaum nach der Rückkehr von einer der vielen Wanderungen durch Galiläa, wer denn nun der Größte sei (Markus 9,33–37; Matthäus 18,1–5). Darüber hatten sie offenbar untereinander debattiert, ehe Jesus sie fragte, was sie denn so Wichtiges zu bereden hätten. Es wird allerdings schnell deutlich, dass sie nicht über eine Tischordnung oder eine Rangfolge hinter Jesus stritten. Ihnen ging es nicht um das Hier und Jetzt, sondern um das Himmelreich. Und das war etwas, was Juden zu dieser Zeit interessierte. Auch in den Schriftrollen vom Toten Meer lesen wir, wie gläubige Juden sich damit befassten. In der so genannten Gemeinderegel 1QS wird die Frage der himmlischen Rangordnung erörtert: »Jeder Israelit solle seinen Rangpostenplatz kennen«, heißt es da (1QS 2,23), und damit jeder begreift, dass dereinst genau geschieden werden wird zwischen ›Priestern‹, ›Ältesten‹ und dem ›Rest des Volkes‹ und keiner spricht, ehe er an der Reihe ist, greift die Gemeinderegel das Thema an späterer Stelle noch einmal auf (1QS 6,8–11). Die ›Messianische Regel‹ 1QSa/1Q28a geht sogar noch einen Schritt weiter. Hier werden Rangordnungen für die Zeit »am Ende der Tage« bis in kleinste Detail geregelt, und das Denken, das dahinter steht, hatte sich im Judentum weit über die Kreise der Essener hinaus herumgesprochen. Wir werden später noch sehen, wie eine Szene im Garten Gethsemane etwas davon reflektiert.[50] Das konnte die Jünger lebhaft interessieren: Die vielen Engel, die vielen Auserwählten von Mose über Elias bis zu Johannes dem Täufer und nun auch Jesus: Was wird da einst die Ordnung sein? Und dann sie selbst, als diejenigen, die der Messias um sich geschart hatte – das durfte doch nicht einfach nur ein ungeordnetes Durcheinander geben. Jesus erteilte ihnen eine entsprechende Antwort, deren Pointe zeitlos ist: »Wenn jemand der Erste sein will, der soll der Letzte sein von allen und aller Diener.« Demut, die Bereitschaft zum Dienen und die innere Einstellung, das Königreich Gottes wie ein Kind anzunehmen, sind Bedingungen für den Eingang in dieses Reich. Ähnlich ergeht es wenig später den beiden Zebedäus-Söhnen Jakobus und Johannes, die schlicht darum bitten, doch die Größten im Himmelreich sein zu dürfen, einer zu Jesu Rechten, der andere zu seiner Linken (Markus 10,35–45; Matthäus 20,20–28). Sie erhalten die gleiche Antwort, da sie aber unangenehm auffallen, weil sie nach der vorangegangenen Begebenheit immer noch darauf insistieren, werden die anderen zehn dann doch ein wenig »unwillig über Jakobus und Johannes«. Und es fällt angenehm auf, dass gerade hier, in diesen Rangdebatten, Simon Petrus kein einziges Mal genannt wird. Auch solche Begebenheiten lassen uns im Übrigen verstehen, dass Jesus und die Jünger bei allen gedanklichen und theologischen Berührungspunkten keineswegs verkappte Essener waren. Wenn es darauf ankommt, trennen sie sich gerade in der Anwendung. Rangordnungen sind abzulehnen, erfahren die Jünger, und sie lernen es.[51]

Nur darf man nicht übersehen, dass es nicht um die irdische Hackordnung ging. Im Alltag drängte sich keiner vor. Umso auffälliger ist es, dass sich wie selbstverständlich konzentrische Kreise abzeichnen. Um Jesus sind die Zwölf, und aus ihnen wählt er von Zeit zu Zeit eine Vierergruppe aus – die beiden Brüderpaare Jakobus und Johannes, Andreas und Simon. Dann gibt es Begebenheiten, bei denen nur eine Dreiergruppe erwähnt wird, Simon Petrus, Jakobus und Johannes. Kleiner wird auch der engste Kreis nicht. Ein Zweiergespräch zwischen Jesus und Petrus ohne Zeugen gibt es nicht. Petrus hebt sich – falls überhaupt – nur dadurch ab, dass er ausnahmslos stets an erster Stelle genannt wird,[52] und dass er stets als Erster redet. Eine tatsächliche Vorrangstellung beansprucht er nie, und sie wird ihm auch nie zugestanden, weder von den anderen Jüngern, noch von Jesus. Eine derartige Übereinstimmung zwischen den Berichterstattern Markus, Matthäus und Lukas fällt umso mehr auf, als sie sich ihre Nuancierungen in der Beschreibung des Simon Petrus ansonsten durchaus gönnen. Das beginnt bei der nicht ganz unwichtigen Namensgebung in den Jüngerlisten. Matthäus und Lukas nennen ihn Simon und fügen Petrus als Beinamen hinzu. Markus dagegen nennt ihn Petrus und erklärt erst dann, dass dies der bis dahin von ihm nicht erwähnte Beiname ist, den Simon von Jesus erhielt. Wie so oft rechnet gerade er mit Lesern, denen nicht mehr alles erklärt werden muss – natürlich wusste man ein, zwei oder drei Jahrzehnte nach Beginn der Jerusalemer Urgemeinde, dass Simon spätestens seit seiner großen öffentlichen Rede in Jerusalem, zu Shavuot/Pfingsten 30 n. Chr., zum ›Felsenmann‹ Petrus avanciert war. Auch Lukas ist konsequent und bezeichnet ihn im Evangelium als »Simon, den er Petrus nannte« (6,14). Erst in einer späteren Liste, aus Anlass der ersten Versammlung nach Ostern, im Obergemach des vertrauten Jerusalemer Hauses, als Simons Beiname sich verselbstständigt hatte, nennt ihn auch Lukas nur noch Petrus (Apostelgeschichte 1,13).[53]

Man könnte folglich diesen Simon Petrus schon früh als eine Art Sprecher oder ›Primus inter pares‹ sehen, den ersten unter gleichen, der sich dieses Recht nicht herausnimmt, sondern der in die Rolle hineinwächst, und der dabei von den anderen, die froh sind, einen zu haben, der als Erster den Mund aufmacht, darin keineswegs behindert wird. Vier solche Ereignisse gibt es in der Frühzeit. Drei davon, je eines bei Markus, Matthäus und Lukas, sind eher beiläufig. Das vierte allerdings hat weitreichende Folgen. Als Jesus völlig unerwartet über das Wasser des Sees Genezareth geht, heben die Berichte des Markus (6,45–52) und Johannes (6,16–21) keinen der Jünger hervor. Markus, dem schon von der ältesten christlichen Überlieferung eine besondere Nähe zu Petrus zugeschrieben wird, spielt Sonderereignisse rund um Petrus ohnehin meist etwas herunter – und das könnte durchaus unmittelbar mit dem direkten Einfluss des von Jesus immer wieder zur Demut angehaltenen Jüngers Petrus auf dieses Evangelium zu tun haben.[54] Johannes wiederum gesteht Petrus seine besondere Funktion im Jüngerkreis zu, lässt ihn aber nie zum ›Helden‹ besonderer Taten werden. Ohne Petrus herabzustufen, würdigt er, wo immer möglich, eher den namentlich nie genannten Lieblingsjünger. Lukas übergeht das ganze Ereignis. Doch Matthäus (14,22–33) hat keinen Grund, Petrus ›kleinzuhalten‹. Er nutzt jede sich bietende Gelegenheit, besondere Geschehnisse breit darzustellen und jede ungewöhnliche Tat nicht nur Jesu, sondern auch eines der Jünger, vor seinen Lesern auszubreiten. So auch hier. Petrus spricht: »Herr, bist du es, so befiehl mir, zu dir zu kommen auf dem Wasser!« Alle haben Angst, halten Jesus zuerst sogar für ein Gespenst, ehe er sich identifiziert. Und sofort reagiert Petrus. Er ist nicht etwa nur beruhigt, er möchte nun sogar teilhaben an der Kraft Jesu.

Matthäus ist zwar der einzige, der das berichtet, aber die Stelle ist über alle textkritischen Zweifel erhaben. Alle Papyri und Kodizes enthalten sie, weder kam sie später hinzu, noch wurde sie irgendwann versuchsweise wieder gestrichen. Sprachlich weicht sie nicht von ihrem Umfeld ab. Mit anderen Worten, sie gehörte von Anfang an hierher. Woher hatte der Autor sie? Sie ist keinem Modell entlehnt, weder in der antiken Mythologie, noch in anderer jüdischer Literatur, etwa den Qumran-Rollen. Versuche, sie aus der ›Theologie‹ des Matthäus heraus zu erklären, sind missglückt. So verblüffend es klingen mag, man muss prüfen, ob nicht die Überzeugung der ältesten christlichen Überlieferung Recht haben könnte: Es hat sich so abgespielt, und Matthäus konnte es beschreiben, weil er dabei war. Das ist ein Gedanke, der heutigen Bibelkritikern so fern liegt, dass sie ihn nicht einmal andeutungsweise aussprechen würden. Die Vorstellung, jener Matthäus, unter dessen Namen das Evangelium überliefert ist, könnte tatsächlich mit dem Jünger Levi-Matthäus identisch sein, wurde ins konservativ-fundamentalistische Kuriositätenkabinett verbannt. Da aber Denkverbote schlecht zu angewandter Forschung passen, hat es immer wieder Historiker und Neutestamentler gegeben, die ernst nahmen, was man in der Anfangszeit der christlichen Überlieferung noch wusste.[55] Und so kann heute einer der besten Kenner dieses Evangeliums, Robert Gundry, gegen Ende seines 685 Seiten langen Kommentars feststellen, dass die Verfasserschaft eines Augenzeugen alles andere als unvorstellbar ist.[56] Dies gelte selbst dann, so Gundry, wenn man verändernde Eingriffe in das historische Material annehme. So habe beispielsweise Platon zweifellos als Augenzeuge des Sokrates geschrieben, ihn aber auch als Vehikel für seine eigene Philosophie benutzt. Nicht nur griechische Beispiele gebe es für diese gestalterischen Möglichkeiten durch einen Augenzeugen, auch in der rabbinischen Literatur ließen sich Beispiele finden.[57] Und Gundry hält zweierlei fest: Solche Eingriffe sind möglich, aber keineswegs zwangsläufig, denn auch Platon habe nach vorherrschender Meinung erst in seinen späten Dialogen zunehmend sein eigenes Denken in das Handeln und Reden des Sokrates einfließen lassen. Und: Es gelte, Abschied zu nehmen von der Vorstellung, Wundergeschichten gehörten nicht in historische Berichterstattung.

Die Weigerung, die Möglichkeit von Wundern zu akzeptieren, so Gundry wörtlich, könne eine arrogante Behandlung der historischen und literarischen Daten erzwingen. Natürlicher sei es, solche Begebenheiten als Unterstreichung des Wunderhaften im Leben Jesu zu behandeln. Das stelle folglich die strikt ›anti-übernatürlichen‹ Denkvoraussetzungen in Frage. Als nüchterner Wissenschaftler fügt Gundry hinzu, dass die Beweislage zugunsten der Wunder sorgfältig geklärt werden müsse; sie habe sehr gut zu sein, wenn nicht der Unterschied zwischen dem Wunderbaren und dem Nicht-Wunderbaren alle Bedeutung verlieren solle. Und, so schließt Gundry diese Erwägungen, apostolisches Material – womit er die Augenzeugenberichte der Jünger und eines Jünger-Autors wie Matthäus meint – würde genau dies bereitstellen: außerordentlich gutes Beweismaterial für das Wunderhafte im Leben Jesu.

In der Tat gibt es keine stichhaltigen Hinweise, die eine Verfasserschaft des Augenzeugen Matthäus von vornherein ausschließen. Versuche, sie zu finden, sind stets kläglich gescheitert. Die Autorenzuschreibung gehört zur ältesten Tradition, Alternativen hat es nie gegeben. Martin Hengel konnte plausibel machen, dass die Angabe der Verfassernamen bei allen vier Evangelien spätestens in die Zeit kurz nach 70 n. Chr. gehört: Gut bekannte technische Rahmenbedingungen wie die Notwendigkeit der Anbringung eines Pergamentstreifens mit Titel und Verfassernamen an den Griff der Rollen der Evangelien spätestens zu dem Zeitpunkt, als das zweite Evangelium erschien und die Beschreibung »Evangelium« allein nicht mehr ausreichte, zwingen zu dieser Einsicht. Von diesen Pergamentstreifen sind die Verfassernamen beim Übergang von der Schriftrolle zum Kodex – spätestens gegen Ende des ersten Jahrhunderts – zu Überschriften geworden, wie wir sie heute noch in unseren Bibeln haben.[58] Wenn so bereits zu frühester Zeit der Verfassername »Matthäus« gesichert ist, müsste man schon konkrete weitere Träger dieses Namens im frühen Christentum ausfindig machen, um noch zu bezweifeln, dass alle ihn rechtens mit dem Jünger identifizierten.

Guten Gewissens können wir also die Erzählung vom Gang des Petrus auf dem Wasser stehen lassen und ernst nehmen. Sie hat natürlich ihre eigene Pointe. Der Zwischentitel in der revidierten Luther-Bibel zerstört sie, denn da heißt es über dem Abschnitt Matthäus 14,22–32: »Jesus und der sinkende Petrus auf dem See«. Auch die Überschrift in der dreispaltigen Ausgabe ›Das Neue Testament Griechisch und Deutsch‹ macht es in der Luther-Spalte nicht besser. Die Überschrift »Der Kleinglaube des Petrus« führt völlig weg von dem, worauf es ankommt. Es geht ja gar nicht darum, dass Petrus schließlich doch sinkt. Entscheidend ist, dass er – und nur er – den Mut hat, das Boot zu verlassen, um auf Jesus zuzugehen. Es ist eine doppelte Herausforderung: Petrus fordert Jesus heraus, ihm zu beweisen, dass er die Macht hat, seine eigene, gottgegebene Kraft auf einen anderen zu übertragen (»… befiehl mir …«). Und er fordert sich selbst heraus, die Stärke des eigenen Glaubens gegen alle normale Erfahrung unter Beweis zu stellen. Die Voraussetzung steckt bereits in der Anrede, die unsere deutschen Übersetzungen leider abschwächen. Nicht »Herr, bist du es, so befiehl mir, zu dir zu kommen auf dem Wasser« (rev. Luther) sagt Petrus, auch nicht »wenn du es bist« (Einheitsübersetzung), sondern: »Herr, da du es bist …« Das griechische Wort, das hier steht, »*ei*«, sollte an dieser Stelle nicht anders verstanden werden. So wird es auch in Matthäus 12,28 und Römer 5,17 gebraucht, und der Zusammenhang macht diese Übersetzung zwingend erforderlich. Alles andere wäre geradezu naiv. Soeben noch hat Jesus gesagt »Ich bin's«, und Petrus, der im Begriff ist, größten persönlichen Mut zu beweisen, sollte erst einmal wie ein begriffsstutziger Agnostiker zurückgefragt haben, sinngemäß: »Na gut, wenn du's denn wirklich sein solltest …«? Der griechische Text legt das nicht nahe, und wir sollten daher auf diese interpretierende Übersetzung in Zukunft verzichten.

Jesus nimmt ihn beim Wort, Petrus verlässt das Boot, und für einen kurzen Augenblick gelingt es ihm – er geht über das Wasser. Sekundenlang spürt er, was den Lesern des Berichts wie ein kurzer Vorgeschmack kommender Dinge erscheint. Nach der Auferstehung, nach Ostern und Pfingsten, wird Petrus größere Taten vollbringen, Wunder, die ihm aus der vollen Kraft seines gefestigten Glaubens gelingen. Doch noch ist es nicht so weit. Seine Konzentration, seine Glaubensgewissheit lässt nach, er blickt nicht mehr auf Jesus, sondern lässt sich ablenken vom Wind, der die See unruhig macht, erschrickt und beginnt zu sinken. Das konnten schon die ersten Leser des Evangeliums auch in der übertragenen Botschaft begreifen: Wer sich ablenken lässt durch Umwelteinflüsse, statt konzentriert nur auf Jesus zu schauen, wird früher oder später versinken. Es bei dieser Einsicht zu belassen, wäre allerdings zu wenig. Petrus besaß Glauben, und er bewies ihn. Dass dieser Glaube noch nicht weit genug trug, kann das nicht ungeschehen machen. Mehr noch: Als er die Hand nach Jesus ausstreckt und ihm zuruft »Herr, hilf mir!«, dokumentiert er noch einmal seinen Glauben, denjenigen nämlich, dass Jesus ihm tatsächlich helfen kann. Jesus selbst erkennt das an. »Du Kleingläubiger, warum hast Du gezweifelt?« – das heißt: Da ist schon Glaube, aber er ist noch nicht ausgereift. Jesus bestreitet dem Petrus gegenüber nicht seinen Glaubensmut. Und indem er ihn rettet, beweist Jesus ein weiteres Mal, dass der Zweifel unbegründet war. Alle Jünger erkennen das an. »Du bist wahrhaftig Gottes Sohn« ist ein gemeinsamer Ausruf, der vorbereitet, was Petrus einige Zeit später bei Caesarea Philippi in seinem Messias-Bekenntnis dann nicht aus dankbarer Erleichterung oder überwältigter nächtlicher Ehrfurcht bekennen wird, sondern in der taghellen Nüchternheit von Frage und Antwort.

Ein subtiler Zwischenton ist hier zu bemerken: Nicht Petrus allein spricht im Boot aus, dass Jesus Gottes Sohn ist; sein Name wird noch nicht einmal genannt. Und: Jesus reagiert nicht darauf. Mit dem Blick auf das Markus-Evangelium (6,45–52) können wir das besser verstehen. Dort ist, wie wir bereits sahen, der Abschnitt über den auf dem Wasser gehenden Petrus gar nicht erst enthalten. Und die Reaktion der Jünger auf die Stillung des Sturms durch Jesus wird so zusammengefasst: »Und sie entsetzten sich über die Maßen; denn sie waren um nichts verständiger geworden angesichts der Brote, sondern ihr Herz war verhärtet.« Das Entsetzen der Jünger wird hier als die Folge einer fortdauernden Kleingläubigkeit dargestellt. Weder das Wunder der Brotvermehrung noch dieses der nächtlichen Sturmstillung hat sie klar sehen lassen; sie waren noch zu sehr befangen in ihren traditionellen Vorstellungen. Ihr geistiger und geistlicher Reifeprozess hatte bestenfalls gerade erst begonnen. Der Ausruf »Du bist wahrhaftig Gottes Sohn«, wie Matthäus ihn berichtet, bedeutet da nicht viel. Noch ist er kaum mehr als eine Leerformel angesichts ungeheuren Geschehens. Söhne Gottes gab es viele, wir haben das bereits gesehen. Auch aus unvollkommenen, sogar aus falschen Gründen konnte jemand Gottes Sohn genannt werden, und im Johannes-Evangelium wird Nathanael deswegen ausdrücklich korrigiert (1,49–50).[59] Insofern stimmen Matthäus und Markus also überein: Die Herzen der Jünger waren noch verhärtet. Was da geschehen war und welcher Sohn Gottes Jesus wirklich war, das hatten sie noch längst nicht verstanden – auch Petrus nicht.

Bis zum Messias-Bekenntnis des Petrus bei Caesarea Philippi gibt es keine weitere auch nur annähernd so dramatische Begebenheit. Nur dreimal wird Petrus namentlich herausgehoben. Zweimal vor dem Gang über das Wasser (Lukas 8,45; Markus 5,37) und einmal unmittelbar danach (Matthäus 5,37). Die ersten beiden Stellen stehen im gleichen Zusammenhang: Jesus ist auf dem Weg, um die Tochter des Jairus zu heilen, als der Saum seines Gewandes von einer Frau berührt wird, die zwölf Jahre lang an Blutungen gelitten hatte, und deren Leiden in dem Augenblick endet, als sie das Gewand berührt. Jesus bemerkt, dass heilende Kraft von ihm ausgegangen ist, und fragt, wer ihn berührte. Keiner gibt es zu, doch Lukas berichtet, wie Petrus sich mit einer ebenso richtigen wie nutzlosen Erklärung vorwagt: Da sich alle um Jesus drängen und ihn fast erdrücken, bleibt es ja wohl nicht aus, dass er berührt wird. Matthäus geht auf dieses Detail der Szene nicht ein, und Markus lässt in charakteristischer Weise den Namen des Petrus aus; bei ihm reagieren »die Jünger« insgesamt.[60] In diesem Zusammenhang des Wegs zur Tochter des Jairus nennt Markus den Petrus dann doch, allerdings nur als einen aus der Dreiergruppe, die hier zum ersten Mal auftritt: »Und er ließ niemanden mit sich gehen als Petrus und Jakobus und Johannes, den Bruder des Jakobus« (5,37). Die letzte der Passagen, in denen Petrus vor dem Ereignis von Caesarea Philippi namentlich auftritt, sieht ihn wieder als Sprecher der Jüngergruppe (Matthäus 15,15). »Erkläre uns dieses Gleichnis!«, bittet er, in aller Namen, und Jesus wendet sich mit seiner ein wenig ungeduldigen Antwort (»Seid denn auch ihr noch immer so ohne Einsicht?«) nicht allein an Petrus, sondern an alle und erklärt ihnen, was es mit den Dingen auf sich hat, die in den Mund eines Menschen hineingehen, ohne ihn unrein zu machen, und jenen anderen, die aus seinem Mund herauskommen und damit aus seinem Herzen, und ihn unrein machen.

So lässt sich sehen, wie die Entwicklung des Simon Petrus langsam vorankommt. Nach seiner Berufung in den Jüngerkreis tritt er in drei seiner Rollen auf: als Sprecher der Jünger, als einer der drei, und als der Jünger, dem dank seiner eigenen Initiative ein besonderes Erlebnis zuteil wird. Das ist alles noch nicht ausgereift. Wirkliches Gewicht erhalten diese Eigenschaften und Rollen erst in der großen Bewährunsprobe, seiner Antwort auf die Frage Jesu, für wen ihn die Jünger halten. Die Quellen, die uns über die Frühzeit der Karriere des Simon Petrus zur Verfügung stehen, sind fragmentarisch, so viel ist unbestritten. Wir haben aber auch gesehen, dass sich aus den Bruchstücken komplementäre Informationen gewinnen lassen. Selbst da, wo diese Informationen im Detail oder in der Breite der Darstellung voneinander abweichen – wie das verschiedene historische Berichte über die gleichen zeitgenössischen Ereignisse selbstverständlich auch heute noch tun –, widersprechen sie einander nicht. Diese unterschwellige Übereinstimmung lässt sich beim Messias-Bekenntnis des Petrus noch deutlicher beobachten.

An der Quelle des Jordan

Galiläa ist für heutige Israelis und für Besucher Israels eine überwältigend schöne Landschaft. Von der Skiabfahrt auf dem schneebedeckten Hermon bis zum Bad im Mittelmeer zwischen Frühstück und Mittagessen – das ist ein Vergnügen eigener Art. Kaum ein Gebiet so geringer Ausdehnung ist derart abwechslungsreich wie dieser »Bezirk«: Nicht mehr heißt Galiläa, »galil«, auf hebräisch wörtlich. Die biblischen Texte haben allerdings für touristische Sehenswürdigkeiten und Freizeitaktivitäten keinen Platz. Die Menschen, denen wir im Alten und Neuen Testament begegnen, arbeiteten hart. Auch die Angehörigen der Oberschicht werden nicht als untätige Mitglieder eines antiken Club Méditerrané dargestellt. Es war eine spärlich besiedelte Landschaft, die sich vom Hermon-Gebirge im Norden bis zum Karmel im Südwesten, vom Jordan bis zur Küste des Mittelmeers erstreckte. Der Höhenunterschied zwischen dem über 2800 Meter hohen Hermon-Gipfel und dem Ufer des Sees Genezareth, das 200 Meter unter dem Meeresspiegel liegt, und die unterschiedlichen Böden sorgten für gute landwirtschaftliche Bedingungen, vom Weinbau über Weizenfelder und Olivenhaine. Auf dem See und am Mittelmeer war Fischfang ein einträglicher Lebenserwerb. Gepökelter Fisch vom See Genezareth, zubereitet in Migdal, dem Herkunftsort der Maria von Migdal/Magdala, war im

ganzen Römischen Reich berühmt.[61] Bei aller Anstrengung des Brot-
erwerbs verstand man es, gut zu leben. Überall waren die Synagogen nicht nur Anlaufstätten für die Gottesdienste, sondern auch Gemeindezentren, in denen man gut aß und trank und feierte. Die aus-
gedehnten Synagogen-Festtafeln, bei denen die Vielfalt der lokalen
Produkte auf den Tisch kam, scheinen gelegentlich überhand genommen zu haben. Jesus, der keineswegs gutes Essen und Trinken
ablehnte und sein erstes Wunder mit der Verwandlung von Wasser
zu Wein bei einem galiläischen Hochzeitsbankett vollbrachte, und
der noch nach der Auferstehung, wieder in Galiläa, Freude an gebra-
tenem Fisch hatte (Johannes 21,1–9), kritisierte nicht die Fröhlichkeit des gemeinsamen Genießens, sondern nur die Heuchelei jener,
die in der Synagoge die Frommen spielten und sich als Geistliche
ihren Lebensstil am gleichen Ort auf Kosten anderer gönnten (Markus 12,38–40). Am großen Festmahl, das Levi-Matthäus in seinem
Privathaus gab – nicht in der Synagoge –, ehe er sich Jesus anschloss,
nahm er teil, auch wenn das die Kritik der von ihm angegriffenen
Heuchler hervorrief (Lukas 5,29–32).

Es war eine Lebensart, die zur galiläischen Landschaft passte. Man
lebte von dem, was die Umwelt bot, und bei aller Bescheidenheit
konnte man davon auch immer wieder gut und festlich leben. Solche
Erfahrungen wurden von allen Jüngern geteilt. Denn mit einer Ausnahme stammten sie alle aus Galiläa.[62] Und man lebte in einer ge-
mischten Gesellschaft. Mehr als einmal sahen wir, wie hier in Galiläa
verschiedene Völker, Nationen, Sprachen und Kulturen zusammenkamen. Im alten Siedlungsland mehrerer israelitischer Stämme, unter
ihnen Naftali, Sebulon, Ascher und später Dan, waren zur Zeit des
Propheten Jesaja Nichtjuden so stark vertreten, dass die Bezeichnung
»Galiläa der Heiden« geradezu sprichwörtlich wurde. Daraus entwickelte sich ein festverwurzeltes Vorurteil, ein so starkes, dass gelegentlich die messianische und prophetische Vollmacht Jesu gerade
deswegen bezweifelt wurde, weil er aus Galiläa stammte (Johannes
7,52).[63] Nach zwischenzeitlichen Zwangsbekehrungen aller Nichtjuden unter dem Hasmonäer-König Aristobul kurz vor Beginn des ersten vorchristlichen Jahrhunderts nahm in römischer Zeit die Ein-
wanderung von ›Heiden‹ wieder zu. Und dass Jesus sich mit den
Jüngern so lange in Galiläa aufhielt, ehe er endgültig nach Jerusalem
ging, hat etwas mit seinem eigenen messianischen Verständnis zu tun.

Denn gerade in Galiläa, dem von Juden und Heiden, aramäisch und griechisch sprechenden Bewohnern, Durchreisenden und Altverwurzelten geprägten Land, ging durch ihn eine Prophezeiung des Jesaja in Erfüllung: »Doch es wird nicht dunkel bleiben über denen, die in Angst sind. Hat er [der Herr] in früherer Zeit in Schmach gebracht das Land Sebulon und das Land Naftali, so wird er hernach zu Ehren bringen den Weg am Meer, das Land jenseits des Jordans, das Galiläa der Heiden. Das Volk, das im Finstern wandelt, sieht ein großes Licht, und über denen, die da wohnen im finstern Lande, scheint es hell« (Jesaja 8,23 – 9,1).[64] Das Volk der Juden unter den anderen Völkern, die anderen Völker unter dem Volk der Juden: Es war eine Situation, die kaum günstiger hätte sein können für einen Messias, dessen Blick zuerst auf sein eigenes Volk gerichtet war und doch immer wieder auch darüber hinausging. All diese Rahmenbedingungen erscheinen wie gebündelt in dem Augenblick des Eintreffens bei Caesarea Philippi und im großen Auftritt des Simon, des frommen Juden, der in seiner Herkunft und seinem Namen selbst diese kulturelle und sprachliche Vielfalt verkörperte.

Die beiden Berichte des Markus und des Matthäus unterscheiden sich in einem Detail, das sich leicht überlesen lässt. Und wieder einmal sind es diese Details, die uns zeigen, wie bedacht die Autoren mit ihrem Material umgehen. Beide sind sich darin einig, dass die Lokalität das Caesarea des Philippus ist. Markus schreibt nun, dass Jesus, Simon und die anderen sich »in die Dörfer von Caesarea Philippi« begaben. Sie gingen nicht, wie es die meisten Übersetzungen missverständlich wiedergeben, in die Dörfer »bei« Caesarea Philippi.[65] Die Formulierung des Markus ist bewusst und präzise. Jesus war kein Stadtmensch, die einzige wirkliche, größere Stadt, die in seinem Leben eine Rolle spielte, war Jerusalem. Und wie die jüngsten Ausgrabungen gezeigt haben, war Caesarea Philippi zwar technisch eine Stadt, seit der Tetrarch Philippus sie in diesen Rang erhoben hatte; aber sie bestand aus einer Anhäufung von kleineren Siedlungseinheiten, die man am besten als Dörfer bezeichnet. Auch das prachtvolle Areal des Pan-Heiligtums und des Augustus-Tempels lag nicht im Stadtzentrum, sondern am Rande der Siedlungen. Auf dem Weg von Betsaida, wo sie sich zuvor aufgehalten hatten (8,22–26), kam die Gruppe an diesem Heiligtumsbezirk vorbei, ehe sie in die Dörfer gelangte. So legt es die Wegskizze des Evangelisten

nahe: »Und auf dem Wege (d.h. dorthin, in die Dörfer der Stadt Caesarea) fragte er seine Jünger: ›Für wen halten mich die Menschen?‹«
Die erste Meinungsumfrage der Bibel hatte also spätestens auf der
Strecke von Betsaida nach Caesarea stattgefunden, und die aus-
drückliche Erwähnung der Dörfer von Caesarea legt nahe, dass die
nun folgende Szene unmittelbar vor dem Erreichen dieses Ziels
spielt. Dagegen formuliert Matthäus ein wenig anders. Bei ihm ist
der Schauplatz als »die Teile von Caesarea Philippi« beschrieben.
Das jedenfalls bedeutet der griechische Ausdruck »*merís*« wörtlich.
Gemeint ist das Verwaltungsgebiet, die Region von Caesarea als
Einheit. Matthäus spricht technischer, aber er sagt das Gleiche wie
Markus. Missverständlich sind deutsche Übersetzungen nur dann,
wenn sie im Leser den Eindruck erwecken, das Ereignis habe ganz
vage irgendwo in dieser Gegend stattgefunden. Es ist von Caesarea
Philippi selbst die Rede. Wir müssen das auch deswegen ernst nehmen, weil es offenbar den Berichterstattern wichtig war. Nicht immer werden Ortsnamen genannt, wenn sie aber genannt werden,
steckt etwas dahinter. Matthäus unterstützt in einer anderen seiner
Nuancen auch die eben vorgeschlagene Interpretation, man habe
sich gleichsam am Stadtrand, kurz vor den Siedlungen/Dörfern befunden: Denn er lässt die Formulierung »auf dem Weg« aus und
stellt einfach fest, dass sich die Gruppe in der Agglomeration von
Caeasarea Philippi befindet, als Jesus seine Frage stellt.

Was verstand ein zeitgenössischer Leser der Evangelien, wenn von
Caesarea Philippi gesprochen wurde? Bekannt war, dass Juden hier
nur einen kleinen Teil der Bevölkerung bildeten.[66] Berühmt war
auch die Lage »nahe bei den Jordanquellen«.[67] Spektakulär und von
gläubigen Juden natürlich abgelehnt war an dieser »höchstberühm-
ten« Stätte vor allem der oben schon einmal erwähnte Augustus-
Tempel, den Herodes der Große errichtet hatte.[68] Und geradezu auf-
sehenerregend war das Heiligtum des Gottes Pan, das hier seit der
Hellenisierung im vierten vorchristlichen Jahrhundert stand und bis
in die Zeit des Herodes Agrippa II., zur Zeit des Kaisers Nero, für
den Pilgertourismus ausgebaut wurde und bis in die byzantinische
Epoche unverändert beliebt war. Spätestens um 200 v.Chr. hieß der
Ort schon »Panion«, in vor-neutestamentlicher Zeit war daraus »Paneas« geworden; beide Namen beziehen sich auf den Kult der griechischen Gottheit, die zur Zeit des Auftritts Jesu vom Gott der

Fruchtbarkeit und der Vegetation zu einer Art Allgottheit geworden war.[69] Wie für den Pan-Kult typisch, lag er rings um eine Grotte und nahe bei einer Quelle – ehe der genaue Verlauf durch Erdbeben verändert wurde, entsprang der Hauptquellfluss des Jordan, der heute noch arabisch Nar Banjas heißt, aus dieser großen, natürlichen Felsgrotte. Über der Grotte und rechts von ihr befinden sich noch heute zahlreiche Nischen mit Inschriften; einst standen dort Statuen von Gottheiten und Nymphen. Die längste der Inschriften, unmittelbar über der großen Grotte, lautet: »Der Priester Victor, Sohn des Lysimachos, weihte diese Göttin dem Gott Pan, Liebhaber der Echo.« Die nicht mehr erhaltene Statue stellte also vermutlich die Nymphentochter Echo dar. Eine Nische zur rechten Hand hat die noch gut lesbare Inschrift »Für Pan und die Nymphen weihte Victor, der Sohn des Lysimachos, mit seinen Kindern ein Steinabbild des Hermes, Kind der Maia, Sohns des Zeus, wie er es gelobt hatte.«[70]

Es waren also drei herausragende Elemente, die hier zusammenkamen und den Ort berühmt gemacht hatten: die Jordanquellen, das Pan-Heiligtum und der Augustus-Tempel. Der Petrus-Begleiter Markus und der Jünger Matthäus-Levi, jeder andere, der mit Jesus dort oben gewesen war, und wohl die meisten Leser beider Evangelien hatten dies alles bei der Ortsangabe »Caesarea Philippi« vor Augen. Und da brauchte es in den Evangelien keine weitschweifigen Erläuterungen, um sofort die Assoziationen zu wecken, zu denen uns heute erst wieder die Lektüre antiker Autoren und die Entdeckungen der Archäologen verhelfen. Nicht irgendwo, sondern genau hier fragt Jesus, was die Leute über ihn sagen und für wen die Jünger selbst ihn halten. Alle Kennzeichen der religiösen und religionspolitischen Wirklichkeit der damaligen Welt waren hier zusammengekommen: der griechische Götterkult, der römische Kaiserkult und eine Quelle des Jordans, des Flusses, der das Land Israel vom Norden bis zum Süden durchzog und in dem Jesus ebenso wie einige der Jünger getauft worden waren. Und es war eine Gegend, in der auch Juden lebten, vorwiegend jedoch andere Volksgruppen. Kurz: Kein anderer Ort verkörperte so sehr die multikulturellen und multireligiösen Realitäten dieser vernetzten Welt. Es ist daher alles andere als ein Zufall, dass Jesus gerade hier die messianische Frage stellte. Mitten unter den Symbolen der beiden beherrschenden Kultformen, zwischen dem Tempel eines Kaisers, der als »Sohn Gottes« verehrt wurde, und dem Grottenheiligtum einer Gottheit, die man als »Allgott« anbetete, forderte der Jude Jesus dazu heraus, den wahren Gott und seinen Messias, den wahren Sohn Gottes, zu bekennen.

Die Frage, die Jesus stellte, war keine rhetorische Frage. Sicher hatte auch er eine Vorstellung davon, für wen ihn die Menschen hielten. Aber die Jünger hatten ihre eigenen Kontakte. Einige Zeit zuvor hatte Jesus sie in Zweiergruppen auf selbstständige Reisen geschickt (Markus 6,7–13). Auf den gemeinsamen Wanderungen, nicht nur diesmal von Betsaida nach Caesarea, hatte es manche Gelegenheit gegeben, mit den Leuten zu sprechen – beim Provianteinkauf zum Beispiel oder nach den Reden Jesu. Da entwickelte sich ein Meinungsbild, und wie sich herausstellte, war es wenig überraschend. Die Volksmeinung war in ähnlicher Weise schon zum Ausdruck gekommen, als Herodes Antipas von Gerüchten gehört hatte, Jesus sei der auferstandene Johannes der Täufer oder Elia oder einer der alten Propheten (Markus 6,14–15). Die Erwartung eines wiederkehrenden Propheten war mit der Zeit des Messias verbunden. Ehe das Ende der Zeiten in der Person des Messias kommen konnte, mussten Vorläufer auftreten. Dies also traute man Jesus zu – dass er ein solcher Vorläufer war, der Bote des unmittelbar bevorstehenden messianischen Zeitalters. Vor allem Elia spielte eine herausragende Rolle, denn spätestens seit dem fünften vorchristlichen Jahrhundert, als das Buch des Propheten Maleachi erschien, galt er als der Prophet, der wiederkommen würde, um den Tag des Herrn zu verkünden (Maleachi 3,23–24). Leser der Evangelien wissen an dieser Stelle bereits mehr; denn Johannes der Täufer hatte sich selbst als Vorläufer Jesu dargestellt (Markus 1,7–8), und in seinem Urteil über den Täufer hatte Jesus ihn als wiedergekommenen Elia identifiziert (Matthäus 7,14). Nach den öffentlichen Reden und Wundertaten konnte Jesus gewissermaßen voraussetzen, dass er wenigstens in solchen Kategorien verstanden wurde. Selbst die sparsame Darstellung des Markus hatte zuvor schon von dem besessenen Gerasener gewusst, aus dem der Dämon voller Angst vor Jesus ausrief: »Was willst du von mir, Jesus, Sohn Gottes, des Allerhöchsten? Ich beschwöre dich bei Gott: Quäle mich nicht!« (Markus 5,7).[71]

Wie konnten sich die Jünger selbst eine Meinung bilden? Ließen sie sich beeinflussen von der Stimmung unter ihren Mitjuden? Waren sie weit genug gekommen, um aus dem vielen, was sie bereits an der Seite Jesu erlebt hatten, mutigere Schlussfolgerungen zu ziehen? Caesarea Philippi war der Ort, um Klarheit zu schaffen. Da stand er, der Tempel eines »Sohnes Gottes« – wie viele Söhne Gottes konnte es geben, wann hörte es auf, ein traditioneller jüdischer Ehrentitel oder importierter kaiserlicher Machtanspruch zu sein? Da war er, der in den Fels geschlagene Schrein eines Gottes, einer von unzählbar vielen Göttern in der römisch-griechischen Welt – wie viele durfte es geben, ehe ein Jude als der Gesalbte des Herrn dagegenhielt, dass der Herr, unser Gott, ein einziger ist, wie es schon in der Torah steht, im seit Urzeiten vertrauten Glaubensbekenntnis des »Sch'ma Israel« (5. Mose 6,4)? Einer spricht es aus, Simon Bar Jona. »Du bist der Christus«, sagt er, und da er in dieser Situation wohl aramäisch sprach, sagte er nicht »Christus«, sondern: »Du bist der Messias« (Markus 8,29). Eine lange Reihe alter Handschriften des Markus-Evangeliums fügt noch hinzu: »der Sohn Gottes«;[72] und weitere haben, noch etwas länger, »der Sohn des lebendigen Gottes«[73] hinzugefügt. Es spricht jedoch nichts dafür, dass diese Erweiterungen der ursprüngliche Text des Markus sein könnten. Allzu sehr sehen sie nach dem gelegentlichen Versuch aus, die längere Fassung im Matthäus-Evangelium zu benutzen und beim zu kurz wirkenden Markus nachzubessern. Doch wir haben inzwischen oft genug gesehen, dass Markus die Vollständigkeit der Aussagen, der Dialoge und Debatten überhaupt nicht anstrebt. Ihm genügt die knappe Pointe, er bringt die Dinge, ganz wörtlich, auf den Punkt. So auch hier. Auch in seinem Evangelium war Jesus längst als Sohn Gottes bezeichnet worden; Gott selbst hatte damit den Anfang gemacht (1,11). Bei der Heilung eines Gelähmten hatten Beobachter festgestellt, dass Jesus mit seiner Vergebung der Sünden eine Macht beanspruchte, die nur Gott selbst zustand (Markus 2,5–7).[74] Jesus seinerseits hatte von sich als »Menschensohn« gesprochen (2,10) und damit einen messianischen Ausdruck aus dem prophetischen Buch Daniel verwendet (Daniel 7,13–14).[75] Worum es Markus hier in Caesarea Philippi ging, das war nicht die Wiederholung des schon mehrfach Gesagten, sondern das bisher noch nicht Ausgesprochene. Simon hat den Mut, als Erster auf eine direkte Frage Jesu zu sagen: Ja, du, und nur du, bist der Messias.[76] Wir sollten die Antwort daher mit der Betonung nicht auf dem Wort »Christus« lesen, sondern auf dem »Du«, denn darauf kommt es hier an. Alle Fäden sind jetzt zusammengenommen, die Selbstaussage vom Menschensohn, das Wort Gottes, der Angstschrei der Dämonen, sie haben Simon die Augen geöffnet, doch erst, als Jesus die Jünger unmittelbar anspricht, riskiert er, es ihm selbst und vor Zeugen zu sagen.

Spricht Simon Petrus nur für sich selbst, oder tritt er als Sprecher für die ganze Gruppe auf? Markus lässt das offen. Der Zusammenhang lässt vermuten, dass Jesus alle Jünger einbezieht, denn es heißt sofort: »Und er verbot *ihnen*, darüber zu sprechen.« Aber an einem Detail wird deutlich, dass Petrus aus eigener Initiative redet. Auf die Frage nach der Meinung der Menschen hatten noch alle Jünger geantwortet (8,28); hier spricht nur er. Wie wir schon früher feststellten, war es ein Gespräch, das aller Wahrscheinlichkeit nach nicht in der griechischen Sprache des Evangeliums stattfand, sondern auf aramäisch, sodass nicht »Christus« bekannt wurde, sondern der »Messias«. So wichtig es ist, sich daran immer wieder zu erinnern, so wenig sollte man es überbewerten. Zahlreiche Publikationen eines überaus verdienstvollen Vorkämpfers jüdisch-christlicher Verständigung nach 1945, des jüngst verstorbenen Pinchas Lapide, haben dank ihres Breitenerfolgs auf dem Gebiet der neutestamentlichen Texte viel Verwirrung gestiftet. Denn obwohl ihm kein einziger philologisch einwandfreier Nachweis gelungen ist, hat sich seine These von den Falschübersetzungen aus dem Aramäischen und Hebräischen ins Griechische in vielen Köpfen festgesetzt. Die Evangelisten hätten ihre Quellen oft falsch verstanden, und man müsse nun mühsam herausfinden, welcher jüdisch-hebräische Gedanke hinter den griechischen Ausdrücken tatsächlich steckte. Die Qumranfunde und der Rückgriff auf die von Juden für Juden übersetzte ›Septuaginta‹, das griechische Alte Testament aus dem dritten und zweiten vorchristlichen Jahrhundert, haben längst gezeigt, dass die Verfasser der siebenundzwanzig Schriften, die das Neue Testament bilden, sehr genau wussten, was sie schrieben.[77] Was Lapide und viele andere nicht im Blick hatten, ist dies: Markus und die anderen waren selbst Juden, sie waren mehrsprachig und konnten in bester Mehrsprachenkompetenz entscheiden, welches griechische Wort dem ursprünglichen aramäischen oder hebräischen am ehesten entsprach. Wir können das zuspitzen: Ob wir nun einen Satz wie »Du bist der Christus« auf griechisch oder auf aramäisch überliefert haben, spielt überhaupt keine Rolle. Das griechische Wort für das hebräisch-aramäische »Messias«, »Christos«

also, war zu diesem Zeitpunkt seit rund dreihundert Jahren unter grie-
chischsprechenden Juden geläufig. Wenn wir hier überhaupt etwas an
unserem herkömmlichen Verständnis der Stelle korrigieren sollten,
dann ist es nicht so sehr die Veränderung im deutschen Text, wie das
manche Übersetzungen mittlerweile tun, die »Messias« an die Stelle
von »Christus« setzen. Hilfreich ist vielmehr die Einsicht, dass Simon
hier seinem Meister keinen neuen oder zusätzlichen Eigennamen gibt.
Wenn im Rückblick bereits der Einleitungssatz des Markus-Evangeliums ebenso wie Paulus in vielen seiner Briefe »Christus« als Doppel-
namen mit Jesus verbindet und wir das heute umgangssprachlich auch
so tun, wenn sich »Christus« längst als Eigenname verselbstständigt
hat, dann ist das hier, im historischen Moment, eben noch nicht der
Fall. »Du bist *der* Christus«, schreibt Markus präzise, mit dem bestimmten griechischen Artikel »*ho*«, und aramäisch hätte er »*ha-Me-*
schiach« geschrieben. Es ist ein Rang, ein Titel, ein Amt, kein Eigenname.

Messias/Christus heißt zuerst einmal nicht mehr als »der Ge-
salbte«. Simon Petrus erklärt Jesus zum Gesalbten Gottes. Für grie-
chische Leser war das ohne nähere Erläuterung nicht einfach zu verstehen, was er da eigentlich sagte. Johannes unternimmt in seinem
Evangelium zwar einen Versuch, indem er Andreas so wiedergibt:
»Wir haben den Messias gefunden«, und dann erläuternd hinzufügt:
»Das heißt ›Gesalbter‹«. Aber auch er benutzt nur das griechische
Wort »christós«, wenn auch diesmal ohne bestimmten Artikel. Ein
Grieche konnte das Wort schon als »der Eingeriebene«, aber auch als
»der Angestrichene« oder »der Geschminkte« verstehen.[78] Dass da-
mit eine besondere religiöse Bedeutung verbunden war, verriet das
Wort allein noch nicht. Die jüdische Wurzel des Christentums ist
hier unübersehbar: Niemand, der nicht in das jüdische Denken, in
die jüdischen Schriften der Bibel eingeführt war oder sich in sie ein-
führen ließ, konnte verstehen, was hier der Jude Simon zum Juden
Jesus sagte. Solche Initiation war denn auch selbstverständlich.
Noch ein anderer jüdischer Jesusanhänger, der Pharisäer Sha'ul/
Paulus, erfuhr das zum Beispiel im mazedonischen Beroea. Dort
hatten andere Juden ihm und seinem Begleiter Silas aufmerksam zugehört; dann »forschten sie täglich in den Schriften nach, ob es sich
wirklich so verhielt« (Apostelgeschichte 17,11). Ging es um den
Messias, den Gesalbten Gottes, führte kein Weg an der urtümlichs-

ten Erwähnung vorbei, in 1. Samuel 2,10, dem Lobgesang der Hanna: »Die mit dem Herrn hadern, sollen zugrunde gehen. Der Höchste im Himmel wird sie zerschmettern, der Herr wird richten der Welt Enden. Er wird Macht geben seinem Könige und erhöhen das Haupt seines Gesalbten.«[79] Es ist nicht schwer zu verstehen, wie sich in der langen jüdischen Tradition die Auffassung verfestigen konnte, der Messias werde ein Befreier sein, einer, der mit himmlischer Macht richten und alle Gegner vernichten wird. Auch das Friedensreich des Messias sollte erst als Folge seines machtvollen Sieges kommen, denn er würde »mit dem Stabe seines Mundes den Gewalttätigen schlagen und mit dem Odem seiner Lippen den Gottlosen töten« (Jesaja 11,4). Mehr noch: Dieser Messias würde die gegnerischen Völker unterwerfen, denn unter seiner Führung werden sich »die Verjagten Israels und die Verstreuten Judas sammeln« und »sich stürzen auf das Land der Philister im Westen und miteinander berauben alle, die im Osten wohnen. Nach Edom und Moab werden sie ihre Hände ausstrecken, die Ammoniter werden ihnen gehorsam sein« (Jesaja 11,12–14).

Spätestens seit dem zweiten vorchristlichen Jahrhundert und besonders intensiv zur Zeit Jesu war dieses Bild, wie es auch die Qumranrollen belegen, die Grundlage für die leidenschaftliche Hoffnung auf den Messias, der mit der Macht himmlischer Heerscharen – und, wie manche es verstanden, nicht ohne die Hilfe von gewaltbereiten Zeloten – die verhassten Römer, die »Kittim«, wie sie in den Rollen heißen, vertreiben würde.[80] Ein solcher Hintergrund machte das messianische Bekenntnis des Simon zur politischen Aussage. Im Jargon des 20. Jahrhunderts könnte man davon sprechen, dass Simon und die anderen von ihrer Umwelt, von ihrer Gesellschaft konditioniert waren. Sie hatten keinen Grund, einen unpolitischen, unmilitärischen Messias zu erwarten, einen Messias, dessen Königreich nicht als irdisch-politisch zu verstehen war. Die messianischen Voraussagen, die wir heute – im Rückblick auf die Erfüllung in Jesus – als Prophezeiungen verstehen, waren zu jener Zeit weitgehend ausgeblendet, oder sie wurden beim besten Willen nicht als messianisch verstanden. Es ist ein Phänomen, dem wir häufig begegnen. Erst nach Ostern, nach Kreuzigung und Auferstehung, waren selbst die engsten Anhänger in der Lage, Zusammenhänge zu erkennen. Was hätte ihnen vorher, also konkret dort oben in Caesarea Philippi, den Anlass geben können, an das Bild des leidenden Messias nach Jesaja 53,1–12 zu denken, der sein Leben »zum Schuldopfer« für andere gibt? Wer konnte schon so weit blicken, um zu erkennen, dass Jesus in seinem Tod am Kreuz die scheinbar unvereinbaren Messiasbilder zusammenbrachte und gerade durch sein Leiden, durch das messianische Schuldopfer, zum triumphierenden siegreichen Messias wurde – ganz so, wie er es durch das laute Beten des messianischen Psalms 22 am Kreuz kundtat (Markus 15,34)[81]? Und wer konnte vor der Auferstehung die Erfüllungen durchschauen? Markus, der geniale Gestalter seines Materials, erläutert: Es war noch nicht so weit, die Menschen – auch die Jünger – erwarteten noch immer einen Messias, wie Jesus es nicht war. So großartig das Messiasbekenntnis des Simon klang, so fragwürdig blieb vorerst, wie er es meinte – und vor allem, wie andere es auffassen würden. Darum, knapp und direkt, kein Lob für Simon, keine Anerkennung seines Bekennermuts, sondern die auf den ersten Blick eigenartige Aufforderung: »Und er gebot ihnen, dass sie niemandem von ihm sagen sollten.«

Es geht hier tatsächlich um diesen ganz besonderen Status des Messias. Denn dass Jesus außergewöhnliche Kräfte besaß, als Prediger und Heiler, hatten längst viele gemerkt, und der Ehrentitel »Sohn Gottes« war mehr als einmal ausgesprochen worden. Die Menschen kamen in großer, mitunter bedrängender Zahl zu seinen Auftritten (zum Beispiel Markus 1,45; 2,1–4; 3,7; 3,20; 4,1; 6,31–44; 8,8–9). Würden sie nun noch erfahren, dass Jesus von seinen unmittelbaren Begleitern, Menschen also, die es wissen mussten, zum Messias ausgerufen wurde, dann wäre seiner Lehrtätigkeit ein Ende gesetzt worden, noch ehe sie ihren Höhepunkt erreicht hatte. Er wäre zum politischen Revolutionsführer stilisiert worden, hätte gewaltbereite Fanatiker angezogen und wäre von ihnen allen fallen gelassen worden, sobald er diese Rolle abgelehnt hätte – sofern ihn nicht Herodes Antipas oder die Römer schon gleich ausgeschaltet hätten. Tatsächlich gehorchen die Jünger nach den noch folgenden Erläuterungen und trotz des hinhaltenden Einspruchs durch Simon Petrus: Bis zum Ende des Evangeliums wird Jesus kein einziges Mal von ihnen öffentlich als Messias ausgerufen.

In der knappen Fassung des Markus ist noch die dramatische Intensität der Szene spürbar. Jesus erläutert, welcher Messias er ist, er spricht von seinem Leiden, von Tod und Auferstehung – und er wird von Petrus beiseite genommen. Er widerspricht Jesus, und Markus gebraucht ein starkes Wort dafür: das griechische »*epitimáô*« heißt zurechtweisen und zurückweisen und wurde zuvor von Jesus selbst gegen Dämonen gebraucht (Markus 1,25; 3,12). Petrus geht mit Jesus zwar ein paar Schritte weg, aber die Jünger kommen gleich hinterher und hören, was geschieht. Markus zeigt, dass Petrus keineswegs eine Privatmeinung vertritt, und dadurch, dass er nicht aus der Gruppe der Jünger heraus spricht, wird gleichzeitig angedeutet, dass er hier eine noch umfassendere Meinung vertritt. So wie er denkt, in seiner Zurückweisung des von Jesus erläuterten Messiasbildes, so dachte die Mehrheit der Juden, die das Kommen des Messias erwarteten. Mit einem leidenden, sterbenden Christus konnte Petrus sich nicht zufriedengeben, und dieses Denken war so tief in ihm verwurzelt, dass es sogar im Garten Gethsemane noch einmal durchbrach, als er das Schwert zog, um mit seiner Aktion gegen den Diener des Hohenpriesters den siegreichen messianischen Endkampf einzuleiten.[82]

Auch Jesus ist sich der dramatischen Lage bewusst. Was Petrus dachte und wollte, konnte gefährlich werden, gerade weil es von dem Mann kam, dem er selbst bereits seinen Beinamen »Petrus« bestätigt hatte.[83] Jesus weist ihn zurück – auch hier benutzt Markus das gleiche griechische Wort, »*epitimáô*«. Was aber sagt Jesus nun zu Simon Petrus? Wir verstehen den Satz meist so, als würde er ihn von sich weisen, ihn wegschicken, solange er wie der Versucher Satan zu ihm redet: »Geh weg von mir, Satan! Denn du meinst nicht, was von Gott ist, sondern was die Menschen wollen.« Geh weg von mir, Satan – diese Vertreibung kann allerdings kaum gemeint sein. Es wird auch an keiner Stelle erwähnt, dass Petrus sich nun zumindest eine Zeit lang aus dem Jüngerkreis und der Gemeinschaft mit Jesus zurückgezogen hätte. Die Pointe des griechischen Satzes ist eine ganz andere. Und man kann sie gut verstehen, denn Markus bereitet sie vor. Zweimal vor dem Ereignis von Caesarea Philippi benutzt er bereits die gleiche Konstruktion. Völlig identisch ist sie bei der Berufung von Simon und Andreas, Markus 1,17: »*opísô*« mit dem Genitiv »*mou*«, auf deutsch im Dativ »mir«: »Hinter mich!«, im Sinne von: Folge mir nach! Wenig später wird sie auf die Berufung von Jakobus und Johannes bezogen: »und sie folgten ihm nach« (»*opísô autoû*«; Markus 1,20). Letzte Zweifel am markinischen Wortgebrauch werden unmittelbar nach der Zurückweisung des Petrus ausgeräumt, nur einen Vers später, denn da erläutert Jesus einer Volksmenge und den Jüngern, was Nachfolge bedeutet, und sagt: »Wer mir nachfolgen will (*»opísô mou«*), der verleugne sich selbst und nehme sein Kreuz auf sich und folge mir nach« (8,34). Mit anderen Worten: Jesus sagt dem Petrus nicht, dass er verschwinden soll. Er sagt ihm im Gegenteil, dass auch der Satan, der da aus ihm sprach, sich ihm, dem wahren Messias, unterordnen müsse. Folge nicht deinen satanischen Einflüsterungen, deinem menschlichen Willen, sondern stelle dich hinter mich, und folge mir nach!

Dieses Verständnis der Stelle wird bestärkt durch das vorausgehende Wort, griechisch *»hypage«*. Markus gebraucht es mit der Bedeutung »langsam weggehen, sich zurückziehen«.[84] Und so ließ sich die Aufforderung, die Jesus ausspricht, von Petrus verstehen: »Geh und denke darüber nach, was du da eben unter dem Einfluss des Satans gesagt hast, und folge mir nach als ein gläubiger Jünger.«[85] Das ist eine harte Sprache – auch Simon konnte aus der Anrede, die Jesus gebraucht, durchaus heraushören, dass er in diesem Augenblick nicht mehr wie ein Fels galt, sondern wie Satan. Jesus hatte eine solche Begegnung bereits gehabt, er wusste also, wovon er sprach. War damals in der Wüste noch kein Jünger dabeigewesen (Markus 1,12–13), so hatte er doch offensichtlich später davon berichtet.[86] Doch in der Härte des Ausspruchs liegt der Appell, den Petrus sofort beherzigte, denn in der anschließenden Szene ist er implizit wieder mit dabei. Er hatte es verstanden – »Folge mir nach, begebe dich hinter mich!« Und später, nach Auferstehung und Pfingsten, wendet er die Lehre selbst an. In seiner Zurechtweisung des Ananias sagt er es so: »Ananias, warum hat der Satan dein Herz erfüllt?« (Apostelgeschichte 5,3). Nur an dieser einen Stelle nimmt Petrus das Wort »Satan« selbst in den Mund.

Markus und Matthäus, die beiden, die von der Auseinandersetzung mit Jesus berichten, hätten ebenso gut wie Lukas und Johannes den Mantel höflichen Schweigens darüber ausbreiten können. Dass sie es nicht tun, ist kein Kennzeichen einer anti-petrinischen Haltung. Es zeigt sich vielmehr, dass für sie gerade diese Zurückweisung ein Mosaikstein im mühevollen Reifeprozess des Petrus ist. Matthäus, dessen Bericht wir uns gleich noch etwas genauer ansehen werden, hatte mit den Jesus-Worten vom Fels und den Schlüsseln des Himmelreichs eine Grundlage geschaffen, die trotz der Konfrontation bestehen bleibt: Nichts von den Verheißungen und Zusagen wird schließlich zurückgenommen. Markus, der diese besondere Beauftragung an Petrus nicht weitergibt, lässt dagegen die Kritik an ihm unabgefedert stehen. Gerade dadurch aber gewinnt sein Petrusbild in der frühen Christenheit an Stärke. Man wusste ja, dass sein Evangelium unmittelbar mit Petrus verbunden war. Wenn dennoch eine solche Szene ohne Abmilderung berichtet wird, dann bezeugt sie auch die charakterliche Reife des Mannes, der sich im Rückblick, in einer Position höchster Autorität, zu dieser damaligen Schwäche bekennt. Aus der Schwäche zur Stärke zu kommen, das ist eines der Merkmale des Werdegangs des Simon Petrus. Bei ihm ist das deutlicher ausgeprägt als bei den anderen Jüngern, und auch darin steht er als »Erster unter gleichen«.

Ein beliebter, viel gelesener Brief des Urchristentums, der nicht ins Neue Testament aufgenommen wurde, geht darauf ein: Der Barnabas-Brief, eine vorwiegend noch in die Zeit zwischen 130 und 132 n.Chr. datierte Schrift,[87] die allerdings doch wohl eher schon um 75 n.Chr. entstand, nicht lange nach der Zerstörung des Jerusalemer Tempels.[88] Hier schreibt ein Mann, der als überzeugter, geradezu leidenschaftlicher Christ noch tief in den jüdischen Traditionen des Christentums zu Hause ist, sie nun aus der Erfüllung im Messias Jesus heraus deutet und sie offensichtlich über die Zerstörung Jerusalems und des Tempels hinaus bewahren will. Immer wieder nutzt er seine Kenntnis des jüdischen Gesetzes, der »Halacha«, und bezieht sich auf jüdische Traditionen des Verständnisses, die älter sind als die spätere Kodifizierung durch die rabbinischen Schriften. Seine Kenntnis außerbiblischer jüdischer Literatur geht zum Teil noch über das hinaus, was in Qumran wiedergefunden wurde. Manche seiner Kritiken am zeitgenössischen Judentum entsprechen denen, die kurz vor ihm der wohl größte jüdische Philosoph der Epoche, Philo von Alexandrien, formuliert hatte. Sein Denken ist in einigen Bereichen offenbar in Auseinandersetzung mit Qumran-Schriften entstanden.[89] Obwohl es ihm oft unterstellt wird, war er alles andere als ein Antisemit. Und dieser Mann äußert sich nun unter anderem auch über die Kriterien der Jüngerauswahl. An dieser Stelle heißt es: »Als er seine Apostel auswählte, die sein Evangelium verkünden sollten, die über jede Sünde hinaus völlig gesetzlos waren, um zu zeigen, dass er nicht gekommen war, Gerechte zu berufen, sondern Sünder, da offenbarte er, dass er der Sohn Gottes war. Denn wäre er nicht im Fleisch gekommen, hätten die Menschen bei seinem Anblick unmöglich gerettet werden können, da sie ja schon, wenn sie die Sonne anschauen, die eines Tages nicht mehr sein wird und ein Werk seiner Hände ist, nicht in ihre Strahlen hineinschauen können« (Barnabas-Brief 5,9–10). Die Zuspitzungen dieses Briefes gründen auf jüdischen und jüdisch-christlichen Auffassungen vom Gesetz. Der Verfasser schrieb für eine Leserschaft, die sich im Judentum bestens auskannte. Und er setzte eine gewisse Vertrautheit mit Äußerungen des historischen Petrus voraus. Ein subtiles Detail steckt in seiner Beschreibung der Jünger als »ganz und gar gesetzlos«, griechisch »anomôterous«. Es ist, im Plural, die Steigerungsform von »ánomos«, ohne Gesetz. In den Evangelien wird der Begriff nur einmal gebraucht, und da bezieht ihn Jesus, unter Berufung auf eine Jesaja-Stelle (53,12), auf seine bevorstehende Kreuzigung zwischen zwei Verbrechern: »Denn ich sage euch: Es muss das an mir vollendet werden, was geschrieben steht: ›Er wurde unter die Gesetzlosen (»anómôn«) gerechnet‹. Denn was von mir geschrieben ist, das geht in Erfüllung« (Lukas 22,37). Was nun geradezu verblüfft, das ist die Aufnahme dieses so befrachteten Wortes durch Simon Petrus, und zwar gleich zweimal, in seiner Jerusalemer Rede und in seinem zweiten Brief. In Jerusalem, während der großen Pfingstrede, dreht Petrus den Spieß um. Wieder ist die Kreuzigung das Thema, und nun heißt es: »Diesen Mann, der durch Gottes Ratschluss und Vorsehung hingegeben wurde, habt ihr durch die Hand der Gesetzlosen (»anómôn«) ans Kreuz geschlagen und umgebracht« (Apostelgeschichte 2,23). Und im 2. Petrusbrief 2,8 steht schließlich, bezogen auf das Erlebnis des Lot beim Untergang von Sodom und Gomorra: »Denn der Gerechte, der unter ihnen wohnte, musste alles mit ansehen und anhören und seine gerechte Seele von Tag zu Tag quälen lassen durch ihre gesetzlosen Werke« (»anómois érgois«). Diese Aussagen werden durch einige wenige Stellen in Paulus-Briefen ergänzt.[90]

Zusammengenommen ergibt sich ein vorherrschender Eindruck: In ältester Zeit konnten als »gesetzlos« solche Menschen bezeichnet werden, die sich vom Gesetz Gottes abgekehrt hatten. In neutestamentlicher Zeit sind jedoch so gut wie ausschließlich Nicht-Juden gemeint oder der Einfluss, der satanisch von außerhalb des Judentums kommt.[91] Häufig sind ganz spezifisch die Römer gemeint.[92] Und das macht die Aussage des Barnabasbriefs so brisant: In der ersten Phase des Christentums, nach dem Tod der ersten Apostel, nach der Zerstörung Jerusalems und des Tempels, aber lange vor der Zeit, als Petrus und die anderen auch in der spätantiken christlichen Kunstgeschichte mit Insignien der Macht versehen wurden, konnten diese Männer in einer Weise beschrieben werden, die sie noch jenseits der satanisch inspirierten Ungläubigen, jenseits noch der Römer einordnet. Diese geradezu exorbitante Zuspitzung diente einem Zweck, denn auf der unmittelbaren Verständnisebene ist die Aussage ebenso klar und einfach wie wichtig: In der zweiten christlichen Generation gab man sich nicht der Illusion hin, die Jünger, auch Petrus, seien wegen ihrer übergroßen Charakterstärke und ihrer über alle Kritik erhabenen traditionellen Frömmigkeit ausgewählt worden. Sie waren schwach, vielleicht noch schwächer als andere. Ihre beruflichen, handwerklichen Fähigkeiten, die sie in den Jüngerkreis einbrachten, waren die eine Seite. Wesentlicher war die andere: Jesus hatte sie wegen ihrer Entwicklungsfähigkeit, ihres geistigen und geistlichen Potenzials ausgewählt. Im Umgang mit ihm konnten sie lernen, welche unbegrenzte Macht er hatte, zu vergeben, zu heilen und bleibende, tiefgreifende Veränderungen zu schaffen.

Mit dieser Erkenntnis war eine bleibende Botschaft verbunden, die schon der Barnabasbrief seinen Lesern weitergab: Besondere Hellsichtigkeit, besondere Heiligmäßigkeit und andere besondere Persönlichkeitswerte sind keine Voraussetzung für die wirksame Jesusnachfolge. Die Jünger, Petrus allen voran, zeigen ein für allemal, dass aus den Schwächsten die Starken werden können, wenn sich der Glaubende ganz wörtlich hinter Jesus stellt. Die ersten Christen konnten gerade auf Petrus und seine Erfahrung in Caesarea Philippi blicken. Es war eine Fallstudie, die nicht der Geringschätzung des Petrus diente, sondern der eigenen Ermutigung. Und es war selbstverständlich auch eine Warnung: Jesus erwartete uneingeschränkte Nachfolge. Sein Auftrag, seine Messianität standen nicht zur Debatte. Die beliebte moderne Neigung, schwierige Themenkomplexe erst einmal in aller Ruhe auszudiskutieren, scheitert an Jesus selbst.

Thema und Variationen

Die Berichterstattung des Markus wird durch seinen Kollegen in einem wichtigen Punkt ergänzt. Nur bei ihm erfahren wir die Antwort auf das Messias-Bekenntnis des Petrus. Nur in seiner Fassung des Berichts steht: »Selig bist du, Simon, Sohn des Jona, denn Fleisch und Blut haben dir das nicht offenbart, sondern mein Vater im Himmel. Und ich sage dir auch: Du bist Petrus, und auf diesen Felsen will ich meine Gemeinde bauen, und die Pforten der Hölle sollen sie nicht überwältigen. Ich will dir die Schlüssel des Himmelreichs geben. Alles, was du auf Erden binden wirst, soll auch im Himmel gebunden sein, und alles, was du auf Erden lösen wirst, soll auch im Himmel gelöst sein« (Matthäus 16,17–19). Dass Jesus hier ausführlicher antwortet, hat sicher nichts mit der längeren Aussage des Petrus zu tun, der anders als in der Kurzfassung des Markus dem entscheidenden Satz »Du bist der Messias« hier noch »der Sohn des lebendigen Gottes« hinzufügte. Diese Ergänzung stand in der Tradition der »Sohn Gottes«-Ausrufungen, die auch von den Jüngern selbst schon früher gekommen waren (Matthäus 14,33). Sie ist an diesem Ort nur deswegen bemerkenswert, weil der Akzent so offensichtlich auf dem »lebendigen« Gott liegt. Das ist zwar einerseits ein altes jüdisches Bild (Jeremia 10,10; Psalm 42,3; Daniel 6,27, usw.), aber es hat in Caesarea Philippi besonderes Gewicht. Denn die beiden Götter, deren Zeichen dort standen, waren tot: Pan und der Gott des Augustus-Tempels. Wichtiger aber ist: Was kommt durch Jesus hinzu?

Da ist zuerst die Seligpreisung des Simon, in einem Atemzug mit der Benennung »Bar Jona«, Sohn des Jona, die schon oben untersucht wurde.[93] Simon wird hier nicht im Sinne viel späterer kirchlicher Praxis zur Ehre der Altäre erhoben. Der Sprachgebrauch entspricht eher dem der Bergpredigt. Die Elberfelder Bibel übersetzt das griechische Wort »makários« hier wie dort mit »glückselig« und kommt dem Sachverhalt damit sehr nah. Da Jesus hier sicher aramäisch sprach, dürfen wir vermuten, dass er »asrê« sagte. Beides heißt eigentlich nicht viel mehr, als dass Simon glücklich gepriesen wird, weil er »gut dran« ist, denn er hatte den Mut, die ihm geschenkte Einsicht im richtigen Augenblick auch tatsächlich auszusprechen. Nach der Glücklichpreisung und der Anrede mit dem vollständigen Namen folgt die

Bestätigung: Simon trägt nun seinen Beinamen »Petrus«, den auch Matthäus ihm zuvor schon zugeschrieben hatte (4,18; 8,14; 10,2), endgültig zurecht. Matthäus schreibt natürlich im Rückblick, zu einer Zeit, als Simon Petrus längst der prägende Apostel geworden war. Und so kann er in seinen erzählenden Abschnitten gelegentlich auch einfach von Petrus sprechen. Berichtet er aber, was Jesus selbst sagte, so hält er fest, dass für Jesus die Form »Petrus« auch nach Caesarea Philippi nicht zum Eingennamen wurde, sondern ein Beiname blieb. Matthäus 17,24–24 belegt das gut: »Als sie nun nach Kapernaum kamen, traten zu *Petrus* jene, die die Tempelsteuer einzogen ...«, leitet der Evangelist eine Geschichte ein und lässt dann Jesus wörtlich sagen: »Was meinst du, *Simon*? Von wem nehmen die Könige auf Erden Zoll oder Steuern? ...«

Vielleicht sollten wir diesen Beinamen »Petrus«, der nun in Caesarea Philippi bekräftigt wurde, zuerst einmal weniger aus der christlichen, als vielmehr aus der jüdischen Perspektive schätzen lernen. Wann auch immer der erste Moment der ersten Namensbestätigung durch Jesus war – wahrscheinlich, noch als Versprechen auf Kommendes – bereits in der Nähe des Jordan, kurz nach der Taufe: Es spricht vieles dafür, dass Simon diesen Beinamen schon trug, ehe er Jesus begegnete, und dass er seine weitergehende Bedeutung erhielt, ohne dass er gewissermaßen erst dazuerfunden werden musste.[94] Wer auch immer ihm den Namen zuerst gab – die Eltern als echten Beinamen oder Jugendfreunde als Spitznamen wegen seiner soliden Frömmigkeit –, ein orthodox gläubiger Jude dachte wohl zuerst an Jesaja 51,1–2. »Fels« in diesem Sinne heißt gut jüdisch nicht mehr, als in die Pflicht genommen zu sein, als treuer, sich vermehrender abrahamitischer Jude. In Jesaja 51,1 wird Abraham als solider Felsen bezeichnet, aus dem eine neue Generation erwuchs, »denn ich (spricht Gott) segnete ihn und mehrte ihn«.[95] In der vorchristlichen griechischen Bibelfassung, der Septuaginta, steht hier das Wort »*petra*«, aus dem später dann die männliche Namensform »*Petros*« wurde. Da wir von einem aramäischen Dialog ausgehen, hörte Simon folglich »*kêphâs*«, also die Fassung, die in griechischer Umschrift auch an einigen Stellen im Neuen Testament gebraucht wird.[96] Mit anderen Worten, dieser Hintergrund gilt ganz unabhängig von der Frage, ob Simon diesen (Bei-)Namen ursprünglich in griechischer Sprache als »*Petros*« erhalten hatte – dafür spräche das griechische Umfeld der Namensgebung auch bei seinem Bruder Andreas – oder auf aramäisch als »Kephas«. Tatsächlich hat sich in den letzten Jahren herausgestellt, dass beide Formen, die griechische und die aramäische, im Judentum als Personennamen vorkamen. Die älteste Spur findet sich bereits 416 v. Chr., in einem Papyrus aus Elephantine. Dort wird ein Aqab, Bar (Sohn des) Kêphâ, genannt.[97] Auch wenn das bis heute ein Ausnahmefund bleibt, ist es ein unbezweifelbarer Präzedenzfall für die Existenz dieses Wortes als aramäischer Personenname.[98] Der Durchbruch zum mehrsprachigen, multikulturellen Umfeld, in dem die Juden sich schon in der Zeit kurz vor Jesus und Simon Petrus bewegten, gelang schließlich dem amerikanischen Qumran-Experten James Charlesworth. Er veröffentlichte ein aramäisches Lederfragment aus der vierten Qumranhöhle, das zuerst als 4Q Therapeia bekannt war. Nachdem sich herausstellte, dass es sich nicht um einen therapeutisch-medizinischen Text handelt, sondern um eine Schreibübung in Form einer Namenliste, wurde es nur noch 4Q Alpha oder 4Q M130 genannt.[99] Auf diesem Stück Leder stehen einzelne Buchstaben und vollständige Einzelnamen, darunter Aquila, Dallui, Eli, Gaddi, Hyrcanus, Jannai, Magnus, Malkiha, Mephisbosheth, Zakariel – und Petros. Die aramäischen Buchstaben, »*pytrws*«, entsprechen exakt dem, was eine hebräische oder aramäische Umschrift des griechischen »*petros*« ergeben müsste.[100] Nach gleichem System (der in Qumran sehr häufigen, sogenannten Plene-Schreibung) ist auch der zweite griechische Name dieses Fragments transkribiert, »*Aquila*«. Dass noch ein dritter nicht-jüdischer Name auf diesem Fragment erhalten geblieben ist, der lateinische Magnus, spricht weiter für die Fähigkeit eines aramäischen Schreibers, mit nicht-semitischen Namen umzugehen.

Wenigstens so viel sollte also klar sein: Obwohl es offen bleiben muss, wer wann und wo zuerst Simon auch »Petrus« nannte, ehe Jesus diesen Namen in Caesarea Philippi mit einer besonderen Bedeutung versah, es ist jedenfalls alles andere als eine spätere Erfindung der frühen Kirche. Ein Jude konnte so heißen, gut abrahamitisch, in aramäischer und in griechischer Schreibweise, lange ehe Matthäus 16,18 geschrieben wurde. Das Neue in diesem Jesuswort ist also zuerst nichts anderes als die Akzentsetzung. Wir sollten nicht »Du bist *Petrus*« lesen, sondern »Du *bist* Petrus«. Das Wortspiel, das Jesus daran anschließt, funktioniert, wie wir bereits erkennen, in beiden Sprachen – allerdings mit unterschiedlicher Deutlichkeit. »Auf diesen Felsen will ich meine Gemeinde bauen.« Wer ist hier der Fels, und was heißt Gemeinde oder gar Kirche? Seit der Reformation schien es hier einen geradezu konfessionellen Vorbehalt zu geben, in dem, vereinfacht gesagt, das weitverbreitete katholische Amtsverständnis die Einsetzung des Petrus als Fels der Kirche erblickte und in der Auslegung weiterer Textstellen seine Nachfolger in diese absolute Autorität mit hinein nahm. Dagegen schien, wiederum vereinfacht gesagt, die reformatorische und nachreformatorische Auslegung von »Fels« und »Kirche« genau dies ebenso vehement abzulehnen. Nicht selten konnte man den Eindruck haben, dass die Auslegung der Stelle davon beeinflusst war, welcher Denomination der Interpret angehörte. Da es in diesem Buch nicht um die mittelalterliche und neuzeitliche Kirchengeschichte geht, und folglich auch nicht um die Rezeptionsgeschichte dieser Stelle, kann nur versucht werden, den Text selbst sprechen zu lassen. Daraus kann dann vielleicht indirekt deutlich werden, wie sich die unterschiedlichen Auslegungen entwickeln konnten.

Der Satz, den Simon Petrus hört, besteht aus zwei Teilen. Der erste Teil ist die Bestätigung des Beinamens: Du *bist* Petrus. Nun aber sagt er nicht: »Und auf dich will ich bauen«. Er sagt auch nicht: »Du bist ein Fels, und auf diesen Fels will ich bauen.« Er wechselt vielmehr vom Personennamen mit der männlichen Endung –os auf das weibliche Wort für den Gegenstand Fels, »petra«. Das fordert den Hörer und Leser dazu heraus, sich daran zu erinnern oder mindestens zu überprüfen, ob Jesus an anderer Stelle vom Fels, »*petra*«, schon einmal gesprochen hatte. Und das ist der Fall: In Matthäus 7,24, keine Lese- oder Zuhörstunde früher (also ein minimaler Zeitraum für Menschen mit der damals typischen Gedächtnisleistung) erklärt Jesus: »Wer diese meine Worte hört und tut sie, der gleicht einem klugen Mann, der sein Haus auf Fels (›petra‹) baute.« Das ist kein Zufall. Jesus erklärt, dass nicht eine Person der Fels ist, auf dem seine Gemeinschaft gegründet wird, sondern der Glaube an ihn, den Messias – und damit der Glaube an die Gesamtheit der Lehre, die Jesus verkörpert. Das wertet die Funktion des Petrus nicht ab. Er wird, gerade auch im Spiel mit seinem Namen, zum Garanten für diese Tradition. In diesem Sinne steht jeder heutige Christ auf den Schultern des Simon Petrus, der als Erster den Mut hatte, die direkte Frage Jesu aufzugreifen und mit dem messianischen Bekenntnis zu beantworten. Und in diesem Sinne dürfen sich auch die heutigen Kirchen auf ihn berufen.

Im Grunde ist gerade dies nichts Trennendes; es ist vielmehr ungemein ökumenisch. Eine uneingeschränkte Vorrangstellung des Petrus und seiner unmittelbaren Nachfolger, gewissermaßen in direkter Linie, müsste allerdings weiträumiger begründet werden – und die römisch-katholische Kirche hat das auch immer wieder unternommen. Dagegen wiesen die Kirchen der Reformation und ihre Ausleger im unmittelbaren Zusammenhang noch auf das übernächste Kapitel des Matthäus-Evangeliums hin, denn dort werden die besonderen Zusagen, die Petrus erhält, auch auf die anderen Jünger ausgeweitet. Denn in Kapitel 18,18–19 heißt es, in der Übersetzung der katholisch-evangelischen Einheitsübersetzung: »Amen, ich sage euch: Alles, was ihr auf Erden binden werdet, das wird auch im Himmel gebunden sein, und alles, was ihr auf Erden lösen werdet, das wird auch im Himmel gelöst sein.« Sieht man vom Symbol der Schlüssel des Himmelreichs ab (die folgerichtig zum charakteristischen Merkmal des Petrus in der christlichen Kunstgeschichte wurden), ist die Aussage die gleiche. Eine Bestätigung liefert das Johannes-Evangelium. Hier tritt der auferstandene Jesus in den Kreis der Jünger, begrüßt sie mit dem Friedensgruß (aramäisch: »Shalom aleichem!«) und erklärt ihnen: »Wie mich der Vater gesandt hat, so sende ich euch.« Er haucht sie an und fährt fort: »Empfangt den Heiligen Geist! Wem ihr die Sünden vergebt, dem sind sie vergeben; wem ihr die Vergebung verweigert, dem ist sie verweigert« (Johannes 20,19–23). Aus diesen Zusammenhängen konnte die zahlenmäßig größte Kirchengemeinschaft der Reformation, die anglikanische, die Definition der so genannten Apostolischen Sukzession ableiten: Ordinierte Geistliche in einem Amt dreifacher Gestalt (Diakon, Priester, Bischof) stehen in der Nachfolge der Apostel – aller Apostel also, und Petrus hat hier keine alleinige Vorrangstellung, sondern einmal mehr die Rolle des Ersten unter Gleichen. Eine solche Auffassung verbindet denn auch die anglikanische Kirche enger mit der römisch-katholischen als mit den anderen nach-reformatorischen.

Diese Lesart der »Petros/Petra«-Variationen ging ausschließlich vom griechischen Text aus. An der Übertragung besonderer Vollmachten an alle Jünger, nicht nur an Petrus, kann zwar keinerlei Zweifel bestehen, denn zwei völlig unabhängig voneinander schreibende Autoren, Matthäus und Johannes, bestätigen es. Doch das Besondere am Beinamen des Simon verlangt nach dem erneuten Blick auf das Aramäische, mit dem wir begonnen hatten. Und wir müssen zugestehen, dass der strikte Unterschied zwischen den beiden griechischen Wörtern, aus dem sich eine Reihe denkbarer Schlussfolgerungen ableiten lassen, mit einem rekonstruierten aramäischen Text nicht so recht funktionieren will. Dort nämlich besteht, wie wir oben schon am Beispiel des Papyrus aus Elephantine sahen, kein erkennbarer Unterschied zwischen dem Eigennamen »Kêphâ« und dem Wort für Fels/Felsgestein, wie es aramäisch in den Qumranrollen belegt ist. Das heißt also: Sprach Jesus in Caesarea Philippi tatsächlich aramäisch, dann ging sein Wortspiel noch einen Schritt weiter, denn dann operierte er mit einer vollständigen Gleichsetzung von Namen und Gegenstand. Diese Interpretation wäre keineswegs überraschend, obwohl sie eine gewisse kombinatorische Anstrengung verlangt. »Fels« als abrahamitische Eigenschaft war ja Juden durch die Jesaja-Stelle 51,1–2 vertraut, selbst wenn dort natürlich nicht das aramäische Wort, sondern die hebräische Entsprechung stand. Es scheint allerdings schwer möglich zu sein, diesen aramäischen Zugang mit Sicherheit auf die Stelle bei Matthäus zu übertragen. Dort schrieb ein zweisprachiger Autor, der mühelos in der Lage gewesen wäre, eine gegebenenfalls eindeutige aramäische Aussage: Petrus persönlich ist der Fels, auf dem die Kirche gegründet wird – unmissverständlich griechisch wiederzugeben.[101] Immerhin gibt es auch protestantische Interpreten, vor allem anglikanische, die sozusagen im Zweifel für die »Direttissima« votieren und eine klare Parallele erkennen: So wie Simon Jesus zum Messias erklärte, erklärt nun Jesus seinerseits Simon zum Petrus-Felsen.[102] Auch die Gleichsetzung der Aussage Gottes über den Fels Abraham in Jesaja 51,1–2 mit einer Aussage Jesu über den Fels Simon hat protestantische Theologen nicht immer abgeschreckt.[103]

Versuchen wir, den Kreis zu schließen. Ein jüdischer Leser des Evangeliums könnte mit dem endzeitlichen Denken vertraut gewesen sein, das von der so genannten Gemeinderegel aus den Qumranhöhlen repräsentiert wird. In 1QS 8,6–8 wird vom Rat der Gemeinde gesprochen, der in den letzten Tagen fest stehen wird wie ein Fels, der nicht wanken kann. Diese Auslegung von Jesaja 28,16 vergleicht die ganze Gemeinschaft mit einem Felsen. Petrus selbst zi-

tiert Jesaja 28,16 in seinem ersten Brief. Da allerdings denkt er weder
an sich noch an die Gemeinschaft, sondern an Jesus, den Christus
(1. Petrus 2,4–6). Wie auch immer man die alttestamentlichen Stellen
und die Qumranfunde bewerten mag, es ist entweder von einer Einzelperson (Abraham, Jesus, Gott selbst) die Rede oder von einer Gemeinschaft. Was uns fehlt, ist ein früherer Beleg dafür, dass auch
schon einmal ein abstrakter Begriff wie »Glaube« oder »Bekenntnis« gemeint war. Anders gesagt: Revolutionär neu wäre in Caesarea
Philippi nicht die Beziehung des »Kêphâ/Petros/Petra«-Wortspiels
in Bezug auf eine Person oder Personen, denn Ähnliches kannte man
im Judentum zu dieser Zeit, sondern stattdessen auf eine Erklärung,
die von einer solchen Person ausging. Vielleicht aber liegt letztendlich die Antwort gerade in der Mehrdeutigkeit der griechischen Formulierung des Matthäus: Es ist beides gemeint, die Person und ihr
Bekenntnis. Angesichts des ganzheitlichen Menschenbildes, das für
das Judentum typisch ist und von Jesus immer wieder vertreten
wurde, sollte uns das nicht wundern.

Diese nie zu unterschätzende jüdische Herkunft Jesu und seiner
Begleiter hilft uns, auf die zweite Frage eine schnellere Antwort zu
erhalten. Noch immer gibt es Bibelleser und –forscher, die sich nicht
vorstellen können, dass Jesus von einer »Kirche« sprach, die er auf
den Felsen gründen will. Es ist geradezu zum Klischee geworden,
dass der Jude Jesus nie daran gedacht haben könne, Kirchengründer
zu sein. Bei manchen, die sich dazu äußern, spürt man eine Aversion
heraus, die mehr mit ihrer Ablehnung der heutigen Kirchen zu tun
hat als mit dem, was Jesus tatsächlich sagte. Der historische Jesus
sprach nun allerdings nicht zu einem historischen Petrus am Rande
einer Synode oder einer Bischofskonferenz. Dennoch kannten die
Juden, die da in Caesarea Philippi zusammenstanden, den Begriff
»Kirche« gut, und das galt für ihre Zeit einmal mehr völlig unabhängig davon, ob ihr Gespräch auf aramäisch oder auf griechisch geführt
wurde. Das Wort ist nämlich keineswegs eine Neuprägung. Griechisch, so wie Matthäus schreibt, steht da »*ekklêsía*«. In einigen ro-
manischen Sprachen ist noch direkt zu erkennen, dass der Begriff
»Kirche« davon abgeleitet ist: französisch »église« zum Beispiel, spa-
nisch »iglesia«, italienisch »chiesa«. Es heißt ursprünglich nicht mehr
als »ordnungsgemäß einberufene Versammlung« – so gebraucht es
bereits im fünften vorchristlichen Jahrhundert der griechische Histo-

riker Thukydides, der Philosoph Platon im vierten Jahrhundert und viele andere nach ihnen.[104] Im griechischen Alten Testament wird es von Anfang an, seit den Büchern der Thora, die als Erste ins Griechische übersetzt wurden, für die ordnungsgemäße Versammlung der Juden benutzt (5. Mose 4,10; 23,2, usw.).[105] Im Blick auf die Thora können auch neutestamentliche Schriften dieses griechische Wort verwenden, um die Versammlung der Juden zu kennzeichnen, nicht etwa eine verfasste christliche Kirche: In Apostelgeschichte 7,38 zum Beispiel, in der großen Rede des Stephanus, wird von Gott gesprochen, der mitten in der Wüste bei seiner Gemeinde war. Auch der Hebräerbrief greift das Wort so auf, zitiert Psalm 22,23, wo der Psalmist verspricht, den Namen Gottes in der Gemeinde – d. h. im griechischen Psalmtext in der »*ekklêsía*« – zu singen, und spricht dann wenig später mit dem gleichen Wort von der »Gemeinschaft der Erstgeborenen, die im Himmel aufgeschrieben sind« (Hebräer 2,12; 7,23). Das heißt also: Jeder Jude, der die Bibel in griechischer Sprache las, aber auch jeder Nicht-Jude konnte den Satz Jesu überhaupt nicht missverstehen. Da wird nicht eine Erfindung der späteren Christenheit Jesus in den Mund gelegt, als habe er eine Amtskirche gegründet. Die Rede ist vielmehr von der Gemeinschaft Gottes bei denen, die Jesus nachfolgen. Das allerdings macht den Satz noch brisanter; denn nun verstehen wir, wie sehr sich Jesus als Messias und Sohn Gottes tatsächlich neben Gott sah. War es bisher das Privileg Gottes allein, seine Gemeinschaft zu gründen und in ihr zu sein, so nimmt das nun auch Jesus für sich in Anspruch.

In diesem Sinne wird »*ekklêsía*« dann auch schon im Neuen Testament auf die Versammlung, die Gemeinschaft der ersten Christen bezogen: Beim Bericht über den Versuch des Saulus, die Jerusalemer Urgemeinde zu zerstören (Apostelgeschichte 8,3), in der Notiz über die Missonsreise des Silas und des Paulus, die in Syrien und Zilizien die Gemeinden stärken (Apostelgeschichte 15,41), und dann auch in der Abschiedsrede des Paulus vor den Ältesten in Ephesus, in der die Aufseher bestärkt werden, die »Gemeinde Gottes« zu weiden (Apostelgeschichte 20,28).[106] In seinen eigenen Briefen schreibt Paulus nicht anders – Römer 16,5 und 16,16 sind da ebenso klar wie beispielsweise die drei Stellen im 1. Korintherbrief (7,17; 14,33; 16,19). Die Verwendung des griechischen Wortes in solchen Zusammenhängen klärt bereits zur Genüge, wie wenig Zweifel es an seiner ursprünglichen Bekanntheit und Benutzbarkeit geben kann. Noch deutlicher wird es, wenn wir uns in die Lage aramäischsprechender Juden hineinversetzen. Die kannten den Begriff nämlich ebenso gut als »qâhâl«, das hebräische Wort, das in der griechischen Bibel mit »ekklêsía« übersetzt wird. Gerade als Gemeinde Gottes begegnet es uns aber auch noch in den Qumranrollen, zum Beispiel in der ganz besonders auf die Endzeit ausgerichteten Kriegsrolle, 1QM 4,10. Die Antwort, die Jesus seinem Jünger Simon Petrus gibt, fügt sich also sprachlich bestens in den Gebrauch der Zeit ein. Verständnisschwierigkeiten kann es nicht gegeben haben. Und wir können es noch etwas pointierter formulieren: In dem Augenblick, in dem Jesus akzeptiert, was Petrus ihm sagt, kann er gar nicht anders, als seine eigene Gemeinschaft zu verkünden. Wenn nicht jetzt, wann dann? Ein Messias ohne messianische Gemeinde wäre für Juden dieser Zeit völlig unvorstellbar gewesen.

In seiner Replik auf das Messiasbekenntnis des Petrus bleibt Jesus noch einen Augenblick länger im jüdischen Denken. Denn er verspricht ihm, dass auch die »Pforten der Hölle« die Gemeinde nicht überwinden werden. Der katholisch-evangelischen Einheitsübersetzung war das offenbar zu konkret-unheimlich; sie machte daraus die »Mächte der Unterwelt«. Der Ausdruck stammt aus Jesaja 38,10, wo die Pforten des »Sheol« gleichbedeutend sind mit dem Reich des Todes.[107] Ein jüdischer Zuhörer verstand also: Diese neue messianische Gemeinde wird nicht sterben, die Mächte des Todes werden sie nicht besiegen. Im gleichen Augenblick aber, in dem diese innerjüdische Terminologie ihre Wirkung entfaltete, konnte jeder, der dabeistand, noch etwas anderes sehen. Im Hintergrund der Szene stand das große, in den Felsen geschlagene Heiligtum des Gottes Pan, rund um die »Pforten« einer tiefen Höhle. Beide Begriffe, der Fels und die Pforten des »Sheol«, haben also sichtbar noch einen zweiten Sinn, der über das Jüdische hinaus in die außerjüdische, pagane Welt weist. Der Fels des Petrus und seines Bekenntnisses hat das griechisch-römische Kultsystem abgelöst, so wie der Sohn Gottes Jesus den »Sohn Gottes« ablöste, der im Kaiserkult des nahe gelegenen Augustus-Tempels repräsentiert wurde. Auch das also ist ein Teil des Versprechens, das Jesus dem Petrus gibt: Die ewige Gemeinde überwindet die heidnischen Religionen und staatliche Kulte, und sie können dagegen nichts tun. Der Messias und zwölf Jünger stehen vor den Symbolen einer doppelten Übermacht, staatspolitisch und religiös, die die ganze damals bekannte Welt durchdrungen hatte. Das alles gilt nichts mehr, erklärt Jesus. Der Felsen und die Grotte des Pan-Heiligtums sind nichts anderes mehr als ein totes Symbol. Der Kaisertempel ist Stein ohne Gehalt. Der Fels, der Stein, der bleiben wird, wurde dagegen von Petrus gezeigt. Und so bestätigt sich aus dieser Perspektive erneut, wie wenig zufällig die Ortswahl ist. Caesarea Philippi ist der entscheidende Wendepunkt, auch im Leben des Simon Petrus.

Ganz im biblischen Sinn wird Petrus abschließend selbst noch mit symbolischen Insignien ausgestattet, den Schlüsseln des Himmelreichs, mit der Zusage, dass alles, was er auf Erden binden wird, auch im Himmel gebunden ist, und alles, was er auf Erden löst, auch im Himmel gelöst sein wird. Sieht man vom Schlüsselsymbol ab, dann gilt dies, wie sich bereits herausstellte, auch für alle anderen Jünger, und es gilt zeitlich begrenzt: Die Formulierung lautet »du auf Erden«, ebenso später in Kapitel 18,18, »ihr auf Erden«.[108] Wieder ist die Formulierung getränkt von jüdischem Denken. Und erneut ist es der Prophet Jesaja, der dahintersteht. In Jesaja 22,22 verspricht Gott Eljakim, dem Sohn Hilkijas: »Und ich will die Schlüssel Davids auf seine Schulter legen, dass er auftue und niemand zuschließe, dass er zuschließe und niemand auftue.« Das steht im Hintergrund, wenn wir lesen, wie neutestamentliche Autoren an das Bild der Schlüssel anknüpfen. In Offenbarung 1,18 ist es Jesus selbst, der erhöhte Christus, der die Schlüssel hält. Er ist der Besitzer und kann sie nur deswegen Petrus anvertrauen, weil er die Verfügungsgewalt über sie hat. Noch deutlicher wird das, in unmissverständlicher Identifizierung von Gott und Jesus, in Offenbarung 3,7: »Das sagt der Heilige, der Wahrhaftige, der da hat den Schlüssel Davids, der öffnet, und niemand schließt zu, der zuschließt, und niemand öffnet.« So wie Gott der Herr seinem Knecht Eljakim die Schlüssel des Hauses David anvertraut – des Hauses, dem der Messias Jesus entstammte, so übergibt nun der Davidide Jesus die Schlüssel seines Hauses, des Himmelreichs, an den Hausverwalter Petrus. Beide Stellen, die Jesaja-Prophezeiung und das Jesus-Versprechen, sind eng miteinander verbunden. Petrus ist ein Nachfolger des Eljakim, aber er bleibt ein Diener, wie das ein Hausverwalter gegenüber dem Hausbesitzer nun einmal ist. Stellvertreterfunktionen sind mit dieser Beauftragung nicht verbunden. Und wir dürfen nicht vergessen, dass Petrus zwar der Schlüsselbewahrer sein mag, die damit verbundene Autorität aber auch den anderen Jüngern gilt. Er ist auch hier nicht mehr und nicht weniger als der Erste unter Gleichen. Aber dieser Erste ist er, ganz bewusst, und in den Anfangsjahren der Urgemeinde nach Ostern und Pfingsten ist das auch nicht zu übersehen.

Wie sich dann zeigen wird, nimmt er diese Priorität mit allen Konsequenzen ernst. Denn der orthodoxe Jude Petrus wird der erste sein, lange vor Paulus, der unter Berufung auf die Stimme des erhöhten Christus die strikten Reinheitsgebote jüdischen Essens und Trinkens einschränkt, einen römischen Offiziershaushalt zum Christusglauben führt und sich dafür anschließend – mit Erfolg – vor den anderen Aposteln in Jerusalem rechtfertigen muss (Apostelgeschichte 10,1 – 11,18; dazu auch 15,6–11!). Und dass Petrus die Unaufrichtigkeit von Ananias und Saphira gegenüber der Gemeinde durchschaut und ausspricht, führt zu deren plötzlichem Tod (Apostelgeschichte 5,1–11). Das sind nur zwei Beispiele für das ungewöhnliche, allem anderen vorausgehenden Ausüben der Vollmacht des Bindens und Lösens, und beide Beispiele zeigen, dass die Konstruktion des Satzes bei Matthäus sehr genau genommen werden will. Denn Binden und Lösen stehen in der Zeitform der vollendeten Zukunft, wörtlich – wenn auch nicht besonders elegant – »und werden gebunden gewesen sein / und werden gelöst gewesen sein«. Das heißt kaum etwas anderes, als dass Petrus und die Jünger in ihrer Autorität etwas vollziehen, was göttlichem Beschluss entspricht, nicht eigenem Gutdünken. Beide Beispiele zeigen aber schließlich auch, dass wir die feine Nuance nicht zu sehr herunterspielen sollten: Bei aller Gleichheit ist Petrus dann doch diesen einen Schritt voraus, den Jesus damit zum Ausdruck brachte, dass er nur ihn namentlich mit dem Felsen und den Schlüsseln verbindet. Dazu kommt noch – und das ist nun allerdings besonders wichtig: Dies ist ein Binden und Lösen nicht für das irdische Haus, für eine Mitgliedschaft in der weltlichen Gemeinde oder Kirche. Das Himmelreich, von dem Jesus spricht, ist nicht irdisch lokalisiert. Matthäus lässt daran keinen Zweifel, denn schon in Kapitel 7,21 spricht Jesus von einer anderen, ewigen Wirklichkeit: »Es werden nicht alle, die zu mir sagen: ›Herr, Herr!‹ in das Himmelreich kommen.«

Zwei Realitäten stehen sich gegenüber: Das Reich des Todes – die »Pforten der Hölle« – auf der einen Seite, und das »Himmelreich« –

das Reich der Auferstehung – auf der anderen. Das Himmelreich ist dasjenige des Lebens in der Auferstehung. Petrus allen voran soll Menschen zum Gottesvolk machen und in dieses Reich führen. Und damit steht er auch gegen jene Gegner unter den Pharisäern, denen Jesus vorwirft, dass sie mit ihrem Verhalten »die Tür zum Himmelreich zuschließen« (Matthäus 23,13–15).[109] Nun kommt aber noch etwas anderes hinzu, wieder ganz in der Konsequenz des Sprachgebrauchs der Evangelien: Zu dieser vollen und ewigen Gemeinschaft gehört etwas, das gläubige Christen noch heute in jedem Gottesdienst erleben: Das Bekenntnis und die Vergebung der Sünden. Jesus überträgt die Autorität dazu ausdrücklich an alle Jünger (Lukas 24,47; Johannes 20,23). Was bisher das alleinige Privileg Gottes war, und zwar schon in den Büchern der Thora (2. Mose 32,32; 34,7 u.v.a.m.), und was von Jesus in göttlicher Gleichsetzung praktiziert wurde (Markus 2,5–7),[110] das ist nun auch Petrus und seinen Mitjüngern aufgetragen. Nicht zuletzt so ist es gekommen, dass fast alle christlichen Kirchen es allein ihren ordinierten Geistlichen anvertrauen, denen also, die in der apostolischen Nachfolge stehen, die Vergebung der Sünden auszusprechen.

Der Ort Caesarea Philippi, die Bilder, die Jesus und den Jüngern dort vor Augen standen, und das lebhafte Wechselspiel von jüdischer Verwurzelung und heidnischer Umwelt machen aus dem Ereignis nichts Geringeres als eine missionarische Proklamation. Bereits zu diesem Zeitpunkt und an dieser Stelle blickt Jesus über das Judentum hinaus und erwartet von Petrus und den anderen, dass sie seine Botschaft in die Welt hinaustragen. Der eigentliche »Missionsbefehl« in den letzten Versen des Matthäus-Evangeliums und am Beginn der Apostelgeschichte ist kein spätes Anhängsel. Ohne das Messiasbekenntnis des Petrus und die Antwort, die Jesus ihm vor – und mit – allen anderen Jüngern darauf gibt, hätte es nie dazu kommen können. Auch da ist es dann nur folgerichtig, dass zu den ersten, mit denen der Missionar Petrus außerhalb Jerusalems in Berührung kommt, ein römischer Offizier gehört, und dass sein erster großer Auftritt, zu Pfingsten in Jerusalem, vor einer Menschenmenge stattfindet, zu der Festpilger aus fast allen Gegenden des Römischen Reichs gehören. Die Gemeinde, die so von Jesus gewollt war, ist demnach durchaus »Kirche« als weltweite Gemeinschaft der Gläubigen. Einer der bedeutendsten Autoren unter den frühen Christen in nachbiblischer Zeit, Ignatius von Antiochien, schrieb dazu um 110 n. Chr., auf dem Weg zu seinem Martyrium in Rom: »Dort, wo Jesus Christus ist, dort ist die allgemeine Kirche.«[111] Besser kann man die Bedeutung des Geschehens von Caesarea Philippi nicht zusammenfassen.

III

Auf dem Weg zum Hof des Hohenpriesters

Der Beweis des Petrus

Petrus hat einen weit verbreiteten Ruf als Person zu verlieren, die zu spontanen, vielleicht sogar überstürzten Handlungen neigt. Bei genauerem Hinsehen hat sich bisher schon herausgestellt, dass auch die schnelle Reaktion nicht unbedacht kam, sondern auf einem langen Weg des Nachdenkens und des Wissens über jüdische Traditionen gereift war – dann allerdings im gegebenen Augenblick schneller als bei anderen zum Wort oder zur Tat werden konnte. Vergessen wir nicht, dass auch das Messiasbekenntnis von Caesarea Philippi der Höhepunkt eines Reifeprozesses war, und nicht etwa ein plötzlicher Beginn. Sogar das Johannes-Evangelium, das ein erstes, noch ungefragtes Bekenntnis am See Genezareth lokalisiert (6,68–69), macht deutlich genug, dass nicht aus der momentanen Begeisterung heraus überstürzt geredet wird. »Wir haben geglaubt und erkannt,« sagt Petrus, »du bist der Heilige Gottes.« Die griechische Zeitform verrät: Diese Erkenntnis trugen die Jünger schon eine Weile mit sich herum, sie ist gewachsen und kann nun mit einer altvertrauten biblischen Formel ausgesprochen werden. »Du bist der Heilige Gottes«, heißt es, nicht wie später in Caesarea Philippi, dort noch gesteigert auf die direkte Frage Jesu: »Du bist der Messias, der Sohn des lebendigen Gottes«. Schon hier wird Jesus auf eine Stufe mit Aaron gestellt, dem ersten Heiligen Gottes (Psalm 106,16) und neben Samson, der im Buch der Richter so genannt wird (13,7; 15,17). In einem Psalm Davids schließlich bezieht der Psalmist, der Gott anredet, den Titel auf sich selbst: »Du wirst mich nicht dem Tode überlassen und nicht zugeben, dass dein Heiliger die Grube sehe« (Psalm 16,10). Vor allem an die Psalmverse konnte eine jüdische Messiaserwartung überall dort anknüpfen, wo man den Messias aus dem Stamm Aarons oder aus dem Stamm Davids erwartete. Es sollte noch zu einem Teil der judenchristlichen Prophetien-Deutung werden, den Mitjuden zu erklären, dass Jesus beide Voraussetzungen erfüllte – denn mütterlicherseits stammte er aus der aaronitischen Linie, und durch die Adoption galt er zwar nicht leiblich, aber rechtlich – und nur das zählte in diesem Zusammenhang – als Sohn des Joseph, der seinerseits ein Davidsnachfahre war.[112] Wie genau solche Zusammenhänge in den Anfangsjahren der christlichen Überlieferung festgehalten wurden, merken

wir auch daran, dass sie an voneinander unabhängigen Stellen auftauchen: Dass Petrus zu Jesus als dem »Heiligen Gottes« spricht,
steht im Johannes-Evangelium. Lukas ist es dann, der in seiner Apostelgeschichte berichtet: Kein anderer als Petrus zitierte in seiner großen Predigt vor dem Jerusalemer Tempel zu Shavuot/ Pfingsten im
Jahre 30 genau diese Verse aus dem Davidspsalm 16 und deutete sie
als Prophetie auf den auferstandenen Jesus.[113] Denn, so betont Petrus
ausdrücklich und mit dem Hinweis auf die heute so gern ignorierte
reale Existenz der Gräber: Das Grab Davids kennen alle; es ist noch
voll. Das Grab Jesu kann sich jeder ansehen; es ist leer (Apostelgeschichte 2, 24–31).

Solche Vorausblicke sind wie Momentaufnahmen einer Zukunft,
die natürlich seit fast zweitausend Jahren allen aufmerksamen Lesern des Neuen Testaments zur Verfügung stehen und uns der Unschuld berauben, mit der man so tun könnte, als ließe sich der Weg
des Petrus Schritt für Schritt wie eine Entwicklungsgeschichte verfolgen, deren nächste Etappe man noch nicht kennt. Wer die Evangelien und die Apostelgeschichte gelesen hat, kennt alle nächsten
Etappen. Doch es schadet nichts, das Verfahren der Evangelisten
ernst zu nehmen, gerade auch das des Lukas, der mit der Apostelgeschichte für die einzige erhaltene Zeitgeschichte der Urgemeinden
aus der Zeit vor 70 n. Chr. verantwortlich ist. Diese Autoren tun
nämlich nicht so, als wüssten sie alles längst, sondern entwickeln das
Bild des Petrus aus den jeweiligen Situationen heraus, ohne zu ›verraten‹, wie es weitergehen wird. Wer als Leser der Evangelien die
Szenen in Caesarea Philippi und den unmittelbar darauf folgenden
öffentlichen Auftritt Jesu hinter sich gelassen hat, in dem er seine
eigene Messiasidentifizierung erstmals und noch vorsichtig vor einer
größeren Gruppe erläutert, mag sich nun durchaus fragen, wie es mit
Petrus weitergehen kann. Gibt es überhaupt noch Steigerungsmög-
lichkeiten? Hat er nicht alles gehört und gesehen, was einer braucht,
der mitverantwortlicher Nachfolger des Messias werden will? Von
diesem Augenblick an kann er eigentlich nur noch kraftvoll beweisen, dass er es begriffen hat, oder auch versagen und aus der Vergebung heraus neue Chancen bekommen. Aber Steigerungen, neue
Einsichten, echte Entwicklungen? So überraschend es wirkt, wenn
man die Texte unbefangen liest: Genau dies geschieht.

Am Anfang steht eine geradezu ungeheure Ankündigung: »Amen,

ich sage euch, es stehen einige hier, die werden den Tod nicht schmecken, bis sie das Reich Gottes mit Kraft kommen sehen« (Markus 9,1). Daran ist viel herumgerätselt worden. Von welchem Ereignis spricht Jesus, von welchem Zeitpunkt – und wer sind »einige«? So viel ist klar, es kann kein Geschehen gemeint sein, das bis zum Zeitpunkt der Abfassung des Markus-Evangeliums – und der Evangelien des Matthäus und Lukas, die das mit geringen Nuancen genauso berichten (Matthäus 16,28; Lukas 9,27) – noch nicht in Erfüllung gegangen wäre. Es wäre schlicht zu riskant gewesen, einen solchen Satz zu einem Zeitpunkt zu überliefern, an dem mehrere der Anwesenden bereits gestorben waren, wenn das Entscheidende nicht längst geschehen wäre.[114] Umgekehrt kommt aber auch hinzu, dass Jesus nicht ausschließlich zu den Jüngern spricht, sondern zu einer größeren Menschenmenge. Die begrenzte Mengenangabe »einige« bezieht sich also nicht nur auf die zwölf Jünger. Markus, Matthäus und Lukas, die nicht immer in der gleichen zeitlichen Abfolge von den Taten und Reden Jesu berichten, sind sich gerade hier auffälligerweise völlig einig: Auf die Ankündigung folgt der Beginn der Erfüllung, nicht für alle, sondern für einige – in der Verklärung Jesu auf dem »hohen Berg«. Wäre das alles, bliebe allerdings unverständlich, warum Jesus den einigen zusichert, dass sie nicht sterben werden, ehe es geschieht. Innerhalb von sechs bis acht Tagen – das ist der Zeitraum zwischen der Vorhersage und dem Gang auf den Berg – wäre der Tod ziemlich unwahrscheinlich gewesen.[115] Es ist daher sinnvoll, nicht an ein einziges Ereignis zu denken, sondern an mehrere, zwischen denen zeitliche Abstände liegen, und die kumulativ das Kommen des Reiches Gottes kennzeichnen: die Verklärung, die Auferstehung, die Himmelfahrt, das Ausgießen des Heiligen Geistes. In allen diesen Fällen trifft zu, dass nicht jeder, der die Ankündigung Jesu hörte, dabei war. Und es war mit dem Abschluss dieser Reihe auch der Punkt erreicht, an dem es für die Jünger – und andere Zeugen – wieder akut lebensgefährlich wurde. Nicht lange nach Pfingsten wollten einige Mitglieder des Sanhedrins Petrus und die anderen töten (Apostelgeschichte 5,33). Und kurz darauf begann die Verfolgung, zu deren namentlich genanntem Todesopfer – Stephanus – zwar jemand wurde, der am See Genezareth noch nicht dabei gewesen war, dessen Tod aber die Gefahr für das Leben der anderen erneut schlagartig deutlich machte (Apostelgeschichte 7,57–60; 8,1–3).

Auch wenn wir die ganze Reihe sehen, bleibt die herausragende Bedeutung der Verklärung als erster Stufe erhalten. Die Evangelisten machen das sehr deutlich durch die auffällige Zeitangabe: Als Mose auf den hohen Berg steigt, um Gott zu begegnen (2. Mose 24,15–18), »bedeckte die Wolke den Berg sechs Tage, und am siebenten Tag erging der Ruf des Herrn an Mose aus der Wolke«. Markus betont, dass Jesus drei Jünger – Petrus, Jakobus und Johannes – auf einen hohen Berg führte, »und nur sie allein«. Da er sie nach sechs Tagen hinaufführte, vermutet man, dass das nachfolgende Ereignis darauf folgte. Der siebte Tag ist der entscheidende, wie bei Mose.[116] So ist bereits mit der Zeitangabe und dem Hinweis auf den hohen Berg die Szene vorbereitet. Markus unterstreicht die Parallele sogar noch durch eine kleine Auslassung (die von den anderen geteilt wird): Der Sinai – wie bei Mose (2. Mose 34,32) – konnte es nicht sein, die Anspielung musste also indirekt bleiben. So geben die Evangelisten den Namen des Verklärungsberges nicht an, obwohl sie die Information natürlich besaßen. Das verstärkt bewusst die Parallele zum Mose-Ereignis, hat aber auch der Forschung immer wieder das beliebte Rätsel aufgegeben, den Berg doch noch zu finden. Denn immerhin war für Mose doch wenigstens das Sinai-Gebiet genannt, und in der anderen Parallele aus dem Alten Testament, die für die Verklärung Jesu von größter Bedeutung ist, wird der Name ausdrücklich genannt: Elia nämlich erhält den Auftrag, auf den Berg Horeb zu steigen, wo »der Herr vorübergehen wird« (1. Könige 19,8–11). Wenn Mose und Elia, die gleich noch vor Jesus erscheinen sollten, Berge hatten, von denen man wenigstens ungefähr wusste, dann doch wohl auch Jesus. Obwohl Markus und die anderen gerade nicht so dachten, gab sich die spätere Christenheit damit nicht zufrieden und bildete eine noch heute im Volksbewusstsein vorherrschende Tradition, den Berg Tabor südlich vom See Genezareth.

Der Tabor ist ein weithin sichtbarer, eindrucksvoller Bergkegel, der auch schon in vorchristlicher Zeit für Kulte verwendet worden war und mehrmals im Alten Testament erwähnt wird.[117] Er kommt aber kaum in Frage, denn er liegt in der falschen Gegend. Jesus, Petrus und die anderen befanden sich in Nordgaliläa, nördlich vom See Genezareth, als die Verklärung stattfand. Es ist daher sinnvoll, einen »hohen Berg« im Umfeld von Caesarea Philippi zu suchen. Mit über 2.800 Metern ist der Hermon nicht nur hoch, sondern der höchste, selbst wenn die Gruppe nicht in die schneebedeckten Höhen aufgestiegen sein sollte, sondern auf einem der unteren Gipfel dieses Bergzuges blieb. Der Hermon wurde noch – anders als der Tabor – ausdrücklich mit einem heidnischen Kult in Verbindung gebracht, der auch in Caesarea Philippi dem dortigen Pan-Kult vorangegangen war, dem Baalskult (Richter 3,3). Das könnte für Jesus ein zusätzlicher Grund gewesen sein, hierhin zu gehen statt zur nächsten galiläischen Alternative, dem Berg Meron. Denn auf dem höchsten Berg, dem Hermon, konnte die Verklärung noch diese zusätzliche Bedeutung erhalten: endgültige Besiegelung der Überwindung heidnischer, fremder Gottheiten zu sein. Eine sichere Lösung wird es kaum geben. Für das Verständnis der Szene ist jedoch nicht der Name des Berges entscheidend oder seine genaue Lage. Wäre es anders, hätte die Entschlüsselung ohne weiteres noch in einer späteren Schrift geschehen können, die als einzige außerhalb der Evangelien davon erzählt, im 2. Petrusbrief (2. Petrus 1,16–18).

Eine Dreiergruppe folgte Jesus; er selbst hatte sie ausgewählt, und Petrus stand an erster Stelle. Was erlebte er, als sie oben ankamen, und wie reagierte er darauf? Markus beschreibt die Szene in seiner gewohnten, knappen Präzision. Wenn wir auf deutsch von der »Verklärung« sprechen, weil sich dieser Ausdruck seit Jahrhunderten eingebürgert hat, dann ist das heute nicht mehr richtig zu verstehen. Das Wort, das die Evangelien benutzen, heißt »verwandeln«, wie es zum Beispiel die so genannte Einheitsübersetzung wiedergibt. Was da geschieht, ist auf griechisch ganz wörtlich eine Metamorphose. Das Wort kommt zwar im griechischen Alten Testament nicht vor, aber es war Griechischsprachigen seit langem vertraut. Auch in der lateinischen Literatur hatte es dank der ›Metamorphosen‹ des Ovid weite Bekanntheit erlangt.[118] Von welcher Verwandlung ist die Rede? Markus erklärt es sofort: Die Kleider Jesu »wurden sehr hell und sehr weiß, wie sie kein Bleicher auf Erden weiß machen kann«. Das ist also zuerst einmal nur eine äußere Veränderung, die sich sichtbar auf die Bekleidung bezieht. Nicht Markus, nur Matthäus und Lukas fügen noch hinzu, dass sich sein Gesicht veränderte, und Matthäus ergänzt, dass es glänzte wie die Sonne. Selbst bei diesen Ergänzungen hält sich das Ausmaß der Veränderungen in Grenzen. Eine wirkliche Metamorphose, wie man sie in der griechischen Göttermythologie verstand, ist das ausdrücklich nicht. Wenn damalige

Leser überhaupt an eine Parallele erinnert werden sollten, dann an Mose, der auf dem hohen Berg die Tafeln mit den Zehn Geboten erhalten hatte »und nicht wusste, dass die Haut seines Angesichts glänzte, weil er mit Gott geredet hatte« (2. Mose 34,29). Gerade darin geht das Ereignis auf dem Berg der »Verklärung« aber auch über das Modell des Mose hinaus. Denn die Reaktion auf die Veränderung im Gesicht des Mose ist ehrfurchtsvolle Angst: »Als aber Aaron und ganz Israel sahen, dass die Haut seines Angesichts glänzte, fürchteten sie sich, ihm zu nahen.« Es gab allerdings auch andere Ereignisse, an die sich Petrus wie jeder andere Jude erinnern konnte. Zum Beispiel an Daniel 12,3: »Und die da (Weisheit) lehren, werden leuchten wie des Himmels Glanz, und die viele zur Gerechtigkeit weisen, wie die Sterne immer und ewiglich.« Gerade Daniel, das bekannte prophetische Buch, das auch unter den Schriftrollen von Qumran häufig vertreten und oft kommentiert war, bietet noch einen weiteren göttlich-messianischen, eschatologischen Zusammenhang. »Ich sah, wie Throne aufgestellt wurden, und einer, der uralt war, setzte sich. Sein Kleid war weiß wie Schnee, und das Haar auf seinem Haupt rein wie Wolle« (Daniel 7,9).[119] Denn kaum geht es im Evangelium weiter mit der nüchternen Notiz des Markus: »Dann erschienen vor ihren Augen Elia mit Mose, und sie redeten mit Jesus«, da erinnert sich Petrus, dass er ja aus der Bibel wusste, wie damals Gott gehandelt hatte. Seine Reaktion ist also nicht Angst oder ehrfurchtsvolle Distanz. Im Gegenteil, er kann nicht mehr schweigend zusehen. Er unterbricht das Gespräch, das Jesus, Mose und Elia miteinander führen – offenbar ohne Probleme damit zu haben, dass die beiden großen alten Vorbilder Mose und Elia plötzlich leibhaftig unter ihnen sind, und wendet sich an Jesus, den er hier zum ersten und einzigen Mal als »Rabbi« anredet.[120]

Trotz dieser Parallelen ist das Geschehen ganz und gar unerwartet neu. Ein frommer Jude wie Petrus konnte sich das, was da vor seinen Augen ablief, zwar schnell erklären – eben dank der altvertrauten Texte der Thora und des Daniel-Buchs. Selbst die Rolle des Elia als des messianischen Vorläufers war bekannt – von ihm hatten nicht zuletzt schon die Juden gesprochen, die von den Jüngern nach ihrer Einstellung zu Jesus befragt worden waren (Markus 8,28), und sie hatten dabei ihrerseits an Maleachi 3,1 und 4,5 gedacht. Das ändert aber nichts daran, dass die Verbindung all dieser Ansätze in dem einen einzigen Ereignis völlig neuartig war. Es ist ein Phänomen, das uns häufig begegnet, wenn wir die Wurzeln des Christentums zu verstehen versuchen: Die Ursprünge lassen sich im Alten Testament finden, manches taucht in den Schriftrollen von Qumran auf, wieder anderes scheint aus dem Griechentum zu kommen, obwohl es längst in jüdischem Denken absorbiert worden war. Doch nichts von all dem wurde einfach nachgeahmt. Stets ging es um die Weiterentwicklung, die ein klares Ziel hat: In Jesus ist all das ansatzweise schon längst Erkennbare, all das Prophezeite, Erhoffte und Ersehnte, endlich in Erfüllung gegangen. Und deswegen hätten ein Markus oder Matthäus den Vorwurf, ihre Schilderungen seien den altüberlieferten Modellen entlehnt, überhaupt nicht verstanden. Hier jedenfalls treten Mose und Elia erstmals gemeinsam auf, zwei Männer, die Gott auf einem hohen Berg begegnet waren und nun gekommen sind, um Jesus anzuerkennen – dies war der Eindruck, den Juden wie Petrus, Jakobus und Johannes in diesem Augenblick haben mussten. So gesehen gehen auch alle Fragen nach der modernen Verstehbarkeit eines solchen Geschehens an der Sache vorbei. Im jüdischen Weltbild, dem alle Anwesenden verpflichtet waren, ergab sich hier kein rationalistischer Erklärungsbedarf.

Wie wenig das eine Rolle spielte, sehen wir noch an einem anderen Detail: Markus und Matthäus berichten, dass Mose und Elia mit Jesus sprachen. Da würden wir schon gern erfahren, worüber sie redeten. Und wieder verlangen wir etwas, das einen jüdischen Zuschauer – oder späteren Leser – nicht oder bestenfalls am Rande interessierte. Dass sie zusammenstanden und dass sie miteinander redeten, ist entscheidend, nicht der Wortlaut ihres Gesprächs. Es konnte ja schließlich nur um die messianische Erfüllung gehen. Genauso stellt es denn auch der dritte Evangelist dar, Lukas: »Sie redeten von seinem Ende, das er in Jerusalem erfüllen sollte« (Lukas 9,31). Die Angewohnheit des Lukas, auf das Menschlich-Allzumenschliche Wert zu legen, kommt auch hier wieder zum Vorschein. Denn er fügt eine Information hinzu, die wir bei den anderen vergeblich suchen. So, wie wir sie in den Übersetzungen finden, ist sie allerdings auch irreführend: »Petrus aber und seine Begleiter waren eingeschlafen, als sie aber wieder wach wurden, sahen sie, wie er – Jesus – verändert war.« Gerade Lukas ist es aber, der uns eine knappe Inhaltsangabe des Gesprächs gibt. So setzt er voraus, dass die Jünger nicht völlig eingeschlafen waren und gerade noch mitbekamen, worum es ging. Und exakt das sagt sein griechischer Text.[121] Die Pointe ist hier nicht, dass Petrus und die anderen nicht mitbekamen, wie die Verklärung begann. Wie später noch im Garten Gethsemane, ist diese Unfähigkeit in wichtigen Momenten des Jesus-Geschehens eher ein wiederkehrender Hinweis darauf, dass Jesus seinen messianischen Weg zum Kreuz ohne Hilfe gehen musste, und dass keiner der Jünger stark genug war, ihm in jedem Augenblick hellwach zur Seite zu stehen. Die menschliche Seite ist nur zu gut nachvollziehbar. Nach anstrengenden Tagen und aufreibenden Ereignissen kann auch der durchtrainierteste Fischer müde werden. An Jesus zu reifen, hieß für sie alle dann aber auch, das Durchhalten zu lernen. Später, nach der Auferstehung und nach Pfingsten, im vollen Besitz der Kräfte des Heiligen Geistes, gelang es ihnen. Da waren es dann andere, die einschliefen – so wie jener Eutychus, der während einer Predigt des Paulus in einen tiefen Schlaf sank und aus dem Fenster fiel (Apostelgeschichte 20,9).

Wie wach er auch immer zu welchem Zeitpunkt gewesen sein mag, Petrus sagt: »Rabbi, es ist gut, dass wir hier sind. Lass uns drei Hütten bauen, eine für dich, eine für Mose und eine für Elia.« Er will das Zusammensein, das zu Ende ging, so lange wie möglich ausdehnen. Eine höchst verständliche Reaktion. Wie kommt es dann, dass Markus und Lukas anscheinend übereinstimmend festhalten, Petrus wusste nicht, was er da sagte? Matthäus übergeht diesen Punkt, aber Markus begründet ihn sogar: »Er wusste nicht, was er sagte, denn sie fürchteten sich sehr« (9,6). Alle Jünger fürchteten sich also, nicht nur Petrus. Und ihre Furcht war eine ganz besondere: Es war die Ehr-Furcht, das heilige Entsetzen im Anblick des Handelns Gottes. So wird das griechische Wort im Rückblick schon auf ein altes Ereignis im Hebräerbrief gebraucht, als Mose diese Furcht bei der Erneuerung des Bundes empfand (Hebräer 12,21 mit 5. Mose 9,19), und so steht es ganz am Ende des Markus-Evangeliums, als die Frauen am Ostermorgen sprachlos vom leeren Grab weggingen – »denn sie fürchteten sich sehr«.[122] Die Angst der Jünger ist also keine naive Furcht oder enttäuschende Schwäche. Es ist vielmehr die angemessene Reaktion auf das Handeln Gottes in der Geschichte. Demnach ist es falsch, die Worte des Petrus so zu verstehen, wie manche Übersetzungen es nahe legen, dass er sinnlos drauflos redete. Richtiger ist, wenn wir verstehen, dass Petrus nicht wusste, was er sagen sollte. Er war überwältigt, von heiliger Ehr-Furcht durchdrungen – was sagt man da? Der praktisch denkende Petrus schlägt eine praktische Lösung vor. Es ist schon spät, wir wollen noch zusammenbleiben, lasst uns also Hütten bauen. Eine Art Laubhütte war schnell zusammengesetzt, man wusste von jedem Laubhüttenfest, wie das mit einfachsten Mitteln zu bewerkstelligen war. Das ist dann ja auch, was der aufmerksame Leser in allen drei Berichten erkennt. Gott handelt, indem er Mose und Elia sendet. Und er spricht auch selbst, nach bester schon alttestamentlicher Verfahrensweise aus einer Wolke. Bereits die Vorstufe, die Umhüllung der drei Männer durch diese Wolke, ist gute mosaische Tradition (2. Mose 24,15–18; 40,34–35).

In beiden Fällen, bei den vorgeschlagenen Hütten und der Umhüllung durch die Wolke, geht es nur um Jesus, Mose und Elia. In angemessener Bescheidenheit schlägt Petrus keine Hütten für sich selbst, Jakobus und Johannes vor, und der Eindruck, den man beim flüchtigen Lesen des Lukas haben könnte, dass auch die drei Jünger eingehüllt wurden, täuscht: Es ist klar, dass sie zusahen, was geschah, aber nicht selbst einbezogen waren – präzise bis zu dem Augenblick, als Gott zu sprechen begann. Auch zu keinem anderen Zeitpunkt wurde Petrus oder einer der anderen auf die Stufe von Mose, Elia oder gar Jesus selbst gestellt, denen also, die Gott von Angesicht zu Angesicht sahen. Und in der Tat halten alle drei Evangelisten ausdrücklich fest, dass die Stimme Gottes für Petrus und die anderen *aus* der Wolke zu ihnen kam, nicht *in* der Wolke.

»Dies ist mein geliebter Sohn, auf ihn sollt ihr hören!« Dieses Gotteswort ist bereits von den ersten Interpreten als eine verstärkende Wiederholung der Stimme bei der Taufe Jesu im Jordan verstanden worden.[123] Matthäus geht noch einen Schritt über die beiden anderen Evangelisten hinaus. Bei ihm hört Petrus zusammen mit Jakobus und Johannes eine Ergänzung: »Dies ist mein geliebter Sohn, an dem ich Wohlgefallen habe …«. Der Sohn des Wohlgefallens kommt auch in der himmlischen Stimme bei der Taufe vor. Vor allem aber ist es ein Teil der Erinnerung des Petrus selbst, im 2. Petrusbrief 1,17. Und es könnte in beiden Texten eine bewusste Erinnerung an Jesaja 42,1 sein: »Siehe, das ist mein Knecht – ich halte ihn – und mein Auserwählter, an dem meine Seele Wohlgefallen hat.«

Petrus, der Jesus zum Messias und Sohn Gottes erklärt hatte, erhält die Richtigkeit seiner Aussage bestätigt. Wieder sind einige Fäden zusammen gekommen. Mose war vor Jesus aufgetreten, und damit ging dessen eigene Prophezeiung an das Volk Israel aus dem 5. Buch Mose in Erfüllung: »Einen Propheten wie mich wird dir der Herr, dein Gott, erwecken aus dir und aus deinen Brüdern; auf den sollt ihr hören.«[124] Der Text des Lukas-Evangeliums hebt hervor, dass vom Ende des Messias in Jerusalem gesprochen wurde, also vom leidenden Messias. Messianische Größe und messianisches Leiden kommen zusammen. Prophezeiungen gehen in Erfüllung, und sie werden überboten. Die Einzigartigkeit Jesu in der Geschichte Israels wird auf dem hohen Berg sichtbar, auch wenn die Jünger noch immer nicht alles verstehen. Die vollständige Einsicht kommt nach Ostern, und es ist alles andere als ein Zufall, dass noch viel später gerade im 2. Brief des Petrus dieses eine Ereignis, die Verklärung Jesu, als Beispiel für die Glaubwürdigkeit der apostolischen Augenzeugen genannt wird.

Als die Wolke verschwunden war, fanden sich Petrus, Jakobus und Johannes mit Jesus allein wieder. Beim Abstieg vom Berg gab er den bereits vertrauten Befehl, noch nichts davon zu erzählen, bis zu seiner Auferstehung von den Toten.[125] Lukas übergeht diesen Auftrag, betont aber zur Bestätigung, dass die Jünger schwiegen. Und einmal mehr hielten sich die betroffenen Jünger an das Schweigegebot. Einer der Anwesenden – wir sahen es bereits andeutungsweise – konnte die Details jenes Abends jahrzehntelang nicht vergessen. Nun, ohne jeden Zweifel darüber, was Auferstehung von den Toten ganz konkret bedeutete, und in welchem Sinne Jesus der von Gott approbierte und von Mose mit Elia bestätigte geliebte Sohn und Messias war, wählte Petrus in seinem 2. Brief diese Begebenheit als einzige von allen Erfahrungen mit dem irdischen Jesus aus. Das ist sicher ungewöhnlich. Und es bleibt auffällig, ganz unabhängig von der unverwüstlichen Forscherdebatte darüber, ob Petrus diesen Brief wirklich selbst geschrieben hat. Auf diese Frage werden wir natürlich gegen Ende des Buchs noch zurückkommen. Für den Augenblick belassen wir es bei der Entscheidung, die in der alten Kirche unter dem Einfluss des ausgewiesenen Philologen Origines getroffen wurde und zur Aufnahme dieses Briefes unter die 27 Schriften des Neuen Testaments führte, dass nämlich Petrus tatsächlich zwei Briefe schrieb, oder – um es mit Origines zu sagen – dass er »auf den Trompeten seiner beiden Briefe blies.«[126] Über sechzehnhundert Jahre lang hat diese Entscheidung das Verhältnis der Christenheit zu den beiden Petrusbriefen – und zu Petrus selbst – beeinflusst. Man las den Brief als apostolisches Dokument, und diese Rezeptionsgeschichte darf angesichts der jüngeren Kontroversen nicht unter den Tisch fallen, und zwar umso weniger, als gerade im Zusammenhang mit der Verklärung auf dem hohen Berg kaum zu begründen wäre, wie ein anderer als Petrus selbst überhaupt auf den wirklich nicht nahe liegenden Gedanken gekommen sein sollte, gerade die Verklärung für den einzigen Augenzeugenbericht auszuwählen. Jemand, der Petrus mit einem fälschlich unter seinem Namen herausgegebenen Brief hätte ehren wollen oder einfach nur ein ehrsüchtiger Fälscher gewesen wäre, hätte das wohl kaum getan. Was dahinter steht, dass dieser Bericht für den wirklichen Petrus so wichtig blieb, können wir herauszuspüren versuchen. Die Indizien sind gerade in den kleinen Nuancen bei Markus und im 2. Petrusbrief noch zu erkennen.

Petrus beginnt seine Erinnerung mit einer Aussage über sich selbst. »Ich will aber dafür sorgen, dass ihr auch nach meinem Abschied jederzeit imstande seid, euch diese Dinge ins Gedächtnis zu rufen« (2. Petrus 1,15).[127] Der Apostel spricht hier nicht von dem Brief, den er da gerade schreibt; schon die in die Zukunft weisende Absichtserklärung wäre dann sinnlos. Es kann nur darum gehen, dass er mit seiner Autorität die Verbreitung der Gesamtheit jener »Dinge«, die er in den ersten Versen des Briefes knapp angerissen hatte, sicherstellen will. Und dafür kommt nur eins in Frage, ein zusammenfassendes Werk, wie es sein Begleiter und Schüler Markus verfasst hatte. Es lag zu diesem Zeitpunkt längst vor, war aber noch nicht allgemein im Osten des Römischen Reichs – der Zielgegend des 2. Petrusbriefes – verbreitet.[128] Und so sagt der Apostel auch nicht, dass er es überhaupt erst veranlassen will, sondern schreibt präzise, dass er für die Verbreitung der Schrift im Adressatengebiet seines Briefes sorgen will. Es geht also um Autorität und zuverlässige, authentisch abgesicherte Überlieferung, die es anderen ermöglicht, festen Grund unter die Füße zu bekommen. Nicht alte Göttermythen sind der Maßstab, sagt Petrus – mit denen seid ihr groß geworden, aber das ist nun vorbei. Was wir euch erzählen, ist nicht Mythologie, sondern erlebte Geschichte. Und wir waren dabei. Wir waren Augenzeugen. Petrus wechselt bewusst in den Plural: »Wir« – nicht nur er allein, auch andere waren Zeugen, die befragt werden können. »Denn wir sind nicht klug ausgedachten Mythen gefolgt, als wir euch die Kraft und das Kommen unseres Herrn Jesus Christus verkündeten, sondern wir haben seine Herrlichkeit selber gesehen.«[129]

Mit besonderem Bedacht wird hier das Wort »Augenzeugen« verwendet. Das Griechische kennt mehrere Möglichkeiten, Augenzeugenschaft zu beschreiben – auch im Neuen Testament gibt es Beispiele für verschiedene Begriffe: am Anfang des Lukas-Evangeliums »*autóptês*«, das noch im deutschen Wort Autopsie zu erkennen ist, oder im Johannes-Evangelium das Verb »*oráô*«, mit dem der Berichterstatter bestätigt, dass er Augenzeuge der Kreuzigung war (Johannes 19,35).[130] Im 1. Johannesbrief wird für die Glaubwürdigkeit des apostolischen Zeugnisses ein noch stärkeres Verb benutzt, »*theáomai*«, was man als »genau hinsehen und begreifen« übersetzen könnte. Im 2. Petrusbrief schließlich steht »*epóptês*«. Das ist offensichtlich eng verwandt mit dem »*autóptês*« des Lukas, und beide Wörter kommen jeweils nur dieses eine Mal im Neuen Testament vor. Es bezeichnet ganz wörtlich jemanden, der dabei ist und zuschaut. Schon in der griechischen Bibel wurde der Begriff gebraucht, zum Beispiel in Esther 5,1, wo Gott damit bezeichnet wird, der mit eigenen Augen auf alles blickt.[131] Da ist aber auch noch eine feine Ironie mit eingebaut. Der 2. Petrusbrief ist nicht zuletzt eine Antwort auf Bedrohungen durch pseudo-christliche Sonderlehren, wie sie auch Paulus in seinen Korintherbriefen zu bekämpfen hatte. Gerade die griechischen Mysterienkulte waren in Kleinasien, wohin der Brief gerichtet ist, eine ständige Bedrohung. Wir können einen dieser Kulte auch dank erhaltener Schriften für die Mitte des 1. Jahrhunderts und diese Gegend erfassen.[132] Was sich dabei herausstellt, ist außergewöhnlich spannend: Der Begriff »*epóptês*« kam als Bezeichnung für Zuschauer und Initianden vor, und zwar vor allem für Anhänger des weitverbreiteten und beliebten Vielgötterkultes der »Kabiren«. Die Kabiren wurden vor allem als Fruchtbarkeitsgötter und als Beschützer der Seeleute verehrt, ihr Hauptheiligtum stand in Samothrake. Zur Zeit des Petrus hatten sie Anhänger sogar in Rom, dem Ausgangspunkt des 2. Petrusbriefes. Möglicherweise war dieser Ausdruck sogar Bestandteil der besorgten Anfrage, auf die Petrus mit seinem Brief antwortete. Er kann also nicht nur an alttestamentliche, jüdische Sprache anknüpfen. Es gelingt ihm gleichzeitig, seinen Lesern zu zeigen, dass die wahre Offenbarung nicht in solchen Mysterienkulten zu finden ist, sondern in der Offenbarung des Mes-

sias durch Gott. Eine solche subtile Nuance dürfte nicht nur die Wortwahl beeinflusst haben, sondern überhaupt die Entscheidung, das Ereignis der Verklärung Jesu zu einem Beispiel für Augenzeugenschaft
zu nehmen.

Diese Kabiren mit ihren »*epóptai*« wurden meist die »großen (im
Sinne von majestätischen) Götter« genannt, griechisch die »*megaloi
theoi*« – ein Titel, den im Singular auch die Göttin Artemis/Diana zur
Zeit der Apostel trug (Apostelgeschichte 19,27–28). Auch darauf
spielt Petrus geschickt an. Denn er unterstreicht, dass er ein Augenzeuge der Majestät Christi war, und dafür benutzt er das griechische
Wort »*megaleiótês*«, das unmittelbar mit dem Attribut verwandt ist
und von den Menschen in Ephesus genauso auf Artemis angewandt
wurde. Tatsächlich kommt es nur dreimal im Neuen Testament vor –
an der Artemis-Stelle in Apostelgeschichte 19,27, als Bezeichnung
der Majestät Gottes nach der Heilung eines besessenen Jungen durch
Jesus (Lukas 9,43), und eben im 2. Petrusbrief 1,16.[133] Die großen
Mysteriengötter sind eine Bedrohung nur für jene, die sich leichtfertig mit ihnen einlassen, erklärt Petrus also – in Wirklichkeit haben sie
längst ausgespielt. An ihre Stelle ist Jesus getreten, in der wahren Majestät Gottes. Mit sparsamen, aber ungemein effektiven Mitteln stellt
somit bereits die Einleitung der Verklärungsszene klar, dass – und wie
– die »ausgeklügelten Mythen« der Mysterienkulte zurückzuweisen
sind. Damit auch wirklich jeder Leser begreift, worum es geht, stei-
gert Petrus das noch: Er bezeichnet Gott selbst als »die majestätische
Herrlichkeit«. Das ist einerseits typisch jüdisches Denken, denn mit
solchen Umschreibungen vermieden gläubige Juden es, den Namen
Gottes direkt auszusprechen. Doch andererseits kann das kaum der
Hauptgrund für die Formulierung sein, auch wenn Petrus gerade in
diesem Brief sein Judesein besonders betont.[134] Vor allem sagt Petrus
hier, dass er selbst nun endlich, nach Auferstehung und Himmelfahrt,
verstanden hatte, was die Verklärung auf dem hohen Berg über die
Beziehung zwischen Vater und Sohn aussagt. »Groß, majestätisch«,
das ist auch ein Attribut Jesu, ebenso wie »Herrlichkeit«, das Wort,
das Petrus zu Beginn dieses Verses auf Jesus selbst anwendet.[135] Es
geht kaum deutlicher.

Das ist der Hintergrund der darauf folgenden Verse über die Verklärung. Die Stimme Gottes wird zitiert: »Dies ist mein lieber Sohn,
an dem ich Wohlgefallen habe.« Und Petrus fügt hinzu: »Diese

Stimme haben wir gehört vom Himmel kommen, als wir mit ihm auf dem heiligen Berg waren.« Wieder fällt ein faszinierendes kleines Detail auf: Petrus, der Augenzeuge, benutzt nicht den Wortlaut eines der Evangelien, auch nicht den des Markus, mit dem er gut vertraut war. Er hat es nicht nötig abzuschreiben, wie es ein späterer Fälscher, der den Brief unter dem Namen des Petrus geschrieben hätte, natürlich hätte tun müssen, um Verdacht von sich abzulenken. Der Inhalt ist ganz nahe an der Fassung des Matthäus – fast alle deutschen Übersetzungen erwecken den Eindruck, dass beide wortwörtlich identisch sind, abgesehen von dem Zusatz »den sollt ihr hören!«, auf den der Petrusbrief sinnvollerweise verzichtet, da es ja jetzt nicht mehr um die Jünger geht, sondern um die Leser des Briefes. Das holt der Brief dann mit eigenen Worten zwei Verse später nach: »Und ihr tut gut daran, dass ihr darauf achtet.« Die Nuance steckt, wie so oft, im allzu großzügig übersetzten griechischen Wortlaut. Denn wörtlich schreibt Matthäus, nun annähernd auf deutsch nachgeahmt: »Dieser ist mein Sohn, der Geliebte, an dem (habe ich) Wohlgefallen«, während bei Petrus »Mein Sohn, der Geliebte mein, ist dieser, in dem (habe) ich Wohlgefallen« steht.[136] Die Unterschiede betreffen also nicht die Aussage, aber sie können auch nicht als simple Abschreiberfehler erklärt werden. Es sind bewusste kleine sprachliche Varianten, die belegen, dass die Texte unabhängig voneinander geschrieben wurden. Die entscheidende Verschiebung, wenn es denn eine ist, betrifft den Akzent, der aus der Perspektive entsteht: In den Evangelien wurde das Ereignis an seinem historischen Ort dargestellt, zu Lebzeiten Jesu, vor Ostern. Petrus schreibt nicht nur, wie die Evangelisten, nach Ostern, er betont diesen Blickwinkel auch ausdrücklich. Und er schließt dabei einen Kreis. Nicht nur er selbst kann als Augenzeuge auftreten und damit sein eigenes – schriftliches – Wort als Garantie anbieten. Auch die Prophezeiungen der Heiligen Schrift haben sich erfüllt, und darum mahnt er seine Leser, sich dem prophetischen Wort gegen alle Versuchungen der heidnischen Mysterienkulte zuzuwenden: »Umso fester haben wir das prophetische Wort, und ihr tut gut daran, dass ihr darauf achtet wie auf ein Licht, das an einem dunklen Ort scheint, bis der Tag anbricht und der Morgenstern in eurem Herzen aufgeht« (1,19).

Erneut verbindet er geschickt altes jüdisches Denken mit der Herausforderung durch die Mysterienkulte, von denen sich seine Leser bedroht sehen. Das Bild der Lampe, die als Licht Gottes ins Dunkel scheint, war seit Hiob 29,3 und vielen anderen Stellen bestens vertraut. Den Morgenstern kannten Juden als messianische Prophezeiung (4. Mose 24,17). Auch apokryphe Schriften wie das ›Testament des Levi‹ 18,3 verstanden diese Stelle so, und in den Qumran-Schriftrollen finden sich weitere Bestätigungen für diese Interpretation.[137] Es war nicht zuletzt ein apokalyptisches Bild vom Anbruch des Endes der Zeiten. Und Petrus bezieht das folgerichtig auf das Wiederkommen Jesu, die so genannte Parousie. Der Stern, der am Morgen aufgeht, steht dann auch am Ende des Neuen Testaments, in der Offenbarung des Johannes, wo Jesus von sich selbst sagt: »Ich bin die Wurzel und das Geschlecht Davids, der glänzende Morgenstern« (Offenbarung 22,16). Petrus gebraucht für den Morgenstern allerdings bewusst ein besonderes griechisches Wort, das nur er im Neuen Testament benutzt: »*phôsphóros*«, das wir noch in dem Begriff Phosphor wiedererkennen. Denn diese Beschreibung des Morgensterns kannten seine verunsicherten Leser aus den dionysischen Mysterien und vor allem als Beinamen der Göttin Venus/Aphrodite. Damit fordert Petrus – wie auch die Offenbarung des Johannes – einmal mehr den Sprachgebrauch der Mysterien und des heidnischen Götterkultes heraus. Wo hatte er das gelernt? Wir erinnern uns: In Caesarea Philippi, wo Jesus sich von ihm als Messias ausrufen ließ, vor dem Hintergrund eines Augustus-Tempels und eines Heiligtums des Gottes Pan.

Die Verklärung Jesu und seine Gegenwart als Augenzeuge sind der Beweis des Petrus, den er seinen Lesern anbietet. Für manche war das damals und ist es wohl auch heute noch eine »Geheimakte«. Aber im jüdischen Umfeld und in der ständigen Auseinandersetzung mit den Einflüssen fremder Kulte und Religionen, die das Judentum ebenso angriffen wie das frühe, jüdische Christentum, werden die Geheimnisse Schritt für Schritt entblättert. An den Mysterien ist nichts Mysteriöses, wenn man sie entmythologisiert und im klaren Licht des Morgensterns Christus durchleuchtet.

Knochentrockene Analysen und anspruchsvolle Apostelbriefe waren schon damals nicht nach jedermanns Alltagsgeschmack. Ein wenig Abwechslung, gepflegte Unterhaltungsliteratur: Das durfte man sich gönnen, auch in christlichen Kreisen. Petrus wurde noch im 2. Jahrhundert der Held des ersten christlichen Romans. Und in diesen »Taten des Petrus« aus der Zeit um 180 n. Chr. wird eine Szene beschrieben, die hierher gehört. Eine römische Christengemeinde hat sich im Haus des Senators Marcellus versammelt. Man liest aus einer Evangelien-Rolle. Die Tür geht auf, und Petrus betritt den Raum. Man weiß, dass der Apostel in Rom ist, sein Auftritt ist keine Überraschung. Er hört einen Augenblick lang zu, nimmt dann dem Vorleser das Evangelium aus der Hand, rollt es zusammen und erzählt selbst. Die Gemeinde soll erfahren, wie man die Heilige Schrift Gottes verkündet. Das Evangelium ist Heilige Schrift, und er selbst gehört zu den Garanten, denn er spricht, wie es ausdrücklich im Plural heißt, über das, »was wir in Seiner Gnade geschrieben haben«. Die kurze Begebenheit enthält eine Fülle an Informationen: Um 180 n. Chr. wusste man beispielsweise offenbar noch, dass ein Evangelium bereits zu Lebzeiten des Petrus vorlag, und zwar, nach ursprünglichem Brauch – wie er gegen Ende des 1. Jahrhunderts aufhörte – als Schriftrolle, nicht als Buch in Kodexform: Denn Petrus schließt nicht ein Buch, sondern rollt den Text zusammen, wie der lateinische Text ausdrücklich sagt.

Vor allem aber bezieht sich Petrus in die Reihe der schriftlichen Überlieferer ein, und das kann sich hier nur auf seine wohl bekannte Beteiligung an der Entstehung und Überlieferung des Markus-Evangeliums beziehen. Die Stelle, die man gerade gehört hatte, ist in der Tat das Bindeglied zwischen Markus und Petrus, zwischen Evangelium und zweitem Brief. So erläutert er es selbst: »Jetzt aber will ich euch erklären, was euch gerade vorgelesen wurde. Unser Herr wollte mich seine Herrlichkeit auf einem heiligen Berge sehen lassen. Als ich aber mit den Söhnen des Zebedäus den Glanz seines Lichtes sah, fiel ich wie tot nieder und schloss meine Augen und hörte seine Stimme so, wie ich es nicht beschreiben kann; ich glaubte, dass ich von seinem Glanz erblindet sei. Und als ich ein wenig aufatmete, sprach ich zu mir: ›Vielleicht hat mein Herr mich hierher führen wollen, um mich des Augenlichts zu berauben.‹ Und ich sagte: ›Wenn das dein Wille ist, Herr, dann widerspreche ich nicht.‹ Und er gab mir die Hand und richtete mich auf. Und als ich aufstand, sah ich ihn so, wie ich ihn fassen konnte. So also, geliebteste Brüder, hat der barmherzige Gott unsere Schwachheiten getragen und unsere Sünden auf sich genommen, wie der Prophet sagt: ›Er trägt unsere Sünden und für uns leidet er Schmerzen; wir aber glaubten, dass er in Schmerzen sei und von Wunden geplagt würde.‹ Denn ›er ist ja im Vater und der Vater in ihm‹; er selbst ist auch die Fülle aller Herrlichkeit, der uns alle seine Güte gezeigt hat.«[138]

Um 180 n. Chr. hatte man alle Freiheiten, Petrus zur Hauptperson eines Romans zu machen und unterhaltsame, gelegentlich auch erbauliche Geschichtchen hinzuzuerfinden. Geradezu klassisch ist die Szene, in der Petrus auf Anraten der Gemeinde Rom verlässt, weil römisch-heidnische Ehemänner von Frauen, die er mit der Jesusbotschaft zur ›Untreue‹ gebracht hat, ihn töten lassen wollen. Unterwegs, auf der Via Appia, begegnet er Jesus und fragt ihn: »Wohin gehst du, Herr?« In der lateinischen Fassung wurde das der Titel eines Klassikers der Filmgeschichte und ein geflügeltes Wort: »Quo vadis (Domine)?« Jesus antwortet, er gehe nach Rom, um sich wieder kreuzigen zu lassen. Petrus begreift, kehrt um und wird selbst durch seine eigene Kreuzigung zum Zeugen der Christusnachfolge, zum Märtyrer – und »Märtyrer« heißt wörtlich nichts anderes als »Zeuge«. Und doch wird bei all diesen Freiheiten das eine Ereignis, in dem der Romanheld Petrus mit dem tatsächlichen Evangelium verbunden wird, wiederum nicht aus den Begebenheiten bei der Berufung in Kapernaum, dem Messiasbekenntnis in Caesarea Philippi oder dem Fischessen mit dem Auferstandenen und der Einsetzung in das Hirtenamt am See Genezareth gewählt. Wieder ist es die Verklärung auf dem Berg. Der unbekannte Autor des Romans kannte seine Quellen. Er wusste genau, dass er hier eine Brücke schlagen konnte: Petrus nimmt eine Schriftrolle, aus der das einzige Ereignis vorgelesen wurde, das sowohl im Evangelium als auch in einem seiner Briefe beschrieben wird. Da hat sich in fast zweitausend Jahren eine erstaunliche Veränderung ergeben. Würden wir unter heutigen Bibellesern danach fragen, welches Ereignis sie am ehesten als besonders wichtig für die Beziehung zwischen Petrus und Jesus nennen würden, käme da die Verklärung überhaupt unter die ›Top Ten‹? Noch im 2. Jahrhundert war es dagegen das bekannteste Bindeglied. Sagen wir es noch einmal mit Nachdruck: Das hat nicht nur mit dem Vertrauen in die Glaubwürdigkeit der Überlieferung zu tun, für das der 2. Petrusbrief dieses Ereignis nimmt und worin ihm die »Taten des Petrus« folgen. Es ist auch eng verbunden mit dem noch lange im frühen Christentum gepflegten Bewusstsein der jüdischen Wurzeln des Glaubens.

Der erste Petersfisch

Gibt es Humor in der Bibel? Das ist sicher eine ernste Frage, oder auch wieder nicht. Für manche Bibelleser verrät schon die Frage einen Mangel an Respekt, denn auf den Seiten des Neuen Testaments wird viel geweint, von den unterschiedlichsten Menschen, auch von Petrus nach seiner Verleugnung im Hof des Hohenpriesters, und von Jesus heißt es an einer Stelle, dass er über Jerusalem weinte (Lukas 19,41). Nur gelacht wird nirgendwo.[139] Die Ereignisse rund um den Messias sind kein Gegenstand für Gelächter – aber wie davon erzählt wird, das steht auf einem anderen Blatt, und so haben fröhliche Forscher schon immer den Sinn für Humor bei den Evangelisten aufgespürt. Man merkt das nicht immer beim stillen Lesen. Wer aber einmal einer dramatisierten Lesung des Markus- oder des Johannes-Evangeliums zugesehen hat, bei der nichts am Text verändert wurde, der hat erlebt, wie die Zuschauer über den Witz einer Szene herzhaft lachen können und sich den Ernst des Erzählten umso besser merken. Auch wenn sich das noch nicht überall herumgesprochen hat: Die Evangelisten waren begnadete Schriftsteller, die sehr genau wussten, wie wichtig die Unterhaltung der Leser ist. Und das galt ganz besonders in der Entstehungszeit, als Texte in der Regel laut vorgelesen wurden. Noch um 180 n. Chr. wird diese Praxis, wie wir gerade am Beispiel der Szene im Haus des Senators Marcellus in Rom sahen, als völlig normal vorausgesetzt. Und zu den Szenen, die mit einem wohldosierten Schuss humorvollen Erzählens verstanden werden können, gehört auch eines von den Petrus-Begebnissen, die nur Matthäus aufgenommen hat: die Geschichte von der Steuermünze im Maul eines Fisches. Es ist eine Szene, die noch in Galiläa spielt, in Kapernaum, und sie beginnt im Haus des Petrus (Matthäus 17,25).

Es fängt ganz harmlos an. Jeder männliche Jude hatte ab einem bestimmten Alter – in der Regel ab Zwanzig – eine jährliche Tempelsteuer zu zahlen, einen halben Schekel, der üblicherweise am ersten Tag des Monats Adar (Februar/März) eingesammelt wurde.[140] Die Einnehmer kommen nach Kapernaum und können dort nicht nur bei Petrus und den anderen Bewohnern diese Abgabe erheben, auch Jesus ist nun erfassbar, da er ja bei Petrus ›zur Untermiete‹ wohnt. Allerdings ist er auch ihnen als Thoralehrer bekannt. Hatte er etwas mit den über das ganze Land verteilten Tempelpriestern zu tun, die turnusmäßig in Jerusalem Dienst taten, wie zum Beispiel Zacharias, der Vater Johannes' des Täufers (Lukas 1,5–8)? Dann wäre er von der Steuerzahlung befreit.[141] Auf ihre Frage, ob er bezahlen wird, antwort Petrus – man unterhält sich vor der Tür, und Jesus ist gerade im Haus – schnell zustimmend. Er weiß, dass Jesus kein solcher Priester ist, und vermutet aus Erfahrung, dass Jesus für sich keine vergleichbaren Privilegien beansprucht. Nun geht er hinein, um ihn um seine Münze zu bitten. Jesus hatte dem Gespräch offenbar von innen zugehört und kommt Petrus mit einer Frage über die Definition von Steuerpflichtigen zuvor. Beide, so erläutert Jesus, müssten die Tempelsteuer eigentlich nicht zahlen, aber da sie keinen Anstoß erregen wollen, sollten sie es tun. Alldderings hat er gerade kein Kleingeld dabei. Er schickt Petrus an den See. Dort soll er angeln – also nicht ein Netz auswerfen – und den ersten Fisch nehmen. In dessen Maul wird er eine Münze finden, die für beide ausreicht. Das ist schon alles. Wie die Geschichte ausgeht, wird gar nicht mehr erzählt; der nächste Abschnitt des Matthäus-Evangeliums befasst sich mit dem Gespräch der Jünger über den Größten im Himmelreich. In der Pause des Erzählers – und des Vorlesers – zwischen diesen beiden Ereignissen soll nun der Leser und Zuhörer bildhafte Fantasie entwickeln und sich ausmalen, wie der Profi-Fischer Petrus brav eine Angel nimmt und an das Ufer des Sees schreitet, die Angel auswirft und einen geldtragenden Fisch fängt.

Die Sparsamkeit der Erzählung bildet einen spürbaren Kontrast zum ganz ungewöhnlichen, mirakulösen Geschehen, das nun aber gerade nicht mehr beschrieben wird, und zur Bedeutung, die diese Geschichte für beide, Jesus und Petrus, hat. Matthäus hielt sie für wichtig genug, um sie als einziger der Evangelisten überhaupt zu erzählen. Aber gerade weil das spannende Geschehen, der eigentliche Fischfang, das Öffnen des Fischmauls und das Finden der Münze, nicht mehr beschrieben wird, und weil das stille, geduldige Angeln am Seeufer erheblich weniger dramatisch ist als ein großer Fischfang auf stürmischer See, haben sich Maler kaum dafür interessiert. Es ist ein Kontrast zwischen Aufwand und Ergebnis, schlichter Erzählung und weitreichender Bedeutung, der von Matthäus auch als Mittel des erzählerischen Humors eingesetzt wird. Spätestens beim Nachdenken darüber, wie eine simple Aktion, das Besorgen einer Geldmünze, die man sich auch vom nächsten Nachbarn hätte ausleihen können, zur erstaunlichen Wundertat gedeiht, diese aber nach alter Erzählkunst in komischem Kontrast mit bescheidensten Mitteln herbeigeführt wird, waren die Leser und Hörer eingeladen, gut gelaunt zu lächeln.

Petrus und seine Kollegen waren sicher nicht arm, das sahen wir bereits zu Beginn dieses Buches. Auch der eine archäologische Fund eines Fischerboots im See Genezareth, das spätestens auf den Beginn des 1. Jahrhunderts datiert wird und heute in einem eigenen Museum im Kibbuz Nof Ginnosar ausgestellt ist, zeigt deutlich die solide Handwerkskunst, die exzellente Holzqualität und die durchdachte Ausstattung. Fischerboote waren nicht billig, Petrus und seine Mitarbeiter besaßen mehrere davon, sein Haus in Kapernaum war keine ärmliche Hütte – kurz, er hatte Geld und verstand damit umzugehen. Die zwei halben Schekel wären im wahrsten Sinne des Wortes nicht der Rede wert gewesen. Es geht um etwas anderes. Zuerst soll Petrus selbst etwas lernen. Es geht nicht um Politik, denn obwohl die römischen Behörden eigene Steuereinnahmen hatten und den Einzug der Tempelsteuer administrativ unterstützten, hielten sie sich aus dieser internen jüdischen Angelegenheit ansonsten heraus. Erst nach der Zerstörung Jerusalems und des Tempels wurde das anders, denn da ersetzte Kaiser Vespasian die jüdische Tempelsteuer durch eine neue Steuer, deren Einnahmen dem kapitolinischen Jupiter-Tempel in Rom zukamen.[142] Wenn nun also Jesus gegenüber Petrus von den »Königen der Erde« spricht, hat das nichts mit den spezifischen Römern in der benachbarten Kaserne oder dem gesamten Römischen Reich zu tun: »Was meinst du, Simon, von wem nehmen die Könige auf Erden Zoll oder Steuern? Von ihren Söhnen oder von den Fremden?« Dahinter steht ein altes biblisches Bild, das natürlich auch Petrus sofort heraushörte. In Psalm 2,2, auf dessen 7. Vers (»Mein Sohn bist du, heute habe ich dich gezeugt«) gerade erst noch auf dem Berg der Verklärung angespielt worden war, werden die »Könige der Erde« als die Gesamtheit aller Herrscher bezeichnet, die sich »gegen den Herrn und seinen Messias« stellen. In Psalm 89,28 wird ebenso messianisch ein Wort Gottes wiedergegeben: »So will ich ihn auch zum Erstgeborenen machen, zum höchsten unter den Königen der Erde.«[143] Auch die Redeweise von den eigenen Söhnen, die gegen die anderen gestellt sind, ist alter jüdischer Sprachgebrauch, man kann das schon in der Thora nachlesen, in 5. Mose 29,21, oder dann auch in Nehemia 9,2.

Aber Jesus geht es nicht um den Alltagssinn, wie er in anderen Zusammenhängen wichtig blieb und zum Beispiel später von Paulus betont wurde (Römer 13,7). Jesus weiß selbstverständlich, dass auch die eigenen Söhne, die Mitbürger und nicht nur die Fremden allgemeine Steuern zu zahlen haben. Gerade die Tempelsteuer galt den Angehörigen des eigenen Volkes, nicht den Fremden. Der Tempel steht im Mittelpunkt, als das zentral sichtbare Symbol des Judentums, ein Ort Gottes und des Gottesdienstes. Jesus geht daher sehr bewusst über den Sprachgebrauch des Alten Testaments hinaus. Er bezieht sich auf die Angehörigen der königlichen Gemeinschaft, denen jene gegenübergestellt werden, die einer solchen Gemeinschaft nicht angehören. Ganz konkret also: Wer sich der messianischen Gemeinde Jesu anschließt, gehört zu diesem Königreich, wer sich verweigert, hat sich selbst ausgeschlossen. Seine Jünger sind demgemäß Königskinder. Und der Messias Jesus steht über dem Tempel – ein roter Faden, der sich durch alle alten jüdisch-christlichen Texte zieht. Folglich sind er und seine Getreuen, seine Kinder, von der Tempelsteuer befreit. Ob Petrus die Pointe sofort versteht, wird nicht mitgeteilt. Es scheint aber so, denn er gibt die richtige Antwort, die dem normalen steuerlichen Alltagsverhalten, sei es römisch oder jüdisch, bekanntlich widerspricht. »Von den Fremden«, sagt er, werden die Zölle und Steuern eingenommen. Er diskutiert nicht mit Jesus, wie er das in Caesarea Philippi noch getan hatte, und er bietet auch keine Verhaltensvorschläge an, wie gerade noch auf dem hohen Berg. »Von den Fremden«, das ist alles, was er sagt. Er ist, zumindest hier, ganz auf der jüdisch-messianischen Ebene, die Jesus ihm immer wieder neu verständlich macht.

Hier wie auch früher schon will Jesus den messianischen Konflikt vermeiden. Das hatte zu warten bis zum letzten Gang nach Jerusalem, zu Pesach im Jahre 30. Also wird die Tempelsteuer gezahlt, und nun kommt wieder feiner Humor in die Erzählung: Wenn schon eine Steuer gezahlt wird, die letztlich seinem Vater im Himmel gilt, dann kann das Geld auch auf himmlisch-gesandte Weise auftauchen. Der Vorgang hat etwas Wundersames an sich, aber aus fischereitechnischer Sicht nur in der Vorhersage: Jesus sagt seinem Jünger, dass die Münze gleich im Maul des ersten Fisches sein wird. Der Rest war einem Berufsfischer wohl vertraut. Der hebräisch als »Amnon« bekannte Fisch, der heute in Israel den Touristen zuliebe »Petersfisch« genannt wird und unter Fachleuten als die Barbenart »Paratilapia sacra« bekannt ist, hat ein im Verhältnis zum Körper ungewöhnlich großes Maul, in dem es seinen Rogen und vorübergehend seine Jungen schützt. Sobald diese zu groß werden, nimmt er einen Stein auf, damit die kleinen Fische nicht mehr zurückkehren können. Noch heute kann man das gelegentlich an gefangenen Amnun-Fischen beobachten.[144] Es ist kein großer Schritt zur Münze, die einem Fischer aus der Gewandtasche fiel und vom Fisch mit einem flachen Stein verwechselt wurde. Die rationale Verständlichkeit des Münzwunders mag erklären, warum Matthäus das nicht weiter ausreizt, und warum Petrus, der durchaus einen Amnon mit Münze schon früher einmal gefangen haben kann, offenbar keinen Anlass sieht, sich über das zu wundern, was Jesus da von ihm erwartet. Es ist letztlich nur ein Randaspekt der eigentlichen Lehre.

Die eigenartige Geschichte wird von Matthäus nicht nur mit exakt beobachteten Einzelheiten berichtet, auch die finanziellen Informationen sind detailgenau. Deutsche Übersetzungen sprechen erst vom »Tempelgroschen« oder der »Doppeldrachme«, dann beim Fischfang vom »Zweigroschenstück« oder vom »Vierdrachmenstück«. Bei Matthäus steht griechisch zuerst »*dídrachma*«. Diese Doppeldrachme entspricht dem halben Schekel, der als Tempelsteuer zu zahlen war. Jesus und Petrus wussten, dass es eine Münze gab, die den zweifachen Wert hatte, also für beide ausreichte. Das »Vierdrachmenstück«, das in der revidierten Lutherübersetzung von 1984 originellerweise immer noch Zweigroschenstück genannt wird und damit eher an Beethovens Klavierétude »Die Wut über den verlorenen Groschen« erinnert als an Währungseinheiten zur Zeit Jesu, heißt bei Matthäus »*statêr*« und entsprach einem ganzen Schekel.[145] Zu dieser Zeit wurden die Doppeldrachme und das Vierdrachmenstück die Münzen, die man im Judentum für die Tempelsteuer akzeptierte – weil sie kein Kaiserbild und keine Umschrift trugen, durch die der Kaiser auf griechisch blasphemisch als »Sohn Gottes« bezeichnet wurde – im syrischen (heute libanesischen) Tyros geprägt. Ihre Beliebtheit hatte noch einen anderen Grund, denn sie besaßen einen Feingehalt von 93% Silber und gehörten zu den wenigen Silbermünzen der Antike, deren Prägewert unverändert blieb. Ein kleines Detail mit weitreichenden Folgen: So erfahren wir nicht nur, dass das Matthäus-Evangelium vor 70 n. Chr. geschrieben wurde, sondern auch in der syrischen Provinz zwischen Damaskus und Antiochia vorrangig für eine Zielgruppe in diesem Großraum entstand. Nur dort entsprachen zwei Doppeldrachmen exakt dem Wert eines »*statêr*«. Es ist die Gegend, in der sehr früh schon christliche Gemeinden wuchsen; Antiochia war die Stadt, in der die Menschen, die an Jesus von Nazareth glaubten, erstmals als Christen bezeichnet wurden – als die »*christianoi*«, die Anhänger des ›Christos‹ (Apostelgeschichte 11,26).[146] Um noch für einen Augenblick beim Spezialgebiet des fachkundigen Zollpächters Levi-Matthäus zu bleiben: Die Doppeldrachme ist identisch mit zwei Denaren und mit dem »Silberling«, von dem Judas zwanzig Stück für seinen Verrat erhielt. Im Geldwert der damaligen Zeit konnte sich Judas für seinen Lohn fünfzehn Lämmer oder sieben bis acht Schafe kaufen. Wir können es auch anders umrechnen: Die zwei berühmten »Scherflein« der Witwe (Markus 12,43–44) entsprachen zwei »Lepta«. Erst 256 Lepta ergaben eine Doppeldrachme für die Tempelsteuer. So arm war die Witwe, und so groß war ihr Opfer, als sie mit zwei Lepta ihren ganzen Besitz gab. Oder wenn wir es messianisch ausdrücken wollen: Da das Nardenöl, mit dem Jesus in Bethanien gesalbt wurde, dreihundert Denare wert war (Markus 14,5), entsprach das 38.400 Lepta oder 150 Doppeldrachmen, der Tempelsteuer für einhundertfünfzig Juden.[147] Und um es dann doch noch in römische Realien zu übersetzen: Der Jahressold eines römischen Legionärs betrug zu dieser Zeit 225 Denare, weniger als der Wert des Nardenöls bei der Salbung Jesu in Bethanien.

Abschied aus Galiläa

Über Petrus und seine Entwicklung erfahren wir danach nicht mehr viel. Erst in Jerusalem, bei der Gefangennahme Jesu im Garten Gethsemane, tritt er wieder mit einer außergewöhnlichen Tat aus dem Kreis der Jünger hervor. Bis dahin entsprechen seine Auftritte dem mittlerweile vertrauten Schema. Bemerkenswert sind eher die Stellen, wo er nicht namentlich genannt wird. Der Rangstreit der Jünger wird ganz ohne ihn ausgefochten (Markus 9,33–37; Matthäus

18,1–5; Lukas 9,46–48). Er kennt seinen Platz. Auch etwas später, schon auf dem Weg nach Jerusalem, wird er nicht genannt, als es um den Vorrang im Himmelreich geht (Markus 10,35–45; Matthäus 20,20–28; Lukas 22,24–27). Diese Auslassungen fallen besonders bei Matthäus auf, der von der Fischfanggeschichte direkt zum Rangstreit übergeht. Es ist beinahe so, als wollte der Evangelist zeigen, wie eine Hauptperson, die gerade ihren großen Auftritt hatte, nun von der Bühne geht und hinter dem Vorhang verfolgt, was die anderen treiben. Matthäus gönnt ihm aber unmittelbar nach der Einsetzung aller Jünger in das Amt des Bindens und Lösens gleich noch ein Solo, in der wohl bekannten Rolle des Sprechers: »Da trat Petrus zu ihm (Jesus) und fragte: ›Herr, wie oft muss ich denn meinem Bruder, der an mir sündigt, vergeben? So oft wie siebenmal?‹ Jesus sagte zu ihm: ›Ich sage dir: Soviel wie siebenmal, ja sogar siebenundsiebzigmal‹« (Matthäus 18,21–22). Petrus fragt hier für alle, die ganz sicher gehen wollen, dass sie die Lehren über Verurteilung und Vergebung richtig verstanden haben. Das gehörte von nun an zu ihrem Aufgabenbereich, Klarheit war also höchst wünschenswert.

Typisch für Petrus mag allerdings sein, dass er wieder einmal einen Schritt über das Gewohnte hinausgeht: Üblich war es in der jüdischen Tradition durchaus, einem Bruder mehr als einmal zu vergeben, aber die Höchstzahl, soweit sie in Quellen erwähnt wird, war viermal.[148] Mit der Siebenzahl drückt Petrus jedoch nicht nur aus, dass er ein paar Vergebungen drauflegen will, wenn es denn sein muss. Die Sieben ist auch die Zahl, die Vollkommenheit ausdrückt und die Bereitschaft, das in einer gegebenen Situation Erforderliche zu tun (vgl. 4. Mose 23,1; 1. Mose 21,28; Psalm 119,164). Der Jünger fragt also im Grunde genommen, ob Vergebung unbegrenzt oft ausgesprochen werden darf, wenn die Sünde eingestanden und bereut wird. Jesus bestätigt das mit seiner verstärkenden Antwort. Deutsche Übersetzungen geben das meist ein wenig missverständlich wieder. Jesus verneint nicht, was Petrus gerade sagte. Seine Antwort lautet im ersten Teil wörtlich so wie das Ende der Frage: »Soviel wie siebenmal.«[149] Dann ergänzt er: »ja sogar/jedoch soviel wie siebenundsiebzigmal.« Vollständig ergibt das: »Ich sage dir nicht: Soviel wie siebenmal, ich sage dir vielmehr: sogar soviel wie siebenundsiebzigmal.« Eine kleine Akzentverschiebung, die immerhin verstehen hilft, dass Jesus nicht ablehnt, was Petrus vorschlug, sondern es

intensivierend bestätigt. Bereits die »siebenmal« des Petrus waren ja
eine vollkommene Größe. Eine solche Art der Steigerung einer an
sich nicht überbietbaren Zahl wird zugleich als Umkehrung einer
Ankündigung Lamechs benutzt. In 1. Mose 4,24 hatte er gesagt:
»Wenn Kain siebenfach gerächt wird, so Lamech siebenundsiebzig-
fach.« Diese Art dramatisierender Rhetorik entspricht dem Brauch,
jemanden zu mehreren Todesstrafen oder mehrfach lebenslänglich
zu verurteilen. Jesus dreht nun das Negativbeispiel der Rache Lamechs um und macht daraus die Unbegrenzbarkeit der Vergebung.
Das Gleichnis vom unbarmherzigen Gläubiger, das er zur Illustra-
tion anschließend erzählt, richtet sich an alle Jünger.

Es ist ein Übergang. Die Gruppe verlässt Galiläa und geht ein letztes Mal gemeinsam nach Jerusalem. Noch einmal betont Petrus, was
sie verlassen haben, um bei Jesus zu sein: Die Jünger sind überrascht
von der Strenge, mit der Jesus auf den reichen jungen Mann – den galiläischen Karrieristen – reagierte, der nicht bereit war, seine Reichtü-
mer für Jesus aufzugeben (Markus 10,17–27), und Petrus lässt sich die
Gelegenheit nicht entgehen, auf seine eigene spontane Opferbereitschaft und die seiner Kollegen hinzuweisen (10,28). Jesus erkennt das
an, erinnert ihn aber auch daran, dass damit keine Privilegien einge-
kauft wurden: »Viele aber werden die Letzten sein, die die Ersten
sind, und die Ersten sein, die die Letzten sind.« In Jerusalem wird
sich noch manche Gelegenheit ergeben, Opferbereitschaft unter Beweis zu stellen. Die innere Anspannung der Jünger kann man sich
kaum groß genug vorstellen. Immer wieder hatte Jesus sie darauf vorbereitet, dass die messianische Entscheidung nicht in ihrer galiläischen Heimat getroffen würde, sondern in der Stadt des Tempels. Jeder von ihnen war nach alter Sitte schon öfter in Jerusalem gewesen,
um an einem der drei großen Pilgerfeste teilzunehmen: Pesach/Passa,
dann nach fünfzig Tagen (griechisch ›Pentekostê‹, daher ›Pfingsten‹)
Shavuot/Wochenfest, und schließlich Sukkot/Laubhüttenfest. Alle
wussten sie, dass hier zu den rund einhunderttausend Bewohnern Jerusalems bis zu einer Million Pilger dazustoßen würden, aus allen
Teilen des Römischen Reiches.[150] Nun war ein weiteres Pesach-Fest
nähergerückt, und es schien, als sollte es diesmal so weit sein. Jede
Tat, jedes Wort auf dem Weg von Galiläa nach Jerusalem wog nun
doppelt schwer. Umso genauer müssen wir nachsehen, wie Petrus
in dieser Zeit von den Quellen dargestellt wird. Nachdenklichkeit

scheint im Vordergrund zu stehen. Denn nach der Frage zur Häufigkeit der Vergebung, deren Beantwortung ihn bestätigte und verpflichtete, spricht Petrus unterwegs nicht mehr für die Jünger oder für sich. Er tritt zurück hinter das gemeinsame Erleben des Pilgerwegs hinauf nach Jerusalem, und noch in der Stadt sind seine ersten eigenen Worte nicht sonderlich aufregend. Es ist ein Ausruf beim Anblick des plötzlich verdorrten Feigenbaums: »Rabbi, sieh, der Feigenbaum, den du verflucht hast, ist verdorrt!« (Markus 11,21) Bemerkenswert ist daran allenfalls, dass Jesus zuvor den Baum nicht ausdrücklich – das heißt nicht mit einem solchen Wort – »verflucht«, sondern eine prophetische Ankündigung ausgesprochen hatte (11,12–14). Petrus interpretiert also die Handlung seines Rabbis, und in seinem Ausruf war sicher auch eine Unruhe, vielleicht sogar Angst zu spüren. Eben erst hatte Jesus die Händler aus dem Tempel vertrieben, nun war etwas geschehen, das gerade wegen der Benutzung des Feigenbaums an Urteile Gottes über die Untreuen im Volk Israel erinnern musste (Jeremia 8,13, Joel 1,12, Jesaja 34,4). Petrus begreift, dass dies die Tage sind, an denen es endgültig ernst wird. Und er erkennt die göttliche Kraft an, mit der Jesus gehandelt hatte – das Wort, das hier für das Verfluchen steht, benutzt schon der griechische Text des 1. Buches Mose, um eine Handlung Gottes zu beschreiben (1. Mose 5,29; 12,3).[151]

So, angespannt in diesem Bewusstsein, dass sich dramatische Entwicklungen abzeichnen, bleibt Petrus auch in den nächsten Tagen. Jesus hatte die Zerstörung des Tempels vorausgesagt, die Vierergruppe von Petrus, Jakobus, Johannes und Andreas sitzt mit ihm auf dem Ölberg, der Blick ist auf das architektonische Prachtwerk gerichtet, das sogar vom römischen Historiker Tacitus zu den Wundern dieser Zeit gezählt wurde.[152] Was da angekündigt wurde, übersteigt ihre Vorstellungskraft, obwohl sie als gute Juden wussten, dass schon die Propheten Jeremia (26,18) und Micha (3,12) solche Prophezeiungen weitergegeben hatten. »Sage uns«, fragen sie Jesus – und der an erster Stelle genannte Petrus dürfte wie üblich der Fragende gewesen sein: »Wann wird das geschehen? Und was wird das Zeichen sein, wenn das alles vollendet werden soll?« (Markus 13,4) Die Antwort, die Jesus ihnen gibt, ist im Markus-Evangelium die längste seiner Reden (13,5–37). Schlag auf Schlag kommen die Querverweise, Zitate, Anspielungen, die das Neue an der Lehre Jesu fest verbinden mit den

Wurzeln, die seinen Hörern so gut vertraut sind. In sechs Schritten erläutert er den zeitlichen Ablauf und die Zeichen, ohne ein einziges Mal einen genauen Terminplan zu entwerfen. An der großen »Ölbergrede« lässt sich weder bei Markus noch in den zum Teil etwas längeren Fassungen der anderen eine unmittelbare Naherwartung festmachen. Einige Zeichen können sehr bald eintreten, andere werden in unbestimmter Ferne liegen. Auch die Zerstörung Jerusalems und des Tempels trat erst 40 Jahre nach dieser Prophezeiung ein, als Petrus bereits drei Jahre tot war. Anderes erlebte er noch: Jesus beginnt, indem er vor falschen Messias-Gestalten warnt und vor der Missinterpretation von Kriegen und Katastrophen. Und dann sagt er voraus, dass es wegen der Verkündigung des Evangeliums zu Verfolgungen kommen wird. Und er fügt gewissermaßen in Klammern hinzu, dass das Evangelium erst allen Völkern verkündet werden muss, ehe das Ende kommen wird – eine Aussage, die über die Jahrhunderte von allzu eifrigen Endzeitberechnern geflissentlich übersehen wurde. Besonders beunruhigend war für Petrus und die anderen aber wohl die Ankündigung, dass es in Verfolgungszeiten auch zu Verrat untereinander kommen werde: »Und es wird ein Bruder den anderen dem Tod preisgeben und der Vater den Sohn, und die Kinder werden sich empören gegen die Eltern und werden sie töten helfen.« (13,12) So unerfreulich eine solche Voraussage gerade für den Mann war, der als Garant für die künftige Gemeinde wirken sollte, so präzise erfüllte sie sich. Der römische Historiker Tacitus notiert, dass während der Christenverfolgung unter Nero viele Christen aufgrund von Verrat aus den eigenen Reihen gefangengenommen und getötet wurden, und der in Rom schreibende Theologe und Bischof Klemens berichtet, dass namentlich Petrus zu denen gehörte, die als Folge von Eifersucht, Neid und Streit ihr Martyrium erlitten.[153]

Im dritten Teil seiner Rede (13,14–23) sagt Jesus die Schändung des Tempels voraus, und Markus unterstreicht die Wichtigkeit dieser Aussage mit einem eigenen Hinweis: »Wer es liest, der merke auf!«[154] Es werde der Zeitpunkt der Flucht aus Jerusalem sein, fügt Jesus hinzu, und tatsächlich zogen die Mitglieder der Urgemeinde zu Beginn der jüdischen Revolte gegen die Römer 66 n. Chr. ins transjordanische Pella, von wo sie erst in den Jahren nach der Zerstörung von Stadt und Tempel mit kaiserlicher Genehmigung zurückkehrten.[155] Wieder warnt Jesus vor falschen Messias-Prätendenten, die seine Anhänger an der Flucht hindern könnten. Und dann, im vierten Teil seiner Rede (13,24–27), kommt eine Aussage, die gerade der anwesende Petrus besonders gut beherzigte: Zu einem unbekannten Zeitpunkt nach der Zerstörung des Tempels und nach der Verkündigung des Evangeliums an alle Völker wird der Messias, hier »der Menschensohn«, mit himmlischer Macht wiederkommen. Diese ungefähre zeitliche Zuordnung wird im fünften Abschnitt (13,28–31) weiter erläutert. Einige, nicht alle der Zeichen, wird noch die Generation der Jünger beobachten, nicht notwendigerweise sie selbst – und tatsächlich war, wie wir schon festhielten, Petrus bereits tot, als der Tempel und die Stadt Jerusalem zerstört wurden, während andere aus dieser Generation noch bis gegen Ende des Jahrhunderts weiterlebten. Genau hier knüpft Petrus in seinem 2. Brief an. Dort beschreibt er einige der Begleiterscheinungen des Zeitenendes mit Bildern, die denen Jesu ähnlich sind (2. Petrus 3,10–12 mit Markus 13,24–26 und Matthäus 24,29) und die gemeinsam auf alttestamentliche Prophetien zurückgreifen.[156] Und so wie Jesus erklärt, dass niemand Tag und Stunde kennt (Markus 13,32), so fasst auch Petrus rund dreißig Jahre später zusammen, dass die Zeit des Wartens keine Verzögerung der Verheißung bedeutet. Denn es soll niemand verloren werden; jeder soll die Chance zur Buße finden (2. Petrus 3,9) – und genau das entspricht der eindeutigen Aussage Jesu, es werde nichts zum Abschluss kommen, ehe nicht alle das Evangelium gehört, also ihre Gelegenheit zur Buße bekommen hätten.

Der sechste, abschließende Teil der Rede auf dem Ölberg (Markus 13,32–37) enthält eine Gebrauchsanweisung, gerichtet an die Jünger, die Petrus in seinem 2. Brief aufgreift und aktualisiert. Das Spekulieren über den Zeitpunkt ist nicht nur müßig, es lenkt auch ab von den Aufgaben, die nun und auf unbestimmte Zeit zu erfüllen sind. Wachsam und vorbereitet sein ist das Gebot, denn die Endzeit ist mit dem ersten Kommen des Messias bereits eingeleitet. Wenn auch ihr Abschluss nach der Zeitrechnung Gottes, die bereits im 90. Psalm erklärt ist (Psalm 90,4 mit 2. Petrus 3,8), noch unbestimmt lange auf sich warten lassen könnte, so wird er mit Sicherheit sehr plötzlich kommen (2. Petrus 3,10 mit Markus 13, 35–36, 1. Thessalonicher 5,2).

Der Aufruf zur Wachsamkeit ist umso eindrucksvoller, weil er von dem Jünger aufgegriffen wird, der von Jesus selbst im Halb- oder Vollschlaf ertappt wurde, was während der großen Gebetsszene im

Garten Gethsemane besonders peinlich war (Markus 14, 37–41). Auch schon in seinem ersten Brief betont Petrus die zwingend notwendige Wachsamkeit (1. Petrus 5,8 mit 2. Petrus 3,17). Eines der griechischen Wörter, mit denen man Wachsamkeit und das Aufpassen ausdrücken kann, »grêgoréô«, kommt bei Markus nur dreimal vor, hier am Ende der Ölbergrede (13,37) und als Appell Jesu an Petrus und die anderen im Garten Gethsemane (14,34 und 38). Es ist kaum ein Zufall, dass Petrus beim Verfassen seines 1. Briefes, zu diesem Zeitpunkt längst in Kenntnis des Markus-Evangeliums, dieses für Jesus in der griechischen Fassung des Markus so seltene und wichtige Wort verwendet, um nun seinerseits die Gläubigen zu ermahnen: »Seid nüchtern und wacht!« (1. Petrus 5,8)

Beide Petrusbriefe, vor allem der zweite, richten sich an Leser, die noch jung im Glauben sind und angesichts einer offensichtlichen Bedrohung von Außen schnelle und emphatische Hilfe brauchen. Dass der Autor gerade die Endzeitmahnungen Jesu aufgreift und ihre warnenden Aspekte weiter verstärkt, passt in dieses Bild. Auch Paulus, der es in Korinth mit ganz ähnlichen Problemen zu tun bekam, schreibt kaum sanfter. Er erfindet jedoch nichts hinzu. Was Jesus andeutete, spricht er mit aller ungeschönten Brutalität der Sprache aus, und diese Bilder werden wie ein Feuerwerk alter prophetischer Zitate und Anspielungen abgebrannt – die Beispiele stammen aus Jesaja (13,10–13; 34,4; 66,15–16), Joel (2,10; 2,30–32), Zephanja (1,18; 3,8), dem Psalter (Psalm 97,3) und schon aus der Thora (5. Mose 32,22). Zeitgenössische Juden waren mit einer solchen Szenerie auch durch populäre außerbiblische Literatur vertraut – Henoch 1,5–8 und 102,1 zum Beispiel, im ›Jubiläenbuch‹ der Abschnitt 9,15 und in Qumran die ›Loblieder‹, 1QH 3,29–36 und 6,18–19. Warnt Jesus vor falschen Messias-Gestalten, so hört Petrus zu und wendet das an – die Wiederkehr Jesu ist kein spekulatives Spielzeug für falsche Lehrer (2. Petrus 2,1; 3,3–5). Verkündet Jesus gegenüber Petrus und den anderen eine neue Welt, eine Erneuerung aller Dinge, und bezieht die Jünger mit einer vorbereitenden Rolle ein (Matthäus 19,27–30; vgl. Markus 13,27), so schreibt Petrus, dass nicht nur ein neuer Himmel, sondern auch eine neue Erde kommen wird, eine vollständige Neuschöpfung also. Er schließt einen Kreis, denn so, wie er hier schreibt, verbindet er die Prophezeiung, die er von Jesus gehört hatte, mit den Verheißungen der alten Propheten (Jesaja 65,17; 66,22).

Man hat Bibeltexte wie die Endzeitrede auf dem Ölberg oder die Untergangs- und Neubeginnsverse im 2. Petrusbrief, auch die älteren alttestamentlichen Ausgangspunkte und den Schlussakkord in der Offenbarung des Johannes, oft als Horrorgemälde und abstoßende Katastrophenvisionen gelesen. Zu manchen Zeiten waren sie daher ideales Predigtmaterial für bestimmte Interessenvertreter, dann wiederum wurden sie abgelehnt und aus den Schutzräumen der »Heile Welt«-Theologie verbannt. Weder Jesus noch Petrus geht es aber um die Angst oder darum, dass in ständiger Erwartung jedermann in Sack und Asche mit bitterernstem Gesichtsausdruck auf den Kirchenbänken zu sitzen hätte. Solche Büßerstimmungen kritisiert gerade Jesus unter seinen Mitjuden immer wieder als heuchlerisch (zum Beispiel Matthäus 6,16–18). Bei beiden sind es Mahnungen und Warnungen, die im Gegenteil dazu dienen sollen, dankbare Freude und erwartungsvolle Fröhlichkeit zu schaffen. Aber, und auch das erläutert Jesus bereits in einem seiner Gleichnisse (Matthäus 22,1–14), eine offene Einladung wird nicht von allen angenommen. Und es ist nicht der Einladende, der dafür verantwortlich ist.

Vorbereitungen und Wasserkrüge

Die Intensität der Ereignisse in Jerusalem lässt scheinbar wenig Spielraum für Zwischentöne. Höhepunkte folgen aufeinander, wie im entscheidenden Akt eines griechischen Dramas, ehe die ›Katharsis‹ folgt, die Reinigung und Läuterung. Nicht ohne Grund haben die Tage zwischen dem triumphalen Einzug in Jerusalem und der Auferstehung seit dem Mittelalter die Theaterautoren und die Komponisten inspiriert. Als in der Passionszeit 2000 die English National Opera in London Johann Sebastian Bachs Johannespassion in einer dramatisierten Fassung wie ein Opernoratorium auf die Bühne brachte, mit blökendem Lamm und szenengerechter Kreuzigung, da wirkte das wie eine geradezu expressionistische Verbindung von Bachs reformatorischer Direktheit mit der Wucht und Pracht Oberammergaus. Die Berichte der Evangelien wollen bewegen, aufrühren, erschüttern, sie sind keine erbauliche Konventikel-Literatur. Doch die Zwischentöne, die ›lyrischen‹ Momente, gibt es bei Markus oder Johannes ebenso wie bei Bach. Nur einen kann man sich bei diesen lyrischen Zwischentönen meist schwer vorstellen – den impulsiven, physisch nahezu überpräsenten Petrus, der nicht zögert, zum Schwert zu greifen, und den in einer modernen Verfilmung eigentlich nur Gérard Dépardieu spielen könnte. Oder geht es da doch auch etwas leiser zu? Das letzte gemeinsame Essen, das Abendmahl im Obergemach zu Jerusalem, gibt uns einige Hinweise.

Bescheiden, dienend, ohne selbst die Initiative zu ergreifen, steht Petrus bereit, um zusammen mit Johannes das Passalamm vorzubereiten (Lukas 22,8). So zurückgenommen ist das Amt auf den ersten Blick, dass die beiden von Markus und Matthäus noch nicht einmal namentlich erwähnt werden. Natürlich will Lukas etwas mitteilen: Diese beiden, Petrus und Johannes, sind im Moment der Vorbereitung auf das letzte, auch für die nachösterliche Zukunft entscheidende Mahl, gemeinsam von Jesus dazu bestimmt, Verantwortung zu tragen. Er fährt den üblichen Vierer- oder Dreierkreis vertrauter Jünger an dieser bedeutenden Wegscheide auf nur diese zwei zurück. Gerade hier fällt das auf: An anderen Stellen werden sie nicht eigens hervorgehoben, aber ihre Vertrautheit miteinander scheint größer zu sein, als spätere Interpreten es wahrhaben wollen. Denn Johannes der Evangelist bestätigt die Nähe von Petrus und Johannes in seinem Bericht über das Abendmahl: Als es darum geht, die Identität des Verräters zu ermitteln, wendet sich Petrus an den Lieblingsjünger, der unmittelbar bei Jesus sitzt, und bittet ihn, die Frage zu stellen.[157] Daraus folgt nicht nur, dass auch Petrus und Johannes nebeneinander saßen, um zuerst einmal vertraulich miteinander reden zu können, es folgt daraus auch, dass selbst im Bericht des Johannes-Evangeliums die Initiative von Petrus ausgeht, und dass der Lieblingsjünger nicht zögert, das zu tun, worum Petrus ihn bittet. Der Gang zur Vorbereitung des Passalamms hat allerdings in den Evangelien noch eine andere Pointe, und möglicherweise hilft sie uns, das Rätsel zu lösen: Warum gerade diese beiden Jünger, und warum dieser so bestimme Auftrag Jesu, an einen ganz spezifischen Ort zu gehen, einem Mann hinterher, der einen Wasserkrug trägt?

Das Detail des Wasserkrugs wird auch von Markus notiert (14,13), es kann also trotz der Auslassung bei Matthäus nicht so ganz unwichtig sein. Der anregendste Deutungsversuch stammt von dem in Jerusalem ansässigen Archäologen Bargil Pixner. Ihm war aufgefallen, dass Krüge mit Wasser oder Wein in neutestamentlicher Zeit nicht von Männern getragen wurden (und auch heute in diesen Landstrichen nicht von Männern getragen werden), sondern von Frauen. Wenn Männer Wasser trugen, dann waren es Sklaven oder untergeordnete Bedienstete, doch die trugen es nicht im Krug auf dem Kopf, sondern im Tierhaut-Schlauch unter dem Arm. Das heißt: Der Mann, dem Petrus und Johannes folgen sollten, gehörte einer Jerusalemer Gemeinschaft an, die weder Frauen noch Sklaven hatte. Und dafür kommt nur eine in Frage: die Essener.[158] Jesus musste von ihnen wissen – was nicht schwierig war, denn er hielt sich nicht zum ersten Mal in Jerusalem auf. Und er durfte es gerade Petrus und Johannes zutrauen, mit dieser besonders frommen, eigenen Regeln folgenden Gemeinschaft klarzukommen. Zuerst einmal müssen wir festhalten, dass eine solche Nähe weder aus Jesus noch aus Petrus und Johannes verkappte Essener macht. Wer heute in einem Ramadan-Hotel nächtigt, ist nicht automatisch Muslim, und wer in ein koscheres Restaurant geht, wird dadurch nicht schon zum Juden.

Wichtiger ist etwas anderes: Jesus hatte keine Berührungsängste. Natürlich kannte er Essener, selbstverständlich wusste er von ihren Gästehäusern, und gern nahm er die Möglichkeit wahr, unter ihrem Dach das Passalamm an dem Tag und in der Form zu feiern, wie er es wollte. Petrus und Johannes hatten ihrerseits gute Gründe, diesem Beispiel zu folgen und nicht zu zögern, als Jesus sie beauftragte, alles weitere vorzubereiten.

Beide waren erfolgreiche Händler, ehe Jesus sie in den Jüngerkreis berief. Zu ihren Tätigkeiten gehörte der Vertrieb der Fische, auch in gepökelter Form, in alle Landesteile, selbstverständlich auch nach Jerusalem. Ein nördliches Stadttor trug den Namen »Fischtor«, es war der bekannte Durchgang für die Fischhändler vom See Genezareth. Wenn die Essener in Jerusalem nicht nur ein eigenes Zentrum hatten – was literarisch und archäologisch bestens bezeugt ist, sondern noch ein oder mehrere Gästehäuser, dann gehörten auch sie notwendigerweise zu den dankbaren Abnehmern galiläischer Süßwasser-Fische. Nichts also spricht dagegen, gerade in Petrus und Johannes, den (Mit-)Besitzern zweier Fischereibetriebe, zwei Männer zu sehen, die schon früher beruflich in Jerusalem zu tun hatten und daher mit solchen Gegebenheiten vertraut waren.[159] Man sollte eine solche Detailfrage allerdings auch einmal wieder zum Anlass nehmen, an die Möglichkeit ganz einfacher Lösungen zu erinnern. Johannes setzt ausdrücklich etwas voraus, was die anderen drei Evangelisten nur indirekt erschließen lassen: Die Gruppe um Jesus war hier mindestens zum dritten Mal gemeinsam in Jerusalem. Auch andere Jünger kannten sich mittlerweile aus, und viele hatten sich schon vor der Bekanntschaft mit Jesus als Festpilger in Jerusalem aufgehalten. Die einfache Lösung wäre also die pragmatische. Zwei Jünger genügen, um die letzten noch notwendigen Vorbereitungen im Gästehaus zu treffen. Jesus wählt sie aus dem engeren Viererkreis (Petrus, Jakobus, Johannes und Andreas) oder aus dem noch engeren Dreierkreis (Petrus, Jakobus, Johannes). Petrus war wie stets die ›gesetzte‹ Größe. Der andere hätte jeder der übrigen drei sein können. Dass es der Mitbesitzer des zweiten großen Fischereiunternehmens von Kapernaum war, gibt der Sache allenfalls eine weitere pragmatische Note: Zwei Firmenchefs beaufsichtigen die letzten Vorbereitungen des großen Passa-Essens. Erst aus der Perspektive viel späterer kirchlicher Debatten kommt noch ein unterhaltsamer Aspekt hinzu: Die beiden Jünger, die man aus einem falschen Verständnis mancher Passagen des Johannes-Evangeliums als Rivalen um die Gunst Jesu gegeneinanderstellen wollte, arbeiten hier im Auftrag Jesu Hand in Hand.

Kaum ist alles arrangiert, trifft Jesus selbst weitere Vorbereitungen, und da hat Petrus erneut einen Auftritt, der jahrhundertelang die Kunstgeschichte bereicherte und in vielen Kirchen noch heute zu den Riten der Passionszeit gehört. Es ist die Fußwaschung. Johannes allein berichtet davon, und er macht spürbar, dass es sich um ein ungewöhnliches Ereignis handelte. Das beginnt bereits damit, dass Jesus mitten beim Essen, nach der Vorspeise vermutlich, die es auch damals schon beim Passamahl gab, plötzlich vom Tisch aufsteht, sein Obergewand ablegt, sich ein Tuch umbindet, einen Wasserkrug in die Hand nimmt – vielleicht einen, der zum Mischen des Weins auf dem Tisch stand – und damit beginnt, über einer offenbar schon bereitgestellten Schüssel die Füße der Jünger zu waschen. Die anderen drei Evangelisten übergehen das Geschehen möglicherweise nicht nur, weil sie sich auf das Geschehen bei Tisch konzentrieren, das wiederum bei Johannes etwas kürzer kommt, sondern möglicherweise auch, weil ihnen die Selbsterniedrigung in diesem Augenblick, der auf die Einsetzung des Gedächtnismahles hinausläuft, gegen den Fluss der Handlung zu laufen scheint. Wie auch immer, Johannes tut alles, um in seinem Sprachgebrauch die freiwillige Erniedrigung des Messias hervorzuheben, noch ehe Jesus bis zu den Füßen des Petrus gelangt ist. Jeder der Anwesenden, jeder Leser des Johannes-Evangeliums erinnerte sich sofort an die uralte Parallele: Abigail kniete vor den Dienern Davids nieder, die zu ihr gekommen waren, um sie im Namen des Königs zu bitten, seine Frau zu werden, und wusch deren Füße, ehe sie diesen Boten folgte, um die Frau Davids zu werden (1. Samuel 25,40–42). Jesus zieht sein aus mehreren Stücken bestehendes Obergewand aus und legt es beiseite, wofür Johannes das gleiche Wort benutzt, das in diesem Evangelium früher schon Jesus selbst gebrauchte, um auszudrücken, dass er sein Leben für seine Herde ablegen wird.[160] Und heutigen Lesern fällt natürlich auch auf, dass dieses Wort zweimal verwendet wird, um die Bereitschaft des Petrus zu beschreiben, sein Leben für Jesus zu lassen (Johannes 13,37–38). Nur noch mit der Unterkleidung, einer Art Lendenschurz, angetan, nimmt Jesus die Haltung und die Bekleidung eines niedrigen Dieners, eines Sklaven, ein.

Keiner sagt etwas. Alle warten, so scheint es, auf Petrus, doch der sitzt leider nicht auf dem ersten Platz. Und wie nicht anders zu erwarten, stellt er, als er endlich an der Reihe ist, die richtige Frage, eben jene Frage, die ein bibelfester Jude in einer solchen Situation stellen muss: »Herr, sollst du mir die Füße waschen?« Er weiß, dass hier verkehrte Rollen gespielt werden. Wenn schon Fußwaschung, wenn schon messianische Gesten, die auf David und Abigail zurückführen, dann doch umgekehrt – oder? Petrus hat den Mut zu fragen. Und er bekommt eine sehr messianische Antwort: »Was ich tue, verstehst du jetzt noch nicht, doch später wirst du es begreifen.« Petrus glaubt jedoch, sehr genau zu verstehen, worum es geht. »Niemals sollst du mir die Füße waschen!«, ruft er aus, und die beiden Wörter, die er betont, sind »du« und »mir«. Er will eben noch immer keinen leidenden Messias akzeptieren und versteht sehr wohl, dass Jesus mit seiner Handlung die letzte Phase einleitet. Was kann Jesus tun? Er muss Petrus daran erinnern, dass es nicht nur um den Messias selbst geht, sondern auch um seinen »*qahal*«, seine Gemeinde. »Wenn ich dich nicht wasche, so hast du keinen Teil an mir.« Das versteht Petrus sofort, denn mit dem Gedanken der messianischen Gemeinschaft hatte er spätestens seit Caesarea Philippi keine Probleme. Und natürlich will er nun die ganze Fülle dieser Gemeinschaft in Anspruch nehmen. Es ist unwahrscheinlich, dass er es wörtlich meint, wenn er nun ausruft: »Herr, nicht die Füße allein, sondern auch die Hände und das Haupt!« Er drückt mit dieser Emphase aus, dass er sich nunmehr voll und ganz in diese Handlung Jesu hineinbegibt und ihre Bedeutung mit jeder Faser verinnerlicht. Auch die Waschung der Füße ist bereits symbolhafte Handlung, sie kann durch Kopf und Hände nicht gesteigert werden – es sei denn, Petrus hätte für sich an eine geradezu königgleiche Salbung gedacht. Das schließt der Kontext jedoch aus. Auch Jesus versteht bei Petrus keine Anmaßung. Seine Erklärung ist nicht gegen ihn gerichtet, sondern dient der Erläuterung für alle: Wer vom Bad kommt, muss sich nicht weiter waschen, er ist ganz und gar rein und braucht sich nur die Füße vom Schmutz der Straße zu reinigen, wenn er nach Hause kommt. So sind nun auch die Jünger sauber, weil sie an Jesus in seinem Reich Anteil haben, nachdem er ihnen nun auch noch die Füße gewaschen hat. Mit einer Ausnahme, auf die er abschließend ausdrücklich hinweist, ohne schon den Namen zu nennen: Der Verräter Judas, dem Jesus die Füße wusch, wird dennoch ausgeschlossen bleiben.

Gerade die offene, keineswegs dumme Frage des Petrus und der anschließende Dialog tragen also für alle Beteiligten zur Klärung bei. Und das erweist sich nicht zuletzt deswegen als notwendig, weil Jesus ihnen anschließend den Auftrag gibt, untereinander genauso zu handeln. Das Werk des niedrigsten Dieners ist keine Erniedrigung in der Nachfolge des Messias. Nicht nur konnte Abigail es für die Diener ihres künftigen Mannes tun, des Messias-Vorfahren David. Noch weiter war Johannes der Täufer gegangen, der erklärt hatte, unwürdig zu sein, die Schuhe Jesu aufzuschnüren. Petrus begriff das sehr gut. Sein erster Brief ist vom Gedanken des Dienens wie von einem roten Faden durchzogen.[161] Und in seinem zweiten Brief stellt er sich den Lesern eingangs als Knecht Jesu Christi vor. Das griechische Wort »*doûlos*« bedeutet eigentlich sogar »Sklave«. Als »Knecht und Sendbote« (»*apóstolos*«) schreibt er, und mit genau diesen Worten hatte Jesus nach der Fußwaschung die Stellung des Petrus und der anderen Jünger beschrieben: »Amen, Amen, ich sage euch, der Knecht (»*doûlos*«) ist nicht größer als sein Herr, und der Abgesandte (»*apóstolos*«) ist nicht größer als der, der ihn gesandt hat« (Johannes

13,16). Petrus erweist sich einmal mehr als weder naiv noch ahnungslos spontan. Er ist aufrichtig, direkt und, wie sich herausstellt, vor allem ungemein lernfähig. Die berühmte Szene auf dem mittleren Tympanon der Kreuzfahrerkirche von St.-Gilles-du-Gard in der Provence bringt etwas von dieser Mehrdeutigkeit und Entwicklungsfähigkeit zum Ausdruck. Da wird Petrus gezeigt, wie er die Fußwaschung durch Jesus ablehnt und sich in übertrieben ausgeführter Geste mit dem Zeigefinger an die Stirn tippt, wie hierzulande mancher Autofahrer. Aber da ist weniger die moderne Geste zu sehen als der Ausdruck des Bekennens und Begreifens. Über die schnelle Szenenabfolge bei Johannes, mit ihren wechselnden Extremen, kann man sicher genauso schmunzeln wie über die mittelalterliche Szene in der Provence. Weder der Evangelist noch der anonyme südfranzösische Künstler hätten wohl etwas dagegen gehabt. Das Lachen, das Johannes auslöst, führt allerdings schnell zum wachsenden Verständnis der Facetten des Charakters dieses Petrus und der Rolle, die er wieder einmal im Kreis der Jünger spielt.

Mut und Versuchung

Wechselnde Extreme bestimmen auch den nächsten Soloauftritt des Petrus. Es ist die Szene, die mehr als jede andere das ›Negativimage‹ vom Versager geprägt hat. Noch in den Anfängen der christlichen Kunst, auf den ältesten erhaltenen Sarkophagen aus dem dritten Jahrhundert, ist Petrus nicht der Schlüsselbewahrer, den wir aus der mittelalterlichen Malerei und von zahllosen Statuen und Skulpturen in Kirchen kennen. Er steht da vielmehr mit einem Hahn zu seinen Füßen oder über seiner Schulter, und er hält den Zeigefinger ans Kinn, schuldbewusst und vergebungsbedürftig. Der Stichwortgeber ist allerdings ein anderer, der Finanzverwalter des Jüngerkreises, Judas aus Kerijot.[162] Auf die Frage nach dem Verräter, die Petrus mit Hilfe des Lieblingsjüngers an Jesus stellt, identifiziert dieser keinen anderen als Judas. Die Anwesenden wollen es nicht wahrhaben – es scheint ihnen so unglaublich, dass sie die Geste Jesu und seine Worte anders interpretieren wollen (Johannes 13,26–30). Auch Markus und Matthäus zeigen, wie wenig sich die Jünger vorstellen können, dass einer von ihnen zum Verräter an Jesus werden könnte. »Doch nicht etwa ich, Herr?«, rufen sie aus, als Jesus es ihnen voraussagt (Markus 14,18–19; Matthäus 26,21–22). Aus der messianischen Erklärung, die Jesus nun im Johannes-Evangelium folgen lässt, hört Petrus nur einen ihm bereits vertrauten Satz heraus: »Wo ich hingehe, da könnt ihr nicht hinkommen« (13,33). Zweimal hatte er das bereits gesagt (7,33–34; 8,21), und beide Male hatten die Hörer es unterschiedlich gedeutet – als eine Ankündigung, zu den griechischsprachigen Juden in der Diaspora zu gehen (7,35) oder, ironisch-skeptisch, nicht ernst gemeint, aber doch ausgesprochen, als Ankündigung des Selbstmords (8,22). Jesus hatte es den Pharisäern zu erklären versucht (8,23–29), doch die waren noch zu sehr in ihren traditionellen Vorstellungen befangen, um zu hören und zu verstehen, was er sagte. Petrus war bei diesen beiden Anlässen dabeigewesen. Sollte es wirklich so sein, dass die Jünger den Herrn ebensowenig finden werden wie die anderen Juden, die ihn nicht akzeptieren wollten? Rätsel sind nicht die Sache des Petrus. Er hakt nach, um wenigstens etwas mehr zu erfahren als die Zuhörer der ersten beiden Ankündigungen. »Herr, wo gehst du hin?« Jesus wiederholt die Aussage, doch nun gewährt er Petrus eine privilegierte Einsicht: »Wo ich hingehe, kannst du mir jetzt nicht folgen. Aber du wirst mir später folgen.« Petrus erkennt seine Chance. Diesmal nicht, aber später – warum warten? »Herr, warum kann ich dir diesmal nicht folgen? Ich will mein Leben für dich lassen.«

Dieser Dialog regte noch um 180 n. Chr. den unbekannten Autor des ersten historischen Petrus-Romans an, der ›Acta Petri‹. Die Frage »Herr, wohin gehst Du?«, lateinisch »*Domine, quo vadis?*«, ist die schon oben einmal erwähnte Schlüsselstelle, die zum Sprichwort und zur Filmgeschichte wurde. Wir erinnern uns: Petrus flieht auf Anraten der Gemeinde aus Rom, und vor den Stadtmauern, auf der Via Appia, begegnet ihm Christus. »*Domine, quo vadis?*«, fragt er ihn, wörtlich so wie im lateinischen Text der Johannes-Stelle 8,36. Und diesmal, vor Rom, wird die Aufschlüsselung hinzugefügt: Der Auferstandene erklärt, dass er nach Rom geht, um sich ein zweites Mal kreuzigen zu lassen, und Petrus begreift, kehrt um und erleidet wenig später das Martyrium. Da, endlich, geht nun auch er dorthin, wo Jesus bereits bei der Kreuzigung hingekommen war. Er löst ein, was er im Johannes-Evangelium nur versprochen hatte: sein Leben für Jesus

– nun nicht etwa an seiner Stelle, sondern in seiner Nachfolge – hinzugeben. Wir werden im letzten Abschnitt dieses Buches noch sehen, dass dieses Lebensende mehr ist als ein Roman. Und auch jetzt wäre es unangebracht, die Aufrichtigkeit des Jüngers zu bezweifeln. Er löst sein großes Wort schon wenig später ein. Im Garten Gethsemane zieht er als einziger das Schwert gegen die Übermacht der Truppe, die angerückt ist, um Jesus zu verhaften. Sicher ist das einerseits als Signal gemeint: Nun muss, mit dem Angriff gegen den Diener, nach allgemeinem Rechtsverständnis der Repräsentant des Hohenpriesters höchstpersönlich den messianischen Endkampf nach der Vorstellung des Petrus beginnen. Aber wer hätte ihm in dieser Sekunde garantieren können, dass nicht der nächste Soldat eingreift und Petrus erschlägt? Zweifellos ist er bereit, sein Leben für Jesus hinzugeben, nicht passiv, sondern mit dem ungeheuren Mut des Handelnden. Doch es ist nicht der Weg, den Jesus vorzeichnet. Er sagt es ihm. Ruhmreich mit dem Schwert eingeleitete Endkämpfe entsprechen nicht der messianischen Nachfolge, die Jesus erwartet. So muss also Petrus, der opfer- und kampfbereite, erst noch durch das Tal des Versagens. »Du willst dein Leben für mich lassen? Amen, Amen, ich sage dir: Der Hahn wird nicht krähen, bis du mich dreimal verleugnet hast« (Johannes 13,38).

So unverzichtbar war die Ankündigung des Hahnenschreis und der Verleugnung, dass auch die anderen Evangelisten davon berichten. Nur der Ablauf der Ereignisse verschiebt sich ein wenig. Das gemeinsame Essen ist beendet, das erste Abendmahl ist gefeiert, und die Gruppe macht sich auf den Weg zum Ölberg. Jesus kündet seinen unmittelbar bevorstehenden Tod und seine Auferstehung an, und er beginnt mit einem Satz, der die Jünger erschrecken muss: »Ihr werdet alle Anstoß nehmen« (Markus 14,27). Trotzdem hört Petrus aufmerksam bis zum Ende zu, er unterbricht nicht mit einer seiner spontanen Reaktionen. Erst dann erklärt er feierlich: »Und wenn sie alle Anstoß nehmen, so doch ich nicht!« So berichtet es auch Matthäus, und Lukas verschiebt den Akzent noch einmal, indem er von einem Gespräch erzählt, das noch unmittelbar vor dem Gang auf den Ölberg stattfindet. »Simon, Simon, siehe, der Satan hat begehrt, euch zu sieben wie einen Weizen. Ich aber habe für dich gebetet, dass dein Glaube nicht aufhöre. Und wenn du dich dereinst bekehrst, so stärke deine Brüder« (Lukas 22,32). Worauf Petrus antwortet:

»Herr, ich bin bereit, mit dir ins Gefängnis und in den Tod zu gehen.« Alle diese Loyalitätserklärungen laufen auf das Gleiche hinaus
– den unbedingten Willen des Petrus, den Versuchungen nicht nachzugeben, im Angesicht der Todesbedrohung nicht schwach zu werden und notfalls als letzter treu zu bleiben – ganz so, wie er es dann
mit dem Schwertangriff auf Malchus, den hohepriesterlichen Diener,
auch bewies. Doch alle Evangelienberichte gehen über in die nunmehr identische Voraussage, die Jesus macht: Petrus wird seinen
Herrn dreimal verleugnen, noch ehe der Hahn kräht.[163] Das klingt
für ihn so unglaublich, dass er es mit geradezu gekränkter Emphase
zurückweist: »Auch wenn ich mit dir sterben müsste, werde ich dich
nicht verleugnen.« Um seine Reaktion zu beschreiben, benutzt Markus sogar ein Wort, das er in der gesamten griechischen Literatur neu
geprägt hat, »ekperissôs« – »er aber sagte *mit allem Nachdruck …*«.
Und die Sprecherposition des Petrus wird einmal mehr akzeptiert:
»Das gleiche sagten sie alle« (Markus 14,31; Matthäus 26,35). Ein
wichtiger Nachsatz – denn er verdeutlicht, dass Petrus keineswegs
der einzige sein wird, der Jesus im Stich lässt. Wenn auch nicht mit
Worten, so doch mit Taten verleugnen sie ihn wenige Stunden später
alle – denn außer Petrus und dem ungenannten anderen Jünger folgt
keiner dem Verhafteten. Keiner wird im Haus des Hohenpriesters
und im Prätorium des Pilatus zu ihm stehen, und mit Ausnahme des
Lieblingsjüngers wird sich keiner von ihnen in die Nähe des Kreuzes
wagen.[164]

Die Darstellung des Lukas ist ungewöhnlich detailliert. Sie entspricht einem von diesem Zeitpunkt an auffällig zunehmenden Interesse dieses Autors an der Funktion des Petrus. Vor dem Weg zum
Ölberg, bei der Gefangennahme, im Hof des Hohenpriesters, in der
Intensität der Reue, beim Lauf zum leeren Grab am Ostermorgen
und auch später noch – vor allem dann in der ersten Hälfte der
Apostelgeschichte – akzentuiert Lukas immer wieder das Besondere
am Verhalten des Petrus, mehr als es die anderen tun. Hier nun widmet sich Jesus seinem Felsenjünger mit Worten, in denen sich Sorge
und Fürsorge mischen. Die verdoppelte Anrede, »Simon, Simon«,
hebt gleich zu Beginn die Wichtigkeit hervor. Jesus spricht Petrus –
wie im Lukas-Evangelium üblich – bei seinem Hauptvornamen an
und wechselt dann in den Plural; Petrus ist wieder der Erste unter
Gleichen, aber gemeint sind alle Jünger. Für manche heutige Leser

unzeitgemäß, für Juden damals unproblematisch ist der Realitätssinn, mit dem vom Satan gesprochen wird – mit dem hebräischen Wort »*satanâs*«, nicht mit dem griechischen Gegenstück »*diábolos*«, das es auch schon in der griechischen Bibel gibt, jüdischen Lesern also durchaus vertraut war. Beide Wörter bedeuten lexikalisch das Gleiche – Verleumder, Schmäher, (falscher) Ankläger. Auch Lukas benutzt an anderen Stellen »*diábolos*«, wovon leicht erkennbar der deutsche »Teufel« abgeleitet ist. Da Lukas die Begriffe nicht harmonisiert, was eine leichte Übung gewesen wäre, müssen wir die Benutzung des hebräischen Urwortes ernst nehmen. Gerade dieses Wort ist auch eine auffällige Querverbindung zwischen Matthäus, Markus und Lukas: Hatten jene davon berichtet, wie Jesus zu Petrus sagte »Geh hinter mich, Satan« (Matthäus 16,23; Markus 8,33), so zeigt Jesus nun allen Jüngern, dass die verführerische Kraft des Widersachers immer auch den Jüngerkreis nicht ausspart. Wer das Lukas-Evangelium bis hierhin aufmerksam gelesen hatte, wusste auch, dass der Autor den Verrat des Judas direkt auf diesen satanischen Einfluss zurückführte: »Der Satan aber ergriff Besitz von Judas, genannt Iskariot« (22,3).

Selbst wenn man sich nur an den Text des Lukas halten würde, ohne Vergleich mit dem Sprachgebrauch der anderen Autoren, wüsste man ebenso wie die Jünger selbst, dass Jesus zuvor schon mit eigenen Worten von Satan als einer realen, nicht bloß symbolischen Größe gesprochen hatte (Lukas 10,18; 11,18; 13,16). Unsere modernen Schwierigkeiten mit Dämonenwelten, gefallenen Engeln, Teufeln und Unterteufeln, die im allgemeinen Bewusstsein meist nur noch Filme oder Bücher besiedeln, sollten uns nicht davon ablenken, dass Petrus und die anderen ebenso wie Jesus selbst und das Judentum insgesamt nicht in abstrakten Ordnungen redeten, sondern konkrete Erfahrungen beschrieben. Ob sie rational zu ›hinterfragen‹ versuchten, wie man sich das im Einzelnen vorzustellen hatte, wenn Jesus beispielsweise zu ihnen sagte, er habe Satan wie einen Blitz vom Himmel fallen gesehen (Lukas 10,18), können wir nicht mehr beurteilen. Was sie aus der alten Überlieferung kannten, reichte ihnen – und da wussten sie zum Beispiel, dass Satan als Widersacher Gottes nur in Grenzen handeln kann, die von Gott gesetzt sind, also keineswegs absolute Macht besitzt: Wie alle Juden kannten sie den Präzedenzfall in Hiob 1,6–12, der deutlichsten Grenzziehung, in einem der ältesten Bücher der Bibel. Nur so kann Jesus zu ihnen sagen – und nur so können sie verstehen, was er meint –, der Satan habe verlangt, die Jünger wie Weizen sieben zu dürfen. Die Jünger werden in der Welt nicht weniger gefährdet, verfolgt, herausgefordert und von anderen in Frage gestellt sein als andere Menschen auch. Sie sind nicht imprägniert und müssen ihre Widerstandskraft immer wieder neu erweisen. In Zeiten kommender, lebensgefährlicher Verfolgungen – die Jesus ihnen mehr als einmal vorhergesagt hatte – werden sie ihre Standfestigkeit beweisen müssen; erspart bleiben wird ihnen das nicht. Um nicht durch das Sieb dieser Gefährdungen zu fallen, benötigen sie eine Glaubensfestigkeit, die über das Normalmaß hinausgeht. Ihre besondere Position als Jünger und Apostel Jesu werden sie also nicht dadurch unter Beweis stellen, dass ihnen das alles erspart bliebe, sondern gerade dadurch, dass sie in besonderer Gefährdung besonderen Glauben zeigen.

Jesus lässt auch keinen Zweifel daran, dass er Petrus für besonders gefährdet hält. Und so wendet er sich nun wieder direkt an ihn: »Ich aber habe für dich gebetet, dass dein Glaube nicht aufhöre. Und wenn du dich dereinst bekehrst, so stärke deine Brüder« (22,32). Das ist bemerkenswert: Trotz, eher aber wohl wegen seiner besonderen Rolle wird für Petrus nicht ein Aussparen aus den kommenden Gefahren erbeten, ein einzigartiger Personenschutz gewissermaßen. Jesus weiß, und er sagt es gleich noch voraus, dass Petrus ihn trotz aller Treuebekundungen wenige Stunden später verleugnen wird. Er wird durch dieses Tal hindurch müssen. Entscheidend ist dann nicht das Versagen, sondern die künftige Entwicklung: Wird Petrus daran zerbrechen, seine erste Bewährungsprobe trotz feierlichster Beteuerungen nicht bestanden zu haben? Genau dies verhindert Jesus. Die Zukunftsverheißung ist bereits Teil der Worte, die er an Petrus richtet: »… wenn du dich dereinst bekehrst« – also nicht »falls«, als ungefähre Hoffnung, sondern »wenn« als zukünftiges Ereignis. Bekehren, das heißt hier umkehren, zurückkehren zum Glauben. »Wenn du dann zu mir zurückkehrst«, überträgt das zum Beispiel die Bibelausgabe ›Hoffnung für alle‹ von 1991. Dann, aus der bitteren Erfahrung gestärkt, kann er das leisten, was Jesus von ihm erwartet: »Dann stärke deine Brüder.«

Lukas, der von der Beauftragung des Petrus im Anschluss an das Messias-Bekenntnis in Caesarea Philippi nicht berichtet hatte, nutzt stattdessen dieses Ereignis zwischen Abendmahl und Gefangennahme. Er mag das auch aus dramaturgischen Gründen tun, denn sein Evangelium ist spürbar auf die Dramatik der letzten Stunden und Tage bis zur Auferstehung ausgerichtet. Und es richtet den Blick bereits auf die Zeit der Urgemeinde, in der Lukas schreibt. Mit den »Brüdern« – griechisch »*adelphoi*« –, die hier gestärkt werden sollen, sind weder nur die Jünger gemeint, noch sind die »Schwestern« davon ausgeschlossen. Wir sollten das Wort hier besser mit »Geschwister« übersetzen. Das ist nicht übertrieben ›politisch korrekte‹ Anpassung, sondern die Wiedergabe dessen, was der Text meint. Petrus ist nicht für einen exklusiven Kreis da, auch nicht für eine Männergesellschaft, sondern für die Gesamtheit der Urgemeinde, zu der von Anfang an viele Frauen gehörten. Unter den Aposteln wurde das Wort später auch so benutzt – beispielsweise von Paulus in 1. Korinther 8,11–13 und 15,6, aber auch von Petrus selbst: 1. Petrus 2,17. Wie viel dem Autor Lukas an seinen Worten und Nuancen liegt, sehen wir noch am Ende dieses Abschnitts: Als Jesus die Verleugnung ankündigt, spricht er den Jünger, den er gerade noch zweimal Simon genannt hatte, als Petrus an (Lukas 22,34): »Ich sage dir, *Petrus* …«. Nur dieses eine Mal im gesamten Lukas-Evangelium gebraucht er diesen Namen. Und darin schwingt mit: Überschätze dich nicht als Fels. Dieser Name ist keine Garantie. Dass Du im wirklichen Leben der täglichen Gefährdungen tatsächlich Petrus bist, musst Du unter Beweis stellen, sobald Du »zurückgekehrt« bist. Die spätere Geschichte der frühen Gemeinden zeigt, dass es so kam, und wir werden die Beispiele dafür noch sehen.

Beten und schlafen

Gethsemane ist heute ein Ort für Touristen. Die moderne ›Kirche der Nationen‹ und der wohlgepflegte Garten mit uralten Ölbäumen schleusen die Besucher Busladung für Busladung durch schmale Gänge. In der Kirche ist hinter dem Altarraum noch Gestein zu sehen, das zur alten Anlage aus dem 1. Jahrhundert und früherer Zeit gehört. Olivenbäume, das hört man dort dankbar, können jahrtausendealt werden, nur aus der Zeit Jesu kann keiner von ihnen stammen, denn das ganze Gebiet wurde nach der Eroberung Jerusalems im Jahre 70 von den römischen Truppen abgeholzt.[165] Doch der Blick entschädigt – es ist der Blick durch den Garten, über das Kidrontal hinüber zur Mauer des Tempels, auf das ›Goldene Tor‹, das ›Shar Ha-Rahamin‹. Es wurde von den muslimischen Türken zugemauert, damit der Messias am Ende der Tage nicht nach Jerusalem gelangen kann – was er angeblich, einer späten jüdischen Legende zufolge, an die offenbar auch Muslime glauben, durch das Goldene Tor bewerkstelligen möchte. Nach links geht der Blick auf die ›Zinne des Tempels‹, die wiederum nach christlicher Überlieferung der Punkt sein soll, an dem der Teufel Jesus dazu überreden wollte, sich hinunterzustürzen, um seine Macht zu beweisen (Matthäus 4,5; Lukas 4,9). Diesen Ausblick über das Gebiet des Tempels hatten auch Jesus und die Jünger, als sie in den Garten Gethsemane kamen.

Sie sind an jenem Abend nicht zum ersten Mal hier. Der Text aller Evangelien setzt eine Vertrautheit mit dem Areal voraus. Johannes sagt ausdrücklich, dass Jesus hier öfter mit den Jüngern zusammengekommen war (Johannes 18,2; vgl. Lukas 22,39). In der Tat wissen wir auch, dass in der jüdischen Spätantike gerade Gärten als Treffpunkte für Lehrer und ihre Schüler beliebt waren.[166] Griechische und römische Philosophen und ihre Schulen hatten es ebenso praktiziert, nicht nur Platon in seinem berühmten Olivenhain im Tal des Kephissos.[167] War es ein privates Gartengebiet, zum Lehren und Lernen, dann sollte man es sich dennoch nicht als romantische Idylle vorstellen. Das hebräisch-aramäische Wort »Gethsemane«, eigentlich »*Gat Schemanim*«, bedeutet »Kelter der Öle«. Hier wurde also Landwirtschaft betrieben. Der Betrieb lag auf einem »Landgut«, griechisch bei Markus und Matthäus richtig als »*chôrion*« bezeichnet, an den Füßen des Jerusalem zugewandten Ölberg-Hangs (Markus 14,26; 32 / Matthäus 26,30; 36). Teil dieses Landguts war auch ein Garten, wofür wiederum Johannes das treffende griechische Wort »*kêpos*« verwendet (Johannes 18,1). Was der heutige Zustand nicht mehr erkennen lässt, kann mit Hilfe der Archäologie rekonstruiert werden: Zur Zeit Jesu gehörte eine rund 100 Meter nördlich vom kleinen heutigen Garten liegende Grotte zu diesem Landgut, und exakt unter dem heutigen Bodenniveau befand sich eine Ölkelter, die dem Gebiet den Namen gab. Es ist der Bereich dieser Grotte, den auch die älteste christliche Ortstradition als den Ort ansah, an den sich die Jünger mit Jesus an jenem Abend zurückzogen. Ein kleines sprachliches Detail bei Johannes scheint das zu bekräftigen: Dort heißt es, dass Jesus »heraustrat«, als er Judas mit dem römischen Truppenkontingent und den Leuten des Hohenpriesters anrücken hörte (18,4).

Petrus, Jakobus und Johannes werden nun von Jesus in diesen Teil des Landguts/Gartens mitgenommen. Die anderen sollen allem Anschein nach näher beim Ausgang zurückbleiben (Markus 14,32–33). Die drei erhalten einen Auftrag, der nun noch drängender aufgreift, was er ihnen zuvor schon weiter oben auf dem Ölberg gesagt hatte, in seiner Rede über die Zeichen der Endzeit.[168] »Wacht!« – das heißt natürlich nicht nur, dass sie angesichts der späten Stunden nicht einschlafen sollen. Es geht um beides, die ganz konkrete Bedeutung des Aufpassens und die übertragene Bedeutung des Wachsamseins in der Nähe des Feindes. Und dies wiederum bezieht sich nicht nur auf die von Jesus erwartete Gefangennahme, sondern auf die Proben, auf die Petrus und die anderen in den kommenden Minuten und Stunden gestellt werden: Der Gegner ist in der Nähe und der Versucher, der sie »sieben wird wie Weizen«. Wie ernst Jesus das meint, kann keinem der drei entgangen sein. Denn er erinnert ausdrücklich an einen der Hallel-(›Lobpreis‹-)Psalmen 113–118, die zum traditionellen Passamahl gehören und die sie keine halbe Stunde vorher noch gemeinsam beim Essen gebetet und gesungen hatten. Auf einen der abschließenden dieser Psalme, 115–118, die nach dem dritten Kelch gesungen werden, spielt der Markus-Bericht besonders an (Markus 14,26). Dort heißt es: »Stricke des Todes hatten mich umfangen, des Totenreichs Schrecken hatten mich getroffen, ich kam in Jammer und Not« (Psalm 116,3). Und etwas später, hier noch nicht im Blick: »Ich will den Kelch des Heils nehmen, und des Herrn Namen anrufen« (116,13).

Selbstverständlich kannten Petrus, Jakobus und Johannes diesen Psalm auswendig. Auch zwei andere Psalmtexte klingen mit an und waren von Petrus und den anderen beiden leicht zu erkennen: Psalm 42,6;12 und Psalm 43,5. Todesangst und das innere Ringen um die Standfestigkeit prägen diese Minuten. Jesus will nicht den leichten Ausweg. Den hätte er einfach haben können, denn vom Gethsemane-Gebiet waren es höchstens zehn Minuten Fußweg auf den Höhenzug, hinter dessen anderer Seite bereits die Wüste Judäas lag.

Dahin zu fliehen und eines der vielen denkbaren Verstecke zu nutzen, in aller Stille unterzutauchen, bis sich die Aufregung gelegt hätte, das wäre ein Leichtes gewesen. Jesu wählt diesen Weg nicht, und die Psalmzitate und Anspielungen zeigen auch Petrus, Jakobus und Johannes, dass es jetzt keinen Ausweg mehr gibt. Der Messias, der durch Leiden triumphieren wird, der Messias auch nach Jesaja 53 und Psalm 22, beginnt den letzten Weg. Die Dramatik der Szene kann gar nicht überschätzt werden, und der Ausruf »Wacht!« musste für die drei Männer unmissverständlich sein.

Da gab es nur ein kleines, allzu menschliches Problem: Sie hatten gerade sehr gut zu Abend gegessen. Das ausgedehnte Passamahl und das Trinken von Wein – das ja nicht wie heute beim kirchlichen Abendmahl ein zaghaftes Nippen war, sondern richtiges Trinken aus mehrmals kreisendem Becher – verursachte eine Müdigkeit, die sogar der Talmud beschreibt.[169] Nicht Petrus und die anderen zwei sind außergewöhnlich schwach, vielmehr ist Jesus außergewöhnlich stark. Er gewinnt seine Stärke aus dem inneren Kampf mit der Lage, in der er sich befindet, und er muss konstatieren, dass dies den Jüngern nicht gelingt. Sie tun, was sie können. Das einleitende Gebet Jesu (Markus 14,35–36) hören sie noch. Jesus geht zu ihnen zurück und findet sie schlafend vor. Er wendet sich namentlich an Petrus: »Simon, schläfst du? Konntest du nicht eine Stunde lang wach bleiben? Wacht und betet, damit ihr nicht in Versuchung fallt. Der Geist ist willig, aber das Fleisch ist schwach.« Petrus begreift, dass er gefordert ist. Jesus gesteht ihm sogar zu, dass er den Willen hat, die Herausforderung zu bestehen. Aber er macht sich keine Illusionen. Ein Dialog findet nicht statt – eine Antwort des Petrus ist nicht überliefert. Noch zwei weitere Male geht Jesus vom Gebet zu den drei Jüngern, und beide Male spricht er sie gemeinsam an. Es ist nun einmal mehr klar, dass Petrus nicht allein schwach ist. Zu dritt lassen sie ihn allein in der Stunde seines entscheidenden Gesprächs mit dem Vater. Sieht man genau hin, stellt sich allerdings auch heraus, dass Jesus es kaum anders erwartet hatte. Aus seinen Äußerungen klingt ein gewisses Maß an Enttäuschung, aber es sind keine Vorwürfe, und vor allem keine Verurteilungen. Allenfalls könnte man die Ironie mit hineinhören, die Jesus anklingen lässt, wenn er schließlich sagt – ziemlich wörtlich übersetzt: »Nun schlaft mal schön und ruht euch aus!« (14,21). Denn das hat die Szene gezeigt: Der gleiche Petrus, der bis in den Tod mit Jesus gehen wollte, kann trotz des leidenschaftlichen Appells wachzubleiben, noch nicht einmal eine Stunde lang die Augen offen halten. Menschlich nachvollziehbar war das allemal – aber eben nicht gut genug für ihn und die beiden anderen, die den engsten Kreis der Jünger bildeten. Umso verständlicher ist dann der Entschluss dieses Jüngers, nun wieder hellwach, mit einem Schlag – dem Schwerthieb gegen Malchus – alles wiedergutmachen zu wollen.

Das Schwert des Petrus

Judas ist eingetroffen, mit ihm führende Priester (Lukas 22,52), ein befehlshabender Offizier der römischen Tempelschutztruppe (Johannes 18,12), Soldaten, Diener des Hohenpriesters (Johannes 18,3). Es versteht sich von selbst, dass wenigstens die römische Einheit bewaffnet ist. Die letzte Geste der Identifizierung durch Judas ist vollzogen, man will Jesus festnehmen, da zieht Petrus sein Kurzschwert. Dass die Jünger mindestens zwei Schwerter dabeihatten, war zuvor berichtet worden (Lukas 22,38). Das war nicht ungewöhnlich: Reisende trugen oft Waffen, um sich gegen Räuber oder auch gegen wilde Tiere verteidigen zu können. Die Evangelien benutzen einen Fachausdruck, »*machaira*«, das handliche Kurzschwert, das man auch beim Gehen bequem im Gürtel tragen konnte. Die Schar der Bewaffneten, die im Garten Gethsemane eingetroffen war, ist mit der gleichen Schwertart ausgerüstet (Markus 14,43). Was dann geschieht, ist nicht zuletzt dank zahlloser Gemälde und vieler Filme allgemein bestens bekannt: Petrus zieht sein Schwert und schlägt dem Diener des Hohenpriesters, einem Mann namens Malchus, das rechte Ohr ab. Das ist eine Zusammenfassung aller vier Berichte, die uns darüber vorliegen. Bei Markus und Matthäus heißt es nur, dass einer von denen, die dabeistanden, sein Schwert zog, auf den Diener des Hohenpriesters einschlug und ihm ein Ohr abhieb (Markus 14,47; Matthäus 26,51). Auch Lukas nennt den Namen des Täters nicht, betont aber, dass es das rechte Ohr war (22,50).[170] Erst Johannes verrät den Namen: Simon Petrus war es. Auch dieser Evangelist erwähnt das rechte Ohr, und er fügt den Namen des Dieners hinzu

(18,10). In keinem der vier Berichte befürwortet Jesus die Tat. Und bei Lukas, den schon die älteste kirchliche Tradition aufgrund der Nennung im Kolosserbrief 4,14 als Arzt identifizierte, hebt Jesus die Handlung des Petrus aktiv wieder auf, indem er die Wunde heilt.

Den Kern des Berichts haben alle vier Quellentexte gemeinsam: Dem Diener des Hohenpriesters wird ein Ohr abgeschlagen. Dass gerade Johannes die Namen der beiden Beteiligten nennt, spricht dafür, dass sie tatsächlich so hießen. Wichtiger ist aber zuerst das Geschehen selbst. Denn es ist kein willkürlicher, zufälliger Gewaltakt. Mit einem Kurzschwert lässt sich ziemlich genau treffen. Auch ein Fischereiunternehmer, der nicht jeden Tag Fechtübungen betreibt, kann sich mit einer solchen Waffe das Treffen eines Ziels zutrauen. Anders gesagt: Er wollte den Mann nicht töten, sondern am Ohr verletzen. Und genau das hatte eine Bedeutung, die von den anwesenden Juden sofort begriffen wurde. Der jüdisch-römische Historiker Flavius Josephus erwähnt, wie man jemanden davon abhalten konnte, das Amt des Hohenpriesters auszuüben: Man musste ihm die Ohren abschneiden. Denn das Gesetz ließ nur körperlich Unversehrte zum Priesteramt zu.[171] Der sichtbarste Teil des Körpers, der Kopf, das Gesicht, machte das für jedermann überprüfbar. Man bezog sich dabei auf die Torah und dachte an 3. Mose 21,17–21. Dort werden die körperlichen Voraussetzungen für das Priesteramt beschrieben. Und in 21,18 heißt es ausdrücklich: »Denn keiner, an dem ein Fehler ist, soll herzutreten, er sei blind, lahm, mit einem entstellten Gesicht, mit irgendeiner Mißbildung«. Nach allgemeinem Verständnis stand der Diener stellvertretend für seinen abwesenden Herrn. Auch das war in den alten Schriften vorgegeben, negativ (2. Samuel 10,3–5) ebenso wie positiv (1. Samuel 25,40–41). Die Tat des Petrus ist also nicht nur mutig, angesichts der Übermacht um ihn herum, sie ist auch ein Signal. Indem er diesem Diener des Hohenpriesters das rechte Ohr abschlägt, erklärt er: Der Hohepriester ist von nun an seines Amtes enthoben. Und zugespitzt: Die Tempelhierarchie ist aufgehoben. Der messianische Endkampf hat begonnen.

Es ist die letzte Chance, die Petrus hier ergreift. Mit dem Mut der Verzweiflung, hoffend gegen die Hoffnung, will er aus Jesus doch noch den Messias machen, der nicht leiden und sterben muss, sondern dem nun, im Augenblick höchster Gefahr, die himmlischen Heerscharen zu Hilfe eilen. Petrus liebt seinen Herrn, und gegen alle

Lehren, die er so oft hörte, will er ihn nicht verlieren. Er weiß, dass er der Messias ist, er hat es ihm ja selbst gesagt. Warum kann er dann nicht doch der lebende, der siegreiche Messias sein? Es ist ein Versuch, in letzter Minute noch einmal letzte Gewissheit zu erhalten. Jesus versteht: Er macht Petrus keine Vorwürfe, weist ihn nicht in schärfstem Ton zurück, wie er es noch in Caesarea Philippi getan hatte. Mit einer einfachen Geste hebt er die Tat des Petrus wieder auf, heilt die Wunde und erklärt ein letztes Mal, ehe alle Jünger es nach Ostern endgültig begreifen werden, dass er nicht dieser Messias ist (Johannes 18,11; Matthäus 26,53–54). Und er erinnert Petrus an ein Wort aus der Thora: »Wer Menschenblut vergießt, dessen Blut soll auch durch Menschen vergossen werden« (1. Mose 9,6) – oder, wie Jesus es formuliert: »Wer das Schwert nimmt, der soll durch das Schwert umkommen« (Matthäus 26,52).

Petrus hatte einen Treuebeweis erbracht. Als Einziger hatte er den Mut, das Schwert zu ziehen und damit sein eigenes Leben aufs Spiel zu setzen. Und doch muss er nun erkennen, dass es die falsche Geste war, das falsche Signal. Selbst in der Stärke, im höchsten persönlichen Mut, scheitert er. Für einen Augenblick ist er ratlos, und wie die anderen flieht er aus Gethsemane. Niemand hält ihn auf. Aber er wäre nicht Petrus, wenn er nicht wieder zur beharrenden Zuversicht zurückfände. Er bleibt in der Nähe, und als sich der Zug mit dem Gefangenen vom Ölberg zum Haus des Hohenpriesters begibt, folgt er – aus sicherer Entfernung, vernünftigerweise, aber ohne zu zögern – bis zum Ziel. Das muss man sich in aller Deutlichkeit klar machen: Eben noch war sein Versuch gescheitert, Jesus mit dem Schwert in der Hand zum siegreichen Messias zu machen, den Hohenpriester abzusetzen, die messianische Endzeit zu signalisieren – und wie hätte man das noch steigern wollen? Seine Enttäuschung muss abgrundtief gewesen sein. Und dennoch kann er von Jesus nicht lassen.

Am Abgrund

Petrus gelangt in den Hof des hohenpriesterlichen Palastes. Ein ungenannter Jünger hilft ihm.[172] Dieser andere verlässt kurz darauf die Szene, Petrus ist auf sich allein gestellt unter den Bediensteten des hohenpriesterlichen Haushalts, die sich am Feuer wärmen. Alle wissen, dass etwas Ungewöhnliches geschehen ist, und warten trotz der späten Stunde auf weitere Entwicklungen. Petrus fällt auf, er gehört nicht dazu, und nun ist auch der ihnen gut bekannte andere Mann nicht mehr in der Nähe. Jetzt fragt ihn die Dienerin, die ihn hereingelassen hatte, ob nicht auch er zu den Anhängern jenes Menschen gehöre, den man soeben an ihnen vorbei in den Palast geführt hatte.[173] Das Markus-Evangelium, das erste unter den drei synoptischen Evangelien, schafft mit knappen Strichen ein darstellerisches Modell. Zwei parallele Handlungen werden beschrieben, das Verhör Jesu im Innern des Hauses und das Gespräch mit Petrus im Hof. Beide Situationen sind Verhöre – auch der Tonfall der Dienerin gegenüber Petrus ist aggressiv, kaum Frage, mehr anklagende Feststellung. »Auch du warst mit diesem Jesus zusammen, dem Nazarener!« (14,67). Petrus weicht aus, erst mit Worten und dann, indem er aufsteht und in den Vorhof geht. »Ich weiß nicht und verstehe nicht, was du sagst«: Eine direkte Verleugnung ist das noch nicht. Er will mit sich und seinen Ängsten alleingelassen werden. Doch es reicht. Der Hahn kräht zum ersten Mal.[174] Den Umstehenden fällt das nicht auf. Bei Griechen und Römern und denen, die in ihrer Nähe lebten – wie also beispielsweise die Juden nicht weit von der römischen Kaserne in der Antonia-Festung beim Tempel –, war der Hahn als Mittel der Zeitansage geläufig. Die Antonia-Festung hielt sich nachweislich solche Hähne zu genau diesem Zweck. Ein Hahnenschrei, griechisch »*alektrophonía*«, konnte von dort in der Stille der Nacht leicht bis zum Kaiaphas-Palast hinüberdringen. Ein solcher Schrei, wie er dann zuletzt auf die dritte Verleugnung des Petrus folgt, markierte die dritte Nachtwache von Mitternacht bis drei Uhr morgens.[175] Nur Petrus kann sofort begreifen, dass es diesmal mehr bedeutet.

Noch ehe er den Vorhof erreicht, wendet sich die Dienerin an die anderen und erklärt, erneut nicht fragend, sondern feststellend: »Das ist einer von denen.«[176] Petrus hört es, und obwohl er nun hätte schweigen können, denn er wurde ja nicht direkt angesprochen, bleibt er bei seiner Linie. Diesmal streitet er es ungefragt ab. Schließlich – und wir können uns vorstellen, dass Petrus ratlos herumsteht, weder ruhig am Feuer sitzend noch in eine stille Ecke des Vorhofs verschwunden – wendet sich die ganze Gruppe Petrus zu. Einer spricht es aus: »Du gehörst wirklich zu denen, denn du bist auch ein Galiläer.« Matthäus formuliert es etwas anders: »Dein Dialekt verrät dich« (26,73) – eben das galiläische Aramäisch. Im Grunde genommen sind alle drei Versuche, Petrus zu überführen, ziemlich plump. Wäre er nicht so ratlos gewesen in dieser für seinen Meister und Lehrer Jesus ausweglosen Situation, so unsicher über die Zukunft all dessen, worauf er sich verlassen hatte, hätte er das wohl auch durchschaut. Wie etwa sollte aus seinem galiläischen Akzent folgen, dass er ein Anhänger Jesu, ein Mitglied des Jüngerkreises war? Gab es keine anderen Galiläer zu dieser Passa-Zeit in Jerusalem? Aber Petrus geht in die Falle. Wie ein waidwundes Tier wird er nun selbst aggressiv. »Da fing er an zu fluchen und zu schwören: ›Ich kenne den Menschen nicht, von dem ihr redet!‹ Und gleich darauf krähte der Hahn zum zweiten Mal.«[177]

Einige Übersetzungen geben die dritte Verleugnung des Petrus so wieder, als verfluche er sich selbst. Das steht hier jedoch nicht. Markus und Matthäus benutzen zwei verschiedene Wörter, um seine Verhaltensweise zu beschreiben – »*anathematízô*« (Markus 14,71 – das Wort kommt nur hier in den Evangelien vor) und »*katathematízô*« (Matthäus 26,74 – nur hier in der gesamten griechischen Bibel). Das Wort des Matthäus ist etwas nachdrücklicher, verschärfender als jenes des Markus, aber ohne Objekt heißen beide nicht mehr als »einen Fluch aussprechen« oder »lauthals fluchen«. Wie der Fluch lautete, erfahren wir jedenfalls nicht. Entscheidend ist, dass er in der von Jesus vorhergesagten dritten Verleugnung gipfelt. Eine wirklich beachtenswerte Variante kommt jedoch bei Lukas hinzu. Denn in seinem Bericht erscheint plötzlich Jesus (22,61). Wie es möglich war, dass Jesus im Innenhof auftauchen konnte, erklärt er nicht; es ist jedoch aus der Schilderung bei Johannes abzuleiten. Jesus war zuerst zu Hannas geschickt worden, der noch den Ehrentitel des Hohenpriesters trug (18,13), und dann von Hannas zu Kaiaphas (18,24), dem amtierenden Hohenpriester. Beide lebten im gleichen Palastareal, offensichtlich in verschiedenen Flügeln. Von einem zum

anderen gelangte man am schnellsten über den Hof. Diese Über-
bringung von Hannas zu Kaiaphas wäre dann der Augenblick der
dritten Verleugnung. Es ist eine Rekonstruktion des Geschehens, die
den bekannten Daten Genüge tut. Lukas kommt es auf solche Einzelheiten gar nicht an. Mehr als die anderen Evangelisten will er aber
die verzweifelte Lage, in der Petrus sich befindet, geradezu unerbitt-
lich deutlich machen. Reicht es den anderen, nüchtern zu notieren,
dass die Prophezeiung Jesu in Erfüllung geht, hebt er hervor, dass es
im Augenblick der letzten persönlichen Begegnung zwischen Jesus
und Petrus geschieht.

Petrus versucht nicht, Entschuldigungen zu finden. Hätte er nicht
darauf hinweisen können, dass Jesus ihm doch eine wichtige Aufgabe für die Zukunft gegeben hatte, und dass es dann kontraproduktiv wäre, das eigene Leben schon so schnell aufs Spiel zu setzen?
Hätte er nicht auch erklären können, wie mutig er war, in diesem
Augenblick überhaupt als Einziger im Hof des Hohenpriesters unter den Feinden zu sitzen? Hätte er nicht auch sagen können, er
wolle mit seinen Ausflüchten und Verneinungen nur sicherstellen,
dass er dabeibleiben konnte, bis der Ausgang des Prozesses bekannt
war? Nichts von alledem kommt ihm in den Sinn. Er weiß, dass eine
Prophezeiung in Erfüllung gegangen ist, und dass er versagt hat.
Seine mutige Ankündigung, er werde Jesus nie verlassen, er sei bereit, mit ihm ins Gefängnis und in den Tod zu gehen, klingt nur noch
hohl und großspurig. Nach der erfolglosen, ja sogar von Jesus selbst
abgelehnten messianischen Verteidigungsaktion mit dem Kurzschwert war Petrus ohne wirkliche Hoffnung, ohne Perspektiven,
gerade noch treu genug, um mitzugehen, aber nicht mehr stark genug, sich als Anhänger des Messias zu bekennen. Wie hätte er es
auch tun sollen, verstand er in diesen Stunden doch selbst nicht, wie
Jesus noch der Messias sein könnte. Der Blick, den Jesus auf ihn
wirft, sagt alles. Er verlässt den Schauplatz und »weint bitterlich«.

Nach solchen Szenen ist gut zu verstehen, dass die ersten christlichen Künstler und ihre Auftraggeber Petrus nicht mit Insignien der
Macht darstellten, sondern mit dem Hahn zu seinen Füßen und dem
Zeigefinger am Kinn. Die Schlüssel kamen aus den Worten von Caesarea Philippi, als ein Zeichen der Zukunft. Auf dem Weg dorthin
hatte Petrus die ganze Fallhöhe eines Dramas zu durchmessen, das
nur deswegen nicht in der Tragödie endete, weil Jesus kein Held des

griechischen Theaters, sondern der Sohn Gottes war, der als Auferstandener den erlösenden letzten Akt ausfüllte. Die ungeheure menschliche Schwäche des Petrus wird zur Folie, vor der die Größe der Vergebung, die Jesus ihm später zuteil werden lässt, umso heller leuchtet. Wenn ein Mann wie Simon nicht nur »Petrus« bleiben, sondern für die christliche Gemeinschaft eigentlich erst richtig werden konnte, nachdem er solche kaum ermesslichen Tiefen der Treulosigkeit erfahren hatte, um wie viel größer ist dann die Hoffnung für die normalen Gläubigen und Suchenden, dass Gott auch ihnen ihre Sünden mit immer neuer Geduld vergeben wird. Jeder Betrachter der frühchristlichen Szenen auf den ältesten Sarkophagen konnte daran Trost und Ermutigung finden. In seinem zweiten Brief gibt Petrus das an seine Leser damals und heute weiter. »Seid überzeugt, dass die Geduld unseres Herrn eure Rettung ist«, schreibt er (2. Petrus 3,15). Und er verweist dabei auch auf Paulus, der fast mehr noch als er selbst der Beweis dafür war. Denn der Pharisäer Sha'ul/Saulus hatte nicht nur die Tötung des Stephanus gutgeheißen, er war auch einer der ersten und leidenschaftlichsten Verfolger der Jerusalemer Urgemeinde gewesen, ehe er vom Auferstandenen mit Geduld berufen und gerettet wurde. »Verachtest du den Reichtum seiner Güte, Geduld und Langmut«, schrieb Paulus, »weißt du nicht, dass Gottes Güte dich zur Umkehr treibt?« (Römer 2,4).

Vom Kreuz zum Grab

Petrus stand nicht beim Kreuz. Sein Name wird nicht mehr erwähnt. Erst am dritten Tag, nach der Auferstehung, ist er wieder dabei. Hatte er sich in der Zerrissenheit der Schuld und in seiner Reue, in einer scheinbar ausweglosen Lage, von allen anderen zurückgezogen? Indirekte Indizien scheinen dafür zu sprechen, dass er sich doch unter denen befand, die der Kreuzigung »aus der Ferne« zusahen (Lukas 23,49). Damals, im Jahr 30 n. Chr., lag der Ort römischer Kreuzigungen, der Golgatha-Felsen, außerhalb der Stadtmauer, aber in unmittelbarer Nähe. Die neuere archäologische Forschung hat das eindrücklich nachgewiesen.[178] Auch neutestamentliche Texte setzen es voraus (Johannes 19,17–20; Hebräer 13,12). Die Mauer verlief vor dem Felsen so, dass sie eine Art Oberrang eines griechischen Theaters abgab. Wer dort stand, konnte alles beobachten, ohne selbst in den Verdacht zu geraten, Angehöriger und Anhänger zu sein. In der Tat wurden römische Kreuzigungen absichtlich an öffentlichen Orten durchgeführt, denn so viele Menschen wie möglich sollten sehen, wie ein Verbrecher zur Abschreckung auf grausamste Art hingerichtet wurde.[179] Wenn Lukas ausdrücklich sagt, dass *»alle seine Bekannten«* aus einiger Entfernung zusahen, haben wir keinen Grund, Petrus davon auszuschließen. Und es fällt auf, dass außerhalb der Evangelientexte nur Petrus in anschaulicher Sprache von der Kreuzigung berichtet. In seiner kurzen Rede vor dem Sanhedrin, einige Zeit nach Pfingsten, spricht er von Jesus, den »der Gott unserer Väter« auferweckte, nachdem er vom Sanhedrin dem Tod am Kreuzesholz überantwortet worden war, und fügt als schlagende Pointe hinzu: »Wir sind Zeugen dieses Geschehens« (Apostelgeschichte 5, 30–32).[180]

Alle erhaltenen Quellen sind sich einig: Die ersten, die das leere Grab sahen und zu Zeugen der Auferstehung wurden, waren Frauen. Unter den Männern, die ihnen folgten, wird ebenso einmütig Petrus an erster Stelle genannt. Selbst Paulus, der sich immer wieder einmal als Rivale des Petrus verstand (oder von anderen so verstanden wurde), lässt daran keinen Zweifel. Er hebt Petrus sogar namentlich als Ersten hervor: »... dass er (Jesus) gesehen worden ist von Kephas, danach von den Zwölfen« (also von allen Jüngern gemeinsam).[181] Das Markus-Evangelium endet, ohne von Begegnungen mit dem Auferstandenen zu berichten, noch am Grab – aber auch ohne Erscheinung vor Petrus betont Markus dessen Sonderstellung mit einer eleganten Formulierung. Der junge Mann, der zu den Frauen spricht, trägt ihnen auf: »Nun aber geht und sagt seinen (Jesu) Jüngern und Petrus, dass er vor euch vorausgehen wird nach Galiläa« (Markus 16,7).[182] Wir verstehen: Vor allem Petrus soll die Nachricht erhalten. Und man kann sich hinzudenken: Gerade er braucht sie jetzt mehr als jeder andere. Tatsächlich ist er der einzige, der sofort reagiert. Während die anderen auf den Bericht der Frauen zuerst ablehnend reagieren – sie halten das für »Geschwätz« (Lukas 24,11) –, läuft er zum Grab, beugt sich hinein, sieht die Leinentücher, geht davon und ist »voller Verwunderung über das, was geschehen war«. Im Bericht des Johannes kommt noch der Lieblingsjünger dazu, der mitläuft und den Lauf sogar gewinnt (20,3–4). Am Ziel angelangt, lässt aber auch er Petrus den Vortritt. Lukas und Johannes bieten neben 1. Korinther 9,24–26, Galater 2,2, 2. Timotheus 4,7 und Hebräer 12,1 die einzige ›Sportberichterstattung‹ im Neuen Testament. Ein solcher Lauf war für körperlich aktive Fischer sicher nichts Besonderes, für die ersten Leser und Hörer dieser Evangelien war es aber auch ganz einfach unterhaltsam, darüber zu lesen. Wir sehen nicht zum ersten Mal, dass die Evangelienautoren es gut verstehen, auflockernde Einzelheiten einzubauen, die nicht in billiges Amüsement abgleiten.

Der kritische Blick in das Grab ergibt: Nichts als die Tücher ist sichtbar. Das Grab ist leer. Das sorgsam zusammengerollte Tuch, mit dem der Kopf umhüllt war, das »*soudárion*« (Johannes 20,7; vgl. 11,44), beweist eindeutig, dass hier keine Grabräuber am Werk gewesen waren. Die Beschreibung des Johannes verdeutlicht, dass irgendjemand sich die Zeit genommen hatte, es ordentlich beiseite zu legen. Es ist gerade ein solches Detail, das auf Augenzeugenkenntnis hinweist. Und wie auch immer die Auferstehung im physikalisch-biologischen Sinne abgelaufen sein mag, der Verzicht aller frühchristlichen Texte darauf, das auch nur ansatzweise beschreiben zu wollen, spricht gegen Versuche, hier einen Mythos zu kreieren. Die kleine Nuance des sorgfältig zur Seite gelegten Kopftuchs zeigt aber auch: Diese Auferstehung ist endgültig. Das Tuch wird nie mehr gebraucht. Noch eine Information gibt uns der Bericht des Johannes. Denn mit seiner Hilfe können wir den Satz des Lukas, Petrus »ging davon und wunderte sich über das, was geschehen war« (24,12), besser verstehen. Obwohl nämlich bei Johannes zuerst Petrus ins Grab hineingeht, wird eine Reaktion erst beim anderen Jünger beschrieben: »Da ging auch (»*kai*«) der andere Jünger hinein, der zuerst zum Grab gekommen war, und (»*kai*«) sah und (»*kai*«) glaubte.« Und der Nachsatz lautet: »Denn sie verstanden die Schrift noch nicht, dass er von den Toten auferstehen müsste. Da gingen die Jünger wieder heim« (Johannes 20,8–10). Die dreifache Aufeinanderfolge des griechischen »*kai*«, »und/auch«, scheint anzudeuten, dass der zweite Jünger die Reaktion des ersten nachvollzieht. Auch er geht hinein, und auch er sieht, und auch er glaubt. Hier wird kein Kontrast hergestellt – der andere Jünger glaubt, Petrus glaubt nicht. Es wird eine Gemeinsamkeit beschrieben, die der Plural im nächsten Satz bestätigt: »Denn sie verstanden die Schrift noch nicht, dass er von den Toten auferstehen müsste.«

Das wirkt seltsam: Wie können sie glauben und doch nichts verstehen? Bei Lukas wird, richtig wiedergegeben, die Reaktion des Petrus nicht als ratloses Verwundern beschrieben. Er wunderte sich nicht, sondern er bewunderte. Das griechische Wort »*thaumazô*«, das Lukas benutzt, wird genau in diesem Sinn auch anderswo von ihm verwendet (auch wenn manche Übersetzungen das glätten) – gleich am Anfang des Lukas-Evangeliums zum Beispiel, Kapitel 1,63, oder auch in 2,18 und 2,33, in 11,14 und 22,41. Völlig unmissverständlich ist der Gebrauch des Wortes dann auch bei Paulus, im 2. Thessalonicherbrief 1,10: »... wenn er (Christus) an jenem Tag kommt, um inmitten seiner Heiligen verherrlicht und im Kreis all derer *bewundert zu werden* (»*thaumasthênai*«), die Gläubige geworden sind.« Petrus, und mit ihm der andere, glauben. Woran? Das Objekt fehlt. Glauben sie dem Bericht der Frauen oder endlich daran, dass Jesus Recht hatte mit der Ankündigung seiner Auferstehung von den Toten, oder ist es ein umfassender Glaube aufgrund eigener Erfahrung, der hier gegen die theoretische Einsicht aus den Worten der Heiligen Schrift gestellt wird? Der nächste Satz, mit einem »denn« eingeleitet, will es begründen. Sie hatten aus der Schrift noch nicht verstanden, dass Jesus auferstehen musste – mit anderen Worten, dass es ein zwangsläufig eintretendes Geschehen war, das bei richtigem Verständnis der alten Prophetien immer schon offen gelegen hätte.

Den Schlüssel dazu bietet Johannes bereits am Anfang des Evangeliums, in seiner Begründung der besonderen Vollmacht, mit der er die Händler aus dem Tempel vertrieben hatte: »›Reißt diesen Tempel nieder, und in drei Tagen will ich ihn aufrichten.‹ Da sagten die Juden: ›Dieser Tempel ist in sechsundvierzig Jahren erbaut worden, und du willst ihn in drei Tagen aufrichten?‹ Er aber sprach vom Tempel seines Leibes. Als er von den Toten auferstanden war, erinnerten sich seine Jünger daran, dass er dies gesagt hatte, und glaubten der Schrift und dem Wort, das Jesus gesagt hatte« (Johannes 2,19–22). Da haben wir auch wieder den Hinweis auf die Schrift. Hier wie im 20. Kapitel könnte zum Beispiel an Hosea 6,2 gedacht sein; wahrscheinlich aber steht noch grundsätzlicher die urchristliche Überzeugung dahinter, dass die Gesamtheit der Schrift auf den Juden Jesus, den Messias

Gottes, hinweist und in ihm ihre Vollendung findet. So deutet es wenig später der Auferstandene selbst, im Gespräch mit den Emmaus-Jüngern: »›O ihr Toren, zu trägen Herzens, all dem zu glauben, was die Propheten gesagt haben! Musste nicht der Messias dies erleiden und in seine Herrlichkeit gelangen?‹ Und er fing an bei Moses und allen Propheten und legte ihnen aus, was in der ganzen Schrift von ihm gesagt war« (Lukas 24,25–27; vgl. Johannes 5,39). Diese vervollständigte Erkenntnis ist für Nachfolger Jesu unverzichtbar – Petrus selbst wird das noch betonen, gleich in seiner ersten großen Rede zu Pfingsten/Shavuot in Jerusalem (Apostelgeschichte 2,16–36) und einige Tage danach bei der Schönen Pforte des Tempels (Apostelgeschichte 3,22–25). Auch Paulus legt auf die Schrift als Quelle nunmehr erfüllter Vorhersage größten Wert – besonders eindrucksvoll in 1. Korinther 15,3–5. Und wir wissen, dass es jüdischer Gepflogenheit entsprach, nach Verständnis und Richtigkeit von Geschehenem und Gesagtem in der einen, verbindlichen Quelle zu forschen, in der Heiligen Schrift. Noch Paulus erfährt das in der Reaktion der Juden von Beröa auf seinen Lehrvortrag in der dortigen Synagoge (Apostelgeschichte 17,11).

Begegnungen

Neben der Unverzichtbarkeit des Schriftbeweises stand eine andere unverzichtbare Bedingung für jeden Apostel: Er hatte ein Zeuge der Auferstehung zu sein – nicht des Ablaufs am Ostermorgen, sondern der Tatsache, das Jesus auferstanden war. Und das geschah durch eine Begegnung mit ihm. Auch Jakobus, der Bruder Jesus', der nicht zum Jüngerkreis gehört hatte, konnte nur auf diese Weise legitimiert werden und apostolische Autorität in der Urgemeinde erlangen. Paulus hätte nie Gehör gefunden, hätte er nicht glaubhaft auf seine Begegnung mit Jesus auf dem Weg nach Damaskus verwiesen. Nur wenigen Personen wurde jedoch eine individuelle Begegnung mit dem Auferstandenen zuteil – Maria Magdalena im Garten, Cleopas und einem ungenannten Jünger auf dem Weg nach Emmaus, Jakobus und Petrus an ungenannten Orten, Paulus vor Damaskus. Die anderen erfahren die Begegnung in kleinerem oder größerem Kreis.

Auch der ›ungläubige‹ Thomas ist nicht allein, als Jesus ihn auffordert, die Wundmale zu berühren. Und obwohl Maria aus Magdala, keiner der Jünger also, sondern eine Frau aus dem Kreis der Begleiter, offensichtlich als Erste dem Auferstandenen begegnet und von ihm den Auftrag erhält, den Jüngern zu berichten – und damit gewissermaßen zur Apostolin der Apostel wird (Johannes 20,14–18; vgl. auch Matthäus 28,1 mit 28,9–10) –, sind sich Paulus, Matthäus und Lukas darin einig, die Erscheinung vor Petrus an die erste Stelle zu setzen. Besonders pointiert wirkt das bei Lukas. Noch in der Nacht eilen die beiden Emmaus-Jünger zurück nach Jerusalem, begeistert von ihrem Erlebnis. Sie wollen den versammelten Jüngern – nur elf sind es noch nach dem Selbstmord des Judas – sofort berichten. Doch sie kommen erst gar nicht zu Wort. Man begrüßt sie mit der Nachricht von Petrus: »Der Herr ist wahrhaftig auferstanden und Simon erschienen!« (Lukas 24,34)

Der Inhalt des Gesprächs zwischen Petrus und dem auferstandenen Jesus bleibt privat. Nur einmal geht Petrus selbst direkt darauf ein, im Haus des römischen Zenturions Cornelius, und auch da stellt er sich nicht heraus: »Den (Gekreuzigten) hat Gott auferweckt am dritten Tag und hat ihn erscheinen lassen, nicht dem ganzen Volk, sondern uns, den von Gott vorher erwählten Zeugen, die wir mit ihm gegessen und getrunken haben, nachdem er auferstanden war von den Toten« (Apostelgeschichte 10,40–41). Hier geht es um zweierlei, um die Autorität der auserwählten Zeugen – einer Gruppe also, nicht einer Einzelperson – und um die körperliche Realität der Auferstehung. Jesus wurde nicht als Geist oder Vision erlebt. Trotz aller Veränderungen seiner Körperhaftigkeit, die es schwer machten, ihn als den Menschen zu erkennen, der er vorher gewesen war, konnte er mit den Jüngern essen und trinken. Wir sollten darüber hinaus nicht vergessen, dass Petrus hier einen Akzent setzt und nicht auf Vollständigkeit abzielt. Denn auch er wusste natürlich von einer gern vergessenen Besonderheit der Auferstehungserscheinungen: Gegen die oft zu hörende Kritik, Jesus sei nur seinen Anhängern, nie aber seinen Gegnern erschienen, zeigen wenigstens zwei der Begegnungen das Gegenteil: Jakobus, sein eigener Bruder, war ein Gegner seines öffentlichen Wirkens gewesen, er hatte sich noch in Galiläa von ihm abgewandt (Johannes 7,3–5). Erst durch die Auferstehung wird er zum überzeugten Anhänger. Und Paulus, wir sahen es gerade wieder, war einer der engagiertesten Gegner Jesu und der Christen überhaupt, ehe er auf der Straße nach Damaskus bekehrt wurde. Ganz grundsätzlich müssen wir feststellen, dass keiner der Jünger, auch Petrus nicht, mit angehaltenem Atem auf die Auferstehung wartete. Das Ereignis traf Männer, die im Grunde genommen ihren Glauben verloren hatten. Sie waren kaum in der Lage zu begreifen, was ihnen geschah, und brauchten erst die Worte und Taten Jesu, um sich von ihrem Schrecken zu erholen (Lukas 24,37–43).

Den Höhepunkt der Zeit, die Petrus und viele andere mit dem Auferstandenen verbringen, berichtet Johannes. Einige Wochen sind seit Ostern vergangen, und eine siebenköpfige Gruppe, darunter die Fischereiunternehmer Petrus, Jakobus und Johannes, ist nach Hause zurückgekehrt. Sie wissen noch nicht im Einzelnen, wie es weitergehen wird, aber sie wissen, dass Jesus sich ihnen immer wieder zeigt. Er hatte ihnen versprochen, sich ihnen in Galiläa zu zeigen (Markus 16,7; Matthäus 28,10). So können sie voller Vertrauen warten – nur eben nicht untätig. Die Ausgangslage, die sie dazu gebracht hatte, ihre Familien und ihre Firmen zurückzulassen, um Jesus zu folgen, ist nicht mehr gegeben. Sie werden nicht mehr mit ihm durch Galiläa, Judäa und Samaria ziehen. In der Zeit des Wartens auf neue Direktiven nutzen sie die Gelegenheit, zu Hause nach dem Rechten zu sehen. Es scheint alles in bester Ordnung zu sein, fähige Verwalter hielten die Betriebe in Schwung, die Familien sind noch zusammen. So jedenfalls lässt es sich zwischen den Zeilen lesen und, was die Frauen betrifft, sogar ausdrücklich einer Stelle bei Paulus entnehmen. Der nämlich schreibt über die späteren Missionsreisen der Apostel, und er nennt namentlich Petrus, dessen Schwiegermutter Jesus vor Jahr und Tag in Kapernaum geheilt hatte, sodass sie ihre Frauen mitnahmen (1. Korinther 9,5).[183]

Petrus ergreift einmal mehr die Initiative. Es ist dunkel, die Zeit ist günstig für den Fischfang. Er will mit dem Boot auf den See, und die anderen schließen sich ihm an. Wider Erwarten verläuft die Nacht ergebnislos. Im Morgengrauen kehren sie an Land zurück und sehen am Ufer einen Mann, den sie zuerst nicht erkennen. Der Fremde will mit ihnen essen, aber sie haben nichts gefangen. Da sagt er ihnen, was sie tun müssen. Es ist das Gegenteil des Tipps, den er ihnen lange vorher einmal gegeben hatte (Lukas 5,4). Da sollten sie weit hinausfahren, hier bleiben sie in Sicht- und Hörweite des Ufers. Nach rechts werfen sie das Netz, und es wird so voll, dass sie es nicht mehr ins Boot hineinholen können. Sie müssen es die neunzig Meter zum Ufer hinterherziehen. Mit der gleichen Sorgfalt für das Detail, die Johannes bei der Entfernungsangabe walten lässt, nennt er dann auch die Zahl der gefangenen Fische, es sind 153, und er stellt befriedigt fest, dass trotz dieser Menge das Netz nicht riss. Professionelle Fischer mussten damals wegen der Fischfangsteuer ihren Fang genau zählen. So sehr ist ihnen das in Fleisch und Blut übergegangen, dass sie es selbst in dieser ungewöhnlichen Situation nicht vergessen.[184] Der wundersame Fang öffnet dem anwesenden Lieblingsjünger die Augen. »Es ist der Herr!«, ruft er, und sofort springt Petrus ins Wasser. Sollen die anderen sich um die Fische kümmern, er will so schnell wie möglich zu seinem Herrn. Alle Last und Unsicherheit ist von ihm abgefallen, die alte Energie, die alte Spontaneität sind zurückgekehrt.

Jesus sitzt nun am Feuer, ein Fisch und Brot liegen bereit. Es ist das Bild, das in der frühchristlichen Kunst immer wieder für das heilige Mahl genutzt wird: Nicht Kelch und Brot, sondern Brot und Fisch. Man könnte es auch so sagen: Stehen der Kelch und das Brot für das letzte Mahl Jesu vor seiner Kreuzigung, als das Gedächtnismahl, dessen regelmäßige Wiederholung er seinen Nachfolgern auftrug, so stehen Brot und Fisch für das erste Essen mit dem Auferstandenen. Gerade in Katakomben und auf Sarkophagen ist das Bild daher besonders häufig – an Orten also, die den Toten galten. Ihnen und den Hinterbliebenen wird in dieser Szene die Gewissheit der Auferstehung gezeigt.

Petrus holt das Netz, mit dem die anderen inzwischen eingetroffen waren, ganz an Land. Erst wird gezählt, dann wird gebraten und gegessen. In einer Randbemerkung lässt auch Johannes erkennen, dass der Auferstandene äußerlich nicht mehr wie der irdische Jesus aus Nazareth aussieht. Sie wissen, wer er ist, durch das, was er tut, und wie er mit ihnen spricht. Vor allem seine Art, das Brot zu brechen, ist erneut die charakteristische Geste, wie sie es schon in Emmaus gewesen war. Bis zu dieser Stelle kann man den Bericht wie die Erzählung eines Augenzeugen lesen, der zweifellos etwas von Fischerei und den sozio-politischen Gegebenheiten in Galiläa um das Jahr 30 n. Chr. verstand. Nun wird die Perspektive verändert. Alle haben schweigend gegessen. Auch Petrus wartet. Dann redet Jesus.

Er spricht Petrus an, und es folgt ein Dialog zwischen den beiden, dem die anderen zuhören, ohne sich einzuschalten. Ein Kreis schließt sich. Wie bei der ersten Begegnung redet Jesus seinen Jünger formell und vollständig als »Simon, Sohn des Johannes« an.[185] Und in diesem Kreis schließt sich ein zweiter: Gegen die dreifache Leugnung muss nun die dreifache Erklärung der Liebe zum Herrn gestellt werden. Dreimal fragt Jesus, und jedes Mal kommt es zu Nuancen: »›Simon, Sohn des Johannes, hast du mich lieber als diese?‹ Er spricht zu ihm: ›Ja, Herr, du weißt, dass ich dich lieb habe.‹ Spricht Jesus zu ihm: ›Weide meine Lämmer.‹« Die Frage ist allumfassend. Liebst du mich mehr als diese – das kann sich darauf beziehen, dass die Liebe des Petrus zu ihm größer ist als die der anderen Jünger (so versteht es zum Beispiel die Einheitsübersetzung). Es kann aber auch die Frage sein, ob Petrus Jesus mehr liebt, als er seine Kollegen und Freunde lieb hat. Und es kann schließlich, mit ausholender Handbewegung, auf alles weisen: Liebst du mich mehr, als du all dies hier liebst, deinen Besitz, deinen Beruf, deine Freunde, deine Familie? Petrus hatte vor seiner Verleugnung behauptet, weiter mit Jesus gehen zu wollen als andere (vgl. Johannes 13,37). Nun bekommt er die Gelegenheit, das Bekenntnis zu erneuern. Auf seine Antwort gibt ihm Jesus erstmals den Auftrag, seine Lämmer zu weiden, also Verantwortung für die Gemeinschaft der Gläubigen zu übernehmen. So deutlich war ihm das vorher noch nicht gesagt worden, auch nicht in einem der anderen Evangelien. Johannes 10,11–18 steht im Hintergrund. Jetzt geht es um die echte Nachfolge des Hirten Jesus, die auch den eigenen Tod in Kauf nimmt.

Ein zweites Mal fragt Jesus: »Simon, Sohn des Johannes, liebst du mich?« Jetzt ist von anderen nicht mehr die Rede. Kein Vergleich ist gefragt, nur die eigene Person, mit allen Fasern. Petrus gibt wörtlich die gleiche Antwort wie beim ersten Mal. Aber die Beauftragung durch Jesus lautet anders: »Weide meine Schafe.« Nur ein kleines Detail könnte das sein, aber sind Schafe und Lämmer das Gleiche? Das erste Wort lautet »*arnía*«, was »Lämmer« heißen kann, aber tatsächlich auch »Schafe«, sogar »Widder«. Ein »*arníon*« ist auch das »*Schaffell*«. Das zweite Wort, »*próbata*«, heißt »Schafe«, aber noch umfassender »Weidevieh«, auch Ziegen. Dieses Wort wird von Jesus auch in seiner dritten Zusage benutzt. Und das scheint einen Nachdruck nahezulegen, der folgende Übersetzung wahrscheinlicher macht: »Weide meine Schafe – weide meine Herde – weide meine Herde«, mit der Bestärkung des umfassenderen Wortes durch die Wiederholung. Auf jeden Fall will Jesus deutlich machen, dass es nicht um ein paar Tiere oder eine bestimme Tier- bzw. Menschengruppe geht, sondern um die gesamte Gemeinschaft der Jesusanhänger, die sich nach der Auferstehung bilden wird.

Die dritte Frage weist ebenfalls in diese Richtung. Sie scheint identisch mit der zweiten zu sein: »Simon, Sohn des Johannes, liebst du mich?« Doch für »lieben« benutzt Jesus nicht wie in den ersten beiden Fragen das Wort »*agapáô*«, sondern »*philéô*«, das im griechischen Verständnis noch umfassender ist.[186] Petrus gebraucht es in allen drei Antworten, Jesus nur in seiner dritten Frage. Hier also, beim dritten Mal, ist die abschließende Zuspitzung erreicht. Natürlich ist Petrus zuerst traurig (»*elypêthê*«), dreimal anworten zu müssen. Er appelliert geradezu an Jesus: »Herr, du weißt alle Dinge, du weißt, dass ich dich lieb habe« – und das ist es: Auch wenn er wollte, könnte er sich nicht verstellen. Jesus würde ihn durchschauen. Die umfassende Liebe, die aus der Reue über das Versagen gewachsen und gereift ist, kann nicht vorgespielt werden. Jesus weiß es tatsächlich. Und so wiederholt er zum dritten Mal den Auftrag, seine Herde zu weiden.

Natürlich muss man in der Art, wie Johannes hier schreibt, auch die Untertöne mitlesen. Es ist kein Zufall, dass gerade Petrus das volle, aber nicht zerrissene Netz ans Ufer zieht, und es ist kein Zufall, dass er nun von den Fischen zu den Weidetieren geführt wird. Seine Aufgabe ist damit umschrieben – die Gemeinde vergrößern, das Netz zusammenhalten, die Glieder stärken. Petrus versteht es so und gibt es in seinem ersten Brief an andere weiter, die das Amt der Aufseher übernommen haben. Mit der Autorität des Augenzeugen (!) der Leiden Jesu schreibt er: »Die Ältesten unter euch ermahne ich, der Mitälteste und Zeuge der Leiden Christi, der ich auch teilhabe an der Herrlichkeit, die offenbart werden soll: Weidet die Herde Gottes, die euch anbefohlen ist, achtet auf sie, nicht gezwungen, sondern freiwillig, wie es Gott gefällt, nicht um schändlichen Gewinns willen, sondern von Herzensgrund, nicht als Herren über die Gemeinde, sondern als Vorbilder der Herde. So werdet ihr, wenn der oberste Hirte erscheinen wird, die unvergängliche Krone der Herrlichkeit empfangen« (1. Petrus 5,1–4). Es ist die Ernsthaftigkeit, mit der Petrus sich hier in seinem Amt bewährt, die seine Worte von der Bildsprache mancher älterer jüdischer Aussagen unterscheidet. Man kann da an Psalm 23 und Psalm 80,2 denken, an Jesaja 40,11 oder an den Aufseher, der mit der Bezeichnung »*mebaqqer*« unter den Essenern eine Rolle spielte.[187] Petrus ist der Hirte, der nicht so tut, als könnte er die Rolle des Christus ausfüllen. Er hütet die Herde und weist andere darin ein, damit die Gläubigen vorbereitet sind auf die Wiederkehr des Christus, auf das zweite Kommen des obersten Hirten.

Die Szene endet mit einer Vorhersage. Jesus kündet Petrus an, dass er tatsächlich sein Leben nicht in aller Ruhe des Alters, sondern unter der Gewalt anderer beenden wird. »›Amen, amen, ich sage dir, als du jünger warst, gürtetest du dich selbst und gingst, wo du hin wolltest. Wenn du aber alt wirst, wirst du deine Hände ausstrecken, und ein anderer wird dich gürten und führen, wo du nicht hin willst.‹ Das sagte er aber, um anzuzeigen, mit welchem Tod er Gott preisen würde. Und als er das gesagt hatte, spricht er zu ihm: ›Folge mir nach!‹« (Johannes 21,18–19). Es ist klar, dass dieser Text aufgeschrieben wurde, ehe Petrus selbst den Kreuzestod starb. Nach 67 n. Chr. hätte der Evangelist eine Vorstellung davon, was tatsächlich geschehen war, zumindest angedeutet. Hier wird aber nichts anderes gesagt, als dass Petrus einen gewaltsamen, nicht einen friedlichen Tod sterben wird. Erst am Ende des zweiten Jahrhunderts kam der Theologe Tertullian auf den Gedanken, man könnte diesen Satz auch auf die Kreuzigung beziehen, weil sich die ausgestreckten Hände auf die Haltung am Kreuz bezögen.[188] Diese Interpretation hat bis heute viele Nachahmer gefunden. Aber davon steht hier nun wirklich nichts. Der Satz Jesu bezieht sich auf die zur Fesselung ausgestreckten Arme und darauf, dass Petrus in dieser Haltung von einem anderen geführt wird – zum Martyrium sicher, aber wie das aussehen würde, das ist hier noch nicht einmal angedeutet.

Nun will Petrus noch eines wissen: Wenn er denn schon sterben muss, vielleicht bald, und offenbar – das deuten die Worte Jesu doch ziemlich deutlich an – ehe Jesus in Herrlichkeit wiederkommt, wie wird es dann dem Lieblingsjünger gehen, mit dem er so viel gemeinsam unternommen hatte? Wird er vielleicht in die Aufgaben hineinwachsen, die Petrus dann nicht mehr ausfüllen kann? Warum auch immer er fragt, Jesus zeigt ihm seine Grenzen auf: »Wenn ich will, dass er bleibt, bis ich (wieder)komme, was geht es dich an? Folge mir nach!« Kurz: Du hast klar umschriebene Aufgaben in meiner Nachfolge. Alles andere kannst du mir überlassen. Das ist kein Vorwurf, keine Zurückweisung, sondern eine Erinnerung an die zielorientierte, unabgelenkte Beharrlichkeit, die von Petrus verlangt wird. In den rund 36 Jahren, die zwischen diesem Ereignis und dem Abschluss des Johannes-Evangeliums vergingen – etwa anderthalb Generationen berufstätigen Lebens nach damaliger durchschnittlicher Lebenserwartung, also ein langer Zeitraum für Entwicklungen –, kam es in den Gemeinden offenbar zu einem Missverständnis über die Rolle des Lieblingsjüngers. Johannes korrigiert es: »Da kam unter den Brüdern die Meinung auf: ›Dieser Jünger stirbt nicht.‹ Aber Jesus hatte nicht zu ihm (Petrus) gesagt: ›Er stirbt nicht‹, sondern: ›Wenn ich will, dass er bleibt, bis ich komme, was geht es dich an?‹« (Johannes 21,23). Auf subtile Weise bringt der Autor seinen Lesern hier noch etwas bei: Legt mir, legt Jesus und den anderen nichts in den Mund, was nicht gesagt wurde. Deutet euch die Texte nicht nach euren Wunschvorstellungen, setzt eure Hoffnungen nicht auf eure subjektiven Interpretationen. Solche Leib- und Magendeutungen waren verführerisch, und weit mehr als dreißig Jahre sind eine lange Zeit, in der sie sich gefährlich weiterentwickeln konnten. Auch Petrus wird sich schließlich noch damit auseinander zu setzen haben, in seinem zweiten Brief. Die Zwangsjacke subjektiver Berechnungen und Erwartungen hatte in manchen Kreisen den Glauben an die Wiederkunft Jesu eingeengt. Johannes und dann auch Petrus, der genau verstand, was Jesus ihm sagte, ergreifen die Gegenmaßnahmen.

Es bleibt keine Zeit für erholsame Ferien am See Genezareth. Nur wenige Tage später sind die Jünger wieder in Jerusalem, werden zu Zeugen der Himmelfahrt und beginnen den Aufbau der ersten Gemeinde. Petrus muss unter Beweis stellen, dass Jesus sein Vertrauen zu Recht in ihn setzte.

IV

Der Apostel
und die Verantwortung

Voraussetzungen und erste Schritte

Bis zum Tag der Himmelfahrt, mit dem das Lukas-Evangelium schließt, standen uns vier zeitgenössische Quellen zur Verfügung, aus denen wir teils ausführliche, teils verknappte Informationen über den Werdegang des Petrus entnehmen konnten. Übereinstimmungen und unterschiedliche Akzente, Auslassungen hier und Hinzufügungen dort ergaben eine Charakterskizze, die kein vollständiges Porträt sein kann, aber doch wenigstens bis hierher unerwartet viele Facetten erkennen lässt. Den Klischees entspricht er jedenfalls nicht, er ist weder der stets voreilig handelnde Maulheld, noch ist er der stets souveräne Fels und Schlüsselbewahrer. Während die anderen Jünger, auch der so genannte Lieblingsjünger, nur in angerissenen Skizzen sichtbar werden und selbst der Negativheld Judas nicht wirklich ein eigenes Profil gewinnt, ist Petrus eine Gestalt wie aus dem wirklichen Leben. Ihm und den Berichten über ihn haftet nichts Künstliches, nichts Gewolltes an. Es ist gut vorstellbar, wie Theophilus, der Widmungsempfänger des Lukas-Evangeliums, sich auch den zweiten Band gern widmen ließ, um zu erfahren, wie es weiterging mit diesem Mann, der nun eine hohe Verantwortung zu tragen hatte. Wir sind heute ein wenig in der Lage dieses hochrangigen Römers. Denn während wir bis zu dieser Stelle in vier verschiedenen Quellen vergleichend lesen konnten, haben wir jetzt wie er nur noch eine. Es gibt keine zweite Zeitgeschichte der Urgemeinden. Andere Texte, die als Apostelakten kursierten, zum Teil sogar unter den Namen von Aposteln, stammen frühestens aus der Mitte des 2. Jahrhunderts. Zwischen ihnen und der Apostelgeschichte des Lukas liegen einhundert Jahre oder mehr. Wir werden später auf einige der Geschichten stoßen, die da über Petrus erzählt werden. Zu einer Rekonstruktion des wirklichen, historischen Petrus tragen sie allerdings kaum etwas bei. Da sind wir auf die Apostelgeschichte angewiesen und auf die punktuellen Informationen, die wir aus zwei Paulusbriefen – dem 1. Brief an die Korinther und dem Brief an die Galater – und aus den beiden Briefen des Petrus erhalten. Das ist angesichts der Fülle des Vergleichsmaterials über die ersten Jahre des Petrus vielleicht enttäuschend, aber es ist für die Antike keineswegs ungewöhnlich. Denn es gibt überhaupt nur wenige Personen, über die wir so viel erfahren wie über Petrus. Und in der Regel ist es so, dass selbst über bedeutende Persönlichkeiten keine oder höchstens eine historische Quelle Auskunft gibt. Die Qualität der einen Quelle muss daher umso sorgfältiger geprüft werden – das ist für Lukas, der nun über Petrus, Paulus und einige andere Gestalten der Urgemeinde schreibt, nicht anders als für die biographischen Kaiser- und Heldenviten eines Cornelius Nepos, Tacitus, Lucian, Plutarch oder Sueton.

Lukas hatte seine erste Qualitätsprobe bereits bestanden. Sein Evangelium hielt dem Vergleich mit den drei anderen und mit außerbiblischen Texten mühelos stand. Wir haben ihn als sorgfältigen Sammler und intelligent gestaltenden Autor kennen gelernt. Auch Theophilus, der Widmungsträger, scheint das nicht anders gesehen zu haben, denn er lässt sich die Fortsetzung bereitwillig widmen. Wir erinnern uns, das war mit Verantwortungen verbunden, denn als Widmungsempfänger hatte er die Aufgabe, das Buch auf eigene Kosten vervielfältigen und verbreiten zu lassen. Das war nicht billig, und nicht ohne Risiko. Dass er es innerhalb weniger Jahre ein zweites Mal tut, deutet auf die Überzeugung des Theophilus, Lukas als Historiker vertrauen zu können. Was können wir weiter dazu sagen – wissen wir mehr als Theophilus? Da sind zum Beispiel die vielen Reden des Petrus, die Wunder, die er nunmehr ohne Jesus vollbringt, die Andeutung darüber, wohin er floh, als er aus dem Gefängnis des Herodes Agrippa entkam, die ›dunklen Jahre‹ beim Wiederauftritt auf dem so genannten Apostelkonzil in Jerusalem, und sein erneutes Verschwinden aus den Seiten der Apostelgeschichte, Jahre vor seinem Tod. Wie bereits in den ersten Kapiteln dieses Buches werden wir auch hier jeden Einzelfall prüfen. Einige grundsätzliche Beobachtungen sind jedoch schon an dieser Stelle möglich. Denn unter Althistorikern und Altphilologen hat sich ein weitgehender Konsens herausgebildet. Grundlage dafür ist der immer wieder durchgeführte Vergleich zwischen Methode und Strategie des Lukas mit den Autoren ›säkularer‹ griechischer und römischer Geschichtswerke, die Auswertung anderer Quellen aus dem Umfeld des Neuen Testaments mit Hilfe der Archäologie, juristischer und medizinischer Dokumente und den Instrumenten einer ganzen Reihe von Hilfswissenschaften. Der Konsens lässt sich mit den Worten des Altphilologen E.M. Blaiklock zusammenfassen: »Lukas ist ein vollendeter

Historiker, der ohne weiteres unter die großen Autoren der Griechen einzureihen ist.[189] Nur so kann man seinem Gesamtwerk gerecht werden. Gerade die Apostelgeschichte darf als »historische Monographie« bezeichnet werden.[190] Folglich sagte die Althistorikerin Helga Botermann über die Apostelgeschichte, der Bericht des Lukas »ist selbstverständlich durch seine Quellen und durch die Auffassung des Autors geprägt. Aber nur wenn man Lukas als Historiker ernst nimmt, kann die historische Kritik überhaupt ansetzen. Dabei muss der Grundsatz gewahrt werden, dass der Kritiker die Beweislast trägt.«[191] Besser kann man es nicht sagen. Die Fragen, die der Text des Lukas stellt, sind nicht zuletzt auch dadurch zu beantworten, dass man erst einmal auf Lukas hört.

Es gibt keinen vernünftigen Grund, seinen eigenen Anspruch, mit großer Sorgfalt – akribisch (griechisch »*akribôs*«, Lukas 1,3) – zu schreiben, nicht ernstzunehmen. Das gilt selbstverständlich auch ohne eine endgültige Lösung der Frage nach dem Entstehungsjahr der Apostelgeschichte. Mit einer gewissen Ratlosigkeit wird das Werk meist in der Senkgrube neutestamentlicher Datierungen gelagert, in den (späten) achtziger Jahren des 1. Jahrhunderts. Die alte Überzeugung, dass es nicht später verfasst worden sein kann als das erste katastrophale Ereignis im Leben der Urgemeinde, das nicht mehr erwähnt wird – die Ermordung des Gemeindeleiters Jakobus 62 n.Chr. – gewinnt allerdings immer mehr Anhänger. So wäre es entstanden, als Petrus und Paulus noch lebten und der Tempel von Jerusalem noch stand. Tatsächlich lässt die Apostelgeschichte auch nicht andeutungsweise vermuten, dass eines dieser Ereignisse zum Zeitpunkt dieser Ereignisse bereits eingetreten war.[192] Insofern ist die Apostelgeschichte nach hinten offen; es ist denkbar, dass Lukas eines Tages ein drittes Buch geschrieben hätte, in dem Petrus noch einmal aufgetreten wäre und das Martyrium der beiden Reiseapostel ebenso vorgekommen wäre wie die Flucht nach Pella, der Untergang Jerusalems mit seinen Folgen für Juden und Judenchristen. Ob er es vorhatte, wissen wir nicht. Sicher ist nur: Es kam nicht mehr dazu. Lukas hatte keinen Nachfolger. Hochbegabte historische Schriftsteller waren damals nicht häufiger als heute. Die weiteren Informationen über Petrus und die anderen verdanken wir – neben den Paulusbriefen und den beiden Petrusbriefen – Äußerungen in späterer Literatur, vom 1. Clemensbrief (vor 70 n.Chr., oder nach

Meinung vieler Kommentatoren um 98 n. Chr.) über den jüdisch-römischen Historiker Josephus, der um 93 n. Chr. u. a. von der Tötung des Jakobus berichtet, bis zu einer Reihe anderer, die schließlich in dem großen Kompendium des Historikers Euseb von Caesarea mündet. Euseb, der in der ersten Hälfte des 4. Jahrhunderts nach Christus schrieb, hatte als Bibliothekar und Hofhistoriker Konstantins des Großen Zugang zu allen bekannten Quellen, auch zu solchen, die heute nicht mehr erhalten sind. An schriftstellerischer Größe kann er sich mit Lukas nicht messen. So oder so hatte es über 250 Jahre gedauert, ehe Lukas in ihm einen Nachfolger fand. Und auch der Vergleich mit Euseb bestätigt die akribische Sorgfalt, mit der Lukas sein Material sichtet und vorlegt.[193]

Lukas entwickelt ein Bild, das sich nahtlos an das Evangelium anschließt. Niemand scheint daran zu zweifeln, dass Petrus der richtige Mann für diese Stunde ist. Und auch er selbst zögert nicht, Verantwortung zu übernehmen. Er ordnet nicht an, aber er übernimmt die Initiative, und die anderen lassen ihn gewähren. Spuren von Rivalität, wie man sie in der Erinnerung an den früheren Dialog darüber kannte, wer der größte im Himmelreich sein werde, oder wer von den Zebedäus-Söhnen wo sitzen dürfe, welche Funktion vielleicht auch der Lieblingsjünger haben würde, sind nicht zu sehen. Jakobus, der Bruder Jesu, ist in den ersten Tagen und Wochen nach der Himmelfahrt noch nicht dabei. Als es darum geht, möglichst schnell einen neuen zwölften Apostel zu wählen, wird sein Name nicht genannt: Die beiden Kandidaten, die sich melden, müssen die strenge Bedingung erfüllen, vom Anfang des öffentlichen Auftretens Jesu bis zu Kreuzigung, Auferstehung und Himmelfahrt dabeigewesen zu sein, und diese Ernennungsvoraussetzung erfüllt der Herrenbruder nicht. So ruhen vorerst alle Augen – und Hoffnungen – auf Petrus, und es ist ein Vertrauen, dass nicht so sehr in den Menschen Simon Petrus investiert wird als in den Jünger, der von Jesus selbst den Auftrag dazu erhalten hatte. So sorgt Petrus von Anfang an dafür, dass kein Vakuum entsteht. Gerade in der allerersten Phase, in der noch gewartet wird auf weitere Zeichen – auf eine sofortige Wiederkehr vielleicht, oder auf den versprochenen Heiligen Geist, oder auf anderes, noch Ungeahntes, muss gehandelt werden. Die Gefahr, dass sich alle still und betend in ihre Ecken zurückziehen würden, ohne selbst etwas zu unternehmen, ist schließlich nicht von der Hand zu weisen.

Die Apostelgeschichte beschreibt Petrus konsequent als verantwortlichen Organisator (1,13–21), als Maßstäbe setzenden Redner
und Verkündiger (2,14–41; 3,12–26 u.a.m.), als Sprecher und Vertreter der ersten Gemeinde gegenüber dem Sanhedrin, dem ›Hohen
Rat‹ (4,8–22; 5,27–33), als Bewahrer der Gemeindedisziplin (5,1–11),
als ›Aufseher‹ über die ersten missionarischen Reisen (8,14–25), als
den Initiator und Verteidiger der Mission unter Nichtjuden, lange
vor Paulus (10,1–48; 11,1–18), und, hierin gleichfalls voll in der
Nachfolge Jesu und stets in der Berufung auf ihn, als Wundertäter,
auch mit anderen Aposteln zusammen (3,1–11; 5,14–16; 11,36–42).
So verfestigt ist diese Position der Autorität selbst dann, wenn man
nach wie vor meinen sollte, dass er sie nur als »Erster unter Gleichen« ausübte, dass auch Paulus sie später zuerst einmal fraglos akzeptiert und sich von Petrus unterrichten lässt – über Autorität in
der Gemeinde, wie wir vermuten dürfen, über den irdischen Jesus,
sein Wirken und seine Lehre (Galater 1,18).

Lukas, der Berichterstatter, ist davon überzeugt, dass Petrus in allen diesen Bereichen Maßstäbe setzte und für das Verhalten der ersten Christen wegweisend war. Er sagt nicht, und er weiß natürlich,
dass auch Jesus das nicht so zugesagt hatte, Petrus würde in dieser
Position und mit dieser unbestrittenen Autorität bis an sein Lebensende wirken. Zeitliche Ansagen gibt es nicht. Es darf uns daher auch
nicht wundern, wenn es elf Jahre nach Beginn der urgemeindlichen
Aktivitäten zu einem schwerwiegenden Einschnitt mit weitreichenden Folgen kommt und Petrus nach der Hinrichtung des Zebedäus-
Sohnes Jakobus und der Flucht aus dem Gefängnis die alleinige Leitung über die Urgemeinde dem Jesus-Bruder Jakobus anvertraut
und Jerusalem verlässt. Elf Jahre sind nicht nur damals eine lange
Zeit. Um es im Vergleich anders zu sagen: Zwischen 30 und 41 gibt
es drei römische Kaiser (Tiberius, Gaius Caligula, Claudius) und
drei Präfekten/Prokuratoren in Judäa (Pilatus, Marcellus, Marullus),
aber nur einen Leiter der Jerusalemer Urgemeinde, Petrus. Wie wenig der vorübergehende Weggang und die Amtsübertragung an Jakobus an der grundsätzlichen Autorität des Petrus ändern, zeigt
seine Rückkehr nach Jerusalem rechtzeitig zum ›Apostelkonzil‹
weitere sieben Jahre später, 48 n.Chr., und die entscheidende, diplo-
matisch ungemein wirkungsvolle Rede, die er als erster der Redner
auf dieser Versammlung hält. Mit der Weichenstellung der Apostel-

versammlung in Jerusalem ist die historische Aufgabe des Petrus als Fels der Gemeinde erfüllt. Er selbst hat den Aufbruch in weitere Richtungen, zu weiterführenden Entwicklungen, mit seinen Handlungen und seinen Reden vorbereitet und kann die Umsetzung der nächsten Schritte in andere Hände geben. Dass er sich danach nicht gleichsam aufs Altenteil zurückzieht, entnehmen wir einer Vielzahl anderer Quellen nach Lukas. Für den Historiker, der Lukas auch in der Gestaltung des Materials war, ist an diesem Punkt jedoch ein natürlicher Übergang gegeben, und er kann sich von da an ganz auf das Wirken der nächsten prägenden Gestalt konzentrieren, auf die Mission des Paulus und seiner Mitarbeiter.

Und wiederum ganz als Historiker gliedert er sein Petrus-Quellenmaterial in Themenblöcke, von denen wir gleich noch mehr sehen werden. So wie Jesus es den Aposteln unmittelbar vor der Himmelfahrt angekündigt hatte, so geschieht es auch. Am Anfang steht, vierzig Tage lang zwischen Auferstehung und Himmelfahrt, die Erneuerung und Bekräftigung der Lehre: In Jerusalem, nicht in Galiläa oder anderswo, sollten sie sich versammeln und auf die Taufe mit dem Heiligen Geist warten (Apostelgeschichte 1,5; 1,8). Sie werden davor gewarnt, über den Zeitpunkt und den Ablauf des Endes der jetzigen Welt und seiner Wiederkehr zu spekulieren (1,6), da dies »der Vater in seiner Macht« bestimmt hat (1,7). Der politische Unterton, der in der Frage der Jünger noch immer mitschwingt (der Name des Petrus wird nicht ausdrücklich genannt), wird von Jesus übergangen: »Herr, wirst du in dieser Zeit das Reich für Israel wieder aufrichten?« – Jesus sagt ihnen vielmehr, worauf es ankommt: auf die Taufe mit dem Heiligen Geist und darauf, dass sie so gerüstet seine, Jesu, Zeugen sein werden »in Jerusalem und in ganz Judäa und Samarien und bis an das Ende der Erde« (1,8). Die Beauftragung, die zuvor Matthäus schon an einem anderen Ort notiert hatte (Matthäus 28,18–20), hat hier die abschließende Qualität einer Amtseinsetzung. Die Jünger-Apostel werden erfahren und endgültig begreifen, wie das Königreich aussieht, von dem Jesus spricht.

Das alles bringt auch eine neue Qualität der Jüngerschaft mit sich. Waren sie zuvor schon seine Sendboten (»Apostel«) gewesen – Lukas 6,13; 9,10; 11,49; 17,5; 22,14; 14,10; Markus 3,14; 6,30; Matthäus 10,2 –, so wird sich nun etwas Grundsätzliches ändern: Bis hierher waren sie freiwillig und bewusst an der Nabelschnur Jesu. Sie hatten seine Lehre in seinen Worten weitergegeben, die sie sich so sorgfältig wie möglich eingeprägt hatten.[194] Nun aber würden sie zwar weiterhin seine Worte zitieren und auslegen, vor allem aber müssen sie lehren, predigen und handeln, ohne sich bei Jesus persönlich absichern zu können. Sie müssen neue, eigene Wörter und Gedanken finden, eigene Schlussfolgerungen ziehen und sich auf ständig wechselnde Situationen einstellen. Jesus weiß, was er ihnen zumutet. Nicht zuletzt deswegen sagt er ihnen, dass sie in Jerusalem warten sollen, bis sie die Taufe des Heiligen Geistes erfahren.

Der Sprachgebrauch des Lukas unterstreicht das in der nunmehr ausschließlichen Benutzung des Wortes »Apostel« für diese Gruppe. Und der Autor des bald schon diesem Werk zu Recht mitgegebenen Titels »Taten der Apostel« gliedert den ersten Abschnitt seines Werks gemäß dieser von Jesus selbst kommenden Strategie.[195] In Apostelgeschichte 1,8 hatte Jesus zu Petrus und den anderen gesagt: »Ihr werdet die Kraft des Heiligen Geistes empfangen, der auf euch kommen wird, und ihr werdet meine Zeugen sein in Jerusalem und in ganz Judäa und Samarien und bis an das Ende der Erde.« Tatsächlich entwickelt sich in der ersten Phase die Urgemeinde in Jerusalem. Sie wächst in größeren Schritten – erst 3000, dann weitere 2000 neue Mitglieder zu Pfingsten und unmittelbar danach (Apostelgeschichte 2,41; 4,4). Im Anschluss daran entwickelt sich behutsam die Mission über Jerusalem hinaus. Den nächsten Schwerpunkt bildet die Episode um die ›Hellenisten‹, das heißt die ursprünglich aus der griechischsprachigen Diaspora gekommenen und nach wie vor mit der Diaspora verbundenen Juden, die eigene Synagogen hatten und die offenbar auch als Juden-Christen noch unter sich blieben (Apostelgeschichte 6,1). Ihr akutes Problem wird von den zwölf Aposteln gelöst, sie teilen ihre Entscheidung mit, nur einer spricht, und wir dürfen vermuten, dass der ungenannte Sprecher, der die von allen akzeptierte Lösung vorträgt, Petrus ist (6,2–4).

Mitten in diesem Abschnitt über die Hellenisten und ihren Leiter Stephanus, und ohne dass Petrus namentlich auftritt, geschieht etwas Verblüffendes: Plötzlich ist die Rede von »vielen Priestern, die gehorsam den Glauben annahmen« (6,7). Wer wird hier von der Jesus-Botschaft erreicht? Lange haben Forscher darüber nachgedacht, bis die vernünftigste Lösung auf dem Tisch lag: Da es Pharisäer nicht sein konnten, die nur wenige Priester besaßen, aber auch nicht Sad-

duzäer, die zwar zahllose Priester unter sich hatten, alle Grundvoraussetzungen des Glaubens, vor allem den von praktisch allen anderen Juden geteilten generellen Auferstehungsglauben jedoch kate-
gorisch ablehnten, bleibt nur die dritte große Gruppe übrig, die in
der Tat sehr viele Priester hatte, von denen viele – aber keineswegs
alle – den Weg zu Jesus finden konnten und die dafür viele Voraussetzungen mitbrachten, unter anderem den Auferstehungsglauben
und den Glauben an einen Messias aus dem Hause Davids und aus
dem Hause Aarons: nämlich die Essener.[196] Griechischsprachige Essener (vergessen wir nicht, die Szene spielt unter griechischsprachigen Juden) gab es natürlich, auch in Qumran, wie wir den griechischen Textfunden in den Höhlen 4 und 7 zweifelsfrei entnehmen
können. Subtil baut also Lukas hier die missionarische Ausweitung
in seinen Bericht ein: Noch spielt sich alles in Jerusalem ab, aber die
Menschen kommen dorthin, aus anderen Orten und Gegenden, und
so kann eine erste Etappe der sprach- und denominationsüber-
schreitenden Missionsarbeit ›zu Hause‹ stattfinden.[197]

Freiwillig, nicht gezwungen, gehen die Apostel nach der Tötung
des Stephanus, vielleicht noch während der von Sha'ul/Saulus mit-
verantworteten Maßnahmen gegen die Urgemeinde, aus Jerusalem in
die judäische Umgebung und nach Samaria – wie Jesus es ihnen aufgetragen hatte.[198] Ihr erstes Ziel ist tatsächlich Samaria. Mit voller
Zustimmung des ›Zwölferrats‹ begeben sich Petrus und Johannes
dorthin (8,14–25) – und das war nun mehrfach bemerkenswert: nicht
nur, weil Jesus es bereits erwähnt hatte, sondern weil er selbst schon
den Samaritanern (die im umgangssprachlichen Deutsch geradezu
sprichwörtlich zu »Samaritern« wurden) immer wieder besondere
Zuneigung entgegenbrachte, obwohl sie als Außenseiter in der jüdischen Gesellschaft galten, mit ihrer eigenen Fassung der Torah und
Riten, die sie für reiner hielten als die der anderen Juden, eine aktive
Absonderung praktizierten und auf dem Berg Garizim ihren eigenen
heiligen Ort hatten. Juden und doch nicht ganz Juden, mehr Juden
jedenfalls als Heiden, und in gewissem Sinne orthodoxer als alle anderen: Sie sind erste Ansprechpartner der Mission, die aus der Urgemeinde über Jerusalem hinausgeht. Auf die Verbreitung und Vertie-
fung der Botschaft unter diesen Menschen ›zwischen den Welten‹
folgt, wiederum mit Petrus und diesmal sogar von ihm allein ver-
antwortet, der nächste strategische Abschnitt in der Gliederung des

Lukas: die erste Etappe der eigentlichen Heidenmission. Petrus reist die Küstenebene entlang zum römischen Hauptmann Cornelius nach Caesarea Maritima, der nach ihm gefragt hatte. Auch hier bleibt aber immer noch ein wesentliches jüdisches Element, denn Cornelius gehörte zu den so genannten Gottesfürchtigen (Apostelgeschichte 10,2), zu denen also, die nicht zum Judentum konvertierten, aber einige Lebensregeln des Judentums übernahmen, die Heilige Schrift lasen – in der vorchristlichen griechischen Übersetzung der Septuaginta, und die Gottesdienste in den Synagogen mitfeierten.

Petrus ist bei diesen strategischen Schritten nicht auf sich allein gestellt. Das zeigt seine uneingeschränkte Unterstützung durch die anderen elf, vor dem Weg nach Samarien, und die Bereitschaft, sich von der Notwendigkeit des Verzichts auf manche urjüdischen Gepflogenheiten zum Zweck der ›Heidenmission‹ überzeugen zu lassen (11,1–18). Deutlich wird das auch durch die von Lukas geschickt zur Vermeidung allzu personenkultartiger Petrus-Akzentuierungen dazwischen geschobene Bekehrung und Taufe eines anderen gottesfürchtigen ›Heiden‹, des äthiopischen Finanzministers (8,26–39) durch Philippus, der nicht nur dies tut, sondern der auch bereits vor den anderen in Samarien gewesen war (8,4–13). Wir erhalten den Eindruck, dass Petrus mit großem Geschick zur Verwirklichung beitrug, und dass er vor allem eine seltene Kunst beherrrschte: auch wichtige Aufgaben an andere delegieren zu können und ihnen uneingeschränktes Vertrauen entgegenzubringen.

Die Kunst des Strategen

Die Wirksamkeit des Petrus in diesen ersten elf Jahren ist ein faszinierendes Beispiel vorbildlicher Strategien. Gerade die Details verraten einmal mehr, dass hier bedacht und mit großer Flexibilität vorgegangen wird. Nach der Auferstehung, die Petrus auch später nicht zu erwähnen vergisst (Apostelgeschichte 1,22; 2,32–36; 1. Petrus 3, 22) versammeln sich die elf verbliebenen Apostel in einem Obergemach. Lukas lässt offen, ob das noch der Raum ist, in dem auch das letzte gemeinsame Mahl mit Jesus gefeiert wurde. Dagegen spricht, dass jener Saal wohl nur Teil eines für diesen Anlass benutzten Gästehauses war, das offenbar einer anderen Gemeinschaft gehörte, vielleicht den Essenern.[199] Auch gebraucht Lukas verschiedene Wörter für beide Versammlungsräume: In Lukas 22,12 schreibt er »*anágaion*«, in Apostelgeschichte 1,13 dagegen »*hyperôon*«. Beides kann zutreffend mit »Obergemach« übersetzt werden. Der sorgfältige Autor Lukas hat sich aber vielleicht doch bewusst für zwei verschiedene griechische Wörter entschieden, um unterschiedliche Örtlichkeiten zu kennzeichnen. Daher dürfte es sich hier, bei der Versammlung der Apostel nach der Himmelfahrt, eher um einen separaten Raum im Haus der Mutter des Johannes Markus gehandelt haben, das von Lukas ausdrücklich als eine Versammlungsstätte der Urgemeinde beschrieben wird und etwas später im Leben des Petrus noch eine weitere, bedeutende Rolle spielt (Apostelgeschichte 12, 12). Dementsprechend müsste man die Beschreibung, die Lukas hinzufügt, weniger missverständlich wiedergeben, als einige Übersetzungen das tun. Die Apostel gingen nicht »in das Obergemach, wo sie sich aufzuhalten pflegten« (rev. Luther-Übersetzung, rev. Elberfelder Bibel), was so klingt, als sei das schon früher ihr Treffpunkt gewesen, sondern sie hatten sich für einen Versammlungsort entschieden, an dem sie sich *von nun an* aufzuhalten pflegten, oder, wie die ›Einheitsübersetzung‹ es sagt, »wo sie nun ständig blieben«.

Die Namen der Jünger entsprechen denen, die Lukas in seinem Evangelium genannt hatte (Lukas 6,14–16). Eine Nuance fällt auf: Im Evangelium stand an erster Stelle »Simon, den er (Jesus) auch Petrus nannte«, in der Apostelgeschichte heißt er nur noch Petrus. Für Theophilus, den Widmungsempfänger beider Bücher, und für alle anderen Leser ist das keine zufällige Akzentsetzung. Natürlich fehlt Judas im Obergemach, denn der hatte sich zuvor schon auf offenbar grauenhafte, den Evangelisten verschiedentlich kolportierte Weise umgebracht (Mattthäus 27,5; Apostelgeschichte 1,18).[200] Judas fehlt, aber stattdessen wird nun ein Kreis um die Apostel erwähnt, der offensichtlich an allem teilnimmt, ohne der engsten Gruppe zugeordnet zu sein: Erstmals sind die Brüder Jesu dabei, die vor seiner Auferstehung zu seinen Gegnern gehört hatten. Lukas nennt ihre Namen nicht, aber wir kennen sie aus Markus 6,3 und Matthäus 13,55: Jakobus, Josef/Joses, Simon und Judas. Nur einer von ihnen, Jakobus, wird künftig Verantwortung übernehmen, als Gemeindeleiter und Briefautor. Ein zweiter, Judas, wird einen wichtigen, sehr jüdischen,

ungemein pragmatischen Brief verfassen, der unter die Schriften des
Neuen Testaments aufgenommen wird.[201] Neben den Brüdern, bei
Lukas sogar noch vor ihnen genannt, sind »die Frauen und Maria, die
Mutter Jesu«. Welche Frauen gemeint sind, lässt Lukas offen, aber er
denkt wohl an jene, die zuerst, noch vor den Männern, das Leere
Grab sahen und dem Auferstandenen begegneten – Maria Magdalena, Johanna und Maria, die Mutter des Jakobus, und »andere mit ihnen« (Lukas 24,10).[202] Insgesamt, so erfahren wir, gehören etwa 120
Personen zu dieser ersten Gemeinschaft, vor denen Petrus seine erste
kurze Rede hält. Es sind die in Jerusalem anwesenden, wie es scheint;
viele andere – mehr als 500 gab es bereits (1. Korinther 15,6) – waren
in Galiläa und Judäa geblieben.

Den Kern der Rede des Petrus bilden die alttestamentlichen Prophezeiungen. Von diesen Prophezeiungen zehrt die Urgemeinde
noch lange. Wir sahen es schon mehrmals: Ohne das Argument, dass
Jesus und alles, was mit ihm zusammenhing, die Erfüllung der von allen Juden ernst genommenen Prophetenworte war, hätte die Verkündigung des Glaubens an Jesus als Messias, Sohn Gottes und Erlöser
keinen Tag überleben können. Petrus stellt auch den Verrat des Judas
in einen solchen Zusammenhang. Besonderes Gewicht haben die
Psalmen, die jeder Jude auswendig kannte. »Auch mein Freund, dem
ich vertraute, der mein Brot aß, tritt mich mit Füßen« (Psalm 41,10).
Psalm 69,26 und 109,8 werden zu Handlungsanweisungen, den
durch Judas verwaisten Platz wieder zu füllen. »Denn es steht geschrieben im Buch der Psalmen: ›Seine Behausung soll verwüstet
werden und niemand wohne darin‹, und: ›Sein Amt empfange ein anderer‹« (Apostelgeschichte 1,20). Gelegentlich wird solchen Abschnitten im Neuen Testament der Vorwurf gemacht, es seien gewalt-
same, an den Haaren herbeigezogene Verbindungen. Doch kein Jude
hätte das so empfunden. Die Verwendung scheinbar auch entfernte-
rer Parallelen und Querverweise auf eine konkrete Frage oder Situation ist eine uralte Auslegungsweise, die im Talmud ständig vorkommt, dort schon vorchristlichen Meistern zugeschrieben wird und
noch bis heute charakteristisch ist für die Schriftauslegung im Judentum. Wenn diese Stelle und viele ähnliche im Neuen Testament, die
ihr noch folgen, etwas deutlich machen, dann ist es dies: Petrus und
jene, die als Christusnachfolger ähnlich argumentierten, waren immer noch gute, kundige Juden, die sich auskannten in der Schrift und

in der traditionellen Weise, sie zu verstehen und zu interpretieren. Dass sie bei Anwendung gleicher Methoden zu besonderen Ergebnissen kamen – eben der Erfüllung in Jesus, das war das Besondere ihrer Botschaft, mit der sich von Anfang an auch jüdische Hörer und Leser auseinanderzusetzen hatten.

Die Petrus-Rede gipfelt in einer erstaunlichen Aufforderung. Der neu zu wählende Apostel hatte ein Augenzeuge Jesu vom Anfang seines Auftretens – von der Taufe durch Johannes den Täufer – bis zur Himmelfahrt zu sein. Erstaunlich ist dieses Kriterium nicht wegen der unverzichtbaren Qualität der ununterbrochenen Augenzeugenschaft, an der kein Weg vorbeiführt. Es ist immerhin so scharf formuliert, dass sich überhaupt nur zwei Kandidaten melden. Erstaunlich ist es, weil nach dem bisherigen Informationsstand der Lukas-Leser, auf der Grundlage seines Evangeliums, keiner der elf Apostel bei der Taufe Jesu namentlich als anwesend genannt wird (Lukas 3,21–22). Nur Johannes erwähnt zwei Jünger des Täufers, die ihn verließen, um mit Jesus zu gehen: Andreas und einen Ungenannten (Johannes 1,35–40). Der einzige andere, der dann sofort anschließend hinzukommt, ist Petrus selbst. Schon die nächsten beiden, die angesprochen werden, Philippus und Natanael (der kein Jünger der ersten Stunde wurde), waren offensichtlich nicht mehr Taufzeugen. Petrus fordert also Personen auf, sich aus dem Kreis der 120 Anwesenden als Kandidaten aufstellen zu lassen, die damals zum Kreis um Johannes den Täufer gehörten, ohne sofort Jesus-Jünger zu werden. Das ist ein geschickter Schachzug. Er bezieht damit nicht nur die alten Anhänger Johannes des Täufers ausdrücklich in die Gemeinschaft ein, er sondiert auch und sorgt dafür, dass keine bloßen Enthusiasten zu Verkündern werden, sondern nur wirkliche Zeugen. Lukas weiß genau, wie viel ihm diese Garanten wert sind: Schon im zweiten Satz seines Evangeliums hatte er sich auf sie berufen.[203]

Und noch etwas ist bemerkenswert: Die Namen der beiden Kandidaten werden genannt. Dass auch der Name des nicht erfolgreichen Augenzeugen notiert und weitergegeben wurde, verdient Beachtung. Die erste Generation der Juden-Christen legt Wert darauf, ihre Startphase nicht im Ungefähren zu belassen und in Anonymitäten einzuhüllen. Der Zeuge, der letztlich nicht zum zwölften Apostel gewählt wurde, Joseph Barsabbas, genannt Justus, bleibt ja ein Zeuge »von Anfang an«. Dass der andere, Matthias, den Platz des Judas einnimmt, wertet seine Stellung nicht ab. Er bleibt ein Mitglied der Urgemeinde, gehört zum Kreis der von Lukas Befragten (Lukas 1,2) und könnte ein Verwandter des anderen »Barsabbas«, »Sohn des Sabbats«, also des am Sabbat geborenen gewesen sein, der einige Jahre später mit Paulus, Barnabas und Silas/Silvanus vom Jerusalemer Apostelkonzil nach Antiochien geschickt wird (Apostelgeschichte 15,22; 15,30–32). So genau ist die Quelle, die Lukas benutzt – und das könnte ohne weiteres Petrus selbst gewesen sein, denn die beiden sind sich spätestens um 59 n. Chr. in Rom begegnet, dass auch der lateinische Beiname des Joseph Barsabbas notiert wird. »Justus«, »der Gerechte«, ist auch der Beiname eines weiteren, späteren Christen, des »Jesus mit dem Beinamen Justus«, der zwischenzeitlich zu den Begleitern des Paulus gehörte (Kolosser 4,11). In der damaligen Zeit waren unter Juden bestimmte Vor- und Beinamen beliebt und verbreitet, selbst »Jesus«, wie wir an diesem Beispiel sehen und in zahlreichen Inschriften bestätigt finden. Auch »Justus« ist keineswegs ein Name, der erst unter Jesusanhängern beliebt geworden wäre. Es ist die lateinische Entsprechung des hebräischen »Zadik«, des Torah-Gerechten. Noch heute tragen viele Juden vor allem im angelsächsischen Sprachraum den Familiennamen Justus. Ein kulturgeschichtliches Indiz ist allerdings noch damit verbunden: Der lateinische Beiname lässt auf eine gewisse Bekanntschaft mit der lateinischsprachigen Umwelt bereits im Umkreis der ersten Gemeinde schließen. Ob dieser Justus so genannt wurde, weil er ein römischer Jude war oder anderweitig mit der lateinischen Sprache in Verbindung gebracht wurde, können wir nicht mehr wissen. Aber dass es da eine Verbindung gab, und dass sie bereits in den ersten Tagen der Urgemeinde auftaucht – und dann im Kolosserbrief ergänzt wird –, sollte nicht übersehen werden. Die Apostel um Petrus und ihr Kreis waren von Anfang an mehr als ein verlorener Haufen ehemals galiläischer Fischer und Landleute. Männer und Frauen aus der griechisch und lateinisch geprägen Vielfalt und Multikulturalität des Römischen Reiches gehörten dazu.

Auch Matthias, der erfolgreiche Kandidat, wird trotz seiner Aufnahme in die Zwölfergruppe später nicht mit besonderen Einzelaktionen hervortreten. Er erscheint kein zweites Mal in der Apostelgeschichte, und spätere Legenden, die von ihm erzählt wurden, sind genau das: Legenden. Auch sein Name ist wenig informativ, mögli-

cherweise bewusst ohne weitere Ergänzungen, um den Lesern auch
hierin zu zeigen, dass er kein besserer Christ ist als jener so umfassend gekennzeichnete Joseph Bar Sabbas, genannt Justus. Matthias
ist eine Kurzform von Mattithia (»Geschenk Gottes«), eines alten
jüdischen Namens, den vier Personen im Alten Testament trugen (1.
Chronik 9,31; 15,18–21; Esra 10,43; Nehemia 8,14). Ein ›Evangelium‹
kursierte später unter seinem Namen, sogar Origenes und Euseb
wussten davon.[204] Apokryphe ›Taten des Andreas und des Matthias‹
bringen ihn mit dem Land der Kannibalen in Verbindung, auch am
Kaspischen Meer und in Äthiopien soll er gewesen sein. Gerade solche abwechslungsreichen Geschichten, die auch schon in der dritten
und vierten christlichen Generation als Unterhaltungslektüre lange
Abende ohne Radio und Fernsehen verschönt haben dürften, lassen
uns einmal mehr sehen, wie wenig dagegen die ältesten christlichen
Texte an unnötigen »Stories« interessiert sind. Natürlich muss Matthias irgendwo gewesen sein und irgendetwas getan haben. Für den
unmittelbaren Kontext der Urgemeinde ist es nicht von Belang – mögen sich andere später um die Spurensuche kümmern.[205]

Petrus weiß, dass nicht künftige Größe gefordert ist, sondern das
Zeugnis, vor allem die Bezeugung der Auferstehung Jesu. Menschliche Erwägungen, Neigungen, Eigenschaften müssen dagegen zurückgestellt werden. Es geht um etwas anderes. Das Apostelamt bedeutet nicht Macht, sondern einen besonderen Dienst. Alle zwölf
sollten sie dem Wort Gottes dienen (vgl. Apostelgeschichte 6,4), der
Person Christi in der Verkündigung seines Evangeliums (Apostelgeschichte 20,24; 1. Petrus 4,10–11), und sie sollten darin stets dienend
für andere da sein – so wird das griechische Wort »*dikaonía*«, das uns
in der Diakonie und in den Ämtern des Diakons und der Diakonisse
erhalten geblieben ist, auch schon in Lukas 10,40 benutzt. So kommt
es denn auch dazu, dass nicht Petrus kraft seines Amtes entscheidet,
wer der neue Zwölfte wird. Die Gemeinde betet zu Jesus – und stellt
ihn darin sofort neben Gott, der traditionell der einzige war, zu dem
Juden beten durften –, dass er ihnen zeigen möge, welchen der beiden
er erwählt hat. Das Los sollte die Entscheidung nicht bringen, sondern sichtbar machen. Es war ein Weg, für den es einen Präzedenzfall
gab: »Menschen werfen das Los, aber die Entscheidung kommt von
Gott« (Sprüche Salomos 16,33, Übersetzung der ›Gute Nachricht Bibel‹).[206] Noch befinden wir uns in der Phase vor der Taufe mit dem

Heiligen Geist. Nach Pfingsten wird die Urgemeinde nie wieder auf das Los zurückgreifen.

Die Art und Weise, wie Petrus diese erste Gemeindeversammlung leitet, ist aus drei Gründen bemerkenswert. Wir sehen seine bewusste und souveräne Kenntnis der jüdischen Tradition und wie er sie flexibel auf eine gegebene Situation anwendet. Wir sehen, wie er mit knappen Strichen und großer Genauigkeit die Voraussetzungen für das Apostelamt in der Gründungsphase festlegt.[207] Und wir sehen, wie er mit souveräner Selbstverständlichkeit eine Versammlung von rund 120 Teilnehmern leitet. Sollte es zu diesem Zeitpunkt unter seinen Kollegen noch Zweifel an seiner Befähigung gegeben haben, so waren sie nach diesem Tag ausgeräumt.

Es gilt das gesprochene Wort

Die Reden des Petrus, neun sind es insgesamt innerhalb der Apostelgeschichte, haben kritische Forscher schon immer verunsichert. Kann ein Fischer aus Galiläa, einer, der wegen seines Akzents verspottet wurde, so geschickt argumentieren? Kann er so effektiv mit den Versatzstücken jüdischer Rhetorik operieren? Kann er überhaupt vor großen Menschenmengen auftreten, ohne stotternd in Schweiß auszubrechen? Gläubige Christen würden da auf das Wirken des Heiligen Geistes verweisen, und da die Apostel ihn selbst als Kraftquelle in Anspruch nahmen, sollte man das nicht lächelnd beiseite tun. Sein erster Auftritt als Gemeindeleiter, seine erste wirkungsvolle Rede vor immerhin auch schon rund 120 Personen, fand allerdings noch vor Pfingsten statt, und da war die Geisttaufe noch nicht eingetreten.

Man kann die Frage auch ganz pragmatisch angehen. Petrus war eben kein Stubenhocker, kein weltfremder Jüngling ohne Erfahrung im Umgang mit anderen Menschen. Wie man es macht, das hatte er rund drei Jahre lang am Beispiel seines Lehrers Jesus sehen können, der auch keine Probleme damit gehabt hatte, vor Tausenden zu sprechen und von ihnen nicht nur akustisch verstanden zu werden. Vor allem aber brachte er wesentliche Erfahrungen schon von Hause aus mit. Als Leiter eines Fischereibetriebs mit Angestellten verstand er etwas von Menschenführung. Und als frommer Jude waren ihm die Texte, auf die es ankam, von Kindheit an geläufig. Auch heute noch braucht es Impulse und besondere innere Stärke, um das, was man weiß und kann, auch nach außen ›umzusetzen‹. Ein solcher Mensch war Simon Petrus, der Sohn des Jona, zweifellos, und nicht zuletzt deswegen hatte Jesus ihn in den Jüngerkreis aufgenommen. Die Grundvoraussetzungen, die hinter den Inhalten seiner Reden stehen, verlangen jedoch nicht nach einer übernatürlichen Erklärung. Selbst wenn man dem Historiker Lukas zugesteht, dass er die Redentexte hier und da straffte, also keine Wortprotokolle vorlegte, wie das grundsätzlich kein Historiker der Antike mit seinem Redenmaterial tat, ist nicht daran zu zweifeln, dass er Vorlagen benutzte, die auf das zurückgingen, was dieser Petrus tatsächlich gesagt hatte.

Der Altphilologe Eduard Norden hatte den Kern der Sache schon 1912 erfasst, in seiner berühmten Studie ›Agnostos Theos. Untersuchungen zur Formengeschichte religiöser Rede‹.[208] Das trotz aller neuen Handschriftenfunde und Datierungsveränderungen noch immer faszinierende Buch befasst sich vor allem mit Paulus, aber auch mit Petrus in Jerusalem, und es würdigt die klare jüdische Prägung dieser Redner, ohne sie im Vergleich mit ihrer Umwelt für weniger gewandt zu halten. Dass Paulus, der für Norden »der gebildete Jude und Christ« ist, seine Reden nach ähnlichen Strukturen gestaltet wie Petrus, macht er keinem der beiden zum Vorwurf und sieht es auch nicht als Indiz für einen einfallslosen Erfinder Lukas. Stattdessen erkennt er, dass es verkehrt wäre, ähnlich formulierte Teile mit der gestalterischen Freiheit des Lukas »in der Weise zu identifizieren, dass man eine tatsächliche Grundlage überhaupt in Abrede stellte«. Und in einer Fußnote zitiert er zustimmend aus Adolf von Harnacks Äußerung im Zusammenhang mit der Rede des Paulus in Athen:[209] »Was die Rede … betrifft, so wird, wenn die Kritik einmal wieder Augenmaß und Geschmack gefunden haben wird, niemand mehr verkennen, dass die Genialität in der Auswahl der Gedanken hier ebenso groß ist wie die geschichtliche Treue, wenn es darauf ankam, in wenigen Worten das zusammenzufassen, was Paulus in den grundlegenden Missionspredigten den Heiden aller Wahrscheinlichkeit nach vorgeführt hat.« Norden hält fest, dass Petrus durchaus zuerst kam, aber dass er selbstverständlich in einer alten Tradition stand. Die charakteristischen Elemente, die sich in allen Verkündigungsreden der Apostelgeschichte wiederfinden, waren unvermeidbare Gerüststangen, sie waren ein Typus, »verbindlich für jeden, der als Missionsprediger auftrat«.[210] Innerhalb dieser Schemata und nicht zuletzt in der wirksamen Art des Vortrags musste sich dann die Originalität erweisen, mit der eine Zuhörerschaft neugierig gemacht, wach gehalten und im Idealfall überzeugt werden konnte.

Weder Petrus noch ein anderer der Apostel, auch später Paulus nicht, konnte und wollte die Lehrautorität Jesu für sich beanspruchen. Wenn also Reden oder Redenteile des Nazareners mitstenographiert, in Stichworten notiert oder anschließend aus dem Gedächtnis aufgeschrieben wurden, wie die neuere Forschung vermehrt annimmt,[211] dann heißt das nicht automatisch, dass man auch bei Petrus, Stephanus oder einem der anderen urchristlichen Redner so verfuhr. Es scheint eher unwahrscheinlich, dass alle Mitglieder in der Urgemeinde, die bei solchen Anlässen anwesend waren, kaum mehr getan haben sollten, als zuzuhören und sich die Worte zu merken. Die Anfänge waren zu wichtig, um sie in einer Schriftkultur nicht auch zu verschriftlichen. Ein Kandidat für diese Rolle ist uns namentlich bekannt: Jener Johannes, genannt Markus, in dessen Elternhaus sich die Urgemeinde traf. Sofern er nicht zu Hause blieb, als die anderen vor den Tempel zogen oder an weiteren Orten der Stadt auftraten, ist seine Anwesenheit vorauszusetzen. Da er sowohl mit Petrus als auch mit Paulus zusammenarbeitete und Lukas schließlich zum Begleiterkreis des Paulus gehörte, wäre es für Lukas ohnehin naheliegend gewesen, ihn als einen derjenigen zu befragen, die nach Ostern in Jerusalem »von Anfang an dabeigewesen waren«. Mehr als Vermutungen können das nicht sein. Nur so viel darf als sicher gelten: Lukas kann keinerlei Schwierigkeiten damit gehabt haben, sich mündliches und schriftliches Material über die Petrus-Reden zu besorgen und natürlich auch den Redner selbst zu interviewen.[212]

Matthias war gewählt, und die nächste Bewährungsprobe stand im wahrsten Sinne des Wortes im Kalender: »*Shavuot*«, das Wochenfest, sieben Wochen oder, abgerundet, fünfzig Tage (griechisch »*pentêkostós*«, »fünfzigster [Tag]«, daher englisch »Pentecost« oder deutsch »Pfingsten«) nach Pesach/Passa. Nicht anders als heute unter kritischen Geistern kam es auch damals schon zu Versuchen, das Übernatürliche wegzureden. Als man die Apostel in den verschiedensten Sprachen zu den Menschen sprechen hörte, kam Ratlosigkeit auf. »Worauf läuft das hinaus?«, fragten jene, die sich in ihren jeweiligen Sprachen angesprochen fühlten (Apostelgeschichte 2,12). Und all jene, die sich nicht angesprochen fühlten, spotteten: »Sie sind voll von süßem Wein.« Man darf hier wieder ein Beispiel für Humor im Neuen Testament erkennen. Lukas hätte das durchaus übergehen können. Stattdessen ist es gerade dieser Spott, den Petrus in seiner Rede sofort aufgreift: »Die Leute sind nicht betrunken, wie ihr meint – es ist doch erst die dritte Stunde am Morgen.« Welche feine Ironie: So gegen neun Uhr abends, könnte man heraushören, hättet ihr mit eurem Vorwurf vielleicht eine Chance gehabt. Um neun Uhr vormittags haben wir ebenso wenig wie ihr zu tief ins Glas geschaut. Petrus sagt nicht: Wie kommt ihr dazu, uns Nachfolgern des Messias überhaupt zuzutrauen, Wein zu trinken. Er weiß ja, dass Juden Wein sogar trinken mussten, zum Beispiel am Sabbat-Vorabend, weil er unverzichtbarer Bestandteil des Mahls war. Und am Purim-Fest war es vorgeschrieben – vielleicht nicht ganz ernst gemeint –, so viel zu trinken, bis man nicht mehr unterscheiden konnte zwischen »Verflucht sei Haman« und »Gelobt sei Mordechai«.[213] Indem er die Lacher ernst nimmt, lässt er sie, ohne polemisch zu werden, lächerlich aussehen.

Die ganze Szene ist hübsch beobachtet – »süßer Wein«, griechisch »*gleûkos*«, war noch nicht zu Ende fermentierter Wein, der ähnlich wie ein mitteleuropäischer »Federweißer« besonders schnell wirkte. Pfingsten war nicht die eigentliche Jahreszeit für solche Weine, aber Kenner und erfahrene Trinker, die gerne mit minimalem Aufwand maximale Wirkung erzielen wollten, kannten Kellertechniken, mit denen man Wein das ganze Jahr über in diesem Zustand halten konnte.[214] Die Unterstellung, Petrus und die anderen hätten solchen Wein getrunken, implizierte also erschwerend, dass sie schon so etwas wie Alkoholiker waren. Und es ist ohne weiteres denkbar, dass diejenigen, die so sprachen, genau diesen griechischen Fachausdruck benutzten. Griechisch war die Verkehrssprache für alle Pilger, die aus den verschiedensten Ländern in Jerusalem zusammengekommen waren und für die uns Lukas eine Auswahlliste gibt: Parter, Meder, Elamiter, solche aus Mesopotamien, Judäa, Kappadozien, Pontus und der Provinz Asien, Phrygien und Pamphilien, Ägypten und der Kyrenaika in Libyen, dazu noch Römer, Kreter und Araber werden ausdrücklich unter denen erwähnt, die dabei waren (Apostelgeschichte 2,8–11). Petrus greift diese Internationalität in seiner Anrede auf und spricht zu ihnen als »Juden und alle Bewohner Jerusalems«. So schließt er auch die Nichtjuden ein, die Gottesfürchtigen, zu denen beispielsweise ein Mann wie der äthiopische Finanzminister gehört haben dürfte (Apostelgeschichte 8,26–39), und ›Heiden‹, die als Kaufleute oder römische Soldaten und Offiziere in der Stadt lebten (z. B. Apostelgeschichte 21,31–32).

Wie sehr Petrus auch an die Nichtjuden dachte, wird gleich an seinem ersten Zitat aus der Schrift deutlich. Er beruft sich auf den Propheten Joel und zitiert den Beginn von Gottes Verheißung in Joel 3,1–5 so: »Ich werde in den letzten Tagen von meinem Geist auf alles Fleisch ausgießen.« Alles Fleisch – das heißt alle Menschen, ohne Unterschied, nicht nur, wie traditionelles jüdisches Verständnis es nahe gelegt hätte, Propheten, Priester und Könige, und vor allem nicht nur Juden. Alle können daran teilhaben, und Petrus wird gleich noch erläutern, welche Voraussetzungen dafür zu erfüllen sind. Der Originaltext bei Joel lautet: »Und nach diesem / danach will ich ausgießen …«. Petrus interpretiert den Text nun so, dass wir uns nicht vage in einer Zeit »danach« befinden, sondern in einer Zeit, in der das »danach« (nach dem irdischen Wirken Jesu) in ein »mittendrin« und ein »davor« übergegangen ist. Er spricht von der Endzeit, und er legt seinen Zuhörern nahe, dass diese Epoche, deren Dauer und Ende er natürlich nicht angibt, bereits begonnen hat. Anders gesagt: Bereits am Anfang seiner ersten öffentlichen Rede nimmt Petrus den allumfassenden Missionsauftrag ernst, den Jesus ihm und den anderen Aposteln hinterlassen hat. Eine Verbreitung der Jesus-Botschaft »bis an das Ende der Erde« (1,8) war und ist eine Voraussetzung, ehe der Messias wiederkommen wird.

Petrus gehörte ganz offensichtlich zu den Juden, die sich intensiv mit den endzeitlichen Hoffnungen und Erwartungen beschäftigt hatten, die zu jener Zeit überall kursierten. Er wusste auch, wie schon Jesus, dass mit allzu intensiven, spezifischen Beschreibungen und vor allem mit abrufbaren Chronologien schwerwiegende Gefahren verbunden waren. Unter den Essenern hatte es um 168 v. Chr. solche Erwartungen gegeben, aber diese Gruppe war stark genug, sich zu korrigieren und ihre messianischen Hoffnungen fortzusetzen, ohne an Daten festzukleben. Gegen jede Einsicht hielt auch in späteren Jahrhunderten manche christliche oder pseudo-christliche

Sekte daran fest und versuchte, bestimmte Ereignisse als Zeichen der an einem präzisen Tag eintreffenden Endzeit zu deuten. Erst in den vergangenen Jahren hat das zu erschütternden Selbstmordaktionen irregeleiteter Endzeitfanatiker geführt. Im Jahr 1000 und gerade erst im Jahr 2000 war es Millenniums-Phantasten vorbehalten, mit dem Ende der Welt zu rechnen, und wie die israelischen Sicherheitskräfte wissen, gab und gibt es einige Gruppierungen, die mit Gewaltakten auf dem Tempelberg gern dazu beitragen möchten, dass es etwas schneller geht. Da stört es wenig, dass alle Millenniums-Berechnungen schon daran scheitern, dass sie auf einem frühmittelalterlichen Rechenfehler beruhen und Jesus in Wirklichkeit bereits im Jahr 7 v. Chr. geboren wurde, die Menschheit ihr zweites Millennium also bereits um mehrere Jahre verpasst hat.[215] Und es stört auch kaum, dass die nicht-christliche Welt, vor allem die unmittelbar mitbetroffene jüdische, ohnehin einen anderen Kalender benutzt und im christlichen Jahr 2000 erst ›5760‹ im Kalender stehen hat. Ob Gott die Endzeit nach dem christlichen oder nach dem jüdischen Kalender berechnet? Vor solchen Spekulationen warnte schon Jesus, und Petrus greift es auf. Wie wichtig ihm das ist, das sehen wir an den gedanklichen Verbindungen zwischen den Zitaten und Feststellungen am Beginn seiner Pfingstrede und einigen Stellen seines zweiten Briefs:

»Und ich will Wunder tun oben am Himmel und Zeichen unten auf Erden, Blut und Feuer und Rauchdampf« (Joel 3,3; Apostelgeschichte 2,19).

»So werden auch der Himmel, der jetzt ist, und die Erde durch dasselbe Wort aufgespart für das Feuer, bewahrt für den Tag des Gerichts und der Verdammnis der gottlosen Menschen« (2. Petrus 3,7).

»Die Sonne soll in Finsternis und der Mond in Blut verwandelt werden, ehe der große Tag der Offenbarung des Herrn kommt« (Joel 3,4; Apostelgeschichte 2,20).

»An jenem Tag wird der Himmel vom Feuer zergehen und die Elemente werden vor Hitze zerschmelzen« (2. Petrus 3,12 b).

»Und es soll geschehen: Wer den Namen des Herrn anrufen wird, der soll errettet werden« (Joel 3,5; Apostelgeschichte 1,21).

»Dann erwarten wir, seiner Verheißung gemäß, einen neuen Himmel und eine neue Erde, in denen Gerechtigkeit wohnt. Darum, meine Lieben, weil ihr das erwartet, seid bemüht, dass ihr von ihm unbefleckt und untadelig in Frieden angetroffen werdet« (2. Petrus 2,13–14).

Die Kontinuität über dreißig Jahre hinweg ist bemerkenswert. Man kann es auch so sagen: Petrus wird sich und den Lehren Jesu treu bleiben. Die Entwicklungen, die er anstößt, darunter vor allem die Öffnung gegenüber den Juden, waren mutige Schritte, wenn man sie an der konservativen Vorsicht seiner unmittelbaren Umgebung misst, aber sie ließen sich ausnahmslos ableiten aus dem Auftrag, den er von Jesus erhalten hatte. Wer erwartet, dass ein gegen Ende des Lebens geschriebenes Sendschreiben wie der 2. Petrusbrief weitreichende Abweichungen von diesem Auftrag oder irgendwelche »frühkatholischen« Tendenzen zeigt – wie Kritiker an der Echtheit des Briefes sie immer wieder behaupten –, der wird nicht fündig. Petrus erweist sich als Fels, nicht als Sandbank. Der Mann, der den 2. Petrusbrief schrieb, argumentiert detaillierter als der Mann, der die Rede in Jerusalem hielt. Ein Brief ist schließlich kein öffentlicher Vortrag. Aber er ist noch erkennbar die gleiche Person.

Im Mittelteil seiner Pfingstrede wendet sich Petrus an die »Israeliten«. Er tut dies vor Zeugen, die sich nicht unmittelbar angesprochen fühlen, und das gibt diesem Teil für die Mitjuden einen besonderen Nachdruck. Denn was er sagt, ist gerade für die Angesprochenen nicht neu. Offensichtlich hat er also auch die anderen im Blick, die auf den gleichen Informationsstand gebracht werden sollen und bei dieser Gelegenheit erfahren, wer sich welche Schuld zuschreiben muss. Die Grundelemente der Messianität Jesu werden dargelegt: Sein unbestrittenes Menschsein – denn er kam nicht von irgendwo, sondern war an einem wirklichen Ort verwurzelt, in Nazareth; seine von niemandem bestrittenen (»wie ihr alle selbst wisst«) Wunder und Zeichen, die ihn als von Gott beglaubigt auswiesen; seine Kreuzigung, die nach Gottes Heilsplan geschah aber von wirklichen Menschen, darunter einigen Mitjuden, veranlasst wurde; seine Auferstehung von den Toten, die schon der Prophet Daniel in Psalm 16,8–11 prophezeit hatte; seine Erhebung zur Rechten Gottes, die wiederum schon von David prophezeit worden war (Psalm 110,1); und, zur Besiegelung für die Nachfolger, die von Jesus angekündigte Ausgießung des Heiligen Geistes. Mit einem Wort: »Gott hat diesen Jesus, den ihr gekreuzigt habt, zum Herrn und Messias (= Christus) gemacht« (Apostelgeschichte 2,36).

Es geht folglich nicht zuerst um Theologie oder Christologie, um Verkündigung von Glaubenswahrheiten, sondern um bekannte, unbestrittene Fakten. Bis hin zur Kreuzigung geschah alles, was Jesus betraf, in der Öffentlichkeit. Nicht alle hatten alles gesehen, aber Zeitzeugen und Augenzeugen gab es genug. Mit Unwissenheit konnte man sich nicht lange herausreden. Und das war umso weniger möglich, wie Petrus ausdrücklich hervorhebt, als das Leere Grab Jesu für alle sichtbar war, nicht allzu weit entfernt vom Grab jenes Propheten, Psalmisten und Königs David, das noch immer gut gefüllt besichtigt werden konnte. Nicht David war gen Himmel gefahren, sondern Jesus (Apostelgeschichte 2,29–34). Dieser Kontrast war überprüfbar. »Sein Leib hat die Verwesung nicht gesehen« – das heißt, es kam gar nicht dazu, dass die bloßen Knochen, von denen alles Fleisch abgefallen war, nach jüdischer Sitte in der Hoffnung auf die Auferstehung in sogenannten Ossuarien, Knochensärgen, zweitbestattet wurden.[216] Die Auferstehung Jesu fand vor diesem Zeitpunkt statt, sie geht, auch in diesem ganz physischen Sinn, allen anderen voraus. Das wird ferner bestätigt durch die von Petrus mit Nachdruck erwähnte Tatsache, dass der auferstandene Jesus vor Zeugen erschienen war (2,32).

Dreimal spricht Petrus sein Publikum an. Es sind kleine, geschickte Akzentverschiebungen. Am Anfang wendet er sich an die Mitjuden und die Bewohner Jerusalems, dann an die »Israeliten«, und im Schlussteil (2,29) sind es »Brüder«. Auf der einen Ebene wird er also immer persönlicher, zieht das Netz immer enger. Auf der anderen aber macht er es weiter, denn als Bruder bzw. Geschwister spricht er nun alle an, die ihm zuhören und bereit sind, der Botschaft zu folgen. In diesem Sinn wird das Wort auch später unter Christen benutzt werden. Man hat gelegentlich vermutet, dass der Mittelteil, in dem von der Schuld an der Kreuzigung die Rede ist und ausdrücklich nur die jüdischen Glaubensgenossen angesprochen wurden, wie auch schon die Stelle, auf die sich das bezieht (Lukas 23,18–25), eines der Indizien des angeblichen Antisemitismus im Neuen Testament sei. Dagegen müssen wir uns noch einmal in Erinnerung rufen, dass Petrus präzise genug formuliert: Die Aussage »… den ihr durch die Hand der Gesetzlosen ans Kreuz geschlagen und umgebracht habt«

(2,23) bezieht sich im entscheidenden Teil nicht auf Kaiaphas oder den Sanhedrin, die hier als Gesetzlose dargestellt wären. Gemeint sind zuerst die Römer, die in jüdischer Terminologie außerhalb des Gesetzes (Gottes) standen, wörtlich die »*harsa'im*«. Und im erweiterten Sinne sind mit denen außerhalb des Gesetzes, hier griechisch den »*anómoi*«, jene gemeint, die unter satanischem Einfluss handeln.[217] Wie wir schon in einem früheren Kapitel sahen, wusste Petrus, der auch einmal vom Satan versucht worden war – in Caesarea Philippi –, genau, wovon er sprach.

Die Rede hat Erfolg. Viele begreifen, dass ihre endzeitlichen und messianischen Hoffnungen auf dem Spiel stehen. Sollte Jesus von Nazareth tatsächlich der Messias sein, dann wären sie bisher seine Gegner gewesen. Diese Gegner aber, das hatte schon David im von Petrus gerade eben zitierten Psalm 110,1 gesagt, werden von Gott zur Fußbank für die Füße des Messias gemacht. Kein Wunder also, dass sie »mitten ins Herz getroffen sind«. Aus solcher existentiellen Betroffenheit kann radikale Ablehnung werden oder bedingungslose Zustimmung, jedenfalls nicht Gleichgültigkeit. Beide Reaktionen begegnen den Aposteln immer wieder. An diesem Tag betont Lukas die Zustimmung. Die Zuhörer fragen Petrus, was sie tun sollen. Ihre Wortwahl unterstreicht, dass sie gern zur messianischen Gemeinschaft gehören würden, denn sie reden Petrus und die anderen Elf genau so an, wie Petrus zuvor im dritten Teil seiner Rede gesprochen hatte: »Ihr Männer, liebe Brüder …«. Petrus hält nun keine Vorlesung in Pastoraltheologie, sondern konzentriert sich auf zwei Kriterien: Umkehr (Buße) und Taufe. Beides führt zur Vergebung der Sünden und zum Empfang der Gabe des Heiligen Geistes (Apostelgeschichte 2,37–38). Und auch diese Gelegenheit nutzt er, um die Allgemeingültigkeit der Zusage zu betonen. Nicht nur die Zuhörer an diesem Tag sind angesprochen, sondern auch ihre Nachfahren und alle, »die in der Ferne sind, alle, die Gott herzurufen wird« (vgl. Jesaja 57,19). Hier findet erneut eine Erweiterung traditioneller Deutungen statt – die Mehrheit jüdischer Hörer dachte bei der Anspielung auf Jesaja sicher an die Juden in der Diaspora, aber der Zusammenhang der ganzen Szene macht deutlich, dass eine solche Abgrenzung nunmehr entfällt: Nicht nur die Juden sind gemeint. Auch rabbinische Auslegungen haben Jesaja 57,19 als eine Zusage an alle Völker verstanden, zu dem einen Gott gerufen zu sein. Dass unter

Judenchristen der Gott gemeint ist, der sich in Jesus Christus offenbarte, zeigt auch ein weiteres christliches Dokument, das von einem Juden verfasst wurde, der Brief an die Epheser (2,13–17).

Die Richtung, die hier zu sehen ist, kann an einem weiteren von Petrus geschickt eingesetzten und von Lukas aufmerksam referierten Detail beobachtet werden. Jesus wird unmittelbar neben Gott gestellt. Das geschieht mit dem Zitat aus Psalm 110,1, das auch Jesus selbst schon benutzt hatte (Matthäus 22,44): »Der Herr sprach zu meinem Herrn: ›Setze dich zu meiner Rechten und ich mache deine Feinde zum Schemel deiner Füße.‹« Es wird vertieft durch die Interpretation dieses Zitats: »So wisse nun das ganze Haus Israel mit Gewissheit, dass Gott diesen Jesus, den ihr gekreuzigt habt, zum Herrn und Messias gemacht hat.« Daneben steht auch Gott allein als Herr – im Joel-Zitat zu Beginn der Rede, und in der Verheißung am Ende (2,39). Es ist ein erster Schritt zur Gleichsetzung, die ein aufmerksamer Hörer und Leser hier kaum übersehen konnte. »Herr«, griechisch »*kyrios*«, war für griechischsprachige Juden die geläufige Wiedergabe des hebräischen »*adonai*«, was wiederum die übliche Umschreibung des unaussprechlichen Tetragramms JHWH war. Sobald Jesus in einem derartigen Zusammenhang als »Herr« bezeichnet wird, war das keine Höflichkeitsform mehr, sondern eine programmatische Erklärung.[218]

Was Petrus sagt, sollte als eine praktische und praktikable Herausforderung verstanden werden. Jeder konnte die Probe auf's Exempel machen, um zu sehen, ob sich das große, einzigartige Versprechen auch an ihnen erweisen würde. Den Ruf zur Umkehr hatten viele schon früher gehört, durch Johannes den Täufer oder durch das, was man von ihm erzählt hatte – denn der Täufer war eine weithin bekannte Figur, von der noch gegen Ende des 1. Jahrhunderts auch der jüdisch-römische Historiker Flavius Josephus berichtet.[219] Jetzt aber, nach dem Tod des Täufers und vor allem nach dem Tod des Messias Jesus, der in seine Auferstehung und Himmelfahrt mündete, ist dieser Aufruf noch dringender geworden. Die Taufe des Johannes war eine Vorstufe gewesen, der Täufer selbst hatte es nicht anders gesehen. Umkehr und Reinigung allein reichen jetzt nicht mehr aus. Sie gipfeln im ausdrücklichen Bekenntnis zu Jesus. Wir haben hier keine feierliche Taufformel zu verstehen, sondern eine Art Treueeid, das Gelöbnis, von nun an zu Christus zu gehören.[220] Die eigentliche Taufformel hatte Jesus den Jüngern an anderer Stelle mitgegeben: »Tauft ... auf den Namen des Vaters und des Sohnes und des heiligen Geistes« (Matthäus 28,19). Hier, in der Pfingstrede, will Petrus nicht den Taufakt beschreiben, sondern darlegen, worum es in der Sache geht. So, und das heißt im Sinne der neuen Zugehörigkeit und nicht als liturgische Formel, sagt Petrus es etwas später noch einmal, bei der Vorbereitung zur Taufe des Römers Cornelius (Apostelgeschichte 10,48).[221] Sobald die Menschen so unter Berufung auf Jesus getauft sind, wird er in ihnen durch den heiligen Geist wirksam sein.

Wir haben uns an die Taufworte so sehr gewöhnt, dass wir die sorgfältig gewählten Unterschiede kaum noch wahrnehmen. Auch für die meisten jüdischen Zuhörer war das, was Petrus sagte, zumindest in Umrissen schnell mit der soliden Grundlage der Schrift in Verbindung zu bringen. Dennoch sollten wir wieder ein Gefühl dafür bekommen, was in dieser Szene so radikal neu ist. Mit Petrus tritt jemand auf, der nicht mehr wie Johannes der Täufer ein Wegbereiter ist. Er ist auch keiner der vielen Bußprediger, von denen es vor ihm und nach ihm viele gab. Er spricht mit der Autorität dessen, der ein Zeuge des Menschen Jesus war, des Messias, den Gott selbst auf dem Berg der Verklärung als seinen Sohn erklärt hatte, ein Zeuge des Auferstandenen, der Himmelfahrt und schließlich, gerade an diesem Tag von Shavuot/Pfingsten 30 n. Chr., ein Zeuge der erfahrbaren Wirklichkeit des heiligen Geistes.

Lukas deutet an, dass Petrus zu denen, die sich nun zu Jesus bekennen wollten, noch länger sprach: »Auch mit vielen anderen Worten bezeugte er das und ermahnte sie und sprach: ›Lasst euch erretten aus dieser verdorbenen Generation!‹ (Apostelgeschichte 2,40). Wieder war das ein Anklang an eine uralte Mahnung. Schon in der Torah werden jene, die sich in der Wüste gegen Gott wandten, so bezeichnet (5. Mose 32,5). Jesus selbst hatte so von denen gesprochen, die nicht erkennen wollten, dass Gott in ihm und durch ihn handelte (Lukas 9,41; 11,29). Jetzt, sagt Petrus, haben sie alle noch einmal eine Chance. Da klingt keine Arroganz durch, und es ist alles andere als ein christlicher Überlegenheitsanspruch gegenüber dem jüdischen Glauben der Väter. Petrus, tief gläubiger und orthodoxer Jude, der er ist, will gerade hier seinen Mitjuden die Augen öffnen. Es ist keine Forderung, die er stellt. Er macht ein Angebot, zeigt, woraus es sich ableitet, und erklärt, wohin es führt. »Und jeder, der den Namen des

Herrn anrufen wird, soll gerettet werden«, hatte er im ersten Teil seiner Rede unter Berufung auf Joel 3,5 gesagt. So schließt sich jetzt der Kreis.

Dreitausend Menschen lassen sich an diesem Tag taufen. Wir sahen bereits, dass an solchen Zahlenangaben nichts auszusetzen ist. Wenn, neuerer Forschung zufolge, Jerusalem in jenen Jahren rund 100 000 Einwohner hatte und bis zu einer Million Pilger an den Hochfesten des jüdischen Kalenders hinauf nach Jerusalem zogen, dann ist das keine übertriebene Angabe, sondern ein bescheidener Anfang – bescheiden und zugleich unübersehbar.[222] Das Besondere an der Rede des Petrus, und der gute Grund dafür, sie hier ausführlich betrachtet zu haben, beginnt mit dem Realitätssinn, der aus den Worten des Petrus und den Anmerkungen des Lukas spricht. Den Aposteln wird nichts geschenkt. Ein erster Durchbruch ist erzielt, die Wegmarkierungen können nicht mehr ignoriert werden. Die Arbeit hat begonnen, es wird Erfolge geben und Rückschläge. Die mutige, strategische Rede eines Juden, der aus Galiläa nach Jerusalem gekommen war und seit diesem Wochenfest den heiligen Geist in sich spürte, den »*Ruach ha-Kodesch*«, von dessen Wirklichkeit als Kraftquelle Juden wussten (Jesaja 63,11), erweist sich als der Punkt, an dem die erste jüdisch-christliche Gemeinschaft zu wachsen begann.

Widerstände und Bekenntnisse

Petrus geht aus der Erfahrung des Wochenfestes zweifellos gestärkt und bestätigt hervor. Die Souveränität, mit der er sich den nächsten, schon sehr bald auf ihn zukommenden Herausforderungen stellt, ist beachtlich. Lukas trägt auch hier dazu bei, dass der Gedanke an einen frühchristlichen Personenkult gar nicht erst aufkommen kann: »Der Herr aber fügte täglich der Gemeinschaft die hinzu, die gerettet wurden« (2,47). Der Herr, nicht Petrus. Auch der Erste unter den Aposteln kann sich nicht rühmen – und er tut es auch nicht –, etwas aus eigener Kraft erreicht zu haben. Nach außen war vor allem das Gemeinschaftsleben vorbildlich. Es stand nicht hinter dem »Kibbutz«-System zurück, wie es die benachbarten Essener praktizierten: »Alle aber, die gläubig geworden waren, waren zusammen und hatten alle Dinge gemeinsam. Sie verkauften Güter und Habe und teilten sie aus unter alle, jedem so viel, wie er nötig hatte« (2,45).[223] Anders aber als bei den Essenern war dies ein freiwilliges Verhalten, wie sich dann etwas später deutlich zeigt. Es war kein »Kibbutz«, kein vollständiger und prinzipieller Verzicht auf privaten Besitz zugunsten der Gemeinschaft, sondern die Bereitschaft, der Gemeinschaft den Eigenbesitz zur Verfügung zu stellen, wenn er benötigt wurde, um anderen zu helfen. Das ist also bereits eine Weiterentwicklung gegenüber der unausweichlichen Verpflichtung bei den Essenern einerseits und dem üblichen, aber vollständig freiwilligen Handeln anderer Gruppierungen andererseits. Dahinter steht wohl auch das Beispiel, das Jesus ihnen in der Geschichte vom barmherzigen Samariter gab, einer Person also, die ihrerseits außerhalb der großen jüdischen Bewegungen stand. Denn der war bereit, ohne Kassenzettel und Rechnungslegung alles zu geben, was erforderlich war, um dem Bedürftigen zu helfen (Lukas 10,35).

Nicht nur ein solches beispielhaftes Gemeindeleben sprach sich herum. Es kam noch hinzu, dass diese Urgemeinde weiterhin täglich zum Gebet in den Tempel ging. Das heißt: Sie zeigten sich als fromme Juden. Der Glaube an Jesus als den gekreuzigten und auferstandenen Messias stand nie im Widerspruch zur Tempelfrömmigkeit. Auch die späteren Begrenzungen der Regeln kosheren Lebens in der Gemeinde, die nach dem Vorbild des Petrus zur Aufnahme von nicht zum Judentum konvertierten Gottesfürchtigen in die Gemeinde führten (Apostelgeschichte 11,3; 11,5–18), wurden nicht als Signal der Trennung vom Tempel empfunden, und selbst der Heidenapostel Paulus konnte immer stolz darauf hinweisen, ein Pharisäer zu sein. »Ich bin ein Pharisäer«, heißt es (Apostelgeschichte 23,6; Philipper 3,5), nicht etwa »Ich war ein Pharisäer«. Auch in den Jahren nach der Zerstörung Jerusalems, als das traditionelle Judentum unter der Leitung der pharisäischen Elite verständlicherweise alles tun musste, um sich angesichts des Verlustes des Tempels innerhalb klarer Regeln zu definieren, wurde die Frage der Zugehörigkeit nicht zuerst von den jesusgläubigen Juden gestellt. Als in den achtziger Jahren des 1. Jahrhunderts auf der Versammlung von Jamnia zur Debatte stand, wie man mit dieser Gruppe umgehen sollte, die noch immer in Synagogen Gottesdienst feierte, lag kein Antrag auf Trennung seitens der Christen vor. Das Tischtuch wurde durch die Verstoßung aus den Synagogen zerschnitten, und durch die Verurteilung der Christen in einer Ergänzung zum »Achtzehnbittengebet«.[224]

Zumindest in diesen ersten Wochen und Monaten nach Pfingsten finden die Judenchristen jedoch gerade wegen ihrer vorbildlichen Lebensführung, die sich innerhalb, nicht außerhalb des Judentums abspielte, »beim ganzen Volk Wohlwollen« (Apostelgeschichte 2,47). Das ist eine bedachte Formulierung. Es wollen nicht gleich alle dem neuen Weg nachfolgen. Man sieht ihnen wohlwollend abwartend zu, ohne gleich Mitglied werden zu wollen. Die nächsten Schritte, die Petrus unternimmt, passen gut in diesen Rahmen. Schon das erste Heilungswunder, das er vollbringt, findet nicht irgendwo und irgendwann statt, sondern am Nachmittag, als er gemeinsam mit Johannes zum Drei-Uhr-Gebet in den Tempel geht und an der Schönen Pforte des Tempels einen Gelähmten heilt (3,1–8).[225] Der Bereich dieses Tempeltors war ein Mittelpunkt der Tempelfrömmigkeit. Auch eine Szene aus der Kindheit Jesu hatte sich hier abgespielt: Nach alter Tradition war dies der Ort, an dem eine Mutter ihr erstes Kind ›darstellte‹ und ein Reinigungsopfer brachte. Hierhin kam Maria mit Jesus, und hier begegneten sie dem frommen Juden Simeon, der in Jesus den Messias erkannte (Lukas 2,22–35). Petrus hätte wohl auch an einer anderen Stelle einen Kranken heilen können; dass er es zuerst gerade hier tut, ist eine der vielen kleinen Querverbindungen, die aufmerksame Leser beider Bücher des Lukas erfreuen.

Niemand zweifelt an der Heilung des Gelähmten, man kannte ihn seit langem und ist nun verblüfft (»außer sich vor Staunen«), dass er fröhlich umhergeht und sich den beiden Aposteln anschließt. Eine größere Menge folgt ihnen, um zu sehen, wie es weitergeht. In der Halle Salomos dreht Petrus sich um und beginnt eine Rede. Wieder ist die Ortswahl interessant, denn in diesem Teil des Tempels hatte schon Jesus mit einigen Juden diskutiert (Johannes 10,23). Diesmal hat Petrus es mit einem rein jüdischen Publikum im Innern des Tempelareals zu tun, und so kann er sie direkt als einer von ihnen ansprechen. Nicht aus eigener Kraft oder Frömmigkeit hätten Johannes und er das Wunder bewirkt – nein, es war »der Gott Abrahams, Isaaks und Jakobs, der Gott unserer Väter«. Es ist eine Argumentation, die für Petrus auch künftig wichtig bleibt. Zu Beginn seines zweiten

Briefs greift er die entscheidenden Begriffe wieder auf. Hier, in der Jerusalemer Rede, fragt er: »Was seht ihr auf uns, als hätten wir durch eigene Kraft (griechisch »*dynamis*«) oder Frömmigkeit (»*eusébeia*«) bewirkt, dass dieser gehen kann?«, und verweist dann auf den Gott, der in Jesus handelt (Apostelgeschichte 3,12). Im zweiten Brief erklärt er: »Seine göttliche Kraft (»*dynamis*«) hat uns alles gegeben, was wir zum Leben und zur Frömmigkeit (»*eusébeia*«) benötigen, durch die Erkenntnis dessen, der uns berufen hat durch seine Herrlichkeit und Tugend« (2. Petrus, 1,3). Einmal mehr sehen wir, wie Petrus sich – und der Botschaft Jesu – über lange Zeiträume treu bleibt.

Gegenüber der ersten öffentlichen Rede, bei der auch Nichtjuden zuhörten, wird hier die Kritik etwas schärfer formuliert. Jetzt geht es nicht mehr um die juristische und politische Hauptverantwortung, die Pilatus als der verantwortliche römische Präfekt trug. Es wäre ein allzu leichter Ausweg, alles auf die Römer zu schieben und damit gewissermaßen das umzukehren, was der Römer vor der Kreuzigung zelebriert hatte: die eigenen Hände in Unschuld zu waschen. Nicht die römische Seite der Verantwortung steht hier zur Debatte, sondern die jüdische. Und Petrus spitzt das sogar noch zu, indem er sie alle daran erinnert, dass Pilatus Jesus ursprünglich freilassen wollte. Es sei ihnen lieber gewesen, stattdessen die Freilassung eines Mörders zu fordern (Apostelgeschichte 3,13–15). Der Apostel führt ihnen mit knappen Strichen die bittere Ironie vor Augen: Durch ihr Mitwirken wurde der getötet, der die Quelle wahren Lebens ist, der »Fürst des Lebens«. Der Getötete, der auch sie zum wirklichen Leben führt, blieb nicht tot, sondern wurde von Gott auferweckt – und wie wir es nun schon kennen, betont Petrus mit Nachdruck, dass er und die anderen Apostel die Zeugen dafür sind (3,15). Ehe man auf den Gedanken kommen könnte, dass sich eine Art Standardrepertoire entwickelt, auf das Petrus zurückgreift, kehrt er in die unmittelbare Gegenwart zurück und zeigt auf den Geheilten. Der ehemals Gelähmte ist für alle sichtbar völlig gesundet, weil er an den Namen des Messias Jesus glaubte. Das ist eine sichtbare Weiterentwicklung der ersten Rede: Dort ging es um die Taufe unter Berufung auf Jesus. Hier ist die Heilung unter Berufung auf seinen Namen dazugekommen. In manchen Übersetzungen klingt diese Aussage über den Namen Jesu (3,16) sehr verklausuliert und repetitiv. Lukas hätte das sicher in elegantes literarisches Griechisch bringen können. Aber gerade so atmet die Rede noch die Unmittelbarkeit des mündlichen Vortrags, mit den ›Redundanzen‹, die heute sogar als Rezept für Ansprachen, Predigten und Rundfunksendungen empfohlen werden: Was nicht nachgelesen werden kann, muss mehrmals in ähnlichen Worten gesagt werden, um sich bei den Hörern festzusetzen. Grundsätzlich war diese Redetechnik im Judentum wohl vertraut; im Alten Testament, in den Psalmen zum Beispiel, und später im Talmud finden sich viele Beispiele. Petrus mag kein Professor für Rhetorik gewesen sein, aber Lukas zeigt uns, wie er innerhalb jüdischen Denkens und jüdischer Hörgewohnheiten überaus geschickt vorgeht.

Dieses Geschick kommt dann gleich noch einmal zur Geltung. Petrus hatte seinen Zuhörern zweifellos die uneingeschränkte Mitschuld am Tod Jesu gegeben. Jetzt fügt er hinzu: »Ich weiß, dass ihr es aus Unwissenheit getan habt, wie auch eure Oberen« (3,17). Damals war das populärjuristische Sprichwort, Unkenntnis schütze vor Strafe nicht, erfreulicherweise kein Teil tatsächlicher Rechtsprechung. Wenn Jesus sagen konnte: »Vater, vergib ihnen, denn sie wissen nicht, was sie tun« (Lukas 23,34), dann darf auch Petrus diesen Gedanken aufgreifen, dass unwissend begangene Sünden vergebbar sind.[226] Viele Jahre später wird sich der zum Christusnachfolger gewordene Pharisäer Paulus diesem Gedankengang anschließen: Hätten die Mächtigen dieser Welt die Weisheit Gottes erkannt, dann hätten sie »den Herrn der Herrlichkeit« nicht gekreuzigt (1. Korinther 2,7–8). Solche Großmut, Unkenntnis bzw. Unwissenheit anzunehmen, ist allerdings kein immerwährender Blankoscheck. Jetzt, so erläutert Petrus, sei klar, dass Gott das Geschehen längst durch seine Propheten im voraus verkündigt hatte – dass nämlich sein Messias leiden werde. Was in Jesaja 53, in Psalm 22 und Psalm 69 steht, war lange Zeit von der Hoffnung auf einen militärisch gegen Römer und andere Gegner triumphierenden Messias, den man sich u. a. aus Jesaja 11 abgeleitet hatte, überlagert worden – Petrus selbst war dieser Hoffnung noch im Garten Gethsemane zum Opfer gefallen, als er das Schwert benutzte. Er weiß also, wovon er spricht. Nun aber ist das prophetische Wort nicht mehr misszuverstehen.[227] Und das bedeutet: »So tut nun Buße und bekehrt euch, damit eure Sünden getilgt werden und Zeiten der Erquickung kommen und er den sende, der euch zuvor zum Messias bestimmt ist.« Eine Vergebung von Sünden, die wissentlich begangen und wissentlich nicht bereut wurden, ist weder im mosaischen Gesetz noch in der Lehre Jesu vorgesehen. Wenn sie noch teilhaben wollen am messianischen Zeitalter, dass sich in der Wiederkehr Christi, der so genannten Parousie, für alle zeigen wird, dann haben sie jetzt, dem Stand der Unwissenheit enthoben, ihre große Chance, zu Gott und seinem Willen zurückzukehren.

Das Resultat werden sie sofort spüren, nicht erst bei der Wiederkehr des Messias, die ja keineswegs zu ihren Lebzeiten stattzufinden hatte: Zeiten der Erquickung sind ihnen versprochen, und das griechische Wort für »Erquickung«, nämlich »*anápsyxis*«, hatte für griechischsprachige Hörer und Leser dieser Stelle in der Apostelgeschichte einen besonderen Klang. Es kommt nämlich nur noch ein weiteres Mal in der griechischen Bibel, der ›Septuaginta‹, vor, in 2. Mose 8,15, wo es die Erleichterung, die Erholung von einer Plage bedeutet (hebräisch »*rewachah*«). Und medizinisch kundige Leser, sicher auch schon der Arzt Lukas – wenn wir, ohne das hier im Einzelnen erörtern zu können, mit der alten Überlieferung und vielen heutigen Forschern die Identität des Autors mit dem Arzt und Paulus-Begleiter aus dem Kolosserbrief 4,14 annehmen wollen –, hätten ihre Freude an der medizinischen Bedeutung des Wortes gehabt. Hippokrates (ca. 460 – ca. 370 v. Chr.), der berühmteste aller griechischen Ärzte, beschrieb damit in seiner Abhandlung über die Brüche das Austrocknen und Abheilen einer offenen Wunde, die der Arzt der Luft ausgesetzt hatte.[228] Das passte natürlich im übertragenen Sinne wunderbar auf die Situation, in der sich die Hörer des Petrus mit der noch offenen Wunde ihrer Sünden befanden. Und vergessen wir nicht, dass der Anlass dieser ganzen Szene in den Hallen Salomos eine gewissermaßen medizinische Aktion war – die Heilung eines Gelähmten.

Beide Versprechen sind eng aufeinander bezogen. Die künftigen Zeiten der heilenden Erfrischung werden kommen »wegen des Erscheinens des Herrn«. Die »*anápsyxis*« wird auch dann, bei diesem Erscheinen, noch wirksam sein und Erfrischung bedeuten in den Unruhen und Schrecken der Endzeit, die ja schon von den alten Propheten plastisch ausgemalt worden waren. Geschickt wie Petrus hier formuliert, warnt er inmitten der aufmunternden Zusage davor, die abschließende Erfüllung in unmittelbarer Zukunft zu erwarten. Auch die Mitjuden, zu denen er hier letztlich spricht, hatten sich an

das Beispiel der Ägypter zu erinnern, denen eine erholsame Ruhe-
pause von den Plagen gewährt worden war, an der einzigen Stelle, in
der das griechische Wort noch einmal in der Bibel auftaucht, 2. Mose
8,15, und die ihre Chance nicht nutzten, den in der Geschichte handelnden Gott anders zu erkennen, als sie ihn sich vorgestellt hatten.
Die Wiederkehr des Messias hat ihre erfrischende, heilende Wirkung
nur für jene, die rechtzeitig Buße tun und sich Gott (wieder) zuwenden. Noch ist es jedenfalls nicht zu spät: Der Messias wird im Himmel bleiben (eine Nebenbemerkung, die auf die Himmelfahrt Jesu
anspielt), bis Gott den Augenblick gekommen sieht, den die Propheten vorhergesagt hatten. In seinem zweiten Brief, rund dreißig Jahre
später, greift Petrus das abschließend wieder auf. »Der Herr zögert
nicht mit der Erfüllung der Verheißung, wie es einige für eine Verzögerung halten. Sondern er hat Geduld mit euch und will nicht, dass
jemand verloren werde, sondern dass jedermann zur Buße finde (=
sich bekehre, zurück zu Gott)«. Dieser Satz in 2. Petrus 3,9 ist natürlich ebenso wenig ein billiger Trost, wie es der Satz in der Jerusalemer Rede ist. Wer sich auf langes Warten einstellt, ist ebenso im Unrecht und kann ›enttäuscht‹ werden wie jene, die alles sofort haben
möchten. Es ist die Art von Entscheidung, die man besser nicht ver-
tagt.

Petrus rundet seine Rede charakteristisch ab, mit einigen Beispielen für erfüllte Prophezeiungen, die schon in der Torah auf Jesus als
Christus vorausweisen (5. Mose 18,15–19) und alle Nachkommen
Abrahams einbeziehen (1. Mose 26,4). Gerade seine Hörer im Tempel sollen das verstehen, denn sie sind »Söhne der Propheten und des
Bundes, den Gott geschlossen hat mit euren Vätern« (Apostelgeschichte 3,25). Sie haben die einmalige Gelegenheit, als Erste dabei-
zusein. »Für euch zuerst hat Gott seinen Knecht erweckt und hat
ihn zu euch gesandt, damit er euch segnet und jeden von seiner Bosheit abbringt.« Für euch zuerst – und zwar mit dem Auftrag, der in
dem Wort Gottes an Abraham schon angesprochen war: »Durch
dein Geschlecht sollen gesegnet werden alle Völker auf Erden«
(3,25; 1. Mose 22,18). Alle Völker: Das heißt auch hier vor den Mitjuden, an die Petrus sich wendet, dass die Aufnahme von Heiden in
den Bund mit Gott nicht gegen mosaisches Gesetz verstößt, sondern
im Gegenteil die Erfüllung von Gottes Willen ist, mit allen Konsequenzen, die das im Alltag haben würde.

Die Zahl der Zuhörer ist nicht bekannt. Viele – Lukas sagt ausdrücklich viele, nicht alle – wurden offenbar überzeugt, und die Nachricht verbreitete sich schnell. Ohne ein Anzeichen der Übertreibung notiert Lukas, dass die Zahl der Gläubigen auf 5000 wuchs, rund 5 % der Bevölkerung, rund 0,5 % aller, die sich zu dieser Zeit in der Stadt und ihrer näheren Umgebung aufhielten. Wie wir schon oben sahen, ist das auf den ersten Blick nicht viel, aber eben doch eine unübersehbare Anfangsmenge. Man kann sie etwa damit vergleichen, dass zu dieser Zeit ein großes Theater wie jenes von Sepphoris, 6 Kilometer von Nazareth entfernt, bei 5000 Einwohnern rund 5000 Sitzplätze hatte. Der Hohe Rat und andere amtliche Beobachter der Szene, die zu einer solchen Jahreszeit stets auf der Hut vor drohenden Unruhen und Aufläufen waren, können eine solche Entwicklung nicht übersehen. Innerhalb weniger Tage von 11 auf 120, dann auf 3000 und 5000 – das ist schon statistisch ein Brandherd. Und so greifen sie ein. Es ist alles andere als eine Verfolgung, aber doch eine Warnung der Behörden. Zum ersten Mal werden Petrus und Johannes verhaftet.

Im Gefängnis

Die Befürchtungen der Autoritäten bestehen nicht zu Unrecht. Rund zehn Jahre später ist der Zahl der frommen Judenchristen in Jerusalem und Umgebung auf »Myriaden«, »Zehntausende«, angewachsen (Apostelgeschichte 21,20). Das ist zwar eine nur ungefähre Größenordnung, aber sie reicht, um kontinuierliches Wachstum statt Stagnation zu vermitteln. In den Tagen nach Pfingsten hätten die Hohenpriester und Sadduzäer aber vielleicht sogar abwartend zugesehen, in der Hoffnung, dass sich das alles mit der Heimkehr der letzten Festpilger wieder verlaufen würde, wenn nicht zwei andere Punkte dazugekommen wären: die fundamentale Kritik, die Petrus an den verantwortlichen Führern der Jerusalemer Juden übt. Und daran ändert nichts, dass er sie für »unwissend« hält; im Gegenteil, sie mussten das als eine zusätzliche Kränkung auffassen. Wie kann ein Hohepriester, oder gar ein ganzer Sanhedrin, der Unwissenheit beschuldigt werden? Sie hatten aus ihrer Sicht völlig richtig gehandelt, und zwar wissentlich. Dazu kam als zweites, dass die Sadduzäer eine der Grundvoraussetzungen der Jesus-Botschaft radikal ablehnten – die Auferstehung der Toten (Markus 12,18; Apostelgeschichte 23,9).[229] Es fällt auf, dass unter denen, die jetzt die Apostel gefangen nehmen, neben den Sadduzäern zwar auch der Hohepriester Kaiaphas, der emeritierte Hohepriester Annas und der nach dem Hohepriester ranghöchste Repräsentant des Tempels, der Tempelhauptmann, genannt werden. Doch eine wichtige Gruppe ist nicht anwesend: die Pharisäer. Über das, was die anderen Mitglieder im Hohen Rat so ärgerte, konnten sie sich nicht aufregen. Pharisäer und etwa auch Essener (die nicht dem Hohen Rat angehörten) glaubten an eine leibliche Auferstehung. Ein aktives Interesse an der Eliminierung der Judenchristen war keine pharisäische Strategie. Als bei einem weiteren Verhör vor dem Hohen Rat die Absicht geäußert wird, man müsse Petrus und die anderen Apostel töten, erhebt sich der Pharisäer Gamaliel und plädiert dafür, die Zerstörung oder auch die Bestätigung des Werkes der Apostel Gott selbst zu überlassen (5,34–49). Saulus war als Fanatiker unter den Pharisäern eine Ausnahme. Er fand auch ohne Konflikt über den jüdischen Glauben an die Auferstehung der Toten genügend Gründe, um gegen die Jesusgläubigen vorzugehen. Hier jedenfalls, beim ersten Verhör nach der ersten Gefangennahme, fühlen die Pharisäer sich nicht angesprochen und halten sich zurück.

Ein Schnellprozess wie gegen Jesus, unter anschließender formeller Übergabe des Prozesses an die Römer, ist nicht vorgesehen. Nicht nur waren die Apostel längst viel zu populär, um in Gegenwart einer noch großen Zahl übrig gebliebener Pilger aus allen Ecken des Reichs eine Art Schauprozess gegen sie riskieren zu können, zum anderen war auch innerjüdisch die Rechtslage nicht eindeutig. Und eine tiefgehende Verärgerung über den Erfolg einer wachsenden Randgruppe, die über die Autoritäten negativ redet, reichte nicht aus. Ob die Anklage des Petrus, die Führer wären mitverantwortlich an der Hinrichtung des Messias, für Strafmaßnahmen ausreichen könnte, müsste sich in Ruhe zeigen. So werden die beiden erst einmal über Nacht eingesperrt.

Am nächsten Tag findet eine Vollversammlung des Sanhedrins statt. Ein Verhör ist geplant, das die genauen Ereignisse des Vortags ermitteln soll. Nicht um die physischen Abläufe geht es, denn die waren von zahlreichen Zeugen beobachtet worden. »Aus welcher Kraft

oder in welchem Namen habt ihr das getan?«(4,7). Petrus sagt in seiner Antwort nur den Ratsmitgliedern etwas Neues – die Leser der
Apostelgeschichte und der Evangelien kennen es inzwischen: Gegen
die Verurteilung Jesu, an der nicht zuletzt die Hohenpriester und der
Sanhedrin höchste Verantwortung trugen, stellt er den gekreuzigten
Messias, den Gott von den Toten auferweckt hat. Er verstärkt die
innerjüdische Sprechweise durch ein Zitat aus dem 118. Psalm: »Der
Stein, den die Bauleute verworfen haben, ist zum Eckstein geworden« (Psalm 118,22; Apostelgeschichte 4,11). Jedes Ratsmitglied,
jeder Jude kannte diesen Text, nicht nur weil er in den ohnehin gut
vertrauten Psalmen stand, sondern weil gerade dieser 118. Psalm zu
den »Hallel«-Psalmen gehört, die während des Passa-Mahls gesungen werden. Lukas-Leser, auch die der Evangelien des Markus und
des Matthäus, wissen, dass Petrus diesen Psalmvers auch von Jesus
selbst gehört hatte (Lukas 20,17). Schon da, in der Erklärung des
Gleichnisses von den bösen Weinbergspächtern, war der Psalm auf
die Gegner Jesu gedeutet worden (20,19). Petrus gönnt sich eine
kleine sprachliche Veränderung, eine persönliche Zuspitzung, die
Lukas aufgreift und festhält. Er fügt ein »euch« hinzu und sagt: »Der
von euch Bauleuten verworfen wurde, ist zum Eckstein geworden.«
Dieses sprachliche Bild blieb für ihn wichtig. Noch Jahrzehnte später, in seinem ersten Brief, zitiert er es wiederholt (1. Petrus 2,4; 2,7).

Die Prophezeiung des Psalms war drei Monate zuvor, bei der
Kreuzigung, Wirklichkeit geworden. Eindrücklicher kann Petrus
den Mitgliedern des Sanhedrins nicht klarmachen, dass die Stunde
ihrer Entscheidung gekommen ist. Er sieht ihnen in diesem Augenblick vermutlich an, dass sie nicht die Absicht haben, umzukehren
und sich zu Christus zu bekennen. Wer weiß – vielleicht wird noch
ein neuer, anderer Messias auftauchen, warum soll man sich jetzt
schon festlegen? Einhundert Jahre später, zu Beginn der Bar-
Kochba-Revolte, die 135 n. Chr. mit der zweiten Zerstörung Jerusalems durch die Römer und der Umbenennung in »Aelia Capitolina«
endete, glaubten viele Juden, unter ihnen sogar der berühmte Rabbi
Akiba, sie hätten im Anführer des Aufstands den wahren Messias
erkannt. Der Untergang war fürchterlich. Rabbi Akiba, der selbst-
ernannte Prophet des Pseudo-Messias Bar Kochba, wurde von den
Römern bei lebendigem Leib gehäutet. An keiner der Revolten, weder an der ersten von 66 bis 73 n. Chr., noch an dieser zweiten, von

132 bis 135 n. Chr., nahmen Juden-Christen teil. Das lag nicht nur an einer Ablehnung von Gewalt gegen die Obrigkeit, sondern vor allem am messianischen Anspruch der Revolutionsführer. Schon gegenüber dem Sanhedrin erklärt Petrus mit aller gebotenen Ernsthaftigkeit und Endgültigkeit, dass es keine alternativen Messias-Prätendenten geben wird, die vor Gott Bestand haben können. Der Messias Gottes ist gekommen, Jesus von Nazareth. Nur im Namen dieses Jesus ist Heil. Für einen Fischer ist das vor den hochgebildeten Ratsmitgliedern eine mutige, völlig überraschende Sprache. Sie fühlen sich nicht nur durch den Inhalt der kurzen Rede herausgefordert, sondern auch durch die ganze Persönlichkeit des Petrus, die in ihr Umfeld so gar nicht hineingehört.

Nachdem Petrus aus einem Verhör, das gegen ihn gerichtet war, eine missionarische Herausforderung an seine Befrager machte, müssen die Mitglieder des Sanhedrins ihre nächsten Schritte variieren. Sehr menschlich, auch nach heutigen Maßstäben, ist ihre erste Reaktion. Sie versuchen nicht, argumentativ auf ihn einzugehen. Statt dessen ziehen sie es vor, seine Kompetenz, überhaupt so reden zu dürfen, in Frage zu stellen. Petrus und Johannes waren keine ›Schriftgelehrten‹, keine Rabbiner, keine Juden, die eine irgendwie geartete höhere Ausbildung genossen hätten. Kurz, sie werden als »*agrámmatoi*« eingestuft, als ungelernte, ungebildete, und zudem noch als außerhalb des Bildungssystems stehende, einfache, unwissende Laien, als »*idiôtai*«. Männliche Juden besaßen zu dieser Zeit durchaus eine Art Elementarschulbildung, sie konnten lesen und schreiben, und sie hatten gelernt, auch größere Texte auswendig zu lernen.[230] Aber diese hier, die Apostel, waren nicht zu Mitgliedern der ›akademischen‹ Elite geworden. Das machte sie suspekt und disqualifizierte sie in den Augen des Sanhedrins. Und da half es auch nichts, dass man genau wusste, es mit ehemaligen Jüngern des Jesus von Nazareth zu tun zu haben (4,13) – gerade das sprach noch immer gegen sie. Über den Schatten ihres Überlegenheitsgefühls wollte man nicht springen. Nur die faktische Evidenz des geheilten Lahmen konnte auch von ihnen nicht widerlegt werden. So beschließen sie, ganz offensichtlich in ziemlicher Ratlosigkeit, einstweilen ein Predigtverbot auszusprechen. Die Sache Jesu soll nicht weiter verbreitet werden, die Jünger dürfen nicht mehr »im Namen Jesu reden«. Die einfachen »*idiôtai*« Petrus und Johannes fangen sie daraufhin erneut in ihrer eigenen Falle: »Entscheidet selbst, ob es vor Gott recht ist, dass wir euch mehr gehorchen als Gott« (4,19).

Da ist er, der berühmte Gedanke: Gott mehr gehorchen als den Menschen. Petrus lässt sich auf die Spielregeln des Sanhedrin scheinbar ein. Ihr wollt die überlegene Elite sein, also urteilt selbst. Das schmeichelt. Aber was sollen sie entscheiden? Ob sie besser urteilen können als Gott selbst. Das ist eine Provokation. Und die Ratsmitglieder verstehen es auch so. Angesichts des nicht widerlegbaren Beweises ungewöhnlicher Vollmacht – noch einmal: die Heilung des Gelähmten ist der auch vom Sanhedrin akzeptierte sichtbare Beweis für das Außergewöhnliche – bleibt ihnen aber einstweilen nichts anderes übrig, als der Volksstimmung nachzugeben. Das ist eine Übung, in der sie sich auskennen. Ihre kommende Aufgabe wird es sein, die bekanntlich höchst wandelbare Stimmung der Bevölkerung so lange und so wirksam zu beeinflussen, bis sie sich gegen die Apostel wenden würde. Vorerst ist der taktische Rückzug ratsamer.

Die beiden Freigelassenen treffen sich mit den anderen zum Dankgebet. Die Textgestalt lässt vermuten, dass mehrere nacheinander beteteten, aber es werden keine Einzelnamen genannt. Sehr auffällig sind allerdings einige Besonderheiten des Sprachgebrauchs. Sie decken sich nämlich mit Formulierungen in den beiden Briefen des Petrus. Das beginnt schon mit der auffallenden Anrede Gottes. Deutsche Übersetzungen schreiben: »Herr!« (4,24). Im Text steht jedoch nicht das übliche griechische Wort, das man hier erwarten würde, »*kyrios*«, sondern das viel seltenere »*despótês*«, das wir noch im heutigen Wort »Despot« wiedererkennen. Nur ein einziges Mal wird es vor diesem Gebet im Neuen Testament gebraucht, wieder von Lukas, in seinem Bericht über den prophetischen Lobgesang des Simeon am Nikanor-Tor des Tempels (Lukas 2,29). Es ist ein Titel Gottes, der nicht »despotische« Eigenschaften kennzeichnet, sondern seine Allmacht, der sich die »Knechte« in anbetender Ehrfurcht freiwillig unterordnen. Dementsprechend nennt sich auch Simeon am Anfang des Lukas-Evangeliums einen Knecht. Er aber benutzt dafür ein anderes griechisches Wort, nicht »*paîs*«, sondern »*doûlos*«. Das ist eine sehr bewusste Nuance, die auch im Gebet der Apostel beachtet wird. Viermal ist hier von Knechten die Rede. Zuerst kommt David: »Du hast durch den Mund unseres Vaters David, deines Knechtes, gesagt: ›Warum toben die Heiden, und die Völker nehmen sich vor, was umsonst ist?‹« Das ist ein – noch weitergehendes – Zitat aus Psalm 2,1, und der Sprecher David wird in seinem Verhältnis zu Gott nicht als König, sondern als Knecht bezeichnet, griechisch als »*paîs*«. Dieses »*paîs*« kann auch »Kind« heißen, Mädchen oder Junge, und damit bezeichnet es auch da, wo es das Verhältnis zu Gott beschreibt, nicht bloße Knechtschaft, sondern ganz bewusst ein Kinder-Eltern-Verhältnis. »*Doûlos*« dagegen meint im üblichen Sprachgebrauch tatsächlich den Sklaven, den unfreien Knecht. Das Gebet der Apostel benutzt das freiere, wenn man so will familiärere Wort »*paîs*« für David, und dann auch für Jesus selbst: »Wahrhaftig, sie haben sich versammelt in dieser Stadt gegen deinen heiligen Knecht Jesus« (4,27), und: »Strecke deine Hand aus, dass Heilungen und Zeichen und Wunder geschehen durch den Namen deines heiligen Knechtes Jesus« (4,30). Sobald sie von sich selbst sprechen, benutzen sie jedoch das niedrigere Wort, das den Sklavenstand kennzeichnet, »*doûlos*«: »Gib deinen Knechten die Kraft, mit allem Freimut dein Wort zu verkünden« (4,29).[231]

Diese bewussten Feinheiten der Anrede und der Selbstbeschreibung benutzt nun Petrus auch in seinen Briefen. Gleich im ersten Vers seines zweiten Briefs bezeichnet er sich als Knecht (und Apostel) Jesu Christi und gebraucht das Wort »*doûlos*«. Und etwas weiter im Brief spricht er von Jesus als dem »Herrn«, den die falschen Lehrer zu ihrem eigenen schnellen Verderben verfälschen und verleugnen. »Herr« ist hier nicht der übliche »*kyrios*«, sondern wie im Apostelgebet und im Lobgesang des Simeon der »*despótês*«. Hier werden weitreichende Konsequenzen gezogen. Schon in seiner Pfingstrede hatte Petrus seinen Herrn Jesus neben Gott gestellt. Da benutzte er noch den Titel »*kyrios*«, der in der griechischen Bibel die häufigste Anrede und Beschreibung Gottes ist. Hier nun, im Lehrschreiben des zweiten Briefs, ist daraus der freiwillige Sklave des allmächtigen Herrschers, des »*despótês*«, geworden. Aber ebenso ausdrücklich, wie damit bei Simeon und im Apostelgebet Gott gemeint war, ist er hier, im 2. Petrusbrief, ausdrücklich Jesus Christus. Die Parallelsetzung von Gott und Jesus ist im Sprachgebrauch des Petrus vom einen »Herren«-Begriff zum anderen, höheren, mitgegangen.[232]

Auch im 1. Petrusbrief findet sich noch eine aufschlussreiche Nuance, die zum Apostelgebet in Jerusalem gehört. Die Anwesenden bekräftigen, dass die Gegner Jesu das taten, »was deine (Gottes)

Hand und dein Wille im voraus bestimmt hatten« (4,28). Mit ganz ähnlichen Worten hatte Petrus das schon in seiner Pfingstrede gesagt (2,23). Und in seinem ersten Brief benutzt er exakt die gleiche Terminologie. Er adressiert den Brief an Leser, die »Gott im voraus bestimmt und durch den Geist geheiligt hat« (1. Petrus 1,1). Danach heißt es von Jesus: »Er war schon vor der Erschaffung der Welt bestimmt, aber er ist am Ende der Zeiten euretwegen offenbart worden (1,20; vgl. 1. Petrus 2,4). Diese Querverbindungen fallen vor allem deswegen auf, weil die griechischen Wörter, die hier im Text erscheinen, sehr selten sind. Sie beziehen sich auf das Vorherwissen Gottes und auf die von ihm vorherbestimmten Rollen Jesu, des von Gott Gesalbten (Apostelgeschichte 4,27–28), und seiner Nachfolger. Eines dieser Wörter, »*prógnôsis*«, Vorherwissen, dem wir das deutsche Wort Prognose verdanken, ist sogar so selten im griechischen Neuen Testament, dass es nur zweimal vorkommt – einmal in der Pfingstrede des Petrus (Apostelgeschichte 2,23), und dann noch einmal in seinem ersten Brief (1. Petrus 1,2). Es sind gerade solche Parallelen, die das verbreitete Vorurteil über unterschiedliche Petrus-Bilder im Neuen Testament widerlegen.[233]

Wahrheit und Methode

Zum geflügelten Wort wurde das, was gleich anschließend über die Urgemeinde in Jerusalem zu lesen ist: Sie waren »ein Herz und eine Seele« (4,32). Dem Historiker Lukas ist gelegentlich vorgeworfen worden, er habe hier eine idyllische Szene gemalt. Das hatte er kaum vor. Noch immer steht das Thema der freiwilligen Unterordnung unter Gott und seinen Gesalbten im Hintergrund. Darin, in dieser bewussten Entscheidung, sind sie einmütig und geschlossen. So »ruhte eine große Gnade auf ihnen allen«, und aus diesem Zusammenhalt heraus traten die Apostel als »Zeugen der Auferstehung des Herrn Jesus« auf. Ebenso freiwillig lebten sie in einer Gütergemeinschaft. Die war, wie wir weiter oben schon sahen, nicht zu verwechseln mit einem vollständigen und endgültigen Besitzverlust, durch den man sich die Mitgliedschaft in der Gemeinde gewissermaßen erkauft hätte. Zwar scheint es so, als behaupte Lukas, alle Grund- und

Hausbesitzer hätten alles verkauft, um die Einnahmen den Aposteln »zu Füßen zu legen«, zur Weitergabe an die Bedürftigen. Aber das kann der Autor so umfassend gar nicht gemeint haben. So weiß er und berichtet es auch, dass die Urgemeinde sich mindestens in einem nach wie vor in Privatbesitz befindlichen Haus traf, jenem der Maria, der Mutter des Markus (12,12). Besitzer, die etwas verkauften, veräußerten nicht ihren gesamten Besitz. Joseph, genannt Barnabas, »Sohn der Ermutigung«, ein Levit aus Zypern, und als Levit ein privilegierter Priesternachfahre, der als ein positives Beispiel hervorgehoben wird, verkaufte keineswegs alles, sondern ein Feld (4,37). Handeln bei Bedarf, nach dem Freiwilligkeitsprinzip, durchaus mit echter Opferbereitschaft, setzte eine wesentliche Charaktereigenschaft voraus: Aufrichtigkeit. Wer in dieser Gemeinschaft mitwirken wollte, musste vor den anderen und vor allem vor Gott rückhaltlos ehrlich sein.

Das ist der Hintergrund für die radikale Lösung des Problems, das von Hananias und seiner Frau Sapphira in die Urgemeinde gebracht wird. Petrus steht zum ersten Mal vor der unangenehmen Aufgabe, auf ein Fehlverhalten mit Disziplinargewalt zu reagieren. Auch dieses Ehepaar hatte wie Joseph Barnabas ein Feld verkauft, einen Teil des Erlöses behalten und nur den Rest in die Gemeindekasse eingezahlt. Das war noch völlig in Ordnung. Auch Petrus sagt ihm, dass er vor und nach dem Verkauf mit seinem Besitz und seinem Geld tun konnte, was er wollte. Aber Hananias sagt nicht die Wahrheit. Er erweckt den Eindruck, den gesamten Ertrag eingezahlt zu haben. »Du hast nicht Menschen, sondern Gott belogen«, sagt Petrus, Gott und den heiligen Geist, unter dem Einfluss Satans (5,3–5). Der Berichterstatter Lukas verrät uns nicht, woher Petrus das wusste. Will man nicht eine geistgesandte Inspiration annehmen, so ist es naheliegend, dass eines der anderen Gemeindemitglieder über den Verkauf informiert war und die Diskrepanz zwischen den beiden Summen feststellte. Der Immobilien- und Grundstückshandel im Umkreis der Urgemeinde dürfte kaum unbemerkt und in unüberschaubaren Größenordnungen abgelaufen sein. Es war sicher naiv von Hananias, etwas anderes zu erwarten. Nun wird sein Doppelspiel von Petrus öffentlich gemacht. In einer Gemeinschaft, die – wie Lukas eingangs ausdrücklich feststellt – ein Herz und eine Seele ist, muss ein solcher Vertrauensbruch für Unruhe sorgen. Es ist eine völlig neue Situation.

Petrus spricht keine Strafe aus. Seine Feststellung, dass er den heiligen Geist, dass er Gott selbst belogen hat, nimmt vorweg, was er noch deutlicher in seinem zweiten Brief sagen wird: Wer so falsch handelt, führt »schnelles Verderben über sich selbst« herbei (2. Petrus 2,1). Als Petrus das schrieb, könnte er durchaus noch vor Augen gehabt haben, wie schnell hier in Jerusalem das Verderben eintritt. Kaum hat Hananias die Worte des Petrus gehört, fällt er zu Boden und stirbt (5,5). Nicht Petrus hat ihn gleichsam zum Tode verurteilt, Hananias selbst hat es getan. Der plötzliche Tod kann als Schlaganfall oder Herzinfarkt möglicherweise medizinisch oder psychosomatisch erklärt werden, aber das Denken, das dahinter steht, wäre damit nicht erfasst. Unter den Judenchristen sind in diesem Augenblick nicht derlei menschliche Erklärungen gefragt. Sie werden »von großer Furcht« erfasst, weil sie sich an ähnliche Fälle aus der Heiligen Schrift erinnern. Sie müssen daran denken, dass schon in der Torah, im 1. Buch Mose, davon berichtet wird, wie derjenige stirbt, der »böse ist vor dem Herrn« (1. Mose 38,7; 38,10). Sie müssen daran denken, wie ein Psalm Davids nüchtern feststellt: »Den Gottlosen wird die Bosheit töten« (Psalm 34,22). Und sie müssen daran denken, wie Jesaja davon spricht, dass Gott den Gottlosen »mit dem Hauch seiner Lippen tötet« (Jesaja 11,4). Nun ist es vor ihren Augen eingetreten.

Drei Stunden später kommt Sapphira. Der Leichnam ihres Ehemanns war von jungen Männern aus der Gemeinde bereits weggetragen worden. Sie sieht nichts und ahnt nichts. Petrus gibt ihr eine Chance. Er fragt sie, ob der Verkaufspreis und die Abgabe an die Gemeinde identisch sind, und sie bejaht. Wieder spricht Petrus kein Urteil aus. Er teilt nur die naheliegende Schlussfolgerung mit: »Warum seid ihr euch denn einig geworden, den Geist des Herrn zu versuchen? Siehe, die Füße derer, die deinen Mann begraben haben, sind vor der Tür und werden auch dich hinaustragen« (5,9). Es reicht. Sie bricht zusammen und stirbt. Die Furcht, die nun auch nach diesem zweiten Todesfall die Gemeinde erfasst, ist nicht die Furcht einer durch das Entsetzen verschüchterten, gefügig gemachten Gruppe. Es ist die Ehr-Furcht, die schon immer im Judentum gegenwärtig war, wenn die Menschen vor der Gegenwart Gottes standen. Die Gemeinde – Lukas gebraucht hier zum ersten Mal das Wort »*ekklêsia*«, das wir aus dem Matthäus-Evangelium kennen und aus dem »Kirche« wurde – begreift, dass mit Gott nicht gespielt werden kann, und sie begreift, dass Gott hinter dieser Gemeinschaft steht. Er ist es, der den Aposteln die Kraft gibt, Zeugen der Auferstehung zu sein. So lesen wir es mit dem Nachdruck, den Lukas solchen Aussagen gibt. Und Gott stärkt die »Kirche«, indem er von Anfang an dabei hilft, dass ein auch nach außen sichtbar einwandfreies Zusammenleben garantiert ist. Alle, die dabei sind, erleben aber auch noch etwas anderes mit: Petrus macht zum ersten Mal Gebrauch von seinem Auftrag, zu binden und zu lösen. Die Vernetzungen innerhalb der neutestamentlichen Schriften zeigen sich auch an solchen Dingen: Es war Matthäus, nicht Lukas, der von dieser Bevollmächtigung des Petrus und der anderen Jünger durch Jesus berichtet hatte. In seinem Evangelium war Lukas darauf nicht eingegangen. Nun aber, in der Apostelgeschichte, bietet er den Beleg dafür, dass der Ernstfall schon in den ersten Wochen der Urgemeinde eintrat.

Der Schatten des Apostels

Petrus hat bisher mit Bestimmtheit gehandelt, aber ohne die Arroganz der Macht. Was durch ihn und um ihn herum geschieht, spricht sich dennoch, vielleicht auch gerade wegen des Kontrastes zum machtbesessenen Sanhedrin, schnell herum. Da ist jemand, der nicht nur reden kann. Er hat eine Gemeinde im Griff, in der es offenbar ein großes Gefälle zwischen arm und reich gibt und in der man trotzdem auf gleicher Ebene miteinander umgeht. Das ist neu und attraktiv. Die Gemeinde wächst weiter schnell. Und dann sind da die Wunder, die mit Jesus nicht aufgehört hatten. Die Menschen kommen sogar aus der Umgebung Jerusalems und bringen ihre körperlich und geistig kranken Angehörigen zu Petrus (5,12–16). Gerade diejenigen, die bereits an Jesus glauben, tragen nun die Kranken auf die Straßen, damit »wenigstens sein Schatten auf einige von ihnen fiele«. Das wird ganz schlicht mitgeteilt. Eine Reaktion des Petrus ist nicht bekannt, und Lukas enthält sich des Kommentars.[234] Doch das Phänomen übersteigt alles bisher Gekannte. Als Heilkraft von Jesus indirekt ausging, geschah es wenigstens noch durch die Berührung seines Gewandes (Markus 6,56). Hier aber soll gar nichts mehr berührt werden. Dahinter steht wohl ein vager Gedanke göttlicher Kraft, die von Petrus vermittelt wird: Dass der Mensch Hilfe, Heil und Schutz unter dem Schatten der Flügel Gottes findet, ist ein altes Bild aus den Psalmen (17,8; 36,8; 56,2; 63,8; 91,1). Aber das geht denn doch zu weit für Petrus. Er kann nicht von sich sagen lassen, dass er noch größere Heilungsfähigkeiten besitze als Jesus selbst. Tatsächlich sagt der Text des Lukas nicht, dass auch nur eine der Personen, die auf seinen Schatten wartet, wirklich geheilt wird. Da steht vielmehr, dass auch aus den umliegenden Städten rings um Jerusalem Kranke gebracht werden und »solche, die von unreinen Geistern geplagt waren – und alle wurden gesund« (4,16). Dieser Satz ist von dem voraufgehenden Berichtsteil getrennt, in dem von Menschen die Rede ist, die in Jerusalem mit den Kranken aus ihren Häusern auf die Straßen gehen. Diese hier, die mehr oder weniger Auswärtigen, warten nicht auf seinen Schatten. Sie gehen direkt auf Petrus zu und vertrauen ihm selbst, seiner Person. Und da tritt dann tatsächlich die Heilung ein.

Wieder fühlen sich die Autoritäten provoziert. Petrus und die anderen Apostel haben nicht nur alle Warnungen ignoriert, sie sind auch noch geradezu herausfordernd an ihren alten öffentlichen Wirkungsort zurückgekehrt, die Hallen Salomos. Und nun haben sie zu allem Überfluss auch noch eine dankbare Klientel aus dem Umland. Statt die neue messianische Glaubensrichtung lokal unter dem Deckel zu halten, können die Autoritäten nur zusehen, wie alles, was die Apostel anpacken, ungemein populär ist. Der Sanhedrin wird immer nervöser. Eifersucht bzw. Neid auf die erfolgreichen Ungelernten kommt hinzu (5,17). Wieder werden die Apostel inhaftiert, und diesmal trifft es alle. Was dann geschieht, ist eine dieser wundersamen Begebenheiten, die sich ereignen, wenn Petrus dabei ist: Zum ersten, aber nicht zum letzten Mal tritt ein Engel auf und öffnet die Türen des Gefängnisses, führt ihn und die anderen Apostel hinaus und gibt ihnen den Auftrag, in den Tempel zu gehen und dort vor allem Volk »die Worte des Lebens« zu verkünden (5,20).

Leser, die mit nach-aufgeklärtem Rationalismus an solche Schilderungen herangehen, suchen entweder eine praktische Erklärung – ein befreundeter Wachhabender hat sie einfach heimlich herausgelassen, denn »Engel« heißt ja schließlich nur »Bote« und kann nicht nur himmlische Wesen meinen, sondern jeden Menschen, der im

Auftrag Gottes gesandt ist – oder eine Verabschiedung ins Reich erbaulicher Legenden und pseudo-hellenistischer Mythengeschichten. Der Bericht des Lukas will weder die eine noch die andere Variante betonen. Er schließt aber natürlich auch nicht aus, dass hier ein Eingreifen Gottes in ähnlicher Weise stattgefunden haben kann wie am leeren Grab Jesu, wo zwei Männer in leuchtenden Gewändern den Stein weggerollt hatten (Lukas 24,2–4). Man merkt seinem Stil an, dass er selbst das Ungewöhnliche der Situation begreift und nur faktisch mitteilt, was er weiß, ohne den Hergang erklären zu wollen. Die typischen Merkmale literarischer Legenden fehlen jedenfalls. Ergebnisse werden mitgeteilt, nicht mythische Vorgänge. Auch die Reaktion der Apostel wird nicht mystisch überhöht – sie tun einfach, was ihnen gesagt wird, und gehen im Morgengrauen zum Tempel, um dort zu reden. Erst die Verblüffung der Diener und dann der Ratsmitglieder wird mit feinem Humor etwas ausführlicher beschrieben. Lukas steht hier in der Tradition großer Historiker wie Herodot und Thukydides, die nicht nur Geschehenes berichten, sondern auch noch gut und unterhaltsam schreiben können. Unter deutschen Kritikern der Gegenwart ist das etwas anrüchig – entweder man schreibt gut, oder man schreibt wissenschaftlich genau. Beides zu verbinden, das war immerhin noch einem Golo Mann vergönnt, oder einem Theodor Mommsen, der für seine ›Römische Geschichte‹ 1902 als erster Deutscher den Literatur (!)-Nobelpreis erhielt. Mit seinen erzählerischen Auflockerungen braucht Lukas sich in solcher Gesellschaft nicht zu verstecken. Er zeigt das hier, in der Beschreibung des ratlos-panikartigen Verhaltens der Wächter, des Tempelhauptmanns und der Hohenpriester. Und auch später gibt er noch manche Probe seines Könnens.

Der Trupp verunsicherter Sanhedrin-Beauftragter eilt zum Tempel, wagt aber nicht, mit Gewalt einzugreifen. In einer realistischen Notiz bemerkt Lukas, dass sie Angst vor einer aggressiven Verteidigung der Apostel durch die umstehende Menge hatten. Die Popularität der Leute um Petrus war weiter gewachsen, aus guten Gründen, und »das Volk« hätte kaum verstanden, warum man solche Männer gewaltsam abführen wollte. Aber die Apostel gehen freiwillig mit. Warum sollten sie nicht die erneute Chance nutzen, ihre Position zu erläutern. Tatsächlich stoßen sie diesmal auf einen Pharisäer unter den Ratsmitgliedern, der von anderem Kaliber ist als die Mehrheit, mit der sie es bisher zu tun hatten. Es ist Gamaliel, der gleiche Weise, der – wie an anderer Stelle noch mitgeteilt wird – der Lehrer des Saulus/Paulus war (Apostelgeschichte 22,3). Dieser Gamaliel war einer der berühmtesten Rabbiner seiner Zeit. In der Mischna heißt es sogar mit ungewöhnlicher Emphase: »Als unser Lehrer Gamaliel starb, endete der Glanz der Torah, und Reinheit und Trennung starben.«[235]

Es gehört Charakterstärke dazu, so zu reden wie Gamaliel. Denn die Apostel hatten zu Beginn des Verhörs ihre alte Strategie nicht etwa abgemildert, sondern noch verschärft. Wieder war die Anklage gegen die Mitschuldigen am Tod Jesu zu hören, nun sogar intensiviert durch den herausfordernden Satz des Petrus: »Man muss Gott mehr gehorchen als den Menschen« (5,29). Der Bußaufruf gilt ganz Israel, er wird im Namen Gottes ausgesprochen, der den »ans Holz Gehängten« auferweckte und mit eigener Hand zu seiner Rechten erhöhte.[236] Erneut ist die Augenzeugenschaft ein entscheidendes Argument, verstärkt durch den Hinweis auf den Mitzeugen, den Heiligen Geist, den »*Ruach ha-Kodesh*« (in der hebräischen Bibel schon in Jesaja 63,10–11 u.a.m.), den Gott »denen gegeben hat, die ihm gehorchen«, wie Jesus selbst es versprochen hatte (Johannes 15,26–27). Euch noch nicht, heißt das aus dem Mund der Apostel gegen die Ratsmitglieder, und das ist aus der Sicht der Angegriffenen ein solcher Widerstand gegen ihre bis dahin unbestrittene Rechts- und Glaubensautorität, dass sie beschließen, die Provokateure zu töten. Allein schon der Gedanke daran verrät, wie maßlos ihre Wut gewesen sein muss, denn die Todesstrafe durften zu dieser Zeit nur die Römer durchführen. Hier konnte es sich also nur um den Plan einer widerrechtlichen Steinigung handeln, die von den Römern als innerjüdische Angelegenheit ignoriert werden könnte (wie bei der Steinigung des Stephanus, Apostelgeschichte 7,57–60), oder, und dieses Risiko waren sie offenbar einzugehen bereit, zur Bestrafung durch die Römer führen würde (wie bei der Steinigung des Jesus-Bruders Jakobus im Jahr 62 n.Chr., von der Josephus berichtet).[237] Das ist der dramatische, erregte und lebensgefährliche Moment, in dem sich Gamaliel erhebt und eingreift.

Er erinnert die anderen Ratsmitglieder an verschiedene Präzedenzfälle. Schon früher hatte es jüdische Aufrührer gegeben, die mit besonderen Vollmachtsansprüchen Menschenmassen verführten. Sie kamen um, und ihre Anhänger wurden zerstreut, ohne dass der Hohe Rat eingegriffen hätte. Warum – so könnte man das deuten – sollte sich der Sanhedrin dieses Mal die Hände schmutzig machen? »Lasst ab von diesen Menschen und lasst sie gehen. Ist dieses Vorhaben oder dieses Werk von Menschen, so wird es untergehen. Ist es aber von Gott, so könnt ihr sie nicht vernichten. Sonst werdet ihr noch als solche dastehen, die gegen Gott streiten wollen« (5,39). Es ist ein weises Urteil, das in ganz ähnlicher Form auch von einem anderen Rabbi berichtet wird. Jochanan der Sandalenmacher erklärte, dass jede Gemeinschaft, die um des Himmels willen da ist, bestehen wird, wenn sie aber nicht um des Himmels willen da ist, dann wird sie schließlich nicht bestehen.[238] Gamaliel nimmt ganz einfach die Luft aus der Lage, in die sie sich gebracht hatten. Wohl nicht ganz ohne Erleichterung stimmen ihm alle zu, und das ist umso beachtlicher, als die Pharisäer im Sanhedrin eine Minderheit waren und anders als die sadduzäische Mehrheit an eine Grundvoraussetzung der Apostelbotschaft glaubten – an die leibliche Auferstehung der Menschen, von der schon Jesaja und Hesekiel gesprochen hatten. Man kann nicht ausschließen, dass einige der Pharisäer von dieser Rede so beeindruckt waren, dass sie sich nach weiterem Abwarten und Beobachten tatsächlich der judenchristlichen Gemeinschaft anschlossen. Etwa zwölf Jahre später wird das als Tatsache festgestellt. Der Pharisäer Sha'ul/Saulus war da bereits Christ und Paulus geworden, und darüber hinaus noch »einige von der Partei der Pharisäer« (Apostelgeschichte 15,5). Eine Erzählung aus dem 4. Jahrhundert n. Chr. will sogar wissen, dass Gamaliel selbst Christ wurde, aber das ist nicht wahrscheinlich.[239]

Die übliche Strafe für Vergehen gegen das Gesetz der Torah oder gegen Anordnungen der jüdischen Rechtsverwaltung bleibt den Aposteln nicht erspart. Denn sie hatten sich der ausdrücklichen Anordnung widersetzt, nicht mehr im Namen Jesu zu lehren. Gamaliel wäre zu weit gegangen, wenn er auch das noch hätte verhindern wollen. Sie werden gegeißelt und erhalten wahrscheinlich die traditionellen »40 Hiebe weniger einen«, die auch Paulus noch aus eigener Erfahrung kennenlernen sollte.[240] Petrus und die anderen nehmen das fröhlich entgegen, denn so sind sie »würdig, um seines (Jesu) Namen willen Schmach zu leiden« (5,41). Dass ihnen so etwas passieren würde, ahnten sie seit der Ölbergrede des Messias (Markus

13,9; vgl. Lukas 21,12), wo ihnen das präzise vorhergesagt wurde. Petrus greift diese Einsicht in seinem ersten Brief wieder auf: »Wenn jemand als Christ leidet, so soll er sich nicht schämen, sondern Gott in diesen Namen verherrlichen« (1. Petrus 4,15). Es scheint, als hätte der Sanhedrin nun tatsächlich eingesehen, dass man erst einmal abwarten und beobachten müsse. Denn obwohl das ausdrückliche Verbot, im Namen Jesu zu reden, nach der Geißelung noch einmal wiederholt wird, geht Petrus mit den anderen Aposteln sofort wieder zum Tempel. Dort verkünden sie täglich »das Evangelium von Jesus Christus« und gehen sogar noch in die Privathäuser, ohne dass die Behörden vorerst ein weiteres Mal eingreifen.

Bei den Samaritanern

Unter der Leitung des Petrus, manchmal in enger Partnerschaft mit Johannes, dann im Kollegium der Zwölf, hat die Urgemeinde erstaunliches Beharrungsvermögen bewiesen. Die Weichen sind gestellt. Nun widmet sich der Historiker Lukas anderen Begebenheiten, in deren Mittelpunkt die hellenistische, aus dem rein griechischsprachigen Judentum kommende Gruppe um Stephanus steht. Petrus, der selbstverständlich auch diese Begebenheiten miterlebte und zum Teil wohl auch mitgestaltete, tritt erst im Anschluss daran wieder namentlich auf, nach der Ermordung des Stephanus, und nach einem Blick auf die erfolgreiche Tätigkeit des Philippus in Samaria. Christusverkündigung, Dämonenaustreibungen und Krankenheilungen kennzeichnen das Wirken dieses Mannes aus der Gruppe um Stephanus, die aus Jerusalem vertrieben worden war. Auch ein gefährlicher Irrlehrer, der die christliche Botschaft mit Zaubertricks verbinden möchte, kreuzt seinen Weg: Simon der Magier, dessen mysteriöses Wesen in den nachfolgenden Jahrhunderten die Phantasie vieler Schriftsteller beflügelte. Doch auch dieser Zauberer wird von Philippus bekehrt und lässt sich wie die anderen taufen. Ehe Petrus wieder in den Vordergrund tritt, ist also klargestellt: In der ersten Gemeinde ist das Wirken des Heiligen Geistes nicht auf eine kleine Führungsschicht beschränkt, nicht allein auf die zwölf Apostel, nicht auf eine Zweiergruppe wie Petrus und Johannes, und schon gar nicht auf Petrus allein. Der erste der Apostel ist nicht der alleinige Dreh- und Angelpunkt des Geschehens. Damit wird er nicht von irgendeinem Sockel gestürzt, auf dem er nie stand. Die Aufgaben, denen sich die Christen zu stellen haben, lasten auf mehreren Schultern, kompetente und erfolgreiche Männer – und wie wir noch sehen werden, auch Frauen – ergänzen sich.

Die Verfolgungs- und Vetreibungsaktion, die sich an die Tötung des Stephanus anschloss, trug zu einer Verbreitung des Evangeliums bei. Aus dem Zwang wurde, wie im Fall des Philippus, eine sofort ergriffene Chance, nun auch außerhalb Jerusalems, von Ort zu Ort ziehend, über Jesus zu erzählen. So war dieser Zeitpunkt ein doppelter Einschnitt: der erste Märtyrertod, Hausdurchsuchungen und Gefangennahmen, und, auf der anderen Seite, der Beginn der Glaubensverbreitung außerhalb der Stadt des Tempels. Es ist ein Einschnitt, auf den Petrus in seinem zweiten Brief zurückblickt. Dort erörtert er die Frage des genauen Datums der Wiederkunft Christi, die von einigen Christen mit leidenschaftlicher Ungeduld erwartet wurde. Petrus weiß, dass jedes Berechnen sinnlos ist und einer ausdrücklichen Anweisung Jesu zuwiderliefe. Er warnt, und er greift einen Vorwurf der Ungeduldigen auf, seitdem »die Väter entschlafen sind, sei alles so geblieben, wie es seit Anfang der Schöpfung war« (2. Petrus 3,4). Viele Interpreten vermuten, dass Petrus und die von ihm Kritisierten hier an die Propheten und Patriarchen des Alten Testaments denken – denn so wird das »Väter«-Wort mehrfach im Neuen Testament gebraucht (Johannes 7,22; Römer 9,5; Hebräer 1,1; Apostelgeschichte 13,32). Andere, die vermuten, dass dieser zweite Petrusbrief eine gefälschte Schrift sei, die gar nicht von Petrus stamme, sehen hier einen verräterischen Lapsus des Fälschers, der auf die nunmehr insgesamt verstorbenen Apostel zurückblicke. Wahrscheinlich aber denkt der wirkliche Petrus, der gegen Ende seines Lebens schreibt (2. Petrus 1,14–15!) an die verstorbenen Väter des Glaubens, die ihm vorausgegangen waren. Zwei dieser Todesfälle hatte er direkt oder indirekt miterlebt: Eben den des Stephanus, ca. 33 n.Chr., dann den des Zebedäus-Sohnes Jakobus, der von Herodes Agrippa I. ca. 41 n.Chr. getötet wurde, und schließlich folgte die Ermordung des Jesus-Bruders Jakobus 62 n.Chr. Das reicht, um so zu schreiben, und es macht den Lesern vor allem eines deutlich: Niemandem steht es zu, die Wiederkehr Christi zu den eigenen Lebzeiten zu erwarten, wenn das schon fast ein gutes Vierteljahrhundert früher dem Stephanus nicht vergönnt war, der nun wirklich als eine Vater-Figur der hellenistischen Gemeinde verehrt und auch von der Gesamtgemeinde hoch angesehen wurde.

Die Verfolgung in Jerusalem trennt drei Gruppen: Jene, die fliehen mussten, jene, die ins Gefängnis geworfen wurden, und die Apostel, die frei blieben. Das Privileg der Freiheit in Jerusalem mag noch eine Spätfolge der Beschlussfassungen mit Gamaliel gewesen sein, und sie sollte wohl auch ein geschickter Schachzug sein. Denn ohne Gemeinde würde man die Apostel isolieren. Die ganze Jesusbewegung wäre ein Kopf ohne Körper gewesen. Die Strategie funktioniert nicht. Auch wenn wir nicht erfahren, was mit denen geschah, die ins Gefängnis kamen, wer genau sie waren und wie lange sie inhaftiert blieben, so ist doch schnell ersichtlich, dass die Maßnahmen der Verfolger, unter ihnen Saulus, das Gegenteil des Erwünschten bewirken. Auch die Apostel, oder doch einige von ihnen, allen voran Petrus, gehen nun auf Reisen und verbinden das Zentrum in Jerusalem mit den übrigen Provinzen. Die Tätigkeit des Philippus – der kein Apostel war – und einiger anderer Geflohener war nicht ganz risikofrei, denn innere Kritik konnte sich daran festmachen, dass Jesus selbst vor den Städten der Samaritaner gewarnt hatte (Matthäus 10,5; vgl. Lukas 9,51–56). In der Praxis muss sich erweisen, ob das Jesus-Wort grundsätzlich gilt, oder ob es eine Reihenfolge bezeichnen sollte – erst die Juden, dann die Samaritaner. Träfe diese letztere Deutung zu, dann hätten sie richtig gehandelt, fünf Jahre lang mit dem klaren Akzent auf innerjüdischer Arbeit unter gelegentlicher Einbeziehung der Gottesfürchtigen, die sich in den Synagogen versammelten. Nun könnte es an der Zeit sein, die Samaritaner aufzusuchen, die in anderen Zusammenhängen, da, wo es um einzelne Personen ging, auch von Jesus sogar als vorbildlich dargestellt wurden. Petrus will sich die Sache selbst ansehen. Es ist eine der Situationen, in denen sein apostolisches Gewicht den Ausschlag geben könnte. Die Jerusalemer Apostel sind sich einig: Petrus und Johannes sollen die bekehrten Samaritaner besuchen (8,14).

Johannes, der guten Grund hatte, sich davon zu überzeugen, dass die Samaritaner nicht das vernichtende Feuer vom Himmel verdienten, das er ihnen vor ein paar Jahren noch gewünscht hatte (Lukas 9,54), stellt zusammen mit Petrus schnell fest, dass tatsächlich noch etwas fehlt: Die Menschen sind zwar getauft, aber es fehlt ihnen noch der heilige Geist. Petrus selbst hatte in seiner Pfingstrede davon gesprochen, dass die Getauften den heiligen Geist empfangen würden (2,38). Durch Handauflegung wird das nachgeholt. Das ist keine Kritik an der Arbeit des Philippus, sondern nur eine Beschleunigung des angelaufenen Verfahrens. In der Pfingstrede war nicht gesagt worden, dass der heilige Geist erst durch apostolische Handauflegung kommt. Nun tritt aber auch noch einmal Simon der Magier auf, der wohl immer noch nicht ganz damit zufrieden ist, im zweiten Glied zu stehen. Immerhin ist ein Zauberkünstler, der mit magischen Tricks arbeitete, eine Attraktion. Für Simon scheint jedoch die Show, die er da veranstaltet, nicht ein Mittel der Hinführung zur Botschaft von Jesus zu sein – wie das sogar heute noch in christlichen Zaubererzirkeln praktiziert wird, die nicht Okkultes an sich haben; ihm geht es um den Selbstzweck der eigenen Größe. So halten ihn einige auch schon für einen geradezu göttlichen Mann (8,10), und die Bekehrung durch Philippus scheint ihm das noch nicht endgültig ausgetrieben zu haben.[241] Jetzt will er noch ein paar Tricks dazulernen, denn dafür hält er offenbar die Wunder der Apostel, und er bietet Petrus und Johannes Geld, um zu lernen, wie man mit Handauflegung den heiligen Geist vermittelt (8,18–19). Sein erster taktischer Fehler ist es, sich zu entlarven, ehe die beiden ihm selbst die Hand auflegten. So ist er noch kein vollgültiges Mitglied der Gemeinde, und er wird es nun auch nicht mehr. Sein zweiter Fehler ist die auch heute noch weit verbreitete Auffasssung, christlicher Dienst sei ein Job wie jeder anderer, in dem das Geld wichtiger ist als der Geist. Petrus sagt ihm ohne Umschweife, dass er sich durch sein Verhalten selbst verurteilt hat. Er hat sich die Verdammnis eingehandelt – das sagt das griechische Wort »*apôleia*«, das hier steht. Viermal greift Petrus gerade dieses Wort in seinem zweiten Brief wieder auf (2. Petrus 2,1; 2,3; 3,7; 3,16). Auch Jesus hatte es benutzt (Matthäus 7,13), aber nach ihm ist Petrus derjenige, der es am intensivsten verwendet. Die zweite der Briefstellen scheint sogar auf die Konfrontation mit Simon dem Magier anzuspielen: »Und aus Habsucht werden sie (die Irrlehrer) euch mit erdichteten Worten zu kaufen versuchen. Das Gericht über sie bereitet sich seit langem vor, und ihre Verdammnis schläft nicht« (2. Petrus 2,3).

Natürlich ruft Petrus ihn zur Buße auf. Leicht fällt es ihm nicht,

Hoffnung aufzubringen. »Flehe zum Herrn, ob dir das Trachten deines Herzens vergeben werden könne. Denn ich sehe, dass du voll bitterer Galle bist und verstrickt in Ungerechtigkeit« (8,22– 23). Doch jeder, auch ein Simon Magus, hat seine Chance zur Umkehr. Ergreift er sie? Wie es scheint, versucht er nur einen neuen Trick. Nicht er bemüht sich, zu flehen oder anderweitig Buße zu bezeugen. Nein, er fordert vielmehr Petrus und Johannes auf: »Bittet den Herrn für mich, dass nichts von dem über mich komme, was ihr gesagt habt.« Petrus, Johannes und auch Lukas ersparen sich einen Kommentar. Simon hat sich endgültig selbst entlarvt. In den Seiten der Apostelgeschichte erscheint er wie eine irrlichternde Gestalt aus dem Umkreis der vielen esoterischen Kulte, die schon seit vorchristlicher Zeit vor allem im griechischsprachigen Osten des Römischen Reichs ihr Unwesen trieben. Mit solchen Phänomenen muss sich das Christentum von Anfang an auseinandersetzen; der Abschnitt bei Lukas gewährt einen ersten, frühen Einblick. Außerhalb des Neuen Testaments begegnen wir diesem Simon Magus noch mehrfach wieder, als geschichtlicher Person und – wie wir noch sehen werden – als Widerpart des Petrus bei abenteuerlichen Flugübungen über dem Forum Romanum, in dem frühchristlichen Roman der ›Acta Petri‹ vom Ende des 2. Jahrhunderts.[242]

Petrus hat gezeigt, dass er auch außerhalb Jerusalems weiß, was zu tun ist. Er hat denen, die weiter in Samaria wirken, Hilfestellung und Hinweise gegeben. Er hat gezeigt, wie man mit der ersten Bedrohung umgeht, die von außerhalb des traditionellen Judentums kommt. Für den weiteren Weg der Verbreitung der Jesusbotschaft über Jerusalem hinaus ist das gerade in dieser frühen Phase von größter Bedeutung. Nun kehrt er mit Johannes wieder nach Jerusalem zurück. Unterwegs predigen sie »in vielen Dörfern der Samaritaner das Evangelium« (8,25).

V

Petrus, Paulus und der Weg nach Rom

Eine klassenlose Gesellschaft

Die Taufe des nubisch-äthiopischen Finanzministers durch Philippus und die Bekehrung des Paulus, das »Damaskus-Erlebnis«, sind die nächsten Höhepunkte der frühchristlichen Geschichte. Lukas ordnet sein Material abwechslungsreich genug, um stets neue Spannung aufzubauen. Erst nach mehreren Jahren kommt Paulus, der sich in Damaskus und dann in der Provinz Arabia aufgehalten hatte, nach Jerusalem und trifft sich ein erstes Mal mit den Aposteln (Apostelgeschichte 9,26–28; Galaterbrief 1,17). Petrus wird hier nicht namentlich genannt, aber es ist von »allen Jüngern« die Rede, die Paulus noch nicht recht trauten, sich sogar vor ihm fürchteten. Es fehlte ihnen noch der Beweis, dass die Bekehrung echt war. Gerade Petrus hatte ja erst kurz zuvor die schlechte Erfahrung mit dem Magier Simon gemacht, der nach einer Scheinbekehrung doch schnell wieder auf seine alten Tricks verfallen war. Sollte Paulus möglicherweise eine Art ›IM‹ sein, der die Urgemeinde von innen heraus kennenlernen wollte, um sie dann noch erfolgreicher bekämpfen zu können? Erst Barnabas, ein Vetter des späteren Evangelisten Johannes Markus, machte sich sachkundig und erläutert dann den anderen, wie glaubwürdig Paulus und seine Bekehrung tatsächlich sind. Danach läuft alles bestens, Paulus tritt sogar vorübergehend dort auf, wo der von ihm mit in den Tod getriebene Stephanus gewirkt hatte, unter den griechischen Juden. Erst als nun auch er in Lebensgefahr gerät, wird er zur eigenen Sicherheit von Gemeindemitgliedern in die Hafenstadt Caesarea Maritima gebracht, um sich nach Tarsus, in seine Heimatstadt, einzuschiffen.

Es ist eine kurze und unruhige Paulus-Episode, in der kurzfristig sogar Verfolgungsmaßnahmen wieder aufzuflackern drohten; der Zeitpunkt seiner großen Aktivitäten war vielleicht noch nicht gekommen. Und in Tarsus, der Universitätsstadt, hatte der gebildete römische Bürger Paulus eine Chance, auf direktem Wege, nicht im sensiblen Jerusalem, seine ›Heidenmission‹ zu erproben. Paulus wird ausgesandt, die Apostel zeigen ihm, dass die Autorität bei ihnen liegt, nicht beim Einzelgänger. Mission ist in diesen ersten, entscheidenden Jahren zwar immer wieder mit Einzelnen verbunden, aber sie wissen sich von der Gemeinschaft getragen und handeln nicht gegen den Konsens. Auch ein Petrus muss sich wenig später, nach der Rückkehr von der Taufe des Römers Cornelius, für eine riskante, innovative Aktion rechtfertigen, die nicht abgesprochen war, und er tut es – erfolgreich –, ohne sich in seiner Position angegriffen zu sehen. Jedenfalls stellt Lukas, der durchaus nicht pauluskritisch ist, ziemlich entwaffnend nach der Abreise des Paulus fest: »So hatte nun die Gemeinde Frieden in ganz Judäa und Galiläa und Samarien und baute sich auf und lebte in der Furcht des Herrn und wuchs unter dem Beistand des heiligen Geistes« (9,37).

Paulus selbst stellt die Begegnung ohne die etwas unrühmlichen Umstände der Abreise dar. Bei ihm erfahren wir, dass die Apostel, die er traf, nicht alle, sondern nur zwei waren: Paulus und Jakobus, »der Bruder des Herrn« (Galater 1,18–19). Vor allem Petrus wollte er kennenlernen, der mehr noch als Jakobus ein Garant der Überlieferung war. Jakobus konnte diese Informationen ergänzen, denn er kannte seinen Bruder aus der Zeit, ehe er seine öffentliche Tätigkeit aufnahm und Jünger zu sich berief. Von Petrus aber konnte Paulus alles Wesentliche über den irdischen Jesus erfahren, vom Anfang mit der Berufung am See Genezareth bis zur Himmelfahrt. Paulus nennt Petrus bei seinem aramäischen Namen »Kêphas« und bleibt mit einer Ausnahme bei dieser Namensform, die wir schon bei Johannes kennenlernten (Johannes 1,42).[243] Unsere Übersetzungen lassen die Stelle in Galater 1,18 wie eine Art obligatorischen Informationsbesuch aussehen, denn da klingt es so, als reiste Paulus nach Jerusalem, um die beiden Apostel einfach 'mal »kennenzulernen«. Petrus/Kêphas aber war mehr als eine Bekanntschaft – das griechische Wort »*historêô*«, das wir noch in deutschen Wörtern wie »historisch« wiedererkennen, wird von Paulus sicher mit Bedacht verwendet. Erst in der hellenistischen Literatur nach Paulus wird es zunehmend mit der Bedeutung des Kennenlernens benutzt, in älteren Quellen heißt es dagegen vor allem »Erkundigungen einziehen«. Und Paulus, der dieses Wort als einziger aller neutestamentlichen Autoren benutzt, deutet damit die ganze Vielschichtigkeit seines ersten Zusammentreffens mit Petrus an. Auf der einen Seite ging es um die Bekanntschaft mit dem »Felsen«, den er – aramäisch – auch selbst ausdrücklich so nennt. Auf der anderen Seite weiß er, dass seine eigene Mission, der Auftrag, den er bei Damaskus persönlich von Christus erhalten hatte, ohne eine solide historische Grundlage nicht zu leisten war. Fünfzehn Tage intensiver Schulung sind eine gute Ausgangslage. Paulus ging also nach Jerusalem, »um Petrus Erkundigungen einziehend kennenzulernen«. Stets wenn die Unabhängigkeit des Paulus betont wird, nicht zuletzt von ihm selbst, steht das also im Hintergrund: Seine Selbstständigkeit als Missionar basierte auf zwei Grundlagen – dem Auftrag Christi und den historischen Informationen, die Petrus ihm während jener zwei Wochen gab. In seinem ersten Brief an die Korinther drückt Paulus am deutlichsten aus, dass er sich dieser doppelten Verpflichtung bewusst ist (1. Korinther 15,3–11).

Vorerst sind Petrus und sein eingespieltes Team wieder unter sich, aber sie betreiben keine Nabelschau. Petrus nimmt erneut seine Reisetätigkeit auf und kommt zuerst nach Lydda, dem heutigen Lod beim Ben-Gurion Flughafen Tel Aviv, wo sich bereits einige Juden-Christen angesiedelt hatten, vielleicht in der Folge der Auftritte des Philippus (Apostelgeschichte 8,40). Die ganze Ebene von Sharon, zu der Lydda gehörte, hatte schon seit langem unter hellenistischem Einfluss gestanden; Petrus wusste also, dass er hier auf Menschen stoßen konnte, deren Judentum von griechischer Sprache und Kultur mitgeprägt war. Tatsächlich bringt ihn die Gemeinde von Lydda zu einem seit acht Jahren Gelähmten namens Äneas. Da lebte also jemand, den seine Eltern nach einem der großen Helden Homers und Vergils benannt hatten, und eine gewisse Ironie war für Leser der Apostelgeschichte des Lukas wohl darin zu entdecken, dass hier einer gelähmt im Bett lag, dessen Namensvorbild in der ›Ilias‹ des Homer ein Held war, dort die höchsten Ehren empfing (›Ilias‹ 11,58), Hektor gleichgestellt wurde (5,467) und unter dem Schutz Poseidons stand (20,307).[244]

Petrus heilt ihn gänzlich undramatisch, unter Berufung auf Jesus Christus, den wahren Heiler (9,34). Ähnlichkeiten mit der Heilung des Gelähmten durch Jesus in Kapernaum (Lukas 5,18–25) sind nicht zu übersehen. Wie schon oft zuvor wirkt das Wunder der Heilung auch auf die Umstehenden und alle, die davon erfahren: »Alle Bewohner von Lydda und der Scharon-Ebene sahen ihn und bekehrten sich zum Herrn« (9,35). Nach antiker Autorenmanier schreibt Lukas »alle«, um eine sehr große Zahl anzuzeigen; unser wörtliches Verständnis dieser Formulierung war von ihm sicher nicht beabsichtigt.

Rund neunzehn Kilometer von Lod entfernt liegt Jafo/Joppe,

heute ein malerischer Vorort von Tel Aviv, damals neben dem nördlichen Caesarea Maritima die südliche der beiden wichtigen Hafenstädte. Jafo war zu jener Zeit fast durchgehend hellenisiert, was heißt, dass dort viele Nichtjuden leben, aber auch die traditionellen Juden sich gegenüber griechischer Sprache und Kultur geöffnet hatten. Es war, mit anderen Worten, eine Ortswahl, die Petrus wieder ein Stück näher zum direkten Kontakt mit nichtjüdischen Gesprächspartnern brachte. Die erste Begegnung, noch in Jafo, ist allerdings ein scheinbar retardierendes Moment, denn die junge Christin, um die es dort geht, ist zweifellos Jüdin mit einem rein jüdischen Namen, Tabitha. Scheinbar – denn gerade Petrus war derjenige unter den Aposteln, der darauf achtete, dass bei aller Öffnung für das Außerjüdische der eigene jüdische Wurzelgrund, das Volk Israel, nicht vernachlässigt wurde. Betonte Jakobus später vor allem diese jüdische Seite, konzentrierte sich Paulus schließlich mehr und mehr auf die nichtjüdischen Zielgruppen, so berücksichtigte Petrus mit großer Sorgfalt beides. Sein Konflikt mit Paulus, der noch in Antiochia auf ihn zukommen würde, war nicht zuletzt durch diese Strategie des »Sowohl – als auch« geprägt, der Paulus zu diesem Zeitpunkt noch mit einem emphatischen »Entweder – oder« entgegenstand.

Lukas übersetzt den aramäischen Namen der Frau ins Griechische: »*Dorkás*«, die Gazelle, die nun krank und schließlich tot im Obergemach des Hauses liegt. Sie wird uns als eine typische jüdische Frau vorgestellt, die viele gute Werke tat, Almosen gab, den Witwen Röcke und Mäntel machte und vielleicht selbst Witwe war – jedenfalls alleinstehend, ungemein beliebt, das Herz ihrer Gemeinschaft. Erstaunlich ist nicht dies, denn solche Jüdinnen gab es viele, sicher auch unter denen, die sich zum Messias Jesus bekannten. Auffällig ist vielmehr, dass man sie nicht bestattet, sondern aufbahrt, im Obergemach des Hauses, also in dem Raum, der nach ursprünglichster frühchristlicher Tradition der klassische ›Gemeindesaal‹ war, und dann nach Petrus schickt, dessen Aufenthalt im benachbarten Lod sich herumgesprochen hatte. Das kann eigentlich nur heißen, dass man mit seiner Fähigkeit rechnete, seine besondere Nachfolge Jesu bis zu einer Auferweckung zu steigern. Und auffällig ist auch, dass Petrus keinen Augenblick zögert. Nur eins ist ihm wichtig, ehe er sich an die Arbeit macht: Alle anderen müssen den Raum verlassen. Darin tut er etwas mehr als Jesus bei dessen Auferweckung der

Tochter des Jairus, denn der hatte den engsten Kreis der Jünger in seiner Nähe belassen – Petrus, Johannes und Jakobus (Lukas 8,51). So kann Petrus nun auch aus der Erfahrung, bei einer Totenauferweckung in nächster Nähe dabeigewesen zu sein, zuversichtlich handeln.

Niederknien, Beten und die Aufforderung »Tabitha, steh auf!« – das ist schon alles. Wieder, wie schon bei der Heilung des Gelähmten, gibt es kein mystisch-magisches Zauberwerk. Petrus gebraucht wörtlich die gleiche Formel, mit der Jesus die Tochter des Jairus auferweckt hatte. Die Anrede – dort »Kind«, hier der Eigenname, dann der Befehl: hier »*anástêthi*«, dort »*égeire*«, was beides »Steh auf!« bedeutet und beides griechische Wörter sind, die an anderen Stellen von Lukas auch zur Beschreibung der Auferstehung Jesu gebraucht werden (Lukas 24,7; 24,34).[245] Wieder verbreitet sich die Nachricht, und mit dem Geschick des großen Schriftstellers nimmt Lukas nun gerade hier alle Gefahr einer Überzeichnung, wie sie mysteriengläubige Leser vielleicht erwartet hätten, fast unauffällig aus seiner Berichterstattung heraus: Bei der schlichten Krankenheilung hatten noch ganz Lod und die ganze Sharon-Ebene – also die Landschaft bis hinauf zum Karmel-Gebirgszug, davon gehört, und alle bekehrten sich zum Herrn. Hier aber, immerhin nach einer Totenauferweckung, hört »nur noch« die Stadt Jafo davon, und nur noch »viele« kommen zum Glauben. Nach dem literarischen Verfahren antiker Historiographie bezeichnen, wie gesehen, solche Formulierungen keine präzisen Zahlen, sondern die allgemeine Angabe einer weitflächigen Auswirkung. Die Feinheit der lukanischen Darstellung liegt darin, dass er die Erwartungshaltungen einfach umkehrt. So kann ihm niemand den Vorwurf der Manipulation des Belegmaterials oder der Aufheizung von frühchristlichen Erfolgsemotionen machen. Und er fügt sofort die nächste Pointe hinzu: Nach all dem zieht sich Petrus nicht in die Stille zurück oder reitet auf der Welle des Erfolgs von Heilung zu Heilung. Er sucht sich eine Wohnung in Jafo und zieht zu einem Mann, der unter orthodox frommen Juden als unrein galt, zu einem Gerber.

Rein oder unrein, das ist hier die Frage

Bei seinem Namensvetter Simon, dem Gerber, konnte Simon Petrus die frische Seeluft genießen, denn er hatte sein Haus am Meer (Apostelgeschichte 10,6). Das entspricht nicht ganz der Lage des Hauses, dessen Türschild heute den wissbegierigen Touristen verrät, wo die beiden damals wohnten – aber es entspricht umso mehr der ein wenig vom Stadtzentrum abgetrennten Situation, wie man sie für den Vertreter eines als nicht ganz koscher angesehenen Berufsstands vermuten würde. Seit in der Torah festgelegt wurde, dass bis zum Abend unrein ist, wer das Aas von Tieren anrührt (3. Mose 11,39–40), galten in frommen Kreisen die Gerber als unrein. Natürlich waren sie deswegen keine Ausgestoßenen oder ›Aussätzigen‹, aber es war für einen orthodoxen Juden wie Petrus schon eine auffällige Geste, ausgerechnet bei einem Gerber Quartier zu nehmen. Als plötzlich Abgesandte eines römischen Hauptmanns in der Stadt auftauchen und nach dem Haus fragen (10,17–18), mag sie das sogar beruhigt haben, kamen sie doch von einem Auftraggeber, der seinerseits in jüdischen Augen nicht völlig rein war.

Die Abgesandten kamen von einem gewissen Cornelius, einem Hauptmann der Italischen Kohorte, der sein Haus in Caesarea Maritima hatte und ein »Gottesfürchtiger« war (10,2). Mit diesem Ausdruck – griechisch »phoboúmenos ton theón« – bezeichnet Lukas Nichtjuden, die sich dem jüdischen Glauben weit angenähert hatten, aber nicht konvertiert waren. Es war für einen hochrangigen Römer zu dieser Zeit kein Nachteil, dem Judentum nahezustehen. Seit Julius Cäsar genossen Juden im Römischen Reich Privilegien. Man nahm sie nicht ganz für voll, angesichts ihrer aus römischer Sicht eigentümlichen Feiertagsgewohnheiten, und es kam auch zu vorübergehenden Vertreibungen aus Rom (139 v. Chr., 19 n. Chr.). Aber zum Zeitpunkt der Begegnung mit Petrus, das heißt vor dem Konflikt zwischen Juden und Judenchristen in Rom, der 49 n. Chr. zu einer weiteren Vertreibung der Führungsschichten beider Gruppen aus der Hauptstadt führte (Apostelgeschichte 18,2), und vor dem ersten großen Aufstand gegen die Römer im Heiligen Land (66–73 n. Chr.) galt das Judentum unter Römern als eine von vielen religiösen Optionen. Die Frau Kaiser Neros, Poppäa, galt beispielsweise als »Gottesfürchtige«.[246] Nicht seine dem jüdischen Glauben sehr nahe stehende Frömmigkeit war also auffällig, sondern seine Bereitwilligkeit, sich für die Jesusverkündigung zu interessieren. Um 35 n. Chr. galt das Christentum natürlich noch zu Recht als eine messianische Bewegung innerhalb des Judentums, aber das Risiko, auf das Cornelius sich einließ, war nicht zu übersehen: Der Gründer und Anführer dieser Bewegung war von den Römern als Verbrecher hingerichtet worden.

Mit Sicherheit war Cornelius nicht beschnitten (11,3). Dem orthodoxen Judentum galten Gottesfürchtige wie er daher formell weiter als Heiden.[247] Cornelius und sein ganzer Haushalt waren dennoch unbestritten fromme Monotheisten, und nicht zuletzt aus diesem Grund werden sie einer Erscheinung gewürdigt. Ein Bote Gottes trägt ihm auf, Petrus aus Jafo nach Caesarea holen zu lassen. Offenbar ist Cornelius bereits so sehr mit jüdischen Besonderheiten vertraut, dass ihn das nach dem ersten Erschrecken gar nicht weiter wundert. Und Lukas setzt voraus, dass auch sein Widmungsempfänger Theophilus und die meisten jüdisch-griechischen Leser seines Buchs damit keine Probleme haben. Er geht ganz einfach zur Tagesordnung über und notiert, dass Cornelius tut, was ihm gesagt wurde, und zwei Knechte zusammen mit einem »frommen Soldaten« losschickt, um Petrus zu holen.

Einmal mehr fällt die Sachkenntnis des Lukas auf. Viele seiner Leser, vor allem aber zuvor schon der unmittelbar beteiligte Petrus, der seine Erfahrungen mit römischen Hauptmännern, Dienern und Soldaten bereits in Kapernaum gesammelt hatte, konnten jenen Cornelius und sein Umfeld bestens einordnen. Er trug einen im Römischen Reich weit verbreiteten Namen. Einer seiner Vorfahren dürfte zu den 10 000 Freigelassenen des Publius Cornelius Sulla gehört haben, die 82 v. Chr. in die »gens Cornelia« aufgenommen wurden. Von diesem Zeitpunkt an waren sie berechtigt, den Gentilnamen, das heißt den Namen der Sippe zu tragen: Cornelius. So wurden sie zu Angehörigen des größten römischen Patriziergeschlechts mit zahlreichen Zweigen, unter ihnen Lentulus, Nepos, Scipio, Sulla. Auch der Historiker Tacitus, mehr als ein halbes Jahrhundert nach unserem Hauptmann, war ein Cornelius. Da aber vom Hauptmann nur dieser Gentilname überliefert ist, wissen wir nicht mehr, wohin er im engeren Sinne verwandtschaftlich gehörte. Immerhin hatte er es zum Offizier gebracht; als »Centurio« war er Kompaniechef einer Einheit, die formal aus einhundert Mann bestand. In der größten Armeeeinheit, der Legion, dienten zu seiner Zeit sechzig Centurionen, deren ranghöchster ein »Primipilus« war. Sechs, mitunter zehn Zenturien bildeten eine Kohorte. Und wir wissen, dass Cornelius zur Italischen Kohorte gehörte.[248] Am Standort Caesarea war er folglich einer von zehn kommandierenden Offizieren.

Die »Italische« war eigentlich eine Hilfskohorte. Eine Inschrift bestätigt, dass sie als »Cohors II Italica Civium Romanorum« zumindest vorübergehend auch im benachbarten Syrien stationiert war und später bis nach Petronell im heutigen Österreich versetzt wurde. Ihr Kern, zumindest ursprünglich und in den Offiziersrängen, bestand – wie der Name sagt – aus römischen Bürgern, was in den Einheiten, die im Osten des Römischen Reichs ausgehoben wurden, nicht die Regel war.[249] Cornelius, den wir somit nicht nur als Angehörigen einer berühmten Sippe, sondern auch als römischen Bürger vor Augen haben, war wohl etwa Anfang bis Mitte Vierzig, als er nach Petrus schickte – ab Mitte Dreißig konnte ein Berufsoffizier Hauptmann werden, und hier ist von einem bereits etablierten kommandierenden Offizier mit eigenem, größerem Hausstand und einem gut funktionierenden Umfeld die Rede. Petrus und Cornelius waren daher ungefähr gleichaltrig.

Cornelius repräsentiert noch einen Bereich der Kontakte zwischen den ersten Christen und ihren Zielgruppen, und wir sollten uns daran noch einmal erinnern: Wie schon der äthiopisch/nubische Finanzminister, der kurz zuvor von Philippus getauft worden war, ist er Angehöriger einer oberen Gesellschaftsschicht. Der alte Mythos von einer Religion, die unter den Armen, Unterprivilegierten, Ungebildeten, also gleichsam Ahnungslosen und Marginalisierten wuchs, lässt sich nicht aufrechterhalten. Sicher war später vor allem außerhalb Israels die Gleichberechtigung der Frauen in den Gottesdiensten eine Neuerung gegenüber dem Judentum wie auch gegenüber den heidnischen Kulten, sicher machten die klassenlose Gesellschaft in den Gemeinden und ihre Fürsorge für die Schwachen das Christentum attraktiv und trugen erheblich zum schnellen Wachstum vor allem unter Nichtjuden bei. Aber das geschah nicht auf Kosten der anderen, und die ersten Jahre der missionarischen Tätigkeit zeigen das mit Nachdruck. Der Hauptmann Cornelius ist dafür ebenso ein Beispiel wie der Finanzminister der ›Kandake‹, oder der Stadtkämmerer von Korinth, ein Mann namens Erastos (Römer 16,23), der durch eine erhaltene Inschrift bezeugt ist.[250] Für die ersten christlichen Missionare mit ›Außenwirkung‹, namentlich Philippus und Petrus, gibt uns das ein wichtiges Indiz: Wir sehen, dass sie nicht nur ohne Berührungsängste vor Nichtjuden waren, sie hatten auch keine Berührungsängste oder Minderwertigkeitskomplexe gegenüber den Höhergestellten und Mächtigen. Selbstverständlich war das nicht, auch nicht bei Petrus, und es ist zumindest ein indirektes Indiz für die tiefe Überzeugung von der gottgewollten Wahrheit dessen, wofür sie eintraten.

Lukas hätte die Geschichte auch als Ablauf ›normaler‹ Vorgänge erzählen können, ohne ihrer Wirkung etwas zu nehmen. Cornelius erfährt von Juden, die, von Wundern begleitet, den bereits gekommenen Messias verkünden, er erfährt, wer dieser Messias ist – ein von seinen Kollegen Hingerichteter, wird umso neugieriger und lässt nach dem Leiter dieser Bewegung schicken, Petrus nämlich, der sich seinerseits eine solche Gelegenheit nicht entgehen lässt. Hätte Lukas so angefangen, wären die Rede des Petrus und die anschließende Taufe des Cornelius und seines Hauses kaum weniger dramatisch gewesen, und auch das kontroverse Thema der Tischgemeinschaft mit den nicht ganz koscher essenden Heiden wäre nicht verschwunden. Anders gesagt: Lukas hätte es sich einfacher machen können, auch gegenüber seinem ersten Leser, der Exzellenz Theophilus. Aber da er nichts erfinden will, geht er den unbequemeren Weg und beschreibt das Geschehen mit ihren Begleiterscheinungen, die sich einer rationalisierten Wirklichkeitsdeutung entziehen. Wie Cornelius durch die Erscheinung eines Engels den Impuls erhält, nach Petrus zu schicken, wird Petrus durch eine Stimme und ein Bild vom Himmel vorbereitet. Und Lukas betont, dass beides nicht ganz willkürlich geschieht – denn so wie Cornelius sich mitten im traditionellen Nachmittagsgebet um 15.00 Uhr befand, hat sich Petrus nach häufigem jüdischem Brauch zum Gebet auf das Dach des Hauses zurückgezogen und betet das Mittagsgebet, das unter Juden seit dem Beispiel Daniels (Psalm 55,18) viele Anhänger gefunden hatte. Im Gebet rechnet man mit dem Wort und der Tat Gottes. Kein jüdischer oder jüdisch-christlicher Leser hätte also Anstoß daran genommen, bei Lukas zu lesen, dass genau dies geschieht.

Was Petrus erlebt, ist ein weiteres Beispiel für Humor im Neuen Testament, sogar für Gottes eigenen Sinn für Humor. Petrus hat Hunger, es ist, gegen Ende des Gebets, Essenszeit. Unten bereitet man ihm einen Imbiss vor. Genau in diesem Augenblick sieht er in einer Art Trance (10,10: »*ékstasis*«) ein vom Himmel herabgelassenes Tragetuch aus Leinen mit einer Ansammlung von Tieren, von denen einige nach den Geboten der Torah unrein waren (10,11–12; vgl. 3. Mose 11,2–47). Die Stimme befiehlt ihm: »Steh auf, Petrus, schlachte und iss!« Er vermutet natürlich, dass der Herr ihn auf die Probe stellen will. »Oh nein, Herr, denn ich habe noch nie etwas Verbotenes und Unreines gegessen!« Und da kommt die Pointe, wieder in der himmlischen Stimme: »Was Gott rein gemacht hat, das nenne du nicht verboten!« Petrus muss darüber nachdenken, aber nicht, weil hier etwas völlig Unjüdisches von ihm verlangt wäre, das sein grundsätzliches, ein Leben lang praktiziertes Alltagsjudentum in einem ganz entscheidenden, noch heute charakteristischen Bereich radikal verändern würde. Was er hier erlebt, war vielmehr eine Weiterentwicklung, eine ins Positive gewendete Anwendung des Negativen, das vom Propheten Hesekiel beschrieben worden war und einem Mann wie Petrus geläufig sein musste. Denn in der bildhaften Darstellung des Gerichts über Jerusalem sagt Gott zu Hesekiel: »So sollen die Israeliten ihr unreines Brot essen unter den Heiden, zu denen ich sie verstoßen werde«, und Hesekiel protestiert: »Ach, Herr, Herr! Siehe, ich bin noch nie unrein geworden, denn ich habe von meiner Jugend an bis auf diese Zeit niemals Fleisch von einem gefallenen oder zerrissenen Tier gegessen, und nie ist unreines Fleisch in meinen Mund gekommen« (Hesekiel 4,13–14).

Petrus denkt also nach und beginnt zu verstehen, dass aus dem Gericht und der Verstoßung nun das Heilsangebot und die Einbeziehung der ehemals nur als Gegner und Unterdrücker verstandenen Heiden geworden ist. Das »unreine« ist nicht unrein, wenn sich Juden und Nichtjuden gemeinsam dem Herrn zuwenden – und Petrus kann sich daran erinnern, dass schon Jesus den Weg zu dieser Erkenntnis vorbereitet hatte: »Es gibt nichts, was von außen in den Menschen hineingeht, das ihn unrein machen könnte«, hatte er den Jüngern, den Pharisäern und den Schriftgelehrten in Galiläa erklärt, »sondern was aus dem Menschen herauskommt, das macht ihn unrein« (Markus 7,15). Und Petrus kann kaum vergessen haben, wie

Jesus ihnen das etwas später noch einmal in Ruhe erläuterte: »›Seid ihr denn auch so unverständig? Merkt ihr denn nicht, dass alles, was von außen in den Menschen hineingeht, ihn nicht unrein machen kann? Denn es geht nicht in sein Herz, sondern in den Bauch, und wird ausgeschieden.‹« Und es folgt ein erläuternder Einschub des Markus, der sicher auf Petrus selbst zurückgeht: »Damit erklärte er alle Speisen für rein. Und er sprach: ›Was aus dem Menschen herauskommt, das macht den Menschen unrein. Denn von innen, aus dem Herzen der Menschen, kommen böse Gedanken, Unzucht, Diebstahl, Mord, Ehebruch, Habgier, Bosheit, Arglist, Ausschweifung, Missgunst, Verleumdung, Hochmut, Unvernunft. Alle diese bösen Dinge kommen von innen heraus und machen den Menschen unrein« (Markus 7,18–23). Genau im Augenblick des Nachdenkens klopft es unten an die Tür: Die Boten des Cornelius sind eingetroffen.

Die Besucher werden zur Übernachtung eingeladen – eine Geste der Gastfreundschaft mit weitreichender Bedeutung, denn auf diese Weise ist der nicht ganz reine Gerber Simon zusammen mit Petrus der Gastgeber der ›unreinen‹ Römergruppe. Bevor Petrus zwei Tage die Gastfreundschaft der Römer in Anspruch nimmt, hat er bereits den Anfang gemacht. Ein kleines Detail verrät, dass er sich der Bedeutung dieser Geste bewusst ist: In Caesarea erläutert er dem Cornelius, dass ihm von Gott gezeigt worden war, »dass ich keinen Menschen meiden oder unrein nennen soll« (10,28). Hier wird also bereits die unmittelbare Anwendung auf die Tiere und das Essen – darum ging es ja in der »*Ekstasis*«-Ekstase – auf Menschen übertragen. Das war im Grunde nur eine Weiterführung der früheren Erfahrung, denn auch der Mensch Simon der Gerber galt als nicht ganz koscher, nicht etwa wegen etwaiger persönlicher Defizite, sondern wegen der Dinge, mit denen er in Berührung kam. Wichtig ist, dass Petrus offenbar als Ergebnis seines Nachdenkens den Bogen schlägt von der Freiheit, Unreines zu essen, zur Freiheit, uneingeschränkt mit Menschen zu verkehren, die außerhalb der engeren, reinen, jüdischen Gemeinschaft stehen. Die Gruppe reist am nächsten Tag nach Caesarea. Mit der charakteristischen Liebe für das Detail notiert Lukas, dass die Rückreise länger dauerte, denn nun sind nicht mehr allein die Diener des Cornelius unter Führung eines durchtrainierten Soldaten unterwegs, sondern auch Petrus und vor allem sechs Glaubensgeschwister aus Jafo (10,23 mit 11,12). Es sieht so aus, als hätte

Petrus für diese neue strategische Herausforderung Zeugen seines Vertrauens dabeihaben wollen.

Cornelius, der fromme Gottesfürchtige, behandelt Petrus wie einen Boten Gottes und fällt vor ihm nieder. Das war in der griechisch-römischen Umwelt die Art, einem »göttlichen Mann« oder »*theios anêr*« Ehrfurcht zu bezeugen.[251] Ähnlich wie bei einem späteren Erlebnis in Lystra auch Barnabas und Paulus mit göttlicher Macht in Verbindung gebracht werden und sich vehement gegen solche Ehrfurchtsbezeugungen wehren (Apostelgeschichte 14,11–15), weist Petrus die Ehrerbietung durch Cornelius höflich, aber bestimmt zurück. Als Werkzeug Gottes, selbst als Bote Gottes, ist er doch »auch nur ein Mensch«, worin er sich eben von Jesus unterscheidet. Vor der versammelten Familie und den Bediensteten des Hauptmanns folgt ein Dialog, in dem Petrus und Cornelius sich und den anderen noch einmal das bisher Geschehene erzählen. Cornelius ist gut informiert. So kann Petrus seine eigentliche Darlegung der Kernaussagen über Gottes Gesalbten, der gekreuzigt und von Gott auferweckt wurde – sehr körperlich, nicht nur als Vision, denn er aß und trank mit ihnen –, mit einem kleinen Kompliment einleiten: »Ihr wisst, was geschehen ist …«. Seine Rolle ist die Interpretation des Geschehenen, die Betonung der Augenzeugenschaft, der Hinweis auf die Erfüllung alter Prophetien. Und er leitet das mit einem Bekenntnis ein: »Nun erfahre ich in Wahrheit, dass Gott nicht die Person ansieht, sondern in jedem Volk derjenige willkommen ist, der ihn fürchtet und tut, was recht ist« (10,35).

Wie außergewöhnlich die ganze Situation trotz aller Vorbereitungen für die Juden-Christen immer noch ist, und wie bedeutend sie als Durchbruch für die Geschichte des frühen Christentums sein wird, bleibt nicht lange verborgen: Kaum hat Petrus geendet, fällt spürbar für alle der heilige Geist auf die Anwesenden nieder, »und die gläubig gewordenen Juden, die mit Petrus gekommen waren, entsetzten sich, weil auch auf die Heiden die Gabe des heiligen Geistes ausgegossen wurde« (10,45). Sie stehen erst am Anfang des Lernprozesses. Petrus ist bereits weiter, und Lukas verdeutlicht diese Entwicklung, auch als Interpret des Geschehens, durch das unscheinbare Wort »Volk«, das er in diesem Bericht mehrmals wiedergibt. Denn die beiden griechischen Wörter, die er dafür benutzt, machen hier ebenso wie die Einstellung der Menschen in Caesarea einen Wandel durch:

Am Ende seiner Rede sagt Petrus, Gott habe den Aposteln geboten, »dem Volk zu predigen und zu bezeugen, dass er (Jesus) von Gott bestimmt ist zum Richter der Lebenden und der Toten« (10,42). Wer die deutschen Übersetzungen liest, vermutet hier, dass von allen denkbaren Menschen die Rede ist, eben »dem Volk«. Das griechische Wort »*laós*« bezeichnet jedoch schon im griechischen Alten Testament, der ›Septuaginta‹, und dann auch in den Schriften des Neuen Testaments fast ausschließlich das Volk Israel. Für »Volk« im umfassenderen Sinn steht den Autoren ein anderes, meist im Plural gebrauchtes Wort zur Verfügung, »*éthnos*«, das wir noch in Begriffen wie »ethnisch« oder »Ethnologie« wiedererkennen. Wie beide Wörter gegeneinander gestellt sind, kann man zum Beispiel in Apostelgeschichte 26,17 sehen. Da sagt der erhöhte Christus auf der Straße nach Damaskus zu Saulus/Paulus: »Ich will dich von deinem Volk und von den Völkern retten, zu denen ich dich sende.« Die meisten Übersetzungen geben das zweite Wort etwas hilflos interpretierend mit »Heiden« wieder, aber da steht »*ethnôn*«, während das Volk, dem Paulus angehört, als »*laós*« bezeichnet wird.[252] Nähme man das hier in Caesarea Maritima nun wörtlich, dann hieße das, Petrus spräche vor Cornelius und seinem »heidnischen« Haushalt von einem Missionsauftrag Jesu, der sich nur an die Juden richtet. Ganz so einfach ist die Sache allerdings nicht:

Schon zu Beginn seiner Rede hatte Petrus ausdrücklich festgestellt, dass Gott nicht die Person ansieht, sondern dass ihm in jedem Volk der lieb ist, der ihn fürchtet und tut, was recht ist. »Volk« ist hier »*éthnos*«, was wir auch erwarten würden, denn es ist ja nicht ausschließlich von Juden die Rede. Aber es ist auch klar, dass hier Gottes Zuneigung zu diesem nichtjüdischen Volk erläutert wird. Zuerst kommt Israel (10,36), dann aber »alles Volk«. So ist am Anfang der Rede der Bedeutungswandel bereits vorbereitet, und am Ende ist die Sache klar: »Gott aber hat ihn am dritten Tage auferweckt und hat ihn erscheinen lassen nicht dem ganzen Volk (»*panti tô laô*«), sondern uns, den von Gott vorher erwählten Zeugen (10,40–41). So ist hier »*laós*/Volk« nicht mehr nur das Wort für die Kinder Israels, sondern das Wort für die tatsächliche und die potenzielle Gemeinschaft von Menschen, die zu Nachfolgern Jesu werden, und zwar unabhängig von ihrer sonstigen »Volks«- oder Nationalitäten-Zugehörigkeit. Als Petrus vom Auftrag Jesu spricht, »dem Volk zu predigen«, ist der Exklusivitätsanspruch bereits verschwunden.

Dass wir hier nicht zu viel in ein harmloses, kleines Wort hinein-
deuten, wird einige Jahre später deutlich, auf dem sogenannten
Apostelkonzil in Jerusalem, 48 n. Chr. Petrus hält die Eröffnungsrede (15,7–12): Mit allem Nachdruck macht er klar, dass es vor Gott
keinen Unterschied gibt zwischen Juden und Heiden. Jakobus, der
Herrenbruder, der sehr bewusst als Judenchrist die jüdischen Traditionen hervorhebt, stimmt ausdrücklich zu (15,14). »Simon hat
erzählt«, beginnt er seinen Diskussionsbeitrag, »wie Gott zum ersten Mal die Heiden (die Völker, »*ethnoi*«), gnädig aufgerichtet hat,
um aus ihnen ein Volk für seinen Namen zu gewinnen.« Das »eine
Volk« – es ist griechisch »*laós*«, das früher nur Juden meinte. Petrus
selbst bekräftigt das noch einmal in seinem ersten Brief. Alle Gläubigen, unabhängig von Nationalität, Stamm oder sonstiger Definition, sind ein Volk, wenn sie an den Messias Jesus glauben. »Ihr
aber seid das auserwählte Geschlecht, die königliche Priesterschaft,
das heilige Volk (»*éthnos*«), das Volk (»*laós*«), das Eigentum (Gottes)
… die ihr einst nicht ›ein Volk‹ wart … einst gab es für euch kein
Erbarmen, jetzt aber habt ihr Erbarmen gefunden« (1. Petrus 2,9–
10). So hört auch Paulus noch die Stimme Jesu, die ihn in Korinth
ermutigt: »Fürchte dich nicht … denn ich habe ein großes Volk
(»*laós*«) in dieser Stadt« (Apostelgeschichte 18,9–10). Und mit ent-
sprechender Konsequenz gebraucht er den Begriff selbst so im Titusbrief 2,14.

Die Rede, die Petrus in Caesarea Philippi hält, markiert einen
Wendepunkt in der Geschichte des frühen Christentums. Sie ist
möglicherweise die wichtigste aller Reden in der Apostelgeschichte.
In ihr ist das Evangelium in seinen Grundsätzen enthalten, knapper
und zugleich direkter kann eine Zusammenfassung dieser Botschaft
kaum sein. Die Kernaussagen und die Auslegung der Prophetien ist
hier gebündelt vorhanden; alles, was folgt, verdankt sich diesem Beginn. Die Juden bleiben in ihren Rechten, die ›Heiden‹ kommen
hinzu, »alle Völker« sind einbezogen in die Heilsbotschaft für Israel
(vgl. Markus 13,10; Matthäus 28,19). Der Mut des Petrus, überhaupt
nach Caesarea zu gehen, führt zum Beweis, dass er tatsächlich so etwas wie ein Fels geworden ist, der auch solchen schwierigen Situationen standhält. Es war ja nicht so, dass Cornelius und seine Leute
ihm feindlich gegenübergestanden hätten, in Gegenteil – aber die negativen Folgen einer anbiedernden, den Römern entgegenkommen-

den Rede und Verhaltensweise wären in dieser Phase der Entwicklung katastrophal gewesen.

Lukas schätzt den Wert des »O-Tons« so hoch ein, dass er an der Sprache des Petrus nichts glättet. Es ist eindeutig die Rede eines im wesentlichen noch aramäisch denkenden, hier aber vor den Römern und ihren Leuten natürlich griechisch sprechenden Mannes. Und wir können uns ohne weiteres vorstellen, wie einer der anwesenden Diener des Cornelius, der wie damals üblich die wichtigsten Reden oder Redeteile mitstenographierte, die Mitschrift aufbewahrte, in Langschrift übertrug und dem sorgfältig recherchierenden Lukas (Lukas 1,1–2) zur Verfügung stellte.[253]

Petrus ordnet an, Cornelius, seine Angehörigen und Bediensteten im Namen Jesu Christi zu taufen. Es ist ein direkter Weg vom ›Heidentum‹ zum Christentum. Hier, an diesem Wendepunkt, ist ebensowenig wie kurz zuvor bei Philippus und dem Nubier/Äthiopier von einer Beschneidung der Männer und von der Verpflichtung zu koscherem Essen die Rede. Das wird noch nicht einmal thematisiert. Erst später, als die alteingesessenen Juden in der Urgemeinde sich immer mehr in ihrer Identität zurückgedrängt glaubten, wurde das zu einer notwendigen Frage der Selbstdefinition. Für Petrus scheint jedenfalls die Freiheit von der rigiden Genauigkeit koscherer Speisegebote auch die Freiheit des Verzichts auf die Beschneidung Neubekehrter einzuschließen. Der heilige Geist und die Taufe im Namen Christi reichen für Männer und Frauen, ohne Unterschied und ohne physische Eingriffe. Als alles getan ist, wird der Lehrer Petrus von Cornelius gebeten, noch einige Tage zu bleiben. Es ist noch viel zu fragen, zu diskutieren, zu lernen.

Die Grenzen überwinden

In Jerusalem herrschte Unruhe. Die tödlich ausgegangene Missionsarbeit des Stephanus, des ›Hellenisten‹, hatte zur Verfolgung und zu selbstkritischen Fragen geführt. Durfte das Wirken des Stephanus als Pionierleistung anerkannt werden?[254] Riskierte Petrus nicht zu viel, wenn er nun noch weiter ging? Der Wiederaufbau des Gemeindelebens in Jerusalem hing auch davon ab, dass man einen akzeptablen ›modus vivendi‹ mit dem Sanhedrin und anderen Juden in Jerusalem fand. Die Aufnahme von unbeschnittenen ›Heiden‹ in die jüdisch-christliche Gemeinschaft musste das aus der Sicht vieler Urgemeindemitglieder gefährden. So bemühten sie sich, das alte Terrain zu verteidigen. Die Nachricht vom Erfolg des Petrus hatte sich schnell verbreitet, und dadurch wurde es zu einer Grundsatzfrage: jetzt mitziehen, oder zurückrudern, oder abwarten, während einige ›draußen‹ experimentierten? Kaum war Petrus zurück in Jerusalem, musste er sich diesen Fragen stellen.

Petrus berichtet den ganzen Vorgang, und wie bei anderen Ereignissen von höchster Bedeutung für die Urgemeinde – zum Beispiel der insgesamt dreimal berichteten Bekehrung des Saulus/ Paulus vor Damaskus – lässt sich Lukas die Gelegenheit nicht entgehen, den gesamten Hergang erneut nachzuzeichnen. Einige Abschnitte sind nun zum dritten Mal zu lesen, denn schon gegenüber Cornelius hatte Petrus ausführlich von seiner Vision auf dem Dach des Gerber-Hauses erzählt, die den Lesern des Lukas bereits bekannt war. Und wieder einmal sehen wir, mit welchem literarischem Bewusstsein Lukas seine Apostelgeschichte verfasst. Auch hier rechnet er mit dem Brauch, Schriftstücke vor einem versammelten Kreis laut vorzulesen, und wie wir bereits oben sahen, weiß er aus Erfahrung, wie wichtig die ›Redundanz‹, das mehrfache Wiederholen wichtiger Abschnitte, für Hörer ist, die nicht mitlesen oder zurückblättern können. Was nun Petrus den versammelten Aposteln und den anderen in Jerusalem vorträgt, ist alles andere als eine Verteidigungsrede. Er tritt selbstsicher und überzeugt von der gottgewollten Richtigkeit seines Handelns auf. Eine kleine, persönliche Note, die zugleich einen strategischen Hinweis enthält, lässt er sich nicht entgehen:

Er beschreibt seine Ansprache vor dem versammelten Haushalt des Cornelius und sagt: »Als ich aber anfing zu reden, fiel der heilige Geist auf sie – ebenso wie am Anfang auf uns« (Apostelgeschichte 11,15). Zwei Schlussfolgerungen sollen die versammelten Mitglieder der Urgemeinde daraus ziehen: Die offene Bereitschaft, einen Apostel aufzunehmen und der apostolischen Predigt aufnahmewillig zu folgen, ist dem heiligen Geist Voraussetzung genug. Und: Diese Bestätigung durch den heiligen Geist hat den gleichen Rang, die gleiche Qualität wie das, was die versammelte Gemeinde zu Pfingsten im Obergemach erfuhr. Petrus schließt: »Da aber dachte ich an das

Wort des Herrn, als er sagte: ›Johannes hat mit Wasser getauft, ihr aber sollt mit dem heiligen Geist getauft werden.‹ Wenn nun Gott ihnen die gleiche Gabe gegeben hat wie auch uns, die wir zum Glauben an den Herrn Jesus Christus gekommen sind – wer war ich, dass ich Gott wehren konnte?« Petrus hat eine schlüssige Beweiskette vorgeführt. Was das in der Praxis vor allem für das Leben in Jerusalem bedeuten würde, muss sich nun erst noch zeigen. In der Sache gibt es jedenfalls keine Möglichkeit, sich den Konsequenzen zu verweigern. »Als sie das hörten, beruhigten sie sich, lobten Gott und sagten: ›So hat Gott auch den Heiden die Umkehr geschenkt, die zum Leben führt.‹« Aus ihrer Sicht ist das allerdings eher eine passive Schlussfolgerung. Gott hat den Heiden das geschenkt – aber müssen wir es deswegen zu unserer eigenen Priorität machen? Im Schatten des Jerusalemer Tempels scheint die Antwort darauf, unausgesprochen, aber unüberhörbar, ein noch recht zurückhaltendes »Jein« zu sein.

Außerhalb Jerusalems gab es weniger Vorbehalte. Einige von denen, die man nach der Ermordung des Stephanus vertrieben hatte, waren nach Antiochia gegangen. Die Hauptstadt der syrischen Provinz war mit ihren rund 500 000 Einwohnern nach Rom und Alexandria die drittgrößte Stadt im Römischen Reich. Die Kommunikation zwischen Caesarea, Jerusalem und Antiochia war prompt (Apostelgeschichte 11,1; 11,22). Als die Christen in Antiochia von der autoritativen Vorgehensweise des Petrus hörten, sahen sie das als eine Bestätigung ihrer eigenen Arbeit unter Nichtjuden. Es war eine internationale Mischung, denn auch Christen aus Zypern – der Heimat des Barnabas (Apostelgeschichte 4,36) – und aus der Kyrenaika – der Heimat des Symon von Kyrene und seiner Söhne Alexander und Rufus (Markus 15,21) – waren in Antiochia eingetroffen, um die ›Heidenmission‹ als Teilaspekt der Verkündigung unter allen griechisch geprägten Bewohnern Antiochias – Juden natürlich eingeschlossen – zu unterstützen. Erst aufgrund dieser Erfolgsmeldungen schickte die Jerusalemer Gemeinde, im Bewusstsein ihrer Oberaufsicht über alle Aktivitäten, den Barnabas in die syrische Provinzhauptstadt. Und erst nachdem dieser die dortigen Aktivitäten gutgeheißen und unterstützt hatte, geht er bei irgendeiner passenden Gelegenheit nach Tarsus, um dort den hellenistisch gebildeten Paulus als weiteres Team-Mitglied dazuzuholen. Deutlicher lässt es sich wieder einmal nicht sagen: Die ›Heidenmission‹ begann nicht mit dem in der Kirchengeschichte als ›Heidenapostel‹ apostrophierten Paulus. Sie war längst in vollem, erfolgreichem Gange, als er dazugeholt wurde. Philippus, nachdrücklich und mit der ihm gegebenen Autorität Petrus, in Eigeninitiative die Leute aus Zypern und der Kyrenaika, schließlich Barnabas: Sie alle hatten mehr als nur die Grundlagen geschaffen. So passt es auch, dass die Jesusnachfolger »zuerst in Antiochia Christen genannt wurden« (Apostelgeschichte 19,16), und dass der einzige andere Autor des Neuen Testaments, der neben Lukas diesen neuen Namen benutzt, kein anderer ist als Petrus in seinem ersten Brief (1. Petrus 4,16).

Kaum war dies alles geschehen, muss die große, offenbar wohlhabende Gemeinde in Antiochia für die nach wie vor unter prekären Umständen lebende Jerusalemer Kerngemeinde Geld sammeln (11,27–30). Eine der für diese Zeit häufigen Hungersnöte hat die Situation verschlimmert, und nicht alle sind in der Lage, sich mit eigenen Mitteln darüber hinwegzuhelfen.[255] Mit Hilfe der Glaubensgeschwister außerhalb Judäas kommen die Jerusalemer gut zurecht. Aber fast zur gleichen Zeit tritt ein, was sie befürchtet hatten: Offenbar aufgrund der Öffnung gegenüber Nichtjuden sehen die orthodoxen Flügel des Jerusalemer Judentums den Zeitpunkt gekommen, dem frisch eingetroffenen König Herodes Agrippa I. ihre Unzufriedenheit über ihre messianischen Geschwister mitzuteilen. Und der König, begierig darauf, den Sanhedrin auf seine Seite zu holen, greift durch. Er lässt einige Gemeindemitglieder verhaften und foltern, vor allem aber gibt er den Befehl, Jakobus hinzurichten, den Bruder des Johannes. Es ist eine demonstrative Maßnahme, umso mehr, als der König die Vollmachten, die ihm der Kaiser in Rom gegeben hatte, bis zur Grenze ausreizt und einen Juden hinrichten lässt – was traditionell das alleinige Recht der Präfekten und Prokuratoren war. Dass die Hinrichtung sogar mit dem Schwert erfolgt, unterstreicht noch die Staatsautorität, mit der Agrippa hier handelt. Warum aber ausgerechnet dieser Jakobus? Wir dürfen annehmen, dass es sich hier um eine Panne des herodianischen Geheimdienstes und seiner Zuträger handelte. Denn der Zebedäus-Sohn Jakobus hatte keine verantwortliche Position inne, er war schlicht einer der zwölf Apostel. Gesucht war wohl eher der andere Jakobus, der Bruder Jesu, der zu diesem Zeitpunkt neben Petrus in die mitverantwortliche Leitung der Gemeinde hineingewachsen war. Die Jerusalemer Gemeinde aber hat nun nach Stephanus ihren zweiten Märtyrer, und es ist der erste aus der Gruppe der Apostel.

Trotz des Missgriffs in der Person stellt sich der Erfolg sofort ein, die jüdische Obrigkeit ist höchst zufrieden, dass der Kreis der Apostel nicht länger verschont bleibt, und so nutzt Agrippa die gute Stimmung, um den Personalfehler der ersten Hinrichtung auszubügeln und nun wirklich einen verantwortlichen Leiter der Urgemeinde auszuschalten, Petrus selbst. Zweifellos mit dem Plan, auch ihn öffentlich zu verhören und dann hinrichten zu lassen (12,4), nimmt er Petrus gefangen und sucht sich dafür ostentativ ein wichtiges Datum im jüdischen Kalender aus, das Fest der Ungesäuerten Brote. Doch auch diese Unternehmung verläuft nicht nach Plan. Der bestens bewachte Petrus wird von einem »Boten« Gottes befreit (griechisch »*ángelos*«/Engel, was aber, wie wir bereits an früheren Stellen sahen, nicht unbedingt einen himmlischen Engel meinen muss, sondern auch einen Menschen bezeichnen kann, den Gott als seinen Boten nutzt). Dieser Bote weckt Petrus, nimmt ihm die Fesseln ab und führt ihn durch zwei innere Tore und das äußere Haupttor aus dem Gefängnis (12,6–11). Petrus kommentiert das Geschehen selbst: »Nun weiß ich wahrhaftig, dass der Herr seinen Engel (›Boten‹) gesandt hat …« (12,11). Die Formulierung ist wegen des scheinbar unauffälligen Wortes »wahrhaftig« bemerkenswert. Denn Lukas gebraucht den griechischen Begriff »*alêthôs*« nur dieses eine Mal in der ganzen Apostelgeschichte, und darüber hinaus nur dreimal in seinem Evangelium (Lukas 9,27; 12,44; 21,3). Im Evangelium benutzt Jesus es, um feierliche Erklärungen zu unterstreichen. Mit anderen Worten: Diese eine einzige Verwendung des Wortes in der Apostelgeschichte verdeutlicht, wie ernst es Petrus und Lukas mit dieser Erklärung ist. Der Herr – und das ist bekanntlich jene Bezeichnung, die sowohl Gott als auch Jesus umfasst – handelt wahrhaftig in der Geschichte.

Die Versuchung liegt nahe, das als eine höchst unwahrscheinliche Wundererzählung nach dem Muster hellenistischer Romane abzutun. Lukas selbst schreibt zweifellos mit dem Unterton des Erstaunens und betont auch noch, dass Petrus seinerseits glaubte, wie in Trance zu sein, ehe er sich eine Straße weiter plötzlich allein und tatsächlich in Freiheit wiederfand. Ehe wir das zu schnell in die

Schublade literarischer Legendenerzählungen legen, sollten wir jedoch mit der Nüchternheit des Historikers notieren, dass der Bericht auf genaue Ortskenntnisse zurückgeht. Nicht nur die Zahl der inneren Wachen und Tore wird festgehalten, sondern auch die Beschaffenheit des äußeren Tores und die sieben Stufen, die vom Tor zur Straße hinunterführen.[256] Jeder Leser, der sich in Jerusalem auskannte, hätte das sofort als frei erfundenen Legendenstoff widerlegen können, hätte es sich anders verhalten. Man würde es sich also zu leicht machen mit dem ebenso weit verbreiteten wie naiven Pauschalurteil, solche Ereignisse könnten sich in der ›wirklichen‹ Geschichte gar nicht abgespielt haben.[257]

Selbstverständlich können Leser, die nicht an Wunder glauben, die Befreiung des Petrus auch rational erklären, und das könnte dann so aussehen: Nach der fragwürdigen Hinrichtung des Jakobus verbreitet sich im Umkreis des Herodes Agrippa die Auffassung, dass der König zu weit gegangen war. Die Hinrichtung der zweiten und noch wichtigeren Persönlichkeit aus dem Kreis der Apostel muss verhindert werden, auch mit Rücksicht auf den politischen guten Willen der Römer. Der eleganteste Weg ist es zweifellos, Petrus zur Flucht zu verhelfen und ihm nahezulegen, die Gegend zu verlassen – was bekanntlich auch geschieht (Apostelgeschichte 12,17). An schlafenden, vielleicht mit ein wenig alkoholischer Nachhilfe schläfrig gemachten Wachen vorbei den inneren Bereich zu durchqueren, ist für einen ›Insider‹ eine ebenso leichte Übung wie das Öffnen des Haupttores, das der seinerseits schlaftrunkene Petrus »wie von allein« aufgehen sieht. Die Sache ist so geschickt vorbereitet und durchgeführt, dass Agrippa I. nichts anderes übrigbleibt, als die Wachen ergebnislos zu verhören und zu einer wohl eher milderen Disziplinarstrafe zu verurteilen (12,19).[258] Und der König lernt seine Lektion: Von diesem Augenblick an lässt er die Urgemeinde in Ruhe.

Noch ehe die Wachen bei Tagesanbruch merken, was geschehen ist, spielt sich anderswo in Jerusalem Entscheidendes ab: Petrus bereitet seine Abreise aus der Stadt und dem Land vor. Er begibt sich zum Haus der Mutter des Johannes Markus, einem der Haupttreffpunkte der Urgemeinde, wo für ihn gebetet wurde (12,5). Wieder legt Lukas Wert auf genaue Ortsbeschreibung (12,13), und wieder nutzt er die Gelegenheit, Sinn für Humor vorzuführen. Denn als

Petrus an die Außentür klopft, will ihm die Dienerin, eine Frau namens Rhoda (»Rose«), nicht aufmachen: Sie erkennt die Stimme des
um Einlass bittenden Petrus, ist aber vor Freude so durcheinander,
dass sie erst einmal zu den anderen zurückrennt. Die anderen aber
wissen offenbar, dass Rhode nicht mit auffälligen Geistesgaben gesegnet ist, und glauben ihr nicht: »Du bist von Sinnen!« (12,25).
Rhode insistiert, und während Petrus ein wenig ungeduldig weiter
an die Tür klopft (12,16), wollen sie nun wenigstens glauben, dass da
jemand steht – vielleicht jemand mit einer Nachricht von Petrus, einer letzten Botschaft vor der Hinrichtung.[259] Endlich wird die Tür
geöffnet, und die Verwunderung ist groß – da steht tatsächlich Petrus. Mit einer Handbewegung sorgt er für Ruhe, erzählt kurz, gibt
ihnen den Auftrag, »Jakobus und den Brüdern« zu berichten, verab-
schiedet sich und geht »an einen anderen Ort« (12,17). Das ist alles.
Mit diesem einen Vers verlässt Petrus für rund sieben Jahre die Berichterstattung der Apostelgeschichte. So könnte man den Verdacht
haben, Lukas habe plötzlich das Interesse an Petrus verloren, da hinter den Kulissen bereits der Kollege Paulus auf seine großen Auftritte warte. Doch Lukas ist ein viel zu genauer Berichterstatter, als
dass er es sich hier so einfach machen würde. Tatsächlich steckt gerade dieser eine Vers voller Informationen, die jedem Kenner der
Szene unter den ersten Lesern des Buches Aufschluss gaben.

Die erste Information gewährt uns einen erneuten Einblick in die
Lage der Jerusalemer Gemeinschaft. Jakobus und einige der anderen,
vielleicht sogar alle anderen Apostel (»Brüder«), sind nicht im gleichen Haus. Die natürliche Annahme nicht zuletzt aufgrund der mittlerweile weit über fünftausend Mitglieder großen Kirche ist es, dass
sie sich an anderen Orten aufhalten. Es kann zu diesem Zeitpunkt
nicht mehr nur den einen Versammlungsort gegeben haben. Dazu
kommt aber auch: Vor allem Jakobus und die Mitapostel sind gefährdet. Niemand kann ausschließen, dass die Verfolgungsmaßnahmen,
die zum Tod des Zebedaiden Jakobus und zur Inhaftierung des Petrus führten, auch den ›richtigen‹ Jakobus und den Rest der Zwölf
noch einholen würden. Wenn sich im Haus der Mutter des Markus in
der Regel außer Petrus keine Apostel aufhielten, ist das jetzt ein ver-
gleichsweise ungefährdeter Ort. Dennoch hat Petrus es eilig, denn er
kann nicht wissen, wann man die Flucht aus dem Gefängnis entdecken und die Suche nach dem Flüchtling beginnen würde. Kurz:

Die Situation ist unübersichtlich und höchst gefährlich. Petrus hat nicht mehr die Gelegenheit, alle Mitapostel in ihren Gemeindezentren und Verstecken aufzusuchen. Nur so viel ist klar: Unter den beiden, die sein Vertrauen ganz besonders genießen – Johannes nämlich, mit dem er in den ersten Jahren nach Pfingsten vieles gemeinsam unternommen hatte, und Jakobus, der Bruder Jesu –, hat einer den Status eines wirklichen Leiters erworben. Drei Säulen hat die Urgemeinde, schreibt später auch Paulus (Galater 2,9), und neben Petrus sind das Jakobus und Johannes. Die familiäre Bindung mag auch für die ganze Gemeinde dem Nicht-Apostel Jakobus mittlerweile ein privilegiertes Ansehen verschafft haben, doch das allein hätte nicht ausgereicht – er hat offensichtlich auch echtes Organisations- und Leitertalent gezeigt, wie wir es dann noch beim sogenannten Apostelkonzil erkennen werden. Innerhalb weniger Minuten muss Petrus sich entscheiden. Er nennt den Jesus-Bruder Jakobus, der nun die alleinige Verantwortung in Jerusalem zu tragen haben wird.

Die Reise »an einen anderen Ort«

Wir können diese Ereignisse ziemlich genau auf das Jahr 41 n. Chr. datieren, oder, um es anders sagen, elf Jahre nach Gründung der Jerusalemer Gemeinde. Das ist das erste Jahr des Regierungsantritts Herodes Agrippas I. in Judäa, Idumenäa und Samaria. Seine dem Sanhedrin gefälligen Strafmaßnahmen gegen die messianischen Judenchristen gehören in diese erste Phase.[260] Es ist zugleich das Jahr, in dem Claudius als Nachfolger des Caligula römischer Kaiser wurde. Machtverhältnisse veränderten sich. Wo war Petrus sicher? Wohin ging er, als er sich an »einen anderen Ort« begab? Es wäre leichtfertig, sich mit der Auskunft zu begnügen, dass Lukas es nicht wusste. Sollen wir ernsthaft glauben, dass ein Historiker, der es sich zur erklärten Aufgabe gemacht hatte, mündliche und schriftliche Auskünfte zusammenzuholen (Lukas 1,2–3), unfähig gewesen sei, eines der wichtigsten Ereignisse der frühen Kirche zu ermitteln, oder dass es rund zwanzig Jahre nach dem Geschehen – als Lukas schrieb – niemanden mehr gab, der es noch wusste? Für so dumm dürfen wir weder Lukas noch seine Zeitgenossen halten. Schon die unaufgelöste Formulierung weckt ›Verdacht‹ – denn wenn anderswo, namentlich in den Evangelien, davon die Rede ist, dass man sich »an einen Ort« begibt, wird wenig später prompt mitgeteilt, wo das ist. Nur hier nicht. Doch tatsächlich ist der Schlüssel im Satz kaum versteckt enthalten. Dass es überhaupt einer ›Verschlüsselung‹ bedurfte, ist nicht weiter verwunderlich: Wir müssen uns daran erinnern, wem die Apostelgeschichte gewidmet ist – dem hochrangigen römischen Beamten Theophilus. Lukas, der noch zu Lebzeiten des Petrus für einen einflussreichen Römer schreibt, hütet sich davor, Theophilus dadurch in Verlegenheit zu bringen, dass er ihm mitteilt, wohin jener Mann gegangen war, der sich der von den Römern eingesetzten Staatsgewalt durch Flucht entzogen hatte. Mit gleicher Rücksicht war er dem Beispiel von Markus und Matthäus gefolgt und hatte Theophilus nicht mitgeteilt, dass Petrus es gewesen war, der Widerstand gegen die Staatsgewalt geleistet hatte, als er im Garten Gethsemane mit dem Schwert auf den Diener des Hohenpriesters losgegangen war. Auch dort (Lukas 22,50) lässt der Autor aber bereits durchscheinen, wie viel er wirklich weiß – denn während er den Namen des Schwertschlägers verschweigt, teilt er als einziger der drei synoptischen Evangelisten detailgenau mit, dass er nicht irgendeines, sondern das rechte Ohr des Dieners abgeschlagen hatte.[261]

Das Zögern davor, den Zielort der Flucht zu nennen, ist also vor allem dann verständlich, wenn ein unmittelbarer Zusammenhang mit der römischen Staatsautorität gegeben ist. Einen ersten Hinweis finden wir kaum überraschend bei Petrus selbst. Am Ende seines ersten Briefes schreibt er: »Es grüßt euch aus Babylon die Gemeinde, die mit euch auserwählt ist, und mein Sohn Markus« (1. Petrus 5,13). Babylon? Das berühmte alte Babylon kann nicht gemeint sein – als Siedlungsort existierte es nicht mehr, die Ansiedlung von Juden oder Christen in neutestamentlicher Zeit ist auszuschließen. Dann vielleicht Babylon Fossatum, eine kleine römische Garnison am Nil? Es lag an der Stelle, wo heute die ägyptische Hauptstadt Kairo steht, aber es gibt nirgends einen Hinweis darauf, dass Petrus oder ein anderer der Apostel römische Kasernen in Ägypten aufsuchten, um dort zu missionieren.[262] Es bleibt nur eine Lösung, auf die folglich auch spätantike Historiker und Kommentatoren schon gekommen waren: »Babylon« steht als Kryptogramm, als verschlüsselter, bewusst anspielungsreicher Name, für eine andere Stadt. Und welche das ist, das war schon zu Zeiten von Lukas und Petrus in jüdischer und römischer Literatur bekannt: Keine andere als die Hauptstadt des römischen Reiches, das in der damaligen Welt die Nachfolge des babylonischen Reiches angetreten hatte – Rom.

Jeder gläubige Jude vollzog die Übertragung von »Rom« auf »Babylon« und von »Babylon« auf »Rom« mit größter Selbstverständlichkeit. Und in gleichem Maße waren die aus dem Judentum kommenden Christen geprägt von den prophetischen Urteilen über Babylon, die sie nun – zu Zeiten von Caligula (37–41 n. Chr.), Claudius (41–54 n. Chr.) und Nero (54–68 n. Chr.) – auf Rom übertragen konnten: Da war zum Beispiel Gottes Gericht über Babylon im 13. und 14. Kapitel Jesajas. Und da war Jesaja 43,14, eine Stelle, die sich Petrus geradezu programmatisch vor Augen halten konnte: »So spricht der Herr, euer Erlöser, der Heilige Israels: ›Um euretwillen habe ich nach Babylon gesandt, und ich habe die Riegel eures Gefängnisses zerbrochen, und zur Klage wird der Jubel der Chaldäer [= Babylonier].‹« Man kannte eine andere mühelos auf Rom übertragbare Babylon-Prophetie bei Jeremia (51,1–58). Und besonders prägnant, wiederum nicht zuletzt für die konkrete Situation des Petrus, ist Micha 4,10: »Leide doch solche Wehen und stöhne, du Tochter Zion, wie eine in Kindsnöten, denn du musst zwar zur Stadt hinaus und auf dem Felde wohnen und nach Babylon kommen. Aber von dort wirst du wieder errettet werden, dort wird dich der Herr erlösen von deinen Feinden.«[263] Auch im Neuen Testament ist nicht allein der 1. Petrusbrief eine Belegstelle; die Offenbarung des Johannes, vor allem 14,8 und Kapitel 16 bis 18 insgesamt, macht die Gleichsetzung von Rom und Babylon unmissverständlich. Während man das lange Zeit für einen sehr späten Beleg jüdisch-christlichen Sprachgebrauchs gehalten hat, lässt sich mittlerweile zeigen, dass dieses letzte Buch des Neuen Testaments wohl doch schon vor 70 n. Chr. entstanden ist.[264]

Juden und Judenchristen standen nicht allein mit ihrer Auffassung, dass »Babylon« im aktuellen Rom wiederzuerkennen war. Die maßlose, schließlich dekadente Macht- und Prachtentfaltung Babylons, die seit der Beschreibung in Herodots ›Historien‹ (1,180–203) überall bekannt war, regte zu Übertragungen an. Quintus Curtius Rufus, der wohl zur Zeit des Kaisers Claudius seine ›Historia Alexandri Magni‹

schrieb, eine romanhaft ausgebaute Beschreibung der Heldentaten Alexanders des Großen, lässt sich die Darstellung der Größe und Pracht Babylons, der Stadt, in der Alexander starb, gleichfalls nicht entgehen. Größe, Ruhm, Dekadenz und Untergang Babylons waren den Lesern dieser Zeit gegenwärtig. Theaterautoren wie Plautus (›Stichus‹ 378) und vor ihm Terenz (›Adelphoi‹ 914–915), die als Römer und für römische Bühnen schrieben, spielten mit diesem Babylon-Bild ebenso virtuos wie der Philosoph Lukrez, der den babylonischen Luxus als negatives Bild für die Römer sah (›De rerum natura‹ 4,1029). Besonders auffällig ist allerdings eine Stelle im berühmtesten Werk des Gaius Petronius Niger, kurz Petron, dem Berater Neros, der von seinem Kaiser im Jahre 66 n. Chr. in der Folge einiger Hofintrigen zum Selbstmord gezwungen wurde.[265] Ehe er zum ›Arbiter elegantiae‹, zum Berater Neros in Geschmacksfragen, wurde, hatte sich Petron Verdienste als Prokonsul in Bithynien erworben, zur gleichen Zeit, als Petrus einen Brief an die dortigen christlichen Gemeinden schrieb (1. Petrus 1,1). Sein großer Roman, ›Satyrica‹ genannt, ist in Fragmenten überliefert. Nahezu vollständig erhalten ist jedoch der herausragende Mittelteil, das ›Gastmahl des Trimalchio‹. Es muss vor dem Tod des Petron, also spätestens 66 n. Chr., entstanden sein. Und dort zitiert der ›Held‹, ein gewisser Trimalchio, ein Gedicht, in dem der dekadente, babylonische Luxus nun direkt auf Rom übertragen wird. Darin heißt es: »Die Stadt des Mars [= Rom] erschlafft im Wohlstandsrülpsen. / Für deinen Gaumen wird im Käfig der Pfau gemästet, / Umhüllt vom babylonischen, goldenen Federkleid«.[266] In diesem Gedicht, das einem nur ungefähr zu identifizierenden Publilius oder Publius zugeschrieben wird – vielleicht dem Publilius Syrus, einem Zeitgenossen Ciceros – und das auf jeden Fall älter sein muss als das Werk des Petron, werden anschließend weitere dekadente Genüsse beschrieben, öffentliche Sittenlosigkeit wird angeprangert, und bei all dem ist offensichtlich vorausgesetzt, dass »babylonisch« auch attributiv als Zeichen für den moralisch-sittlichen Verfall Roms verstanden wurde.[267]

Für einen Autor wie Petrus lag das Kryptogramm also geradezu in der Luft. »Aus Babylon grüßen …« – jüdisches und römisches Denken lassen gleichermaßen keinen Zweifel daran, welche Stadt gemeint war. Zum einen also hilft uns das, die Herkunft des 1. Petrusbriefes zu verstehen. Zum anderen aber ist es auch der direkte Zugang zur Entschlüsselung des ›Geheimnisses‹ von Apostelgeschichte 12,17. Die einzige Voraussetzung, um den Bogen zu schlagen, ist eine, die von Theophilus ebenso erfüllt wurde wie von so gut wie allen Judenchristen: die aufmerksame Lektüre der Heiligen Schrift – die damals natürlich nur aus den Büchern des ›Alten Testaments‹ bestand – in der griechischen Übersetzung der Septuaginta, die überall im Römischen Reich verbreitet war und in der Regel auch von allen neutestamentlichen Autoren benutzt wurde.[268]

Der neben Jesaja im frühen Christentum wichtigste Prophet war Hesekiel.[269] Im zwölften Kapitel seines Buches berichtet er, wie Gott zu ihm spricht und ihm den Auftrag gibt, seine Sachen wie für die Abreise zu packen und von seinem Ort »an einen anderen Ort« zu gehen, wörtlich exakt so wie in der Apostelgeschichte auf griechisch »*eis héteron tópon*« (Hesekiel 12,1–3). Der Prophet folgt dem Auftrag und verlässt – wie Petrus – die Stadt mitten in der Nacht (12,7). Damit nicht genug. Wir lesen, dass auch Zedekia, der Fürst Jerusalems, seine Stadt verlassen wird, wiederum des Nachts. Und auch er wird »*eis héteron tópon*« gehen, an einen anderen Ort. Jetzt erfahren wir auch, was dieser Ort ist: Babylon (12,13). Damit hat Lukas die vollständige Folie für seine Verschlüsselung, die aufmerksame Leser Hesekiels gerade aufgrund des auffälligen Gebrauchs der »*eis héteron tópon*«-Formel sofort begreifen konnten. Was einst Babylon war, ist jetzt Rom. Petrus, so lässt Lukas uns wissen, steht in der Tradition der von Gott bewahrten, in ein (vorübergehendes) Exil, in die Diaspora geschickten Menschen, die nachts Jerusalem verlassen. Rom war das Exil, war Diaspora: So sah es das zeitgenössische Judentum, und Petrus blieb auch darin Jude, dass er nun diese Erfahrung teilte.[270] Was für Hesekiel und Zedekia Babylon war, wurde für Petrus Rom. Dorthin ging er, in gewisser Weise die Gunst der Stunde nutzend, denn in der Hauptstadt des Reiches residierte ein neuer Kaiser, der noch nicht in antijüdischen und anti-judenchristlichen Maßnahmen verbraucht war.

Auf die Begegnung mit Juden und Judenchristen in Rom war Petrus vorbereitet, denn einige von ihnen waren in Jerusalem zu Pfingsten unter den Hörern seiner ersten Rede gewesen (Apostelgeschichte 2,10). Angesichts der guten, zügigen Kommunikationswege zwischen Rom und Jerusalem – unter günstigen Bedingungen war ein Postschiff zwischen den Häfen der beiden Städte, Ostia und Jafo, kaum länger als vierzehn Tage unterwegs – war es selbstverständlich, dass sich die wachsende Gemeinde in Rom und die Jerusalemer gegenseitig auf dem Laufenden hielten.[271] Und was die Römer selbst betraf, so hatte Petrus einen vorzüglichen Ratgeber: den gerade erst von ihm getauften Cornelius in Caesarea Maritima. Es ist naheliegend, dass Petrus von Caesarea aus nach Rom reiste, um sich dort noch einmal mit Cornelius zu beraten. Die dortige Christengemeinde war ohnehin eine Anlaufstelle vor der Weiterreise auf dem Landweg in den Norden, über das Mittelmeer oder entlang der Küste, beispielsweise auch für Paulus, noch ehe er als Gefangener auf eigenen Antrag von dort nach Rom überführt wurde (Apostelgeschichte 9,30; 21,8–10; 27,1–2). Die Entscheidung für die Reise nach Rom mag von der Notwendigkeit der schnellen Flucht aus dem Herrschaftsgebiet Agrippas angeregt worden sein, aber sie war alles andere als eine Notlösung; sie war, im Gegenteil, die konsequente Fortsetzung des bisherigen Wegs des Petrus.

Woher Lukas den Impuls nahm, den Zielort des Petrus mit Hilfe Hesekiels zu verschlüsseln, kann offenbleiben. Die Inspiration mag aus seiner eigenen Hesekiel-Kenntnis gekommen sein oder eher noch aus seiner Lektüre des 1. Petrusbriefes, der zwei bis drei Jahre vor der Apostelgeschichte entstanden sein dürfte.[272] Auf der schlicht pragmatischen Ebene ist auch nicht zu übersehen, dass Lukas selbst in Rom war, als Begleiter des Paulus, und daher eigene Anschauungen gewinnen konnte – einmal abgesehen davon, dass nichts gegen persönliche Begegnungen von Petrus und Lukas in der Zeit nach 59/60 n. Chr. spricht. Beide waren gleichzeitig in Rom, und die vernünftigste Annahme ist, dass vor allem Lukas auf Gespräche Wert legte, um sich Informationen für sein Geschichtswerk zu besorgen.[273]

So erstaunlich es klingen mag: Diese Rekonstruktion der Information in Apostelgeschichte 12,17 wurde von den ältesten christlichen Historikern stets stillschweigend und als offenbar selbstverständlich vorausgesetzt. Erst die Arroganz mancher moderner Kritiker der frühen Kirche, die Autoren wie Papias, Klemens von Alexandria, Irenäus, Euseb oder Hieronymus erst einmal prinzipiell die Glaubwürdigkeit absprechen, hat im allgemeinen Bewusstsein heute davon abgelenkt, dass man es eigentlich immer schon wissen konnte: Petrus ging nach der Befreiung aus dem Gefängnis Herodes Agrippas I.

nach Rom und traf dort 42 n. Chr. ein. Vor allem für drei frühchristliche Autoren ist das eine zuverlässig überlieferte Tatsache: für Papias, der zu Beginn des 2. Jahrhunderts schrieb und seine Informationen unter anderem vom Presbyter Johannes noch aus dem 1. Jahrhundert bezog;[274] für Euseb, der Papias in seiner Kirchengeschichte zustimmend weitergibt;[275] und schließlich für Hieronymus, den gelehrten Bibelübersetzer und Theologen, der Ende des 4. Jahrhunderts ebenso zu den Archiven der Kirchen in Jerusalem und Rom Zugang hatte wie Euseb ein Dreivierteljahrhundert vor ihm.[276] Euseb und Hieronymus fügen noch eine ebenso erstaunliche wie nützliche Information hinzu: Sie teilen an den gleichen Stellen mit, dass Petrus nach seiner Ankunft fünfundzwanzig Jahre lang »*epískopos*« (Aufseher, später etymologisch daraus abgeleitet »Bischof«) von Rom war. Wie sie das genau meinen, erläutern sie nicht, und auch die anderen Autoren, die sich zu den Aufenthalten des Petrus in Rom äußern, gehen darauf nicht näher ein. Einsichtig ist jedoch, dass beide keinen fortwährenden Aufenthalt des Petrus vor Augen hatten. Sie wie alle anderen wussten, dass der Apostel um 48 n. Chr. zum ›Apostelkonzil‹ wieder in Jerusalem war (Apostelgeschichte 15,6–7) und erst um 59 n. Chr., spätestens vor der Abfassung seines ersten Briefes, wieder in der Hauptstadt eintraf. Was wir hier sehen, ist allerdings die älteste Spur einer Tradition: Die römisch-katholische Kirche kennt bis heute das Amt des römischen Titularbischofs, das einem verdienten Ortsbischof irgendwo in der Welt verliehen wird. So ist – beispielsweise – der Kölner Kardinal Meisner Titularbischof der römischen Kirche Santa Pudenziana, die der Tradition zufolge auf dem auch von Petrus aufgesuchten Haus des christlichen Senators Pudens erbaut wurde. Die Annalen von Santa Pudenziana werden eines Tages die Jahre und Jahrzehnte dieses Bischofsamtes verzeichnen, ohne dass der Kölner Erzbischof sich dort jemals mehr als ein paar Tage aufhielt. Und die Zeitspanne der fünfundzwanzig Jahre ergibt noch ein anderes Resultat: Zählt man sie ab 42 n. Chr., dann endete das ›Episkopat‹ des Petrus im Jahre 67 n. Chr. Dass dies in der Tat auch aus anderen Gründen das wahrscheinliche Todesjahr des Petrus ist, werden wir noch sehen.

Die Quellen sind sich einig, dass Petrus im zweiten Regierungsjahr des Claudius Rom erreichte, das heißt also zwischen dem 25. Januar 42 und dem 24. Januar 43 n. Chr. Einig sind sie sich auch darin, dass er

nicht auf direktem Weg über das Mittelmeer reiste, sondern einige
Zwischenaufenthalte einlegte. Der erste war Antiochia, die Hauptstadt der syrischen Provinz, jene Stadt, in der – wie wir oben sahen –
die Christen erstmals so genannt wurden, nämlich *»christianoi«*,
Christusangehörige (Apostelgeschichte 11,26; vgl. 26,28 und 1. Petrus 4,16). Euseb notiert in seiner ›Chronik‹, dass Petrus die Gemeinde in Antiochien stabilisierte und stärkte (nicht, wie die Aussage
gelegentlich wiedergegeben wird, dass er sie »gründete«), und dass
ihn die Gemeinde schließlich nach Rom weiterziehen lässt. Ob man
Petrus im Sinn des heutigen Amtsverständnisses bereits den ersten
Inhaber des Bischofssitzes von Antiochia nennen darf, ist eine ganz
andere Frage. Eine hierarchische Amtskirchenstruktur heutigen Zu-
schnitts hat er kaum ins Leben gerufen. Doch dass er mit seiner Autorität die Rolle des strukturierenden Aufsehers so sorgfältig ausübte, wie es auch später von einem *»Epískopos«*-»Bischof« erwartet
wurde, darf man ihm und den frühkirchlichen Berichterstattern ohne
weiteres zugestehen. Wer Petrus also den ersten »›Bischof‹ von Antiochia« nennt und dann auch den ersten »Bischof« von Rom, sollte
das tun dürfen, ohne sich den Vorwurf der Ungeschichtlichkeit zuzu-
ziehen, solange geklärt ist, was jeweils unter den Begriffen verstanden
wird. Mit welcher umsichtigen, ausgewogenen Sicherheit er seine
Funktion in Antiochia ausübt, wird jedenfalls einige Jahre später
noch in der Kontroverse mit Paulus deutlich, als Petrus nach der ersten Romreise zum zweiten Mal dort eintrifft.

Hieronymus ist in seiner Schrift ›Über berühmte Männer‹ noch
etwas genauer und gibt die weitere Reiseroute an: Nach der Ausü-
bung des Aufseheramtes in Antiochia reiste der Apostel über Pontus, Galatia, Kappadozien, die Provinz Asia und Biythnien weiter
nach Rom, wo er dann im zweiten Jahr des Claudius eintraf. Man hat
Hieronymus gelegentlich unterstellt, dass er diese Gegenden nur aus
der Adressatenliste zu Beginn des 1. Petrusbriefes abgeschrieben
habe. Doch das ist einer der vielen Kurzschlüsse der hyperkritischen
Ablehnung altkirchengeschichtlicher Äußerungen. Es sollte einsichtig sein, dass der umgekehrte Ablauf naheliegt: Petrus suchte diese
wichtigen Gegenden auf, die zum Teil bereits von konvertierten Hörern der Pfingstpredigt, die genau dorther kamen, mit der christlichen Botschaft erreicht worden waren, weil er für sie seit Pfingsten
Verantwortung empfand. Eine bessere Gelegenheit als die Erforder-

nis, die erzwungene Flucht aus Jerusalem auch dafür optimal zu nutzen, konnte es kaum geben. Der kleinasiatische Bereich, der von
Hieronymus umschrieben wird, blieb auch in der Folge für Petrus
wichtig und wurde so zum natürlichen Ziel seines ersten aus Rom
abgesandten Briefes. Das heißt: Sowohl Hieronymus als auch die
Adressatenliste des 1. Petrusbriefes reflektieren einen plausiblen historischen Ablauf.[277]

Euseb hatte sich ohnehin sehr knapp gefasst, aber auch Hieronymus überspringt eine Stadt, die auf der nun folgenden Route nach
Rom lag und bereits im Neuen Testament und in nachneutestament-
licher Zeit ausdrücklich mit Petrus in Verbindung gebracht wird:
Korinth. Nicht zuletzt dank der beiden Korintherbriefe wird diese
Stadt meist nur mit Paulus assoziiert, aber gerade Paulus selbst räumt
ein, dass Petrus unabhängig von ihm, vielleicht sogar vor ihm dort
war: In 1. Korinther 1,12 spricht er von Korinthern, die sich darauf
berufen, zu Petrus zu gehören, also von ihm getauft worden zu sein.
Der 1. Korintherbrief stammt vom Anfang der fünfziger Jahre, so
dass für diese Tätigkeit des Petrus in der Stadt nur ein früherer Zeitpunkt möglich ist – auf seinem Weg nach Rom, unter Umständen
auch wieder (oder nur) auf der Rückreise vom ersten Aufenthalt. Das
präzise Wissen von diesen Zusammenhängen ist noch in einem Brief
des Bischofs Dionysius von Korinth vorhanden, der um 170 n. Chr.
an die Gemeinde von Rom schreibt: »Ihr habt … die Pflanzung des
Petrus und des Paulus von Rom und von Korinth vereint. Denn
beide haben in unserem Korinth gepflanzt und haben uns auch unterrichtet. Zusammen lehrten sie in Italia und erlitten zur gleichen
Zeit ihr Martyrium.«[278] Man sollte die historisch korrekte Reihenfolge – erst Petrus, dann Paulus, an beiden Orten – nicht als Traditi-
onsfloskel herunterspielen. Es war für Dionysius keine Selbstverständlichkeit, im letzten Drittel des 2. Jahrhunderts Petrus vor
Paulus zu stellen, denn zu diesem Zeitpunkt kannte die gesamte Kirche im Römischen Reich längst den Brief des Paulus an die Römer,
während Petrus kein Schreiben an die Hauptstadtgemeinde verfasst
hatte, und man kannte die beiden veröffentlichten Briefe des Paulus
an die Korinther, denen kein Brief des Petrus an die dortige Gemeinde gegenüberstand. Gegen solche ›sichtbaren‹ Beweise für die
Verbindung des Paulus mit beiden Orten nicht nur die aktive Tätigkeit des Petrus in beiden Städten zu betonen, sondern auch seine Pri-

orität festzuhalten, das ist ein überzeugendes Indiz für die Zuverlässigkeit dieser Tradition.

Ein kleiner Einblick in das Familienleben der Apostel wird uns in diesem Zusammenhang auch noch gewährt: Paulus ist der Gewährsmann dafür, dass Petrus, die anderen Apostel und die Brüder Jesu ihre Frauen auf ihre Missionsreisen mitnahmen (1. Korinther 9,5). Die Zeit, als sie mit Jesus unterwegs waren und seinetwegen alles, auch ihre Familien, zurückgelassen hatten (Lukas 18,28–30), lag weit zurück. Und die Ehe des Petrus war keine Neuigkeit, als Paulus schrieb; immerhin hatte Jesus seine Schwiegermutter geheilt (Markus 1,29–31; Lukas 4,38–39). Euseb, der uns mittlerweile bestens vertraute Historiker des 4. Jahrhunderts, berichtet sogar von ihm zugetragenen Informationen, nach denen Petrus und seine Frau Kinder hatten, und zitiert aus den ›Stromata‹ des Klemens von Alexandrien aus dem frühen 3. Jahrhundert, wo es heißt, dass Petrus dem Martyrium seiner Frau zusah.[279] Ob sich das wirklich so abgespielt hat, können wir durchaus offenlassen – viel wichtiger ist etwas anderes: Weder Klemens noch Euseb hatten irgendwelche Probleme damit, dass Petrus, der erste Bischof Roms, verheiratet war, und dass ihm Kinder zugeschrieben wurden. Die Zölibatslehre der römisch-katholischen Kirche hat viele Gründe und Ursachen, auch in der Geschichte des frühen Christentums; das Leben des Petrus allerdings gehört nicht dazu.[280]

Noch 42 n. Chr., möglicherweise rechtzeitig vor Einsetzen des Winters, erreicht Petrus Rom. Dort findet er ein bereits reges Gemeindeleben vor. Wie schon in Antiochia und Korinth geht es auch in dieser dritten großen Stadt nicht darum, mit der Arbeit überhaupt erst zu beginnen. Seine Aufgabe ist es, das Geleistete zu konsolidieren. Schon Dionysius von Korinth hatte das so verstanden, und nur wenige Jahre nach Dionysius formuliert es ein anderer erfahrener Autor, Irenäus von Lyon, kaum anders: In seiner Streitschrift gegen die Häretiker schreibt er, Petrus und Paulus (wieder in dieser Reihenfolge!) hätten die Kirche in Rom »auf eine solide Grundlage gestellt«.[281] Nahezu in einer Nebenbemerkung gesteht Paulus selbst die von Dionysius und Irenäus notierte chronologische Vorrangstellung des Petrus ein. Paulus, der eine Reise nach Rom immer wieder aufschob, bis er endlich glaubte, es als Zwischenhalt auf dem Weg nach Spanien einschieben zu können (Römer 15,23–24), gab einem

Besuch der Reichshauptstadt nicht zuletzt deswegen keine Dring-
lichkeit, weil er wusste, dass ein anderer hier schon alles Wesentliche
getan hatte. Denn, so schreibt er in seinem Brief an die Römer, er
wolle nicht »auf den Grundlagen eines anderen Mannes bauen« (Römer 15,20; 23–24). Die römischen Leser seines Briefes wussten gut
genug, wer gemeint war. Die zurückhaltende, aber doch recht aufschlussreiche Formulierung des Paulus fällt überdies in eine Zeit, als
Petrus gerade nicht in Rom war – er traf erst zwei oder drei Jahre
nach der Abfassung des Römerbriefs (56/57 n. Chr.) wieder in der
Hauptstadt ein, und so wird Petrus auch in der Grußliste am Ende
des Briefes nicht genannt.

Dennoch sollten wir Paulus nicht unterstellen, dass er aus Kon-
kurrenzneid oder Rivalität so formulierte und deswegen dem Rom-
besuch lange Zeit andere Aufgaben vorzog. Denn auch nach seinem
eigenen Missionsverständnis war Rom mit seinen nahezu 60 000 Juden und ›Gottesfürchtigen‹ nicht unbedingt das Gebiet des ›Heiden-
apostels‹, als der er sich eingesetzt wusste (Galater 1,16; 2,7–9),
während Petrus hier nach der gleichen Aufgabenverteilung durchaus ein Hauptziel sehen durfte. Als Paulus schließlich in Rom eintrifft, hat er denn auch keine Gelegenheit, Heidenmission zu betreiben – seine Gesprächspartner sind die Juden (Apostelgeschichte
28,13–27). Dass auch »die Heiden« Roms (28,28) mehr von der Jesus-Botschaft hören werden, ist nur ein Nachklang, der nicht mehr
auf die Zeit des Paulus in Rom bezogen zu sein scheint, obwohl Paulus es sich zur Zeit seines Briefes noch anders vorgestellt haben mag
(Römer 1,13–15). Immerhin hatte auch Petrus für die Mission unter
denen, die von gläubigen Juden als Heiden verstanden wurden, seit
der Begegnung mit Cornelius die allerbesten Voraussetzungen. Und
die Grußliste am Ende des Römerbriefs nennt Namen, die auf ein
Nebeneinander von judenchristlichen und heidenchristlichen Gemeinden schließen lassen, kaum anders als in Antiochia (Römer
16,3–16; Galater 2,12–14). Umso glaubwürdiger ist dann allerdings
die alte, auf Clemens von Rom zurückgehende Überlieferung, dass
Paulus tatsächlich nach Ende seines Hausarrests und vor dem endgültigen Prozess, in dem er zum Tode verurteilt wurde, so schnell
wie möglich aus Rom abreiste, um nach Spanien zu gelangen. Rom
war das Gebiet des Petrus, nicht das des Paulus, so wichtig es für
frühchristliche Autoren und die ältesten Kirchenhistoriker später

wurde, dass auch Paulus mit Rom in Verbindung gebracht werden konnte, da er seinen wohl wichtigsten Brief hierher geschickt, einige Zeit lehrend in der Stadt verbracht und hier das Martyrium erlitten hatte.

Zurück nach Jerusalem

Herodes Agrippa I. starb 44 n. Chr. Nach geltendem Recht waren damit auch Strafverfolgungsmaßnahmen des verstorbenen Herrschers aufgehoben. Zehn Jahre später werden davon die leitenden Persönlichkeiten der Juden und Judenchristen Roms profitieren, die von Claudius nach Unruhen im Jahr 49 n. Chr. ins Exil geschickt worden waren (Apostelgeschichte 18,2; Sueton, ›Claudius‹ 25,4).[282] Kaum ist Claudius 54 n. Chr. ums Leben gekommen, kehren sie zurück, und als Petrus weitere drei Jahre später zum zweiten Mal nach Rom kommt, findet er bereits wieder ein blühendes Gemeindeleben vor. Hier nun, 44 n. Chr., kann Petrus die Nachricht vom Tode Agrippas, der in der Hafenstadt Caesarea Maritima gestorben war (Apostelgeschichte 12,21–23; Josephus, ›Jüdische Altertümer‹ 19,343–350), bereits innerhalb von vierzehn Tagen erhalten haben, und er nutzt die Gelegenheit, nach drei Jahren Tätigkeit in Rom wieder in die östlichen Aufgabengebiete zurückzukehren. Nach seiner Abreise macht sich Markus, der auf Bitten der Gemeinde noch eine Weile zurückbleibt, an die Niederschrift des Evangeliums.[283] Gleich fünf Autoren informieren uns über die Zusammenhänge – der bereits genannte Irenäus, vor ihm Papias, nach beiden Klemens von Alexandria und Origenes von Caesarea, und schließlich Euseb. Als sechster, wenngleich chronologisch eigentlich als erster, steuert auch Lukas selbst noch einen nützlichen Hinweis bei.

Papias, der noch vor 110 n. Chr. ein umfangreiches Werk verfasste, ›Die Auslegung der Worte des Herrn‹, von dem nur wenige Fragmente erhalten blieben, beruft sich auf »den Presbyter« Johannes und schreibt: »Markus war der Interpret des Petrus und schrieb sorgfältig auf, soweit er sich daran erinnerte, allerdings nicht in der Anordnung, was vom Herrn gesagt oder getan worden war. Denn er hatte weder den Herrn gehört, noch war er ihm gefolgt, sondern, wie gesagt, erst später dem Petrus, der seine Unterweisung den Bedürfnissen gemäß einrichtete, jedoch nicht mit dem Ziel einer geordneten Darstellung der Worte des Herrn. Daher machte Markus nichts falsch, als er einiges so aufschrieb, wie er es in Erinnerung hatte. Denn ihm ging es um das eine, nichts wegzulassen oder zu verfälschen von dem, was er gehört hatte.«[284] Markus also ist für Papias ein glaubwürdiger Zeuge des Augenzeugen Petrus. Für die Beziehung zwischen den beiden ist jedoch ein eher normal klingendes Wort voller Fallstricke: »Interpret«. Im griechischen Text des Papias steht hier »*hermeneútês*«, ein Wort, das Literaturwissenschaftler und Philosophen noch in der ›Hermeneutik‹ wiedererkennen. Oft wird es so verstanden, als habe Markus seinen Lehrer und Meister Petrus in Rom aus dem Aramäischen ins Griechische übersetzen müssen. Der ungebildete Fischer Petrus sei schließlich gerade mal in der Lage gewesen, Aramäisch mit galiläischem Akzent zu sprechen. Inzwischen wissen wir längst, dass daran nichts ist. Petrus war durchaus in der Lage, fließend griechisch zu sprechen. Ob er es so gut beherrschte wie ein Muttersprachler, und ob das überhaupt erforderlich war, mag offen bleiben – er will ja in Rom nicht akademisch einwandfreie Vorlesungen vor Gräzisten oder Altphilologen halten, die ihm jeden kleinen Fehler ankreiden. Noch heute machen Vortragsreisende die Erfahrung, dass man ihnen im Ausland besonders dankbar zuhört, wenn sie sich Mühe geben, die Sprache des Gastlandes zu sprechen, statt sich elegant übersetzen zu lassen, auch wenn sich immer wieder einmal Fehler einschleichen. Das Letzte, was Petrus in Rom brauchte, war jedenfalls ein Übersetzer.[285]

Papias meint ganz einfach das, was er sagt: Markus war als Verfasser des Evangeliums der »Interpret« des Petrus, der den mündlichen Vorträgen die schriftliche Form gab, mit der literarischen, »hermeneutischen« Gestaltungskraft, die Papias ihm gleich im nächsten Satz auch noch ausdrücklich zugesteht. Und anderen Quellen können wir entnehmen, dass Markus es sich mit seiner Arbeit nicht leicht machte. Während Origenes zu Beginn des dritten Jahrhunderts einfach nur bestätigt, dass Markus schrieb, wie Petrus ihn unterrichtet hatte,[286] hält Klemens von Alexandria zwei Entstehungsphasen fest: Die Erstfassung, die auf Drängen der römischen Gemeinde entstand, wurde von Petrus mit eher gebremstem Enthusiasmus aufgenommen: »Als Petrus davon Kenntnis nahm, war er

weder ausdrücklich dagegen, noch bestärkte er ihn (Markus)«.[287]
Doch dann – Klemens teilt uns nichts Näheres mit – kam es in einer
zweiten Phase zu einem Meinungsumschwung. »Nachdem nun, wie
es heißt, das Ergebnis ihm (Petrus) durch eine Offenbarung des
Geistes bekannt wurde, war er vom Engagement der Leute angetan
und ratifizierte die Schrift zur Lesung in den Gemeinden.«[288] Euseb,
der beide Aussagen an verschiedenen Stellen seiner Kirchengeschichte berichtet, ist zwar für vieles kritisiert worden, nicht aber für
die Dummheit, an einer Stelle nicht mehr zu wissen, was er an den
anderen geschrieben hatte.[289] Wir dürfen hier eine zeitliche Abfolge
sehen, und in der Tat hilft uns Lukas indirekt, sie besser zu verstehen. In Apostelgeschichte 13,5 berichtet er, wie Markus – der gelegentlich auch Johannes Markus oder wie hier nur Johannes genannt
wird, stets aber als die gleiche Person identifizierbar bleibt – Paulus
und seinen Vetter Barnabas nach Zypern begleitet. Lukas nennt ihn
griechisch den »*hyperétês*«, was als »Helfer/Gehilfe« übersetzt werden kann. Hier fällt nun allerdings auf, dass Lukas nicht das sagt,
was wir erwarten: dass nämlich Barnabas und Paulus den Markus als
(ihren) Gehilfen mitnehmen. Der Satz lautet vielmehr: »Sie hatten
auch den ›*hyperétês*‹ Johannes dabei.« Das Wort ist hier offensichtlich ein Attribut des Mannes. Johannes Markus ist ein »*hyperétês*«,
so wie andere Bauhandwerker oder Zollpächter sind. Den Schlüssel
für diesen auffälligen Wortgebrauch finden wir gleich zu Beginn des
Doppelwerks, im Vorwort zum Evangelium des Lukas. Dort defi-
niert er die »*hyperétai*«, und zwar als »*hyperétai tou lógou*«, als
»Diener des Wortes«, und sagt auch gleich, wer damit gemeint ist:
jene, die Tradenten der Jesus-Überlieferung waren (Lukas 1,1–2). So
lässt sich mit einer Reihe von Forschern annehmen, dass Lukas weiß
und zumindest andeuten will: Zum Zeitpunkt der ersten Missionsreise nach Zypern, ca. 46 n.Chr., war Markus bereits als einer bekannt, der über Jesus geschrieben hatte.[290] Gerade die Zurückhal-
tung, mit der Lukas formuliert, lässt aber auch vermuten, dass hier
noch kein fertiges, approbiertes Evangelium vorlag. Und das war –
wenn wir Klemens von Alexandria ernstnehmen – in dieser ersten
Phase auch noch nicht der Fall.

Die nächste Auffälligkeit folgt nur wenige Verse später. In Apostelgeschichte 13,13 heißt es: »Paulus aber und seine Begleiter fuhren von
Paphos ab und kamen nach Perge in Pamphylien. Johannes aber

trennte sich von ihnen und kehrte um nach Jerusalem.« Nichts weiter wird dazu gesagt. Erst bei der Planung einer nachfolgenden Missionsreise erfahren wir, dass Paulus sich offenbar über diese plötzliche Abreise des Johannes Markus geärgert haben muss, denn er will ihn wegen der Geschichte in Perge nicht mehr dabeihaben (15,37–38).[291] Warum verließ Markus die Gruppe? Barnabas, der ihn sehr schätzte, hinderte ihn nicht – es muss gute Gründe gegeben haben. Lukas schreitet in seiner Berichterstattung zügig voran, ohne darauf einzugehen, aber eine Vermutung liegt doch sehr nahe: Petrus, der seit 44 n. Chr. frei war, aus Rom in Richtung Jerusalem zurückzureisen, war gerade in der Stadt eingetroffen. Markus erfährt davon. Und da er, der »*hyperétês*«, nun die Rohfassung seines Evangeliums Petrus vorlegen will, entscheidet er sich gegen die Weiterreise und für die Rückkehr nach Jerusalem. Wir wissen mit Sicherheit, dass Petrus spätestens 48 n. Chr. wieder in Jerusalem war, denn da hält er die Eröffnungsrede auf dem ›Apostelkonzil‹. Er kann selbstverständlich auch schon vorher zurück gewesen sein; ein Eintreffen um 46 n. Chr. hätte ihm zwei Jahre für die Rückreise und ihre Zwischenstationen gegeben. Eine Begegnung zwischen Markus und Jerusalem zu diesem Zeitpunkt in Jerusalem wäre jedenfalls der natürliche Ort, zu dem die erste Bemerkung des Klemens von Alexandria passt, und zugleich der Moment, von dem an Markus an die Revision seines Textes geht, die dann schließlich einige Zeit später zur Ratifizierung durch Petrus führt, wie Klemens sie in seiner zweiten Notiz mitteilt.

Über die Rückreise des Petrus von Rom nach Jerusalem erfahren wir in den Quellen nichts Näheres. Es liegt nahe, dass er den Gemeinden, die er auf der Hinreise besuchte, nun noch einmal einen Besuch abstattete. Spätestens auf dieser Rückreise, das heißt spätestens zwischen 44 und 46/48 n. Chr., war er auch in Korinth, um dort neben Apollos (und vor der Abfassung des 1. Korintherbriefes des Paulus) als Apostel zu wirken (1. Korinther 1,12). Die Apostelgeschichte des Lukas erwähnt ihn namentlich erst wieder bei der Versammlung aller Apostel in Jerusalem, im Jahre 48 n. Chr.[292]

Mit einer wohl auch von den Optimisten nicht erwarteten Geschwindigkeit hatte der Glaube an Jesus als Messias und Erlöser weit über Jerusalem hinaus die Dörfer und Städte des Römischen Reiches berührt. Noch nie war eine neue Verkündigung, die ohne staatliche Förderung auskommen musste, so schnell so erfolgreich gewesen.

Petrus hatte daran einen maßgeblichen Anteil, nach ihm dann Paulus und andere, aber für viele unter den orthodoxen Juden, die zum Jesusglauben gekommen waren, zeigte sich zunehmend die Schattenseite dieser Erfolgsgeschichte. Denn überall wurden die unbeschnittenen ›Heiden‹ gläubig, nicht mehr nur die ›Gottesfürchtigen‹, die wenigstens eine innere Zuneigung zum mosaischen Gesetz besaßen. Welchen Stellenwert hatten da noch die Juden, wie wichtig sollten die jüdischen Riten und Gewohnheiten für die Christusangehörigen, die »*christianoi*«, künftig noch sein? Einige unter den Pharisäern, die zu Christusanhängern geworden waren, forderten zunehmend lautstark die Beschneidung aller Bekehrten und ihre Verpflichtung auf die mosaischen Normen und Gesetze, die bis heute den jüdischen Alltag regeln. Inzwischen war Jakobus nicht nur der alleinige Leiter der Jerusalemer Gemeinde, er war auch ein weithin bekannter und geachteter Verfechter jüdischer Orthodoxie innerhalb des Christentums. Man erzählte sich von ihm, er habe so regelmäßig und intensiv im Tempel gebetet, dass sich an seinen Knien eine Hornhaut bildete, was ihm den Beinamen »Kamelknie« eintrug.[293] Jakobus war kein Extremist, auch keiner jener ehemaligen Pharisäer, aber aufgrund seiner orthodoxen Frömmigkeit war er doch ›Partei‹, während auf der anderen Seite, nicht eigentlich als Gegner, sondern als Vertreter einer offenen Strategie, der Pharisäer Paulus und seine Mitarbeiter standen. Der eigentliche Konflikt spielte sich also zwischen den Pharisäern innerhalb der christlichen Urgemeinde ab: Die einen waren bis zur letzten Konsequenz Juden geblieben, die anderen, ebenso treu im Bewusstsein ihrer Jüdischkeit, orientierten sich an der Öffnung, für die sie das Mandat von Jesus selbst empfangen hatten. Es wurde die Stunde des Diplomaten Petrus. An ihm, der alle diese Perspektiven kannte und ihnen mehr als einmal gerecht geworden war, lag es nun, die apostolische Beratung zu eröffnen, zu der sich alle Verantwortlichen in Jerusalem versammelt hatten.

Konflikte und Lösungen:
Jerusalem und Antiochia

Petrus weiß, dass nur ein praktikabler Kompromiss weiterhelfen kann. Nicht Leerformeln sind gefragt, die das Papier nicht wert sind, auf denen sie stehen, oder ›ökumenische‹ Absichtserklärungen, sondern Lösungen, mit denen alle Seiten gut weiterarbeiten können. Petrus steht auf und hält eine Rede, die als Musterbeispiel realpolitischer Kompromissfindung in der Kirchengeschichte gelten darf. Zuerst erinnert er die Parteien daran, dass sie auf seinen Rat vertrauen können, da er der Apostel aus der ursprünglichen Jerusalemer Gruppe gewesen war, dem Gott den Auftrag zur Verkündigung des Evangeliums unter den Heiden gegeben hatte (Apostelgeschichte 15,7). Er spricht es nicht aus, aber jeder weiß: Diese erfolgreiche Tätigkeit hatte ursprünglich durch Petrus ihre internationale Ausweitung erfahren, nicht durch den Nachzügler Paulus. Das ist nicht nur richtig, es kann auch Paulus in keiner Weise kränken: In einem seiner Briefe nennt er sich selbst noch eine »unzeitige Geburt«, den letzten von allen (1. Korinther 15,8). Nun folgt der erste die Entscheidung vorbereitende Satz: »Gott hat keinen Unterschied gemacht zwischen uns und ihnen, denn er hat ihre Herzen durch den Glauben gereinigt« (15,9). Die Formulierung ist genau bedacht. Petrus sagt nicht, dass die alten, für Juden verpflichtenden Gesetze der Torah, also der fünf Bücher Mose, eine ungerechtfertigte oder gar endlich abzuschüttelnde Last seien. Kein Jude, so hören wir hier heraus, sollte sich aus ihnen davonstehlen dürfen, so schwer sie auch zu tragen sein mögen. Denn – wir erinnern uns – Jesus hatte die rigide Einhaltung der Gesetze nicht in Frage gestellt, weil er sie für sinnlos hielt, sondern weil sie ablenkten von der wahren, von innen kommenden Verunreinigung. Petrus selbst hatte folglich auch auf dem Dach des Gerbers Simon in Jafo und bei der Bekehrung und Taufe des Cornelius in Caesarea keinen Freibrief für die Entfremdung der Juden vom Gesetz gesehen, sondern die Freiheit, offen auf Nichtjuden zuzugehen.

Das ist hier nun der springende Punkt. Die Gesetze der Torah sollen nicht jenen Menschen auferlegt werden, die nie Juden waren. Wenn es doch unbestritten ist, dass auch der normale Jude es nicht leicht findet, allen Gesetzen treu zu folgen (15,10), um wie viel weniger sollte man gläubige Jesusanhänger dazu verpflichten, die nie innerhalb jüdischer Traditionen gelebt haben. Und die Pointe schließt die knapp gefasste Rede ab: Die Männer und Frauen, um die es geht, wollen ja gar nicht Juden werden, sie wollen sich direkt zu Jesus dem Christus bekennen, der für alle Menschen kam und seinen Missionsauftrag auch für die Völker außerhalb des Judentums weitergab. Die gläubigen Juden unter den Versammelten können es leicht heraushören: Wer Jude werden will, kann das tun, mit allen Gesetzesverpflichtungen, die dazugehören. Wer als Jude Jesus nachfolgen will, kann – ja soll sogar – ohne Abstriche in seiner Lebensform Jude bleiben dürfen, wie es Jakobus, er selbst, Petrus, und sogar Paulus und viele andere vorlebten. Jene aber, die direkt aus der nichtjüdischen Welt zu Jesus kommen möchten, brauchen keine Umwege zu gehen. Sie gehören einschränkungslos zur Gemeinschaft derer, die allein »durch die Gnade des Herrn Jesus selig werden« wollen und werden (15,11).

Jetzt sind Paulus und Barnabas an der Reihe. Sie berichten von ihrer erfolgreichen Arbeit unter den Heiden, und auch sie berufen sich zu Recht auf Gott, der durch sie wirkt. Die altpharisäische Partei kann nur noch auf Jakobus hoffen. Aber der sieht keinen Grund, sich gegen Petrus zu stellen. Im Gegenteil – er greift dessen Argumentationsweise auf, bezieht sich ausdrücklich auf ihn und gebraucht dabei für Simon Petrus die aramäische, nicht gräzisierte Namensform »*Symeôn*«, die ansonsten nur ein einziges weiteres Mal im Neuen Testament gebraucht wird, von Petrus selbst in der einleitenden Grußformel seines zweiten Briefes (Apostelgeschichte 15,14; 2. Petrus 1,1). Schon in den Schriften ist der neue Weg vorgezeichnet, sagt er und verweist auf gleich drei Propheten, aus denen er zitiert: Jeremia, Amos und Jesaja. Mit großem Geschick verbindet er diese Zitate teils in Anlehnung an den griechischen Text der ›Septuaginta‹ – womit er den unter griechischsprachigen Nichtjuden tätigen Missionaren zeigt, dass er weiß, womit sie arbeiten –, teils aus dem hebräischen Grundtext. Anklänge an Aussagen, die auch in den Schriftrollen von Qumran stehen, verdeutlichen zusätzlich jenen neuen Christen, die aus jüdisch-messianischen Bewegungen kommen, vor allem von den Essenern, dass sie nicht vergessen sind.[294] Auch über alle Heiden ist der Name Gottes ausgerufen, fasst Jakobus die Prophetenworte mit

Amos 9,11–12 zusammen. Damit haben sie und die Verkündigungstätigkeit unter ihnen nicht etwa Vorrang – es geht nicht um eine Ablösung, sondern um eine Parallelität. Den Heiden, so sagt er, sollen keine Lasten aufgebürdet werden, und doch ist zugleich darauf zu achten, dass es keine Zweiklassengesellschaft im Christentum gibt, in der die aus dem Heidentum Kommenden in ihrem Verhältnis zum jüdischen Religionsgesetz im Alltagsleben, beim Essen und Trinken und so weiter, mehr oder weniger tun können, was sie wollen, während die aus dem Judentum Kommenden sich weiter an die Gesamtheit des Torah-Gesetzes gebunden fühlen.

Was Petrus vorgezeichnet hatte, führt nun folgerichtig zum eigentlichen Kompromissvorschlag des Jakobus: Die Beschneidung wird den Männern unter ihnen nicht auferlegt. Er geht auf dieses Thema gar nicht mehr ein. Bringt sie nicht in Unruhe, bürdet ihnen keine unnötigen Lasten auf, sagt er (15,19). Die Heiden sollen nur jene Reinheitsgebote einhalten, die auch für sie aus nachvollziehbaren Gründen zumutbar sein müssen. So konnte man überall in den Läden, vor allem in der Nähe der Kultstätten, das Fleisch der Opfertiere kaufen, das von heidischen Zeremonien übriggeblieben war. Es war Fleisch von den besten Tieren, also besonders beliebt. Dieses Fleisch sollen sie nicht kaufen, da es durch die Berührung mit Götzenkulten kontaminiert war. Und noch von einem weiteren vor allem in den großen Städten beliebten Brauch sollten sie sich fernhalten, von den freizügigen Moral- und Sexualvorstellungen, die der jüdischen Tradition und dem Gebot Gottes zuwiderliefen.[295] In diesen ersten beiden Punkten geht es um Dinge, die nicht allein zum privaten, sondern auch zum öffentlichen Verhaltenskodex gehören.

Jakobus fügt einen Punkt hinzu, der spezifisch aus den koscheren Essensgeboten abgeleitet ist: Sie sollen kein Blut und kein Ersticktes essen, also kein Fleisch von Tieren, die durch Ersticken/ Erwürgen getötet wurden und aus denen das Blut nicht vollständig abgeflossen war, und grundsätzlich kein Blut, in welcher Form auch immer. Nicht nur für Liebhaber der Blutwurst als Delikatesse klingt das schwierig. Doch dieses uralte Gesetz, das direkt auf 1. Mose 9,4 und 5. Mose 12,15–16 zurückgeht, ist im Judentum noch heute in Kraft. Anders als die ersten beiden Regeln verlangte es von den Heiden damals so wie von gläubigen Juden damals und heute nicht nur eine innere Entscheidung, sondern auch einen äußeren Aufwand, denn sie mussten sich um ordnungsgemäß geschächtetes Fleisch bemühen. Es wird ihnen also trotz allen Entgegenkommens etwas abverlangt. Gerade dieser Punkt könnte schwer verständlich und schwer akzeptabel gewirkt haben, aber niemand protestiert, auch Paulus nicht. Ganz im Gegenteil sehen wir, wie vor allem diese eine Regel bis weit ins 2. Jahrhundert hinein von europäischen Christen befolgt und ausdrücklich betont wird. Noch 178 n. Chr. beziehen sich die Märtyrer im gallisch-französischen Lyon darauf, und rund zwanzig Jahre nach ihnen folgt der in Rom lateinisch schreibende Philosoph und Theologe Tertullian dieser Argumentation.[296] Neben den religiösen Aspekt trat auch der gesundheitliche, der zum alten Gesetz dazugehörte, das keine Schikane sein wollte, sondern das Wohlbefinden des ganzen Volkes vor Augen hatte; davon wusste noch der angelsächsische König Alfred, der die Formel des Jerusalemer Aposteltreffens Ende des 9. Jahrhunderts in die Präambel seines Gesetzbuches aufnahm.

Jakobus zieht in seiner Kompromissformel den harten Kern des mosaischen Lebensgesetzes einem umfassenden Regelwerk vor. Gerade beim Verbot des ungeschächteten Fleisches weiß er, wie die anderen, dass im mosaischen Gesetz die Nichtjuden, die unter und mit Juden leben, ausdrücklich einbezogen werden (3. Mose 17,10–16). Weniger also können, nein dürfen die Judenchristen von ihren nichtjüdischen Glaubensgeschwistern nicht verlangen. Und wenn es nicht zwei Kirchen geben sollte, sondern eine, in der Juden- und Heidenchristen unter dem einen Herrn trotz aller Unterschiede miteinander auskommen wollen, dann war dies eine Form des Kompromisses, auf der beide Seiten Gewohntes abgaben und zugleich an Gewohntem festhielten. Die Juden verzichten darauf, das gesamte Gesetz zur Pflicht zu machen, und die Heiden bringen ihrerseits ein Opfer, das sie jedoch zugleich ein Stück näher an den Juden Jesus heranführt. Und noch etwas lernen alle: Einen christlichen Glauben ohne Gesetze kann es nicht geben. Gerade das Gesetz macht frei zum verantwortlichen Handeln – so formuliert es Jakobus ein paar Jahre später in seinem Rundbrief an die Judenchristen in der Diaspora. Gleich zweimal spricht er dort vom »Gesetz der Freiheit«.[297]

Erleichtert und einig beschließt die von Petrus und Jakobus geleitete Versammlung, die Stellung von Paulus und Barnabas zu stärken. Man stellt ihnen zwei weitere Mitarbeiter zur Verfügung, Judas, genannt Barsabbas, und Silas, der sich als Assistent und Sekretär des Paulus noch vielfach bewähren wird (Apostelgeschichte 16,25–29; 17,10 u.a.m; 2. Korinther 1,19; 1. Thessalonicher 1,1; 2. Thessalonicher 1,1) und in der Namensform Silvanus schließlich auch als Helfer, Sekretär und Bote des Petrus auftritt (1. Petrus 5,12). Wir dürfen vermuten, dass die Empfehlung, Silas/Silvanus der Mannschaft der Heidenmissionare mitzugeben, direkt auf Petrus zurückgeht, der ihn wohl schon kannte, während der auch durch seinen Namen und Beinamen im Judentum fest verankerte Judas Barsabbas der Vertreter des ›judenchristlichen‹ Flügels gewesen sein mag. Gerade Silas/Silvanus ist nicht nur als Bindeglied zwischen Petrus und Paulus wichtig. Er bringt auch eine Eigenschaft mit, die ihn gleichzeitig mit den ersten Missionskontakten des Petrus und einem biographischen Privileg des Paulus verbindet: Denn auch er besitzt das römische Bürgerrecht (Apostelgeschichte 16,37). Die Vierermannschaft wird weiter abgesichert durch ein Sendschreiben, das von der gesamten Versammlung – also auch unter der Mitwirkung von Paulus und Barabbas – in nahezu wörtlicher Übernahme der Jakobus-Formel aufgesetzt wird (15,23–29). Es ist ausdrücklich an nichtjüdische Konvertiten in Antiochia, Syrien und Zilizien gerichtet, wo einige Missionare ohne apostolischen Auftrag mit unklaren Reden für Unruhe und Verwirrung gesorgt hatten (15,24).[298] So sollen sie nun vernünftige Unterweisung erhalten. Doch alle wissen, wem sie die eigentliche Führung und die eigentliche Entscheidung über die Verhaltensregeln zu verdanken haben: nicht Petrus, nicht Jakobus, auch nicht Paulus, sondern allein dem heiligen Geist (15,28). »Ihr tut gut daran«, euch danach zu richten, schließen sie den Brief – dieses griechische »*eu práxete*« und das synonyme »*kalôs poieîte*« sind eine ermahnende Formulierung, die auffälligerweise gerade von Jakobus und Petrus noch einmal aufgegriffen wird: im Jakobusbrief (2,8) und im 2. Petrusbrief (1,19).

In Antiochia sind die Leser des Briefes dankbar und zufrieden. Für etwa zwei Jahre arbeiten Paulus und Barnabas nun in der syrischen Provinz und machen Antiochia zu ihrem Hauptquartier.[299] Auch Petrus hält es nicht lange in Jerusalem. Die Stadt weiß er bei Jakobus nun mehr als je zuvor in besten Händen, so kann er sich wieder dem widmen, was er bereits in den vergangenen Jahren getan hatte: Juden und ›Gottesfürchtige‹, ohne Ausschluss der ›Heiden‹, mit der Jesusbotschaft bekannt machen. Die Apostelgeschichte des

Lukas berichtet nicht mehr davon, doch wir stoßen auf seine Spur in einem Brief des Paulus, der uns einmal mehr erkennen lässt, dass auch die größten unter den Aposteln nur Menschen waren. Etwa im Frühjahr 49 n. Chr. trifft Petrus erneut in Antiochia ein. Die Stadt ist mehr denn je ein Sammelbecken der verschiedensten Strömungen, und er weiß, dass er hier genug zu tun haben wird. Probleme sind nicht zu erwarten, denn da, wo Petrus und Paulus am gleichen Ort auftreten, kann man sich an der prinzipiellen Aufgabenteilung orientieren, die Paulus vereinfacht so zusammenfasst: »Mir war das Evangelium an die Heiden anvertraut, so wie Petrus das Evangelium an die Juden« (Galater 2,7). Doch dann trifft eine weitere Gruppe aus Jerusalem ein, und diese Leute berufen sich auf Jakobus. Sie beobachten die Szene und stellen fest, dass Petrus mit den Heidenchristen zusammen isst. Ob sie nun in direktem Auftrag des Jakobus handeln, was eher unwahrscheinlich ist, oder nur an seine Rede auf der Jerusalemer Versammlung erinnern, das Ergebnis ist klar: Petrus nimmt dankbar die Beurteilung der Beobachter von außen auf, dass die Situation in Antiochia eine gewisse Schlagseite zu Ungunsten der Judenchristen erhalten hatte. So wichtig im multikulturellen Antiochia die Heidenchristen waren, durften doch andererseits die Judenchristen keinesfalls vergessen werden. Petrus geht also – zumindest vorübergehend – zu den Judenchristen und isst nun ostentativ mit ihnen, zweifellos unter Einhaltung aller Regeln koscheren Essens. Antiochia hat allem Anschein nach ebenso wie Rom Hausgemeinden oder Hauskirchen, in denen zu den Mahlzeiten und zum Abendmahl die Judenchristen und die Heidenchristen noch nicht die volle Gemeinschaft haben, sondern getrennt essen und feiern, gerade eben wegen der Rücksichtnahme auf unterschiedliche »koschere« Regeln und deren Anwendung. Es sind sich doch wohl auch damals schon alle darin einig, dass dies kein Idealzustand ist, dass er aber auch nicht mit einseitigen Aktionen verändert werden kann. Wir dürfen es als selbstverständlich voraussetzen, dass Petrus die Menschen, mit denen er bis dahin zusammen gewesen war, nicht sang- und klanglos verlässt, ohne ihnen zu erklären, was er tut, und wir dürfen ebenso voraussetzen, dass er das nicht für einen Dauerzustand hält, sondern für die angemessene Ausgleichung einer gewissen Einseitigkeit, die sich trotz der Vereinbarungen von Jerusalem eingeschlichen hatte.[300]

Soweit lässt sich das aus den scharfen Formulierungen des Paulus in seinem Brief an die Galater – unserer einzigen Quelle für diese Episode – ohne Mühen rekonstruieren. Paulus schrieb einen drängenden, offenbar auch in großer Eile diktierten Brief, in dem es immer wieder um die Rechtfertigung seiner eigenen Autorität gegenüber den Galatern geht; es ist ein Brief, von dem einmal gesagt wurde, er sei »mehr hingewühlt als hingeschrieben«.[301] Er warf dem Kollegen Petrus vor, aus Furcht vor den Jakobus-Leuten die Gemeinschaft mit den Heidenchristen aufgekündigt zu haben. Dass dies eine Übertreibung ist, geht allerdings schon aus seinem Eingeständnis hervor, Barnabas habe sich auf die Seite des Petrus gestellt. Das hätte ihm zu denken geben müssen, denn Barnabas war nicht nur der beste Antiochia-Kenner unter den Aposteln und Missionaren, er war auch bis zu diesem Zeitpunkt der bewährte Begleiter des Paulus gewesen, einer, der ihn zuvor gegen Zweifel und Kritik verteidigt hatte (Apostelgeschichte 9,27). Dass dieser altbewährte Stratege und Diplomat nun Petrus Recht gab, kann beim besten Willen nicht damit abgetan werden, er sei dazu verführt worden zu heucheln (Galater 2,12). Überzogen ist vor diesem Hintergrund offensichtlich auch der Vorwurf, Petrus habe die Heiden gezwungen, nunmehr zu den Tischgewohnheiten der Judenchristen überzuwechseln (2,14). Noch zwei Sätze vorher hatte er selbst gesagt, dass es so nicht war, sondern dass Petrus allein ging. Wir ahnen aber, gerade dank der Ausdrucksweise des Paulus, dass Petrus und Barnabas durchaus eine gewisse Sorge empfanden – die nämlich, dass der sorgsam erwogene, genauestens ausbalancierte Kompromiss von Jerusalem durch überzogene Positionen der einen wie der anderen Seite gefährdet werden könnte. Die Leute, die sich auf Jakobus beriefen, waren in diesem Sinn eine Gefährdung. Hätte man sie frei schalten lassen, wäre nicht auszuschließen gewesen, dass sie die konservativeren Judenchristen Antiochias zu einer Spaltung geführt hätten, statt das mit viel Geduld vorbereitete Zusammenwachsen geschehen zu lassen. Einseitig war aber auch Paulus. Petrus, und mit ihm Barnabas, griffen hier brückenbauend ein. Dass Paulus dies überhaupt nicht gefiel, zumal er offenbar Antiochia für ›seine‹ Stadt hielt, kann man gut verstehen.

Was für Petrus flexible Führung ist – und zweifellos auch von Barnabas in diesem Sinn unterstützt wird –, kommt Paulus folglich wie Heuchelei vor (2,14). In seinen Augen hat Petrus die Heidenchristen im Stich gelassen. Wir sehen aber auch, nicht zuletzt in dem völlig überzogenen Vorwurf, Petrus habe die Heidenchristen gezwungen, mit ihm zu gehen, dass es Paulus ist, der sich rechtfertigt und strategisch den Antiochia-Zwischenfall geradezu benötigt, um den Galatern seine Position zu verdeutlichen. Kurz, es ist eigentlich Paulus, nicht Petrus, der Angst hat, Angst davor, seinen bis dahin unbezweifelten programmatischen Einfluss über die Heidenchristen zu verlieren. Um seiner eigenen Strategie treu zu bleiben, muss er nun Petrus, Barnabas und denen in Antiochia, die von der Richtigkeit ihres Vorgehens überzeugt sind, vorhalten, dass sie »nicht richtig handelten nach der Wahrheit des Evangeliums« und statt der gradlinigen Kompromisslosigkeit des Paulus auf Umwege oder sogar Rückzüge verfallen waren. Es nützt nichts – die Folgen, auch die Schlussfolgerungen, die Paulus wenig später selbst noch zieht, machen für alle Beobachter deutlich: Paulus erleidet in Antiochia eine Niederlage.[302] Wenig später verlässt er die Stadt und kehrt Jahre später nur noch ein einziges Mal dorthin zurück, für einen kurzen Zwischenhalt auf dem Weg nach Galatien (Apostelgeschichte 18,22). Der Führungsstil des Petrus und seine aus den Lehren in den Jahren mit Jesus gewonnene Reife im Umgang mit schwierigen Situationen und Personen retten die Situation und helfen den Christen in Antiochia, miteinander zu leben statt nebeneinander oder gegeneinander. Petrus bleibt vorerst in der Stadt, möglicherweise für mehrere Jahre, um von diesem wichtigen Zentrum aus das Wachsen und Zusammenwachsen der Gemeinden zu fördern.[303] Origenes berichtet um 230 n. Chr. als erster heute noch erhaltener Kommentator davon, dass Petrus zum »*epískopos*-Bischof« von Antiochia ernannt wurde, und bezieht sich dabei auf eine ältere Ortstradition.[304] Johannes Chrysostomos, der am Ende des 4. Jahrhunderts schrieb und der den Höhepunkt seiner Laufbahn als Bischof von Konstantinopel erreichte, aber in Antiochia aufwuchs und dort zum Diakon und Priester ordiniert wurde, bestätigt diesen Bischofsstatus in seiner ›Homilie über Ignatius‹. Und Hieronymus bekräftigt die Überlieferung als letzter in dieser Reihe von Autoren, die Zugang zu älteren Quellen hatten.[305]

So wie Petrus aus seinen Niederlagen während der Jüngerzeit lernte, lernt nun auch Paulus. Gerade darin zeigt er letztendlich seine apostolische Größe. Im 1. Korintherbrief (9,20–23), der rund sechs bis sieben Jahre nach dem Konflikt in Antiochia und einige Zeit nach dem Galaterbrief abgeschickt wird, kann Paulus bereits erklären: »Ich bin allen alles geworden, damit ich auf alle Weise einige rette.« Und er meint damit ausdrücklich, dass er um des Evangeliums willen den Juden unter dem Gesetz ebenso entgegenkommt wie den Heiden ohne Gesetz. Kein geringerer als Tertullian konnte das schon Ende des 2. Jahrhunderts als bewundernswertes Ergebnis eines Lernprozesses sehen, der in Antiochia begonnen hatte.[306] So hat zwar Petrus in der syrischen Provinzhauptstadt mit voller Unterstützung des Barnabas die bis dahin wichtigste Leistung seiner Karriere als Apostel, »Fels« und »Hirte« erbracht, aber am Ende steht auch Paulus als einer da, der zum Guten der Gesamtkirche gereift ist.

VI

Noch einmal Rom: Freundschaften, Kämpfe und Briefe

Neue Aufgaben

Wann genau Petrus zum zweiten Mal in Rom eintrifft, ist nicht bekannt. Eine wertvolle Quelle ist allerdings Laktanz, ein umfassend gebildeter Philosoph und Theologe, der als Vertrauter Kaiser Konstantins des Großen und Erzieher von dessen Sohn Crispus in den Jahren nach 313 n. Chr. direkten Zugang zu den kaiserlichen Archiven hatte. In seiner Schrift ›Über die Todesarten der Verfolger‹ teilt er mit, dass Nero bereits die Macht ergriffen hatte, als Petrus nach Rom kam.[307] Das heißt, er muss nach dem 13. Oktober 54 n. Chr. eingetroffen sein. Da er, wie wir bereits sahen, nicht in der Grußliste des Römerbriefs genannt wird und wir Paulus nach dem Lernprozess zwischen Galater- und Korintherbrief nicht für einen ungehobelten Gesellen halten dürfen, der seinen Kollegen noch nicht einmal grüßen lässt, gebietet es die Vernunft, das Eintreffen des Petrus in die Zeit nach der Abfassung und Absendung des Römerbriefes zu legen, also nicht vor 56 oder 57 n. Chr. Die Reise von Antiochia nach Rom war die erneute Gelegenheit, vertraute Orte und vielleicht auch neue Gemeinden aufzusuchen. Korinth hat er spätestens bei dieser Gelegenheit besucht, und es gibt eine beharrliche Tradition, dass er diesmal nicht auf dem Westweg nach Rom reiste, wie Paulus über Malta, Syrakus und Puteoli (Apostelgeschichte 28,1; 28,12–13), sondern auf der Ostroute, von Korinth durch den Isthmus über die Adria nach Brindisi, das schon damals einer der bedeutendsten Mittelmeerhäfen war. Brindisi und Rom waren durch einen gut ausgebauten Landweg miteinander verbunden, es war eine der üblichen Verbindungen, die aus dem Orient, vor allem aus oder über Westgriechenland, nach Rom gelangen wollten, und er hätte die Gelegenheit gehabt, in Apulien Gemeinden zu gründen oder zu stärken. Bari, Canosa, Galatina, Gallipoli, Leuca, Luceria, Oria, Otranto, Ruvo, Siponto, Taranto und Venosa (um sie hier in alphabetischer Reihenfolge aufzuführen) berufen sich auf diese Petrusreise, und ein neuerer Forscher konnte Brindisi sogar »die petrinische Stadt par excellence« nennen.[308]

Die römischen Unternehmungen des Petrus waren in den ersten Jahren des zweiten Aufenthalts nicht sonderlich spektakulär, und es gibt auch keinen Grund anzunehmen, dass es anders hätte sein müssen. Die Historiker der frühen Kirche wissen daher auch nicht Spannendes über diese Zeit zu berichten. Die große Krise der Vertreibung jüdischer und judenchristlicher Leiter unter Claudius lag viele Jahre zurück, die Verfolgung unter Nero war auch für Pessimisten noch nicht abzusehen. Den späteren, nicht unumstrittenen Kirchenquellen wie dem ›Catalogus Liberianus‹ aus dem 4. und dem ›Liber Pontificalis‹ aus dem 5./6. Jahrhundert, dem Kirchenhistoriker Euseb im ersten Drittel des 4. Jahrhunderts, und einem historischen Roman, den ›Acta Petri‹ von ca. 180 n. Chr., sind dennoch viele Hinweise auf vermutliche Abläufe zu entnehmen. Und auch die römische Archäologie hat bei dieser Spurensuche eine Rolle zu spielen.

Nehmen wir eine Szene in den ›Acta Petri‹: Im 20. Kapitel wird erzählt, wie sich eine Gruppe von Christen im Haus des römischen Senators Marcellus trifft und dort zuhört, als aus dem Evangelium vorgelesen wird – wir waren dieser Szene bereits bei der Untersuchung der verschiedenen Berichte über die Verklärung Jesu begegnet. Man hat versucht, diesen Marcellus zu identifizieren – möglicherweise handelte es sich um Granius Marcellus, den Tacitus in seinen ›Annalen‹ erwähnt.[309] Die Familie der Marcelli hatte unter anderem entscheidend zum Bau des Marcellus-Theaters beigetragen, das noch heute unweit des ehemaligen jüdischen Ghettos von Rom steht. Da wir dank der Beschreibung der Textstelle die Schriftrolle, aus der hier vorgelesen wird, als eine Rolle des Markus-Evangeliums erkennen können, wissen wir so viel: Um 180 n. Chr. war man sich noch sicher genug, um die Auskunft über eine zu Lebzeiten des Petrus fertige, für den Gemeindegebrauch freigegebene Fassung des Markus-Evangeliums in einen historischen Roman einzubauen – eine Auskunft, die bekanntlich wenig später auch durch Klemens von Alexandria bestätigt wird. Wo aber das Haus des Senators war, das ist nicht überliefert. Auch Tacitus, der von Granius Marcellus erzählt, liefert keine Adresse. Nur am Rande ist das eine heilsame Erinnerung daran, dass es nicht nur die frühchristlichen Quellen sind, die nicht alles berichten, was wir heute gern wüssten. Dennoch muss die frühchristliche Gemeinde Versammlungsräume in Privathäusern gehabt haben. Auch die Grußliste am Ende des Römerbriefes setzt eindeutig mehrere Häuser voraus, in denen sich die Christen trafen (Römer 16,3–15).[310] Und Petrus hat sicher nicht unter freiem Himmel übernachtet. So bildeten sich Traditionen, deren Ursprünge nicht mehr eindeutig zu ermitteln sind. In allen Fällen kann immer nur überprüft werden, ob die archäologische Untersuchung für die Möglichkeit spricht, dass hier um die Mitte des 1. Jahrhunderts Privathäuser standen, und ob es rivalisierende Überlieferungen gibt, die sich gegenseitig ausschließen oder unter denen eine Entscheidung zu treffen wäre.

Mit Petrus wird in frühester Zeit vor allem ein ganz bestimmtes Haus in Verbindung gebracht: ein bereits im ersten vorchristlichen Jahrhundert erbautes, weiträumiges Privathaus am Vicus Patricius, der heutigen Via Urbana, das sich bis zur heutigen Via Balbo erstreckte. Es war im ersten nachchristlichen Jahrhundert zweifelsfrei als Wohnhaus genutzt, ehe es im 2. Jahrhundert zweckentfremdet und in die Anlage der Bäder des Timotheus und Novatus integriert wurde. Als Besitzer des Hauses wird ein römischer Senator namens Pudens genannt, den man wiederum mit dem nicht näher beschriebenen Pudens aus dem 2. Tinotheusbrief (4,21) gleichzusetzen versuchte. Der ›Liber Pontificalis‹, im 4./5. Jahrhundert die ›Akten der Potentiana und Praxedis‹ und, im 6. Jahrhundert, die ›Notitia Ecclesiarum Urbis Romae‹, ein Handbuch über stadtrömische Kirchen, trugen Mosaiksteinchen zusammen, die folgendes Bild erahnen lassen: In diesem Haus war Petrus oft zu Gast, wohnte hier auch – möglicherweise durchgehend während seines zweiten Romaufenthalts –, freundete sich mit Pudens an und taufte – möglicherweise sogar gemeinsam mit Paulus – dessen Töchter Praxedis und Pudentiana/Potentiana. Die Gräber der Töchter wurden, den ›Akten‹ zufolge, dort angelegt, wo später die weitflächigen Priscilla-Katakomben entstanden, die wohl ältesten Katakomben Roms. Eine Kirche, deren Bau im 4. Jahrhundert begann, Santa Prassede, erinnert an die eine der beiden Töchter. Und lange glaubte man, dass auch die andere Tochter im Namen einer Kirche weiterlebte, Santa Pudenziana.

Die Kirche ›Santa Pudenziana‹ steht über jenem Privathaus aus der Zeit des Petrus. Wie an anderen Stellen Roms auch bewahrt sie den »*titulus*«, den Namentitel einer Person aus der römischen Urgemeinde, die hier wohnte – andere bekannte Beispiele sind San Clemente am Fuße des Caelius (Clemens, verbunden mit dem Autor des 1. Clemensbriefes und unter Umständen dem in Philipper 4,3 genannten Christen),[311] Santa Prisca auf dem Aventin (mit Prisca und Aquila und ihrem in Römer 16,5 genannten Haus assoziiert),[312] und San Lorenzo in Lucina beim Marsfeld, unweit der wiederentdeckten

Sonnenuhr (Horologium) des Augustus, deren heutiger Name auf Laurentius zurückgeht, den Märtyrer des 3. Jahrhunderts, die aber ebenso wie die anderen genannten Kirchen auf Hausresten aus dem 1. Jahrhundert steht – und zwar in diesem Fall einem Wohnblock, einer sogenannten ›insula‹, die möglicherweise mit einer Matrone namens Lucina aus dieser Zeit verbunden werden kann und die das älteste in Rom wiederausgegrabene Baptisterium enthält.[313] Inzwischen hat sich bei Santa Pudenziana jedoch herausgestellt, dass hier nicht der Name der jungen Frau verewigt wird, sondern der Mann Pudens selbst, und dann die Bezeichnung des »Titulus Pudentis« bzw. »Pudentianus«, als der pudentianische Titulus, zum Eigennamen der Kirche wurde.[314] Nach dem Machtantritt Kaiser Konstantins, ab 312 n. Chr., wurde den Christen ihr alter Besitz zurückerstattet. Noch im 4. Jahrhundert kam es dann auch an der Via Urbana zu Bauarbeiten, die Bäder des Timotheus und Novatus wurden stillgelegt, und über dem gesamten Komplex, der das Haus der republikanisch-frühimperialen Epoche und die Bäder umfasste, entstand die Kirche.

Zur Zeit von Papst Siricius (394–399) war die Kirche so weit fertiggestellt, dass ein bis heute erhaltenes Apsismosaik begonnen werden konnte, das älteste und wichtigste aller römischen Kirchen. Schon unter Innozenz I. (402–417) und dann während nicht besonders glücklicher Veränderungen der Apsis in der Barockzeit wurden Eingriffe vorgenommen, aber das ursprüngliche Bildprogramm ist nach wie vor zu erkennen. In der Mitte thront Christus, über ihm ist ein edelsteingeschmücktes Kreuz zu sehen, das auf einem Hügel steht und das den Tiersymbolen der Evangelisten umgeben ist, wie sie aus Hesekiel 1,5–10 und Offenbarung 4,6–8 abgeleitet wurden. Links und rechts von Christus sitzen etwas tiefer zwei Männer, die offensichtlich Petrus (links vom Thron aus gesehen) und Paulus (rechts) darstellen. Hinter ihnen stehen zwei junge Frauen, die Lorbeerkränze über die Apostelköpfe halten. Weitere Männer folgen links und rechts, und obwohl das Mosaik hier nicht mehr vollständig ist, sollen sie wohl die Gesamtheit der zwölf Apostel darstellen. Die beiden Frauen hat man meist als Potentiana/Pudentiana und Praxedis interpretiert, es ist aber auch möglich, dass es hier um etwas ganz anderes und für die Geschichte der römischen Gemeinden viel Wichtigeres geht: Sie stellen die »Kirche aus dem Judentum« und die »Kirche aus dem Heidentum« dar, die »*Ecclesia ex circumcisione*«

und die »*Ecclesia ex gentibus*«, die Gleichberechtigung beider Wurzeln. Nur drei Jahrzehnte später wurde das auf dem Aventin ausdrücklich so gezeigt. Über dem Innenportal der zwischen 425 und 433 erbauten Kirche Santa Sabina ist das Mosaik mit der Stifterinschrift Petrus des Illyrers angebracht, das links und rechts von zwei identisch gekleideten Frauen umrahmt ist. Nur die Bildunterschrift unterscheidet sie – links, also zuerst, die »*Ecclesia ex circumcisione*«, rechts die »*Ecclesia ex gentibus*«.[315]

Es ist eine bedeutende Botschaft, die hier ganz im Geist des Petrus mitgeteilt wird. Das Judenchristentum ist nicht abgewertet, es muss nicht hinter das Heidenchristentum zurücktreten. Die römische Kirche ist sich noch zu Beginn des 5. Jahrhunderts beider Traditionen bewusst und weiß, dass dem judenchristlichen Urgrund der Vorrang gebührt. Am 20. September 393, zur Zeit, als das Apsismosaik von Santa Pudenziana entstand, erließ Kaiser Theodosius ein Gesetz zum Schutz der Juden, die von sporadisch aufkommenden Verfolgungen und Synagogenzerstörungen durch Heidenchristen betroffen waren. Die hässliche Fratze des christlichen Antisemitismus wurde sichtbar, aber noch waren die Stimmen deutlicher zu hören, die mit allen zur Verfügung stehenden Mitteln festhielten, dass Jesus, Petrus und Paulus Juden waren. Auch der Rest des Bildprogramms im Apsismosaik von Santa Pudenziana unterstreicht dieses Bewusstsein der Ursprünge. Wie neuere Forschungen gezeigt haben, ist hier nicht ein idealisiertes »himmlisches Jerusalem« zu sehen, das die Offenbarung des Johannes beschreibt (Offenbarung 21,9–22,5), sondern das historische Jerusalem, wie es zur Zeit der Konstruktion von Santa Pudenziana aussah.[316] Reisende, die aus Jerusalem zurückkamen, vielleicht ausdrücklich im Auftrag der römischen Kirche, hatten genaue Informationen mitgebracht. Nie zuvor – und nie wieder seitdem – war das jüdische Grundelement des christlichen Glaubens so unverstellt, nachdrücklich und positiv in das offizielle, öffentliche Bauprogramm des zur Staatsreligion gewordenen Christentums integriert worden. Es ist ein Erbe des Petrus. Und so mag es auch für Leser, die der frühchristlichen Überlieferung Roms skeptisch gegenüberstehen, denn doch einen besonderen Wert haben, dass diese Kirche mit diesem Mosaik über dem Haus steht, in dem Petrus der Überlieferung zufolge während seines zweiten Romaufenthaltes wohnte.

Ein Flug über dem Forum Romanum

Pudens, Praxedis, Potentiana, Markus, Lukas, Paulus, nach den Traditionen auch Clemens und Linus (2. Timotheus 4,21), sind Namen, die als Freunde, Mitarbeiter und Kollegen im Umfeld des Petrus genannt werden. Manche spätere Quelle erzählt eigenartige Geschichten; frei erfundene, dem Petrus zugeschriebene Schriften, die nie als echt anerkannt wurden, darunter ein Evangelium und eine Apokalypse, versuchen, mit dem Namen des Apostels eigene Lehren zu verkaufen.[317] Doch eine Begebenheit gehört noch hierher, so sehr sie auch unter dem Verdacht steht, reine Legende zu sein. Es geht um die Auseinandersetzung mit dem Magier Simon, den Petrus zusammen mit Philippus bereits in Samaria zurechtgewiesen hatte (Apostelgeschichte 8,9–24). Die ältesten Autoren des nachneutestamentlichen Christentums wussten manches von ihm zu berichten. Justin zum Beispiel, ein nüchterner Apologet, erzählt in seiner vor 165 n.Chr. entstandenen ›Apologie‹, dass dieser Simon unter Kaiser Claudius mit seiner Gespielin Helena nach Rom kam und offenbar von vielen als gläubiger Christ angesehen wurde.[318] Alle Autoren, die ihn nennen, halten ihn allerdings für unglaubwürdig und verurteilen ihn als den Erzhäretiker. Euseb zieht in seiner Kirchengeschichte um 326 n.Chr. die verschiedenen Aussagen zusammen.[319] Justin, der älteste unter diesen Autoren, ist schon deswegen besonders hilfreich, weil er auch selbst aus Samaria stammte, der Heimat des Simon. Er nennt Gitta als Geburtsort des ›Magiers‹ und erwähnt dann einen Altar, der ihm auf einer Tiberinsel geweiht war und anscheinend die Inschrift »Simon dem Heiligen, Gott« trug, zu Ehren des Simon vom irregeführten Senat errichtet.[320] Tatsächlich wurde im Jahr 1574 auf der kleinen Insel San Sebastiano ein Altar gefunden, der noch heute – nicht allgemein zugänglich – in der Asservatenkammer der Vatikanischen Museen steht und folgende fragmentarisch lesbare Inschrift hat: »Semoni Sanci Deo [Fideo?]« – »Dem Semo Sancus, Gott [der Eide ?]«. Da nun eine der ältesten literarischen Quellen für den Kult dieser Gottheit der Sabiner, die vor allem im 5. vorchristlichen Jahrhundert populär war, der Elegiendichter Properz, um 20 v.Chr. den Namen mit der Schreibvariante »Sanctus« statt »Sancus« überliefert,[321] kann man eines annehmen: Zur Zeit des Properz, und umso mehr sechzig bis achtzig Jahre später zur Zeit der Petrus-Aufenthalte, erst recht natürlich weitere neunzig Jahre später, als Simon längst tot war und Justin über ihn schrieb, war die ursprüngliche Gottheit längst vergessen. Die Anhänger des Magiers Simon, die es tatsächlich auch nach seinem Tod noch gab, konnten also fröhlich durch Rom ziehen und den Altar als einen Stein zu Ehren ihres Meisters darstellen. Die Vertauschung von -e- und -i- in »Semoni« statt »Simoni« war kein Problem, es war in Aussprache und Schreibung dank der Klanggleichheit im damaligen Latein eine der häufigsten Verwechslungen.[322] So war und blieb Simon der Magier im ganzen 2. Jahrhundert das, was er auch im 1. Jahrhundert für manche Leute gewesen war, vor allem nun in Rom: eine trotz aller Widerlegungen immer noch präsente Kultfigur, mit der sich die Christen auseinanderzusetzen hatten. Tertullian geht um 197 n. Chr. in seinem ›Apologeticum‹ darauf ein (13,9), aber erst Euseb teilt uns in seiner zusammenfassenden Darstellung mit, dass der leibhaftige Simon von Petrus entlarvt wurde, und dass der Apostel seine Macht und seine Person ausgelöscht habe – wenngleich offenbar nicht sein Nachleben.[323] Euseb und rund einhundertfünfzig Jahre vor ihm die ›Petrusakten‹ halten fest: Was Justin, Tertullian und andere bekümmerte, hatte einen Höhepunkt in der direkten Auseinandersetzung zwischen Petrus und Simon.

Die auf- und abwogenden Auseinandersetzungen zwischen Petrus und Simon sind eine Art roter Faden in den ›Petrusakten‹. Ihren höchst unterhaltsamen Gipfel erreichen sie in den Kapiteln 23–28. Denn da kommt es vor Zeugen, unter ihnen dem Präfekten Agrippa, zu einem Wettstreit auf dem Forum Romanum. Simon will seine Flugkünste beweisen, er will hinauffliegen »bis zum Vater«. Tatsächlich dreht er eine Runde über Rom. Was soll Petrus tun? Soll auch er aufsteigen, schneller oder kunstvoller fliegen? Er betet um Hilfe und bittet schließlich Gott darum, Simon solle abstürzen und sich dreimal das Bein brechen. Genauso geschieht es. Simon wird gesteinigt, kommt aber nicht zu Tode, sondern flieht ins Exil, wo er später stirbt (Kapitel 32).[324] Petrus hat sich als der Mächtigere erwiesen. Und wer heute in die Kirche Santa Francesca alla Romana geht, die das Forum überblickt, der kann in einer dunklen Ecke einen Stein entdecken, den man an der Wand angebracht hat, mit zwei tiefen, runden Eindrücken: Dies, so heißt es, sind die Spuren der Knie des Petrus – so intensiv habe er gebetet.

Wer solche Geschichten liest und vor allem auch darauf achtet, wie sie erzählt werden, der merkt schnell, dass wir uns hier in einer Welt befinden, die nichts mehr mit der Sachlichkeit der Apostelgeschichte des Lukas oder der Evangelien gemeinsam hat. Zweifellos enthalten auch die ›Petrusakten‹, wie jeder Roman, historische Kerndetails – Grundwissen, das ausgebaut wird, wie etwa die Tatsache der Existenz des Markus-Evangeliums in Form einer Schriftrolle zu Lebzeiten des Petrus, die Existenz von Hauskirchen in Rom, oder auch die Kreuzigung des Petrus. Doch ihre novellistische Ausmalung, das schier Unglaubliche der Rahmenhandlungen, dient der Unterhaltung, vielleicht noch ein wenig der Erbauung – mit wirklicher Information über die geschichtlichen Grundlagen des Glaubens hat das nichts mehr zu tun. So ist die Lektüre solcher Schriften eine aufschlussreiche Erfahrung. Man sollte sich immer wieder einmal auf sie einlassen, um die sachliche, unaufgeregte, immens glaubwürdige Art der Berichterstattung in den historischen Schriften des Neuen Testaments neu schätzen zu lernen. Anschauliches Kontrastmaterial bieten auch die Petrus-Erzählungen, die zum Teil von der Simon-Kontroverse, zum Teil von anderen Dingen handeln – von seinen Reisen und Predigten, von der Bekehrung des Clemens in Rom und so weiter, allen voran in den sogenannten ›Pseudo-Clementinen‹ aus dem 3. Jahrhundert, die heute in die ›Homilien‹ und die ›Recognitionen‹ getrennt werden. Hier befinden wir uns im Bereich des hellenistischen Romans, und als Teil dieses Genres wurden sie von der klassischen Philologie auch behandelt.[325] Die ›Kerygmata Petrou‹, Petrus im gnostischen ›Evangelium der Maria‹, die gleichfalls pseudo-christliche ›Pistis Sophia‹, der ›Brief des Petrus an Philippus‹, das ›Petrus-Evangelium‹ und die ›Apokalypse des Petrus‹ sind andere Beispiele von Fantasie-Literatur, die es allerdings noch nicht einmal zum Rang des hellenistischen Romans brachten.[326] Ernsthaften Anspruch auf Echtheit oder irgendeine Nähe zum historischen Petrus hat man ihnen nie zugestanden. Ganz anders steht es dagegen um die beiden Briefe des Petrus. Obwohl dies nicht der Ort sein kann, sie ausführlich zu behandeln, gehören sie notwendigerweise in eine Darstellung der Jahre des zweiten Romaufenthaltes.

Zwei Briefe

Jede Ausgabe des Neuen Testaments enthält zwei Briefe des Petrus, die sich beide in ihren Eingangsgrüßen ausdrücklich und unmissverständlich als Briefe dieses Apostels ausweisen. Fast jede Einleitung zu diesen Briefen behauptet heute dennoch, dass sie nicht von Petrus stammen. Wir haben immer wieder gemerkt, dass es zahlreiche Übereinstimmungen zwischen den Briefen, den Berichten der Evangelien und der Apostelgeschichte, den Reden des Petrus und vielen Details in der typischen Wortwahl gibt. Für den unbefangenen Leser des gesamten Petrus-Materials im Neuen Testament gibt es keinen Grund, an ihrer Echtheit zu zweifeln. Auch Leser, die sich mit der Literaturgeschichte des frühen Christentums etwas näher befassen, können keinen Grund zur Ablehnung erkennen: Schon die ausgewiesenen Philologen des frühen Christentums, allen voran Origenes, setzten sich im Zuge der Meinungsbildung über den Kanon des Neuen Testaments auch mit jenen Schriften auseinander, die nicht überall in den Gemeinden des Römischen Reiches verbreitet waren – wozu vor allem der für eine besondere Zielgruppe in einer besonderen Situation verfasste 2. Petrusbrief gehörte –, und kamen nach sorgfältiger, philologisch und literaturkritisch exakter Prüfung zu dem Ergebnis, dass beide ungeachtet der erörterten Zweifel von Petrus stammen und daher anders als jene Schriften, die für unecht erklärt wurden (z.B. die Petrus-Apokalypse) zu Recht ins Neue Testament gehören.[327] Dennoch wird seit geraumer Zeit immer wieder eine Reihe von Gründen genannt, die es zur nahezu geschlossenen Überzeugung der Neutestamentler machen, dass der 1. Petrusbrief kaum, und der 2. Petrusbrief auf keinen Fall vom historischen Apostel Petrus stammen könne.

Was sind diese Argumente, und was lässt sich in gebotener Kürze dazu sagen? Beide Briefe beginnen mit präzisen Aussagen über den Verfasser: Es ist »Petrus, Apostel Jesu Christi« (1. Petrus 1,1), »Symeon Petrus, Knecht und Apostel Jesu Christi«. Verwechslungsgefahr besteht nicht, da kein zweiter Mann dieses Namens und Titels im frühen Christentum bekannt ist. Und bereits die kleinen Unterschiede schließen die Fälschung eines oder beider Schreiben aus, da gerade an einer so exponierten Stelle jeder Fälscher auf Übereinstimmung geachtet hätte. Nur der wirkliche Petrus selbst kann sich unter Berücksichtigung der veränderten Situation und Zielsetzung eine solche Variante erlauben. In beiden Briefen unterstreicht er seine Position: »Die Ältesten unter euch ermahne ich, der Mitälteste und Zeuge der Leiden Christi ...« (1. Petrus 5,1), ein bewusster Hinweis auf die Augenzeugenschaft, mit der sich die Apostel gegen andere Jesusnachfolger abhoben (vgl. Apostelgeschichte 1,21–22). Der Hinweis auf den mitgrüßenden Markus zum Schluss des ersten Briefes (5,13) kann nur von einem der drei Männer stammen, die Markus als ihren Begleiter hatten, Paulus, Barnabas oder eben Petrus.[328] Im zweiten Brief wird wiederum die Augenzeugenschaft ausdrücklich betont: »Ich weiß, dass ich mein Zelt (des Körpers) bald verlassen muss, wie es mir auch unser Herr Jesus Christus eröffnet hat« (1,14); und: »Denn wir sind nicht ausgeklügelten Mythen gefolgt, als wir euch die Kraft und das Kommen unseres Herrn Jesus Christus kundgetan haben, sondern wir haben seine Herrlichkeit selbst gesehen ... als wir mit ihm waren auf dem heiligen Berge« (1,16–18); schließlich: »Seid überzeugt, dass die Geduld unseres Herrn eure Rettung ist. Das hat auch unser lieber Bruder Paulus mit der ihm geschenkten Weisheit geschrieben; es steht in allen seinen Briefen, in denen er davon spricht« (3,15–16).[329]

Angesichts eines derartig eindeutigen Erscheinungsbildes bleibt nur die Möglichkeit, dass ein Fälscher sich den Namen des Petrus angeeignet haben könnte, um sich mit der Autorität des Apostels zu schmücken oder bestenfalls fragmentarisch überlieferte Lehren aus dem Umkreis des Petrus unter dessen Namen zu verbreiten. Die klügsten Köpfe des frühen Christentums hätten das dann nicht gemerkt oder die Aufnahme zweier gefälschter Schriftstücke in das Neue Testament für eine bedeutungslose Lappalie gehalten. So ist folglich die Frage des Umgangs des frühen Christentums mit gefälschten Texten – die man mit dem etwas weniger deutlichen griechischen Wort meist als ›Pseudepigraphen‹ bezeichnet – ein entscheidender Gesichtspunkt. Diese Frage ist oft erörtert worden.[330] Viele Forscher sind davon überzeugt, dass die pseudepigraphische Autorennennung kein betrügerischer Versuch ist, sich apostolische Autorität anzueignen, sondern nur in allerbester Absicht den Anspruch vermitteln will, der treue Vermittler der apostolischen Botschaft zu sein.[331] Wenn aber keine betrügerische Absicht vorliegt und auch angeblich niemand durch diesen Verfahrenstrick betrogen wurde oder sich betrogen fühlte, dann darf man fragen, warum überhaupt so vorgegangen wurde. Wenn alle Beteiligten, Fälscher ebenso wie Leser, genau wussten, welches Spiel gespielt wurde, dann ist unklar, warum überhaupt mit einer doch zweifelsfrei gegen das achte Gebot verstoßenden Behauptung operiert wurde und sich jemand die Vollmacht anmaßte, wie ein Apostel aufzutreten – eine Anmaßung, vor der selbst die größten unter den frühchristlichen Autoren bewusst warnten und sich selbst darin einschlossen.[332] Es ist auch nicht zulässig, zu behaupten, dass im Judentum der Spätzeit des Zweiten Tempels allgemein pseudepigraphisch geschrieben wurde, und dass das niemanden gestört hätte. Von zwei offensichtlichen Ausnahmen abgesehen (›Brief des Jeremia‹, ›Aristeas-Brief‹) umfasst die jüdisch-pseudepigraphe Literatur keine Briefe, sondern Apokalypsen/Offenbarungen, ein ganz eigenes literarisches Genre. Die angeblich weite und problemlose Verbreitung pseudepigrapher Briefe ist einer der oft wiederholten, aber darum nicht richtiger werdenden Mythen.[333]

Da nun andererseits Einigkeit darüber herrscht, dass »das Hauptkriterium für die Akzeptanz bestimmter Schriften als heilig, autoritativ und für das Lesen im Gottesdienst geeignet ihre apostolische Verfasserschaft« war,[334] scheidet die Pseudepigraphie als legitime Lösung aus. Auch die in der frühen Kirche namentlich gegenüber dem 2. Petrusbrief punktuell geäußerten Zweifel gehen nur in eine Richtung: War Petrus der Autor, oder war er es nicht? Die Frage hätte man sich ersparen können, wenn Pseudepigraphie eine allgemein anerkannte Übung gewesen wäre. Es ist aber nicht nur höchst zweifelhaft, ob Christen, die mit dem achten Gebot vertraut waren und sich selbst die höchsten ethisch-moralischen Standards vorschrieben, bei apostolischen Sendschreiben, die Gemeindeordnung und theologische Sachfragen zum Ziel haben, also präzise solche Fragen der Treue zu den Geboten, den ethischen und moralischen Werten, sich aktiv oder passiv auf solche Nebelwerfereien eingelassen hätten. Wir können ganz im Gegenteil erkennen, dass es eine klare Linie der Verurteilung solcher Praktiken und der Warnung vor ihnen gibt.

Im 2. Thessalonicherbrief 2,2, noch vor dem authentischen Datum der beiden Petrusbriefe geschrieben, sagt Paulus so deutlich, dass es eigentlich jeder verstehen müsste: »... Wir bitten euch, liebe Brüder, dass ihr euch in eurem Sinn nicht so schnell wankend machen oder erschrecken lasst – weder durch eine Weissagung noch durch ein Wort oder einen Brief, die von uns sein sollen –, als sei der Tag des Herrn schon da.« Das heißt: Irrlehrer, die vom apostolischen Weg abwichen, haben durchaus versucht, unter dem Namen der Apostel falsche Thesen zu verbreiten. Gegen sie ist vorzugehen, und Paulus tut ein Übriges, indem er diesen Brief (und einige andere) zwar nach allgemeinem Brauch diktiert, dann aber mit eigener Hand unterzeichnet (3,17). Nun kann niemand ernsthaft behaupten wollen, dass die beiden Petrusbriefe von der Lehre Jesu und dem Konsens des Neuen Testaments abweichen. Sie entwickeln weiter, wie es apostolisches Recht und Aufgabe war, aber sie verändern nichts. In diesem Buch haben wir zahlreiche Beispiele dafür, aus beiden Petrusbriefen, immer wieder angetroffen. Gerade weil sie nicht unter das Verdikt fallen, das Paulus aussprach, gab es auch unter denen, an die sie nicht gerichtet waren, keine bleibenden Vorbehalte gegen sie. Wie genau man im frühen Christentum prüfte, ob ein Schreiben tatsächlich apostolisch war oder nicht, geht schließlich noch aus dem wohl bekanntesten Beispiel hervor, den sogenannten ›Akten des Paulus und der Thekla‹. Diese Geschichte wurde unter dem Namen des Paulus publiziert, es stellte sich jedoch heraus, dass ihr Verfasser ein bewährter Presbyter war, der vorgab, in bester Absicht gehandelt zu haben. Trotz seiner Stellung in der Gemeinde und obwohl ihm keine eigentliche Irrlehre nachgewiesen wurde, wird er seines Amtes enthoben. Und Tertullian, der davon um 190 n. Chr. berichtet, nennt auch den entscheidenden Grund: Der Mann hatte eine Schrift verfasst, die fälschlich unter dem Namen des Paulus kursierte.[335]

Das Kriterium einer falschen, inakzeptablen Verfasserzuschreibung wurde auch von anderen Autoren betont. Einer unter ihnen war Serapion, der um 180 n. Chr. Bischof von Antiochia war, also einer mit Petrus eng verbundenen Stadt. In seiner Abhandlung ›Über das sogenannte Petrus-Evangelium‹ untersucht er diese damals verbreitete Schrift, stellt fest, dass sie nicht von Petrus stammen kann, und fasst zusammen: »Wir weisen die Schriften zurück, die fälschlich ihren (der Apostel) Namen tragen.«[336] Wieder, wie schon bei Tertullian, ist das Kriterium vorrangig nicht die Frage der richtigen Lehre (so wichtig die natürlich ist und auch von Serapion als Motiv seiner Untersuchung noch behandelt wird), sondern zuerst einmal ein rein technischer Aspekt: Hat der Mann, dessen Namen über dem

ersten Kodexblatt oder auf dem Pergamentstreifen am Griff der
Schriftrolle steht, dieses Werk geschrieben oder nicht? Noch der sogenannte Kanon Muratori, eine fragmentarisch überlieferte Liste
weithin gelesener oder abgelehnter Schriften, kann im 4. Jahrhundert deutlich von den zurückgewiesenen angeblichen Paulus-Briefen an die Laodizäer und die Alexandriner als Fälschungen sprechen.
Pseudonymität bzw. Pseudepigraphie ist beim besten Willen kein
harmlos-akzeptables Verhalten im frühen Christentum, wenn es im
Muratorischen Kanonfragment dann heißt, diese Briefe »können
nicht in die allgemeine Kirche aufgenommen werden, da es sich
nicht gehört, Gift mit Honig zu mischen«.[337] So gilt es also, endlich
Abschied zu nehmen von der noch immer verbreiteten Auffassung,
die frühe Kirche habe wissentlich zwei fälschlich unter dem Namen
des Petrus verfasste Briefe ins Neue Testament aufgenommen. Dass
sie es unwissentlich getan haben könnte, ist aufgrund der scharfen
philologischen Kriterien, mit denen nicht zuletzt das petrinische
Schrifttum untersucht wurde, gleichermaßen ausgeschlossen. Das
heißt: So lange keine schwerwiegenden inneren Kriterien auftauchen, die eine Verfasserschaft des Petrus trotz allem unmöglich machen würden, gilt die Selbstaussage beider Briefe nach allen Regeln
der Literaturwissenschaft als zutreffend.[338]

Wie hat man diesen Versuch eines Nachweises innerer Unmög-
lichkeiten unternommen? Da ist beim ersten Brief das Argument,
Petrus könne das auffallend gute Griechisch nicht selbst geschrieben
haben. Selbst wenn wir die Sprachkompetenz des Petrus unberück-
sichtigt lassen: Das behauptet er auch nicht; er nennt den Mitarbeiter
bzw. Sekretär, der den Rohentwurf oder das Diktat in Briefform
brachte und das Schreiben dann vielleicht selbst überbrachte, nämlich Silvanus (5,12). Darauf hinzuweisen, ist keine Apologetik: Wie
wir auch in diesem Buch an anderen Stellen sahen, ist dies vielmehr
die verbreitete Praxis im Neuen Testament, aber auch in der sonstigen antiken Literatur (vgl. Römer 16,22; 1. Thessalonicher 1,1;
2. Thessalonicher 1,1, usw.).[339] Zweitens wird gern darauf hingewiesen, dass der 1. Petrusbrief bereits die Theologie des Paulus voraus-
setze. Das wäre bei Licht besehen kein Argument gegen, sondern für
die Echtheit, da Petrus und Paulus immer wieder in Kontakt miteinander waren (Galater 1,18; 2,6–10; Apostelgeschichte 9,28; 15,1–28
u. a.); der 2. Petrusbrief macht es schließlich sogar zu einer Selbstver-

ständlichkeit, dass Petrus sich auf paulinische Gedanken einlässt (2. Petrus 3,15–16). Es wäre auch kaum einzusehen, warum Petrus das nicht hätte tun sollen; trotz der Kontroverse in Antiochia galt ihr Denken und Schreiben den grundsätzlich gleichen Aufgabenstellungen. Auch in Rom sind Begegnungen und Gedankenaustausch zu der Zeit, als beide sich in der Stadt aufhielten, eher wahrscheinlich als ihr Ausbleiben, und der 1. Petrusbrief teilt mit, dass er aus Rom stammt. Mit einem Wort: Nicht diese gedanklichen Berührungen sind auffällig – nur ihr Fehlen wäre es. Ein drittes Argument betrifft die Nähe des 1. Petrusbriefes zur Theologie des Paulus. Bei Licht betrachtet ist das allerdings eher ein Argument für als gegen die Echtheit des Briefes. Petrus und Paulus standen immer wieder in Kontakt (Galater 1,18; 2,6–10; Apostelgeschichte 9,28; 15,1–28), und es ist einzusehen, warum sie nicht auch über die theologische Umsetzung ihrer Bemühungen hätten reden sollen. Der 2. Petrusbrief setzt sogar ausdrücklich als eine Selbstverständlichkeit voraus, dass die Gedanken eines anderen Apostels beherzigt werden (3,15–16). Selbst die Kontroverse in Antiochia belegt diese gegenseitige Befruchtung, wenngleich es hier Paulus war, der von Petrus lernte. Vor einem solchen Hintergrund Spuren paulinischer Theologie zu bemängeln, geht an der Sachlage vorbei. Nicht ihr Vorhandensein ist Anlass zur Skepsis – ihr Fehlen wäre es.

Eine vierte Kritik betrifft das angebliche Fehlen von deutlichen Hinweisen auf eine persönliche Bekanntschaft des Verfassers mit Jesus. Die Wirklichkeit sieht anders aus: Die Augenzeugenschaft wird sogar nachdrücklich betont (5,1), und es lassen sich vielfältige Spuren von Jesus und Jesusworten nachweisen.[340] Eigenartigerweise wird von manchen Kritikern dann umgekehrt beim 2. Petrusbrief bemängelt, dass er zu großen Wert auf die Nähe zum irdischen Jesus lege. Ein fünfter Punkt der Kritik an der Verfasserschaft des Petrus geht auf die angeblich vorausgesetzten reichsweit anzutreffenden Verfolgungen von Christen ein, mit denen nicht die lokale Verfolgung durch Nero gemeint sein könnten, sondern frühestens die Maßnahmen Domitians gegen Ende des 1. Jahrhunderts. Abgesehen von der Fehleinschätzung der Verfolgungen Neros (eher reichsweit) und Domitian (wohl nur hofinterne Maßnahmen) ist jedoch klar, dass der Brief selbst für die Annahme solcher Verfolgungen nicht den geringsten Anhaltspunkt gibt. Schon die positive Haltung gegenüber dem Staat und der staatlichen Autorität (2,13–17) schließt das aus. Gerade dies veranlasst dazu, den immerhin in Rom geschriebenen Brief auf jeden Fall vor die Verfolgung durch Nero 64/65 n. Chr. zu datieren. Vereinzelte Aktionen gegen Christen, sogar eine richtiggehende Verfolgung, die zu den Mahnungen und Ermutigungen des 1. Petrusbriefes führten, hatten nichts mit dem römischen Staat zu tun und waren bereits seit der Ermordung des Stephanus ca. 35 n. Chr. und der sich anschließenden Christenverfolgung in Jerusalem bis hinauf nach Damaskus allseits bekannt. Auch die Tötung des Johannes-Bruders Jakobus 41. n. Chr. gehört in dieses Umfeld. Immerhin war gerade davon Petrus selbst unmittelbar betroffen, er wusste also aus eigener Erfahrung, was es hieß, für Christus zu leiden. Silvanus, der Sekretär des Briefes, hatte seinerseits Verfolgungen durchlitten, und auch von Paulus werden Inhaftierungen, körperliche Leiden und Todesgefahr mehr als einmal berichtet, lange ehe Petrus in Rom eintraf (siehe u. a. 1. Thessalonicher 2,2; 2,14; 3,3; 2. Thessalonicher 1,4–8; Apostelgeschichte 16,19–22).

Die Hauptargumente gegen die apostolische Verfasserschaft des 1. Petrusbriefes haben sich als untauglich erwiesen; wir erkennen im Gegenteil, dass ihre Untersuchung die Selbstaussage im ersten Vers des Briefes und die zahlreichen Indizien, denen wir in diesem Buch bereits begegneten, nur noch bekräftigt. Kann man darüber hinaus noch etwas mehr über die Zeit der Entstehung sagen? Das spätestmögliche Datum, 64 n. Chr., lässt sich nach hinten schieben, wenn wir Vers 3,13 berücksichtigen. Dort heißt es: »Und wer wird euch Böses zufügen, wenn ihr euch voll Eifer um das Gute bemüht?« Ein solcher Vers kann kaum nach der Ermordung des sich eifrig um das Gute bemühenden Jesusbruders Jakobus geschrieben worden sein, den man »den Gerechten« nannte und der auch von vielen orthodoxen Juden als frommer Beter im Tempel respektiert wurde. Dementsprechend wäre der Brief vor dem Tod des Jakobus zu datieren, somit vor 62 n. Chr. Er kann nicht vor dem Eintreffen des Petrus in Rom kurz nach ca. 57 n. Chr. entstanden sein. Eine nähere Bestimmung könnte davon abhängen, ob man das Fehlen des Paulus in der Grußliste des Briefes damit begründet, dass er noch nicht in Rom eingetroffen war. Für dieses Eintreffen des Paulus wird gemeinhin Anfang 60 n. Chr. angenommen. Das gäbe uns ca. 59 n. Chr. als Entstehungsdatum des 1. Petrusbriefes.[341]

Der 1. Brief des Petrus hat für seine Leser in Kleinasien, die in Pontus, Galatien, Kappadozien, der Provinz Asia und Bithynien noch als Außenseiter leben (1,1), eine doppelte Botschaft, die er mit praktischen Hinweisen auf das Gemeinde- und Familienleben untermauert: Seid auf alles vorbereitet, aber verzweifelt nicht, auch wenn ihr es in eurer Umwelt mit Schwierigkeiten zu tun bekommt. Betreibt keine Nabelschau, sondern setzt euch mit der Welt auseinander, gebt konstruktive Beispiele vorbildlichen Lebens, denn die Gegner beobachten euch genau. Ein typischer Petrus-Satz fasst die Lehre des Briefes zusammen: »So demütigt euch nun unter die gewaltige Hand Gottes, damit er euch erhöhe zu seiner Zeit. Alle eure Sorge werft auf ihn, denn er sorgt für euch« (1. Petrus 5,6–7).

Was hat – neben dem Problem der angeblichen Pseudepigraphie – der 2. Petrusbrief getan, um vor allem in der neueren Forschung fast einmütig als nicht von Petrus stammend eingestuft zu werden? Es ist ein Brief, der keine spezifischen Adressaten nennt, aber doch voraussetzt, dass die Leser seinen ersten Brief kennen (3,1). Schon früher sahen wir, dass der Autor hier persönlicher schreibt, sich als »Symeôn Petrus« aramäisch ausweist und sich nicht nur Apostel, sondern »Knecht und Apostel« nennt. Es wirkt wie der Versuch, sich den Lesern des 2. Petrusbriefes nun als bereits vertrauter Lehrer etwas persönlicher vorzustellen und die nüchterne apostolische Tonlage des 1. Petrusbriefes zu verlassen. Das mag ihm auch deswegen leichter gefallen sein, weil ihm der elegante Stilist Silvanus nicht mehr zur Verfügung steht. Insgesamt ist dieser Brief in einer anderen Stillage verfasst, man hat die Sprache als »barocker«, »östlicher« beschrieben, ganz so, als hätte der Autor nun seinen eigenen Vorlieben Raum geben und zugleich die sprachlichen Vorlieben Kleinasiens berücksichtigen können – einer Landschaft, die er von seinen Reisen bestens kannte.[342] Dass der zweite Brief an die gleichen Leser wie der erste gerichtet ist, gemischt judenchristlich-heidenchristliche Gemeinden mit judenchristlichem Übergewicht, lässt sich auch anderen Indizien entnehmen, die sich mit dem Glaubenshintergrund der Leser befassen: Im ersten Brief weist 4,3 auf Leser mit heidnischer Vergangenheit hin; dies tut der zweite Brief u. a. in 1,14. Die Abschnitte über Noah – eine jener Stellen, die den ersten mit dem zweiten Brief verbinden –, verweisen wiederum auf judenchristliche Hintergründe (1. Petrus 3,20; 2. Petrus 2,5). Trennen zwischen diesen Gruppen will natürlich keiner der beiden Briefe. Auch die Paulusbriefe, auf die sich 2. Petrus 3,16 bezieht, sind nie entweder nur an Heidenchristen oder an Judenchristen gerichtet, sondern an beide Kreise. So weit ist das völlig unproblematisch. Dennoch wird immer wieder eine Reihe von Kritikpunkten genannt.

Ein besonders häufig vorgebrachter Punkt betrifft die in der Tat frappierende Ähnlichkeit zwischen dem Judasbrief und weiten Teilen des 2. Petrusbriefes. Meist wird dann behauptet, dass der 2. Petrusbrief vom Judasbrief abhängig sei (obwohl viele Vertreter dieser These einräumen, dass es auch genau umgekehrt sein kann),[343] und da der Judasbrief seinerseits nachapostolisch sei, bewiese das die Pseudonymität des 2. Petrusbriefes. Im übrigen hätte der echte Petrus nie vom unbedeutenden Judas abgeschrieben. Mittlerweile hat sich das Blatt gewendet. Die apostolische Echtheit des Judasbriefes wird immer häufiger mit schwerwiegenden Argumenten erhärtet, und da es sich dann um den Bruder Jesu und des Jakobus handelt, der ihn verfasste,[344] könnte auch der Apostel Petrus keine Probleme damit gehabt haben, aus dem Brief eines Herrenbruders zu zitieren, sofern ihm das in einer vergleichbaren Situation und zu ähnlichen Zwecken nützlich erschien. Selbstverständlich gilt das auch für den umgekehrten Fall, dass der Jesusbruder Judas den Brief des Apostels Petrus für seine Zwecke exzerpiert hätte. Ein zweiter Punkt wendet sich gegen die angeblich vom Hellenismus überstark beeinflusste Sprache und Anschauungswelt des Briefes. Das könne Petrus selbst, aber auch einer seiner Mitarbeiter oder Schüler, kaum geleistet haben. Eine philologische Analyse, die das vorgeblich hellenistische Vokabular – wie etwa das »Tugend«-Wort »*aretê*« – untersucht, muss jedoch zu einem völlig anderen Ergebnis kommen. Die inkriminierten Begriffe waren bereits Teil des jüdisch-griechischen Sprachgebrauchs, ehe Petrus, Paulus und die anderen zu schreiben begannen. Wir finden sie fast vollständig in der griechischen Übersetzung der hebräischen Bibel, der ›Septuaginta‹ aus dem 3./2. vorchristlichen Jahrhundert, und sie lassen sich überdies in unbezweifelten Paulusbriefen nachweisen. Um das zu begreifen, braucht man beispielsweise nur 2. Petrus 1,3 und 5 mit Philipper 4,8 und dann wiederum mit 1. Petrus 2,9 zu vergleichen. Es ist eine Anschauungswelt, die jedem auch griechisch schreibenden (und lesenden) Juden mühelos zugänglich war. Da sich Petrus überdies mit dem Sprach-

und Gedankengebrauch von Irrlehrern auseinandersetzt, liegt es nahe, dass er ein Vokabular benutzt, das ihnen geläufig war.

Ein vierter Aspekt ist die angeblich überhaupt erst im 2. Jahrhundert auftretende »gnostische« Gegnerschaft, mit der es der Brief aufnimmt. Einerseits wissen wir nicht genug über die Gnosis, um darüber zuverlässige Aussagen zu machen, was dort von wem und wie im 2. Jahrhundert geglaubt wurde, andererseits ist aber deutlich zu sehen, dass die Gegner, mit denen sich Petrus auseinandersetzt, vor allem jene, die das Wiederkommen Jesu leugnen oder den Zeitpunkt manipulativ bestimmen wollen, bereits von Jesus selbst anvisiert wurden. Gerade indem er sie nun da bekämpft, wo sie konkret auftreten, zeigt sich Petrus als der wahre Jünger und Apostel (vgl. Matthäus 24,45– 25,13, vor allem 24,48–51). Schon früher in diesem Buch sahen wir auch, dass der Hinweis auf die »Väter«, die bereits verstorben waren, ohne dass Jesus zurückgekehrt war, als der zweite Brief entstand (2. Petrus 3,4), keineswegs einen Rückblick auf den Tod der gesamten Apostelmannschaft bedeutet. Stephanus (ca. 33 n. Chr.) und der Zebedaide Jakobus (41 n. Chr.), später der Herrenbruder Jakobus (62 n. Chr.) waren Väter genug für eine solche Aussage – ganz abgesehen davon, dass Petrus auch ganz wörtlich an die leiblichen Väter der Gemeindemitglieder gedacht haben kann, an die er schreibt. Die Aufgabe der Naherwartung des Wiederkommens Christi, die der Brief hier sorgfältig begründet, ist auch keine Erfindung eines späten Autors, der nun erstmals restlos verzweifelte Leser oder spöttische Gegner vor Augen hätte. Schon die ersten Paulusbriefe argumentieren genau so, und auch sie tun es teils direkt, teils indirekt unter Bezug auf Jesus und die Propheten: vgl. u. a. 1. Thessalonicher 4,13–18 und 1. Korinther 15,6; 15, 17–20. Den gleichen christusorientierten Charakter, den wir in den Evangelien und dann bei Paulus finden, hat hier auch der 2. Petrusbrief: Das zeigt schon der Vergleich von Matthäus 24,27–31 mit 2. Petrus 3,7–13 und von 2. Petrus 3,10 mit 1. Thessalonicher 5,12. Trotz der gelegentlichen Schärfe seines Ausdrucks, die keinen Zweifel daran lässt, dass Jesus nicht ein harmloser Kuschelchristus ist, sondern auch urteilt, über die Menschen und über die Welt, wird hier nicht Rache und Vegeltung gelehrt. Das schließen schon die Aussagen in 2. Petrus 3,9 und 3,13–15 aus. Vor allem die deutlich-drastische Beschreibung des Weltendes und der Schöpfung einer neuen Erde ist fest verankert in jüdischem Denken und in Bildern, die von Jesus selbst stammen.[345]

Auf andere Argumente, wie etwa jenes irrige, der 2. Petrusbrief setze bereits eine fertig abgeschlossene Sammlung von Paulusbriefen voraus, oder – noch eigenartiger – die häufige Betonung der Augenzeugenschaft und der Nähe zu Jesus (vor allem natürlich in dem knappen Bericht über das Ereignis auf dem Berg der Verklärung, 2. Petrus 1,16–19) sei ein Zeichen für die konsequente Durchführung der Pseudonymität, waren wir bereits oben eingegangen. Auch die falsche Behauptung, der 2. Petrusbrief sei überlieferungsgeschichtlich schlecht bezeugt, hatte sich schon als Legende erwiesen. Wir brauchen hier zusätzlich nur noch Clemens von Alexandria zu nennen, der zu Beginn des 3. Jahrhunderts sogar einen ganzen Kommentar über diesen Brief schrieb, lange Zeit, ehe die meisten anderen Schriften des Neuen Testaments dieser Aufmerksamkeit gewürdigt wurden.[346] So bleibt wie schon beim 1. Petrusbrief unter dem Strich wieder die Erkenntnis, dass es weder äußere noch innere Kriterien gibt, die auch nur annähernd in Frage stellen können, was der Brief im ersten Vers selbst von sich aussagt.

Und wie schon beim ersten Brief sollten wir nun noch versuchen, über Abfassungsort und Zeit einige weiterführende Erwägungen vorzuschlagen. Ausdrückliche Hinweise gibt der zweite Brief, anders als der erste, nicht. Da er auf den ersten folgt und Petrus nach dessen Abfassung Rom nicht mehr verließ, lässt sich aber folgern, dass er ebenfalls in Rom entstand. Die Chronologie ist wiederum durch den ersten Brief vorgegeben (nach 59 n. Chr.), und durch das Todesjahr des Petrus, gegen Ende 67 n. Chr. Nimmt man 2. Petrus 1,14 als Hinweis auf eine unmittelbare Todesahnung des Petrus, wäre an einen Zeitpunkt gegen 67 zu denken, doch ist die Stelle über »das Zelt (des Leibes)«, das Petrus bald (oder auch plötzlich, das griechische Wort »*tachinê*« heisst beides) aufgeben werde, dafür nicht spezifisch genug. Versteht man die Aussage über die bereits verstorbenen »Väter« in 3,4 so, dass möglichst viele der ersten christlichen Protagonisten verstorben sein sollten, wäre ein Datum nach 62, also nach dem Tod des Herrenbruders Jakobus, denkbar. Bezieht man schließlich noch die Möglichkeit ein, dass der Judasbrief tatsächlich vom Jesusbruder Judas stammt, und die mitgrüßende Erwähnung des anderen Bruders, Jakobus, im ersten Vers nahelegt, dass Jakobus noch lebte, hat man ein in zwei Richtungen gehendes Indiz: Ist es der Judasbrief, der den 2. Petrusbrief exzerpiert, dann wäre der 2. Petrusbrief kurz vor 62 n. Chr. geschrieben. Verhält es sich umgekehrt, dann läge das Datum kurz nach 62 n. Chr. »Um 62 n. Chr.« ist also der Zeitraum, den wir aus den verschiedenen Kriterien gewinnen können.[347]

Dies gäbe uns auch ein Modell für das Fehlen des Silvanus: Angesichts der Nähe der Abfassungszeit beider Briefe ist nicht undenkbar, dass Silvanus, der Überbringer des ersten Briefes, nach seinen Aufenthalten in den kleinasiatischen Gemeinden, die er der Reihe nach besuchte, noch unterwegs war, oder gerade erst auf der Rückreise war, jedenfalls nicht in Rom, als Boten aus Kleinasien mit der Nachricht von Irrlehren, die aus Korinth nach Kleinasien übergriffen, zu Petrus nach Rom kamen.[348] Petrus entschließt sich zu sofortigem Handeln und schreibt in der gebotenen Eile weitgehend selbst, unter zurückhaltender Einbeziehung der namentlich nicht näher bekannten Boten. Es war eine Situation, die zunehmend für Unruhe sorgte und aus ganz ähnlichen Gründen auch von Judas behandelt wurde. So kommt nicht nur ein persönlicherer Petrus zum Ausdruck, sondern auch ein Stil, den manche Kommentatoren für »asianisch« halten.[349] Und obwohl dieser Brief ganz spezifische Probleme vor Augen hat und, wie wir wissen, nicht weiträumig abgeschrieben und verbreitet wurde, gehört er nicht nur wegen seiner petrinischen Verfasserschaft in die Mitte des Neuen Testaments. Endzeitliche Ahnungen, Befürchtungen oder Hoffnungen und ihre Behandlung durch Petrus sind zur Zeit der Jahrtausendwende, im mitunter apokalyptisch hochgespielten Millenniumsfieber, von höchster Aktualität und Brisanz. Die Mahnungen, aber vor allem auch die an Jesus erinnernden Verheißungen, die Petrus seinen Lesern mitteilt, sind heute mindestens so aktuell wie vor fast zweitausend Jahren. Und dass Petrus es seinen Lesern nicht leicht macht, dass sein zweiter Brief ein unbequemes Schreiben ist, macht die Lektüre eher noch lohnender. Man liest die beiden Petrusbriefe nicht zur Entspannung an einem lauen Sommerabend, sondern hoch konzentriert, im Bewusstsein der Herausforderungen einer modernen Gesellschaft.

VII

Epilog: Tod und Begräbnis

In den frühen Morgenstunden des 19. Juli 64 n. Chr. bricht in Rom ein katastrophales Feuer aus. Weite Teile der Stadt werden vernichtet. Schnell kommt das Gerücht auf, Nero selbst habe den Brand gelegt.[350] Warum auch nicht, könnte der Zyniker einwenden, die Stadt war ein einziges Chaos geworden, mehr Slum als bewohnbare Siedlung, und Nero nutzte denn auch tatsächlich die Gelegenheit, sofort nach dem Verglimmen ein großzügiges Bauprogramm für alle Bürger einzuleiten. Allerdings war das Feuer wohl doch außer Kontrolle geraten. Die Unruhe in der Bevölkerung wuchs. Schuldige wurden gesucht. Tacitus berichtet, dass Nero auf die Christen verfiel.[351] Möglicherweise half ihm seine Frau Poppäa bei dieser Entscheidung – sie war eine den orthodoxen Juden nahestehende ›Gottesfürchtige‹ und mag hier eine Gelegenheit gesehen haben, ein kleines örtliches Problem zu bereinigen. Jedenfalls ist es eine Tatsache, dass zum ersten Mal genau zwischen Juden und Christen getrennt wird. Keinem Juden wurde bei der neronischen Verfolgung ein Haar gekrümmt; Opfer wurden nur jene – gegebenenfalls aus dem Judentum stammenden –, die sich auf Christus beriefen.[352] Allerdings wird ein großer Teil der Schuld am Tod vieler Christen nicht Nero oder Poppäa zugeschrieben, sondern der Eifersucht und dem Neid in der römischen Gemeinde. So entnehmen wir es Tacitus, der von Verrat und Denunziation der Christen aneinander spricht, und so sagt es Clemens von Rom in seinem ersten Brief, der wohl schon um 69 v. Chr. im unmittelbaren Rückblick auf die Katastrophe an die Korinther entstand.[353] Er spricht von den »Kämpfern der jüngsten Zeit«, unter ihnen Petrus und auch Paulus, und sagt ausdrücklich, dass Eifersucht und Neid zum Tod der Apostel geführt hatten (5,1–6,2).

Das klingt nicht sonderlich angenehm für Leser, die sich das Leben der ersten Christen als harmonische Einheit vorstellen möchten. Aber es entspricht einer Realität, deren Rahmenbedingungen bereits in den Paulusbriefen vorkommen. Vor allem zelotische (Juden-)Christen bedrohten den Apostel mehr als einmal (Apostelgeschichte 21,20–30; Römer 2,17–29; 13,1–7; 13,13; Philipper 3,2–5; 3,19–20). Möglicherweise kehrte Petrus auch deswegen nach Rom zurück, um diesen gefährlichen Tendenzen entgegenzutreten, denn anders als der zum Zeitpunkt des Philipperbriefes noch inhaftierte Paulus (siehe vor allem Philipper 1,15–17) konnte er frei handeln. Die Aufgabe war klar: Aktionen, die gegen den Staat gerichtet waren, ob zelotischer oder sozialreformerischer Natur, mussten mit größter Behutsamkeit kanalisiert werden, um das Wachstum der Gemeinden nicht zu gefährden. Ein Konflikt mit dem Staat wäre kontraproduktiv. Andererseits gab es unter vielen Juden in der Heimat aufrührerische Tendenzen, die schließlich 66 n. Chr. zur Revolte im Heiligen Land führten. Es musste alles getan werden, um das Überspringen auf Endzeitfanatiker unter den Judenchristen zu verhindern.[354]

Solche Zeloten, die nun das Feuer von Rom als willkommenes Signal des endzeitlichen Weltenbrandes sahen – und dabei vielleicht sogar an 2. Petrus 3,7; 3,10–12 dachten – , hätten nun leicht triumphierend ihre eschatologische Mitverantwortung behaupten können, und nicht wenige hätten es ihnen geglaubt. Wenn Petrus – und dann auch Paulus – dagegen auftraten, war der Schritt zu ihrer Denunziation nicht mehr weit. Beide hätten sich allerdings auch kaum darüber gewundert, denn Jesus hatte es vorausgesagt: »Und es wird ein Bruder den anderen dem Tod preisgeben und der Vater den Sohn, und die Kinder werden sich empören gegen die Eltern und werden sie töten helfen. Und ihr werdet gehasst sein von jedermann um meines Namens willen. Wer aber bis zum Ende standhaft bleibt, der wird selig« (Markus 13,12–13). Weder Tacitus noch Clemens behaupten, dass die neronische Verfolgung schnell vorüber war.[355] Ihre Beschreibungen der Grausamkeiten, die sich im übrigen sehr ähnlich sind, lassen keinen Zeitrahmen erkennen. Unwahrscheinlich und nirgends bezeugt wäre es, wenn Petrus sofort, schon in der ersten Welle, zu Tode gekommen sein sollte. Die Gemeindefraktionen, die auf seiner Seite standen, hätten sicher das Ihre getan, ihn – ebenso wie Paulus – so lange wie möglich vor dem Verrat aus den eigenen Reihen und dem Zugriff der Römer zu schützen. Tatsächlich gibt es unter den ältesten Autoren und Historikern der Kirche einige Hinweise auf den Zeitpunkt, und einigen davon sind wir auch schon früher begegnet. Nach dem ›Chronikon‹ des Euseb starb Petrus im 14. Herrschaftsjahr des Kaisers Nero, also zwischen dem 13. Oktober 67 und dem 9. Juni 68 n. Chr.[356] Ein Todesdatum gegen Ende 67 ließe sich in Einklang bringen mit der nirgends in der alten Kirche bestrittenen Information, dass Petrus fünfundzwanzig Jahre lang, seit seinem ersten Eintreffen 42 n. Chr., Titular-›Bischof‹ von Rom war.[357]

Die ältesten Quellen, beginnend mit Origenes und Laktanz, sind sich einig darin, dass Petrus gekreuzigt wurde, und zwar, wie Origenes betont, auf eigenen Wunsch mit dem Kopf nach unten.[358] Es gibt keinen soliden Grund, daran zu zweifeln, umso weniger, als diese Quellen offensichtlich unabhängig voneinander sind. Man wird ihn nicht feierlich bestattet haben – das Klima der Verfolgung hätte dazu keine Möglichkeit gegeben. Nach geltendem römischem Recht konnte allerdings ein Hingerichteter ordnungsgemäß begraben werden; davon hatte schon Joseph von Arimathäa Gebrauch gemacht, als er sich von Pilatus genehmigen ließ, Jesus zu bestatten (Johannes 19,38). Ein einfaches Bodengrab mit einer Ziegelüberdeckung »alla cappucina«, wie man sie heute noch bei Gräbern aus dem 1. Jahrhundert in Ostia Antica sehen kann, ist die wahrscheinlichste Bestattungsform. Selbstverständlich werden sich die römischen Christen den Ort genau gemerkt haben, um ihn zum frühestmöglichen Zeitpunkt auszubessern und zu einer Grabmemorie auszugestalten. Und in der Tat berichtet schon um 200 n. Chr. – also über einhundert Jahre vor der offiziellen Genehmigung des Christentums durch Licinius und Konstantin im Edikt von Mailand – der Römer Gaius davon, dass man auf dem vatikanischen Hügel – also nahe bei den neronischen Gärten, die ein beliebter Ort für Hinrichtungsspiele Neros waren – eine solche Gedenkstätte, ein »*Tropaion*«, errichtet hatte, und seine Formulierung setzt voraus, dass es da schon einige Jahrzehnte stand, spätestens um 160 n. Chr.[359] Dieses Tropaion ist in der Nekropole unter der heutigen Peterskirche archäologisch nachgewiesen, auch wenn das genaue Aussehen nicht gesichert ist.[360] Vor allem die mühevollen Baumaßnahmen Konstantins, der ab 315 n. Chr. in ein altes römisches Gräberfeld eingreifen und damit den Zorn des stadtrömischen Adels riskieren musste, um über diesem Tropaion die erste Peterskirche zu bauen, sprechen dafür, dass hier genauestens recherchiert wurde. Gerade zu Beginn seiner Herrschaft hätte der Kaiser gegen die nichtchristliche Mehrheit des Senats nichts durchsetzen wollen, das auf purer Legende beruht hätte.[361]

Als in diesem Jahrhundert die Entdeckung einer Inschrift gelang, auf der das Grab des Petrus mit dem griechischen Text »*Petr[os] eni*« identifiziert wurde, »Petrus ist hier drinnen«, war die Ortstradition endgültig bestätigt.[362] Auch Petrus-Knochen sollen gefunden worden sein; der Bericht, den Margherita Guarducci über die geradezu abenteuerliche Entdeckung vorlegte, hat nicht alle Skeptiker überzeugt, aber eine medizinisch-biologische Analyse hat sie als die Knochen eines Endsechzigers, kräftig, aber wohl mit Rheuma, erwiesen, der aus dem 1. Jahrhundert stammte.[363] Wem auch immer sie gehörten, heute sind sie einzeln in Plastik eingeschweißt bei den Resten der Grabmemorie allgemein sichtbar. Nicht die gesamte Geschichte der Anlage von 67 n. Chr. bis zum Tropaion von ca. 160 n. Chr. und dem schützenden Bau der ersten Kirche, die um 324 n. Chr. fertiggestellt war, kann lückenlos rekonstruiert werden. Das hat mit den zum Teil unprofessionellen Grabungsarbeiten zu tun, die zu Recht auch in der neuesten Studie kritisiert werden.[364] Dennoch ist für überzogene Skepsis kein Anlass. Die Eckdaten stehen fest, und dass Petrus hier, am südlichen Abhang des vatikanischen Hügels, bestattet wurde, darf trotz offener Fragen als gesicherte Tatsache der frühchristlichen Geschichtsforschung und Archäologie gelten. Unklar ist leider die genaue Provenienz der berühmten »*Petr[os] eni*« – Inschrift an der Roten Mauer, aber sie weist in ihrem schräg nach unten gehenden, dann das Wort notgedrungen abkürzenden (»*eni*« statt »*enesti*«) Verlauf eine erstaunliche Parallele mit dem nur wenig älteren Familiengrab der Kaiaphas-Sippe auf, das im November 1990 im Jerusalemer Vorort Talpiot entdeckt wurde. Auf dem wertvollsten der Ossuarien verläuft die aramäische Inschrift »Joseph Bar Kaiaphas« (*Jehosaf Bar Qajfa*) schräg und immer unleserlicher werdend nach rechts unten.[365] Es scheint unter Juden – und dass Petrus Jude war und wohl auch von Judenchristen (mit-)bestattet wurde, dürfen wir nicht vergessen – üblich gewesen zu sein, die Inschrift mit dem Namen des Bestatteten erst im letzten Augenblick anzubringen, als alles bereits am Platz war und der Schreibende nur noch schräg mit der Hand an das Ossuar oder die Innenmauer heranreichen konnte.

Petrus selbst würde sich wohl über das archäologische Interesse an Todesort, Grab und Skelett gewundert haben. Sicher wollte auch er als guter Jude die Auferstehung als leibliches Geschehen begreifen, und da spielten, wie wir in diesem Buch sahen, die Knochen eine wichtige Rolle. Aber Gräberverehrung ist etwas, das der apostolischen Generation noch fremd war. Wichtiger ist, auch für uns heute, den Menschen und Apostel wieder in den Blick zu bekommen. Aus der »Geheimakte« lässt sich so ein offenes Buch machen, das die Vielfalt des frühen Christentums ebenso sichtbar und nachvollziehbar werden lässt wie die bei aller Tradition ungemein moderne Persönlichkeit des Simon Kephas Bar Jona aus Betsaida.

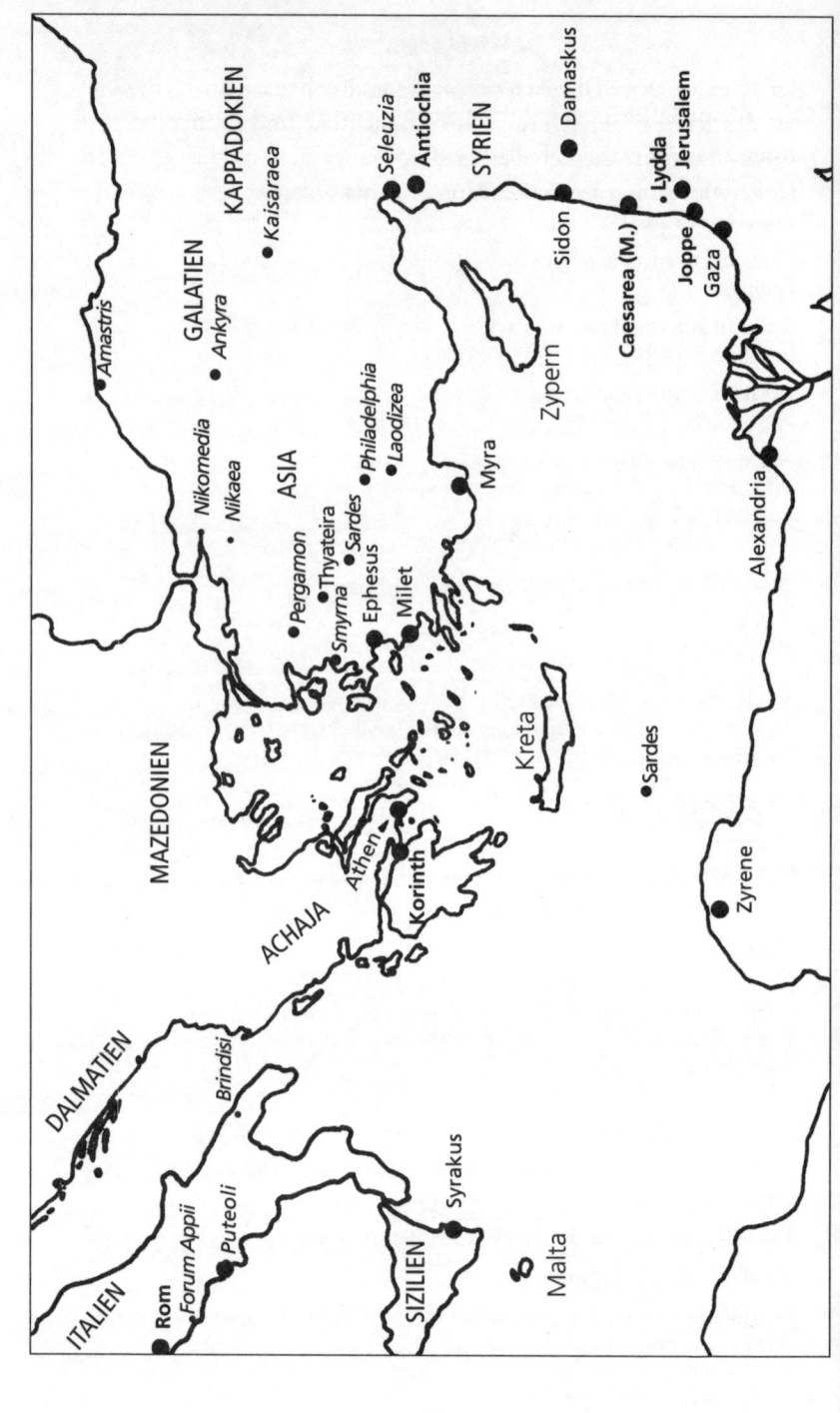

Orte, an denen sich der Apostel Petrus nach Ostern sicher, wahrscheinlich oder möglicherweise aufhielt. Nicht sichere Orte sind kursiv gesetzt.

Rom: Zwei Aufenthalte, Todesort des Petrus.

Forum Appii: Ort einer Gemeinde, möglicher Aufenthalt auf dem Weg nach Rom (wie Paulus).

Puteoli: Hafenstadt mit Gemeinde. Üblicher Beginn des Landweges (vgl. Paulus).

Brindisi: Alternative Station auf dem Weg nach oder von Rom. Alte Lokaltraditionen verbinden ihn mit Petrus.

Korinth: Mitbegründung der Gemeinde.

Smyrna, Pergamon, Thyateira, Sardes, Philadelphia, Laodizea: Orte, in denen es laut Offenbarung 1,11 schon in frühester Zeit Gemeinden gab, die jedoch anders als *Ephesus* nicht von Paulus besucht/begründet wurden. Euseb (Kirchengeschichte 3,2) setzt voraus, dass Petrus Gemeinden in dieser Gegend besuchte (vgl. 1. Petrus 1,1).

Nikomedia, Nikaea (Nizäa): Orte mit frühen Gemeinden in der Teilprovinz Bithynien, die laut Euseb, KG 3,2 von Petrus besucht wurde (vgl. 1. Petrus 1,1).

Amastris: Ein Hauptort in der Teilprovinz Pontus, die laut Euseb, KG 3,2 von Petrus besucht wurde (vgl. 1. Petrus 1,1). Aus dieser Stadt schrieb wohl Plinius d.J. an Kaiser Trajan über seine Maßnahmen gegen Christen. Es war die größte Gemeinde in Pontus (Euseb, KG 4,33,6).

Ankyra (heute Ankara): Wichtiger frühchristlicher Ort in (Nord-) Galatien. Wollte Petrus nicht unbedingt die Orte aufsuchen, an denen schon Paulus wirkte, sind mit dem Ziel Galatien, das er laut Euseb, KG 3,2 aufsuchte (vgl. 1. Petrus 1,1) nicht dessen Stätten in (Süd-)Galatien gemeint. Ankyra lag auf dem Weg zwischen Bithynien und Kappadozien.

Kaisaraea (Mazaca): Wichtiger frühchristlicher Ort in Kappadozien, das Petrus laut Euseb, KG 3,2 (vgl. 1. Petrus 1,1) besuchte.

Seleuzia: Hafenstadt vor Antiochia, wichtiger Ziel- und Ausgangspunkt für Reisen nach und von Syrien, auch von Paulus und Barnabas auf dem Weg nach Zypern benutzt.

Antiochia: Langjähriger Aufenthalt des Petrus.

Caesarea (Maritima): Sitz der römischen Präfekten und Prokuratoren. Petrus bekehrt und tauft den römischen Hauptmann Cornelius mit seinem gesamten Hausstand.

Joppe (Jafo): Aufenthalt beim Gerber Simon, Auferweckung der Tabita.

Lydda (Lod): Heilung des Äneas.

Jerusalem: Sitz der Urgemeinde. Hauptwohnort des Petrus bis zum ersten Weggang nach Rom.

Anmerkungen

1 Vor kurzem z. B. wieder bei U. Victor, ›Was ein Texthistoriker zur Entstehung der Evangelien sagen kann‹, in: Biblica 97 (1998), 499–513, und K. Jaroš, Jesus von Nazareth. Geschichte und Deutung, Mainz 2000, 102–122.

2 Papias, Auslegung von Herrenworten, bei Euseb, Kirchengeschichte 3, 39,15; Justinus, Dialog mit dem Juden Tryphon 106,3; Klemens von Alexandria, Hypotyposen, bei Euseb, Kirchengeschichte 2,15, 1–2 und 6,14,5–7; Irenaeus, Gegen die Haeresien 2,1,1–2; Origenes, Matthäus-Kommentar, bei Euseb, Kirchengeschichte 6,25,5; Euseb, Theophanie 5,40; Hieronymus, Über berühmte Männer 8, Matthäus-Kommentar Prolog 6, Briefe 120,11.

3 So interpretierte er jedenfalls allem Anschein nach die mehrdeutige Stelle 2. Petrus 1,15: Gegen die Häresien 2,1,1–2; vgl. Euseb, Kirchengeschichte 5,8,2. Siehe dazu die Überlieferung und die Diskussion in der Forschung bei M. Green, The Second Epistle General of Peter and the General Epistle of Jude, Leicester/Grand Rapids ²1987, 89–91; vgl. S. Bénétreau, La deuxième épître de Pierre. L'épître de Jude, Vaux-sur-Seine 1994, 98–105. Siehe auch unten zum möglichen Hinweis in Apostelgeschichte 13,5.

4 Siehe dazu jetzt zusammenfassend K. Jaroš, Jesus von Nazareth. Geschichte und Deutung, Mainz 2000, 110–116; C.P. Thiede, The Dead Sea Scrolls and the Jewish Origins of Christianity, Oxford 2000, 124–181.

5 Siehe z. B. für Johannes: John A.T. Robinson, Johannes – Das Evangelium der Ursprünge. Aktualisierte Ausgabe hrsg. v. H.-J. Schulz, Wuppertal 1999. Anregend ist auch K. Berger, Im Anfang war Johannes. Datierung und Theologie des vierten Evangeliums, Stuttgart 1997. Eine Liste der Erwähnungen des Petrus in den Evangelien gibt R. Feldmeier, ›Die Darstellung des Petrus in den synoptischen Evangelien‹, in: P. Stuhlmacher (Hrsg.), Das Evangelium und die Evangelien, Tübingen 1983, 267–271. Grundsätzlich nach wie vor unverzichtbar M. Hengel, Die Evangelienüberschriften, Heidelberg 1984.

6 Jesus spielt darauf und auf das Abbild dieses »Sohnes Gottes« auf Münzen – für jeden Juden ein klarer Verstoß gegen die Zehn Gebote – in seiner Konfrontation mit den Pharisäern und »den Leuten des Herodes (Antipas)« an, Markus 12,13–17.

7 So jedenfalls der jüdische Historiker Flavius Josephus in seinen ›Jüdischen Altertümern‹ 18,106.

8 Vgl. F. Strickert, ›The Coins of Philip‹, in: R. Arav / R.A. Freund (Hrsg.), Bethsaida. A City by the North Shore of the Sea of Galiliee, Kirksville 1995, 165–189. Für die Tochter des Augustus entschied sich noch Flavius Josephus, ›Jüdische Altertümer‹ 18,28.

9 So z. B. im griechischen Text von 2. Petrus 1,1 – eine der aussagekräftigen Nuancen des griechischen Neuen Testaments, die von fast allen deutschen Übersetzungen glattgebügelt werden.

10 Aristophanes, ›Wolken‹, 351.

11 Abbildung der Funde und des Hauses, mit Lageskizze: G. Martin, Sokrates, Reinbek (Rowohlt Monographie 128) 1967, 90–92; ergänzende Abb. in: M. L. Lang, Socrates in the Agora, Princeton (American School of Classical Studies at Athens, No. 17) 1978, No. 13.

12 Darunter der Codex Alexandrinus und die Handschriften des ›Mehrheitstextes‹; unter den antiken Übersetzungen die lateinische Vulgata, die syrische und bohairische (d. h. altkoptische) Übersetzung.

13 In der Septuaginta wird 2. Könige als 4. Könige gezählt, da hier die beiden Samuel-Bücher 1 und 2 Könige heißen. Auch im griechischen Text von 1. Chronik 26,3, 1. Esdras (Esra) 9,1 und 9,23 findet sich die Kurzform in Teilen der Texttradition.

14 Apostelgeschichte 18,2; Römer 16,3, u. a. m.

15 Apostelgeschichte 17,4; 1. Thessalonicher 1,1; 1. Petrus 5,12, u. a. m.

16 Vgl. dazu R. H. Gundry, Matthew. A Commentary on His Handbook for a Mixed Church under Persecution, Grand Rapids ²1994, 331–332. Wenn Jesus das Wortspiel bei Simon wegen des Vaternamens besonders gut anwenden konnte, dann schließt das selbstverständlich nicht aus, dass auch die anderen Jünger in das Zeichen des Jona einbezogen wurden. Später betonte Jesus ausdrücklich, dass die Verheißungen, die Simon Petrus gegeben waren, auch für die anderen galten (vgl. Matthäus 16,19 mit 18,18–19 !).

17 Apostelgeschichte 6,5; 8,5–13; 8,26–40; 21,8. Neben diesem, dem Jünger und dem Tetrarchen erscheint noch ein vierter Philippus im Neuen Testament, der Sohn des Herodes und der Mariamne (der Tetrarch entstammte der Ehe des Herodes mit seiner fünften Frau, Kleopatra von Jerusalem). Er übernahm keine Ämter und lebte als Privatmann.

18 Naturgeschichte (›Naturalis Historia‹) 5,21.

19 Josephus, ›Jüdische Altertümer‹ 18,108.

20 Zu den Funden siehe das Buch eines der leitenden Ausgräber, Fred Strickert, Bethsaida. Home of the Apostles, Collegeville 1998, hier vor allem 56–57.

21 ›Geographia‹ 16,2,45.

22 Sie wurde wieder ausgegraben von dem israelischen Archäologen Vas-

silios Tzaferis. Siehe V. Tzaferis, ›New Archaeological Evidence on Ancient Capernaum‹, in: Biblical Archaeologist 46 (1983), 198–206; V. Tzaferis / M. Peleg, ›Kefar Nahum‹, in: Excavations and Surveys in Israel (4) 1986, 59.

23 Dieser Bau, dessen Basaltgrundmauer neben anderen Resten noch gut sichtbar ist, war mit ca. 20 x 8 m Grundfläche etwa so groß wie die Synagoge von Magdala und damit erheblich kleiner als der Prachtbau des späten 4. Jahrhunderts, dessen Reste heute zu sehen sind.

24 Ein Irrtum, den allem Anschein nach erstmals Albert Schweitzer aufgrund seiner eigenen Erfahrungen formulierte (Aus meinem Leben und Denken, 1931, Frankfurt 1980, 50). Die Gegenbeispiele vor allem im literarischen Bereich sind allgemein bekannt – Joseph Conrad, Italo Svevo, Paul Celan, Jehuda Amichai sind nur vier von vielen Beispielen aus verschiedenen Sprachbereichen allein im späten 19. und 20. Jahrhundert.

25 P.-L. Couchoud, ›L'Évangile de Marc, at-il été écrit en Latin?‹, in: Revue de l'Histoire des Religions 47 (1926), 161–192.

26 Die Mehrsprachenkompetenz des Simon Petrus wurde in der Forschung häufig aufgrund einer Äußerung des Papias von Hierapolis in Frage gestellt. Im Zusammenhang nur bruchstückhaft erhaltener Auskünfte über die Entstehung der Evangelien bezeichnet Papias zu Beginn des zweiten Jahrhunderts n. Chr. unter Berufung auf eine Quelle, die zweifelsfrei noch weit in das erste Jahrhundert zurückführt, den Markus griechisch als »hermeneutes« des Petrus (Zitat bei Euseb, Kirchengeschichte 3,39,15). Heißt »hermeneutes« Dolmetscher/Übersetzer – und wenn ja, aus welcher Sprache in welche Sprache? –, oder heißt es »Ausleger, Erklärer«, angewandt auf die literarische Gestalt, die Markus der mündlichen Verkündigung des Petrus durch sein Evangelium gab? In der jüngsten und genauesten Darstellung der unterschiedlichen Positionen [A.D. Baum, ›Der Presbyter des Papias über einen ›Hermeneuten‹ des Petrus. Zu Eusebius, Hist. eccl. 3,39,15‹, in: Theologische Zeitschrift 56 (2000), 21–35] wird umfassend nahe gelegt, dass sich der Ausdruck nicht auf das Evangelium bezieht, sondern auf eine tatsächliche Übersetzertätigkeit des Markus. Sollte das so sein, dann kann allerdings keine Übersetzung ins Griechische gemeint sein. Für den mündlichen Lehrvortrag reichte das Griechisch des Simon Petrus allemal aus, und sollte ihm ein bestimmtes griechisches, religiösbiblisches Vokabular aus seiner hebräisch geprägten Synagogenumwelt und seinen aramäischen Alltagsdiskussionen in Galiläa noch gefehlt haben, müsste er sich schon überdurchschnittlich dumm angestellt haben, um nicht genau dieses schnell erkannte Manko sofort nach Beginn sei-

ner internationalen Reisetätigkeit engagiert auszugleichen (gegen A.D. Baum, s.o., 32–35). Einen Übersetzer ins Griechische benötigte er sicher nicht. (So auch richtig R.H. Gundry, Mark. A Commentary on His Apology for the Cross, Grands Rapids 1993, 1035–1036. Ebenso zutreffend Th. Zahn, Einleitung in das Neue Testament, 2 Bde, Leipzig [3]1906/1907, I, 31–32 und II, 214.) Anders sieht es aus, wenn man annimmt, Papias habe von einer schriftlichen, gegebenenfalls ausdeutenden Übertragung der mündlichen Vorträge des Petrus in gutes, auch literarisch akzeptables Griechisch gesprochen. Auch ein Autor, der vernünftig schreiben und z.B. eigene Briefe aufsetzen konnte, war sich nicht zu schade, zur Korrektur und Verfeinerung einen ›Übersetzer‹ oder Sprachhelfer heranzuziehen. Das war anscheinend verbreitet unter Autoren, die nicht griechischer Muttersprache waren – z.B. Josephus, siehe seine ›Jüdischen Altertümer‹ 20,263; vgl. M. Hengel, ›Probleme des Markusevangeliums‹, in: P. Stuhlmacher (Hrsg.), Das Evangelium und die Evangelien, Tübingen 1983, 221–265, hier 253; J.N. Sevenster, Do You Know Greek? How much Greek could the first Jewish Christians have known?, Leiden 1968, 61–76. Petrus selbst erwähnt wenigstens einmal, wie er sich zu genau diesem Zweck der Dienste des Silvanus/Silas bedient: 1. Petrus 5,12. Will man dagegen weiterhin an einer Übersetzertätigkeit des Markus im Sinne des Dolmetschens festhalten, muss man sich auf das Lateinische zurückziehen, das in weiten Teilen des Westens die Muttersprache unter potenziellen Hörern des Petrus war. Die Hauptzielgruppen der Evangelisation dürften allerdings wenigstens so gutes Griechisch gesprochen und verstanden haben wie Petrus selbst; auch die gesamte Briefliteratur des Neuen Testaments setzt voraus, dass Griechisch die allgemeine Verständigungssprache war, und zwar unabhängig von der Muttersprache der Schreiber und Leser.

27 So betont beispielsweise Markus ausdrücklich, dass die Syrophönizierin, mit der Jesus sich in der Gegend von Tyrus unterhielt, griechischsprachig war (Markus 7,26). Die beiden tauschten nicht nur Floskeln aus, sondern unterhielten sich über tiefgreifende Fragen. Auch Jesus musste die Sprache also beherrschen. Zu den Sprachkenntnissen Jesu siehe auch S.E. Porter, ›Jesus and the Use of Greek in Galilee‹, in: B. Chilton / E.E. Evans (Hrsg.), Studying the Historical Jesus, Leiden 1994, 123–154.

28 Wenn einige Mitglieder des Hohen Rates in Jerusalem später Petrus und andere Apostel für »ungelehrte und einfache Leute« halten (Apostelgeschichte 4,12), dann steht das dazu nicht in Widerspruch. Es besagt nur, dass man als Angehöriger der damaligen Elite auf Menschen,

die keine akademische Ausbildung, keine Rabbinenschule oder andere höheren Bildungswege absolviert hatten, mit einer gewissen Arroganz herabblickte. In der Nachfolge der Studien von Henri Marrou und anderen ist zum jüdischen Schul- und Bildungswesen der Zeit Jesu noch immer eine Tübinger Dissertation maßgeblich: R. Riesner, Jesus als Lehrer, Tübingen ³1988, hier vor allem 153–245. Vgl. auch C.P. Thiede, Ein Fisch für den römischen Kaiser. Juden, Griechen, Römer: Die Welt des Jesus Christus, München 1998, 66–68 u. a.

29 Griechisch »kaì autoùs en tô ploîô«. Richtig verstanden und übersetzt ist das u. a. in der Elberfelder Übersetzung, der Zürcher Bibel und der auch sonst sehr anregenden Übertragung von Fridolin Stier.

30 Vgl. auch Matthäus 19,7; Lukas 5,11 und 18,28.

31 Siehe dazu Kap. »Thema und Variationen«.

32 Das Gebiet gehört heute zum haschemitischen Königreich Jordanien, und ein internationales Archäologenteam gräbt dort zur Zeit mit Erfolg nach Spuren der frühesten Verehrung des Ortes. Die oft übersehene Tatsache, dass dieses ›Bethanien‹ auf der anderen Seite des Flusses liegt, das heißt aus der Perspektive der allgemeinen Berichterstattung *östlich,* ist eines von vielen Indizien gegen eine fortdauernde, tiefe Beziehung des Johannes (und seiner Anhänger) zu den Qumran-Essenern. Im Gegenteil: Wir erkennen hier vielmehr eine Distanzierung, denn Qumran lag einige Kilometer südlich auf der *westlichen* Seite des Toten Meeres. Es darf auch nicht vergessen werden, dass Johannes nicht nur hier, sondern auch an wechselnden Orten in ganz anderen Landesteilen taufte. Die frühe Kirche kannte beispielsweise knapp acht Kilometer westlich von Hebron eine solche Taufstelle, und der Ort heißt heute noch arabisch »Ain el-Ma'mudiyyeh«, »Taufquelle«. Im Neuen Testament wird namentlich »Ainon bei Salim« erwähnt, hebräisch die »Quelle von Salim« (Johannes 3,23). Dieser Ort lag 12 Kilometer südlich von Bet-Shean. Heute heißt das Quellgebiet ed-Dêr und liegt bei den Ruinen von Tel Shech Salim. Auch diese Ortswahl war wohlbedacht, denn in der Nähe lag der Geburtsort Elisas, Abel-Mehola (vgl. 1. Könige 19,16).

33 Ob die Begegnung mit dem Skeptiker Nathanael (1,45–51) auch hierher gehört oder bereits in die Phase nach der Rückkehr an den See Genezareth, wird von Johannes offen gelassen. Die nachfolgende Zeitangabe (2,1) lässt allerdings vermuten, dass Nathanel nicht zu den Jerusalem-Pilgern gehörte. Seine Heimatstadt war jedenfalls nicht Betsaida, sondern Kana (21,2).

34 Diese Heilung erzählen auch Markus (1,29–31) und Matthäus (8,14), entscheiden sich jedoch für eine andere chronologische Zuordnung.

35 Vgl. 1. Mose 26,24: »Fürchte dich nicht, denn ich bin mit dir«; vgl. Matthäus 14,27, u. a. m.

36 Nathanael, hebräisch »Gott hat gegeben«, kam aus der engsten Heimat Jesu. Johannes 1,49–51 und 21,2 setzen voraus, dass er von Jesus als »wahrer Israelit, ein Mann ohne Falschheit« ausgezeichnet wurde (einer der vielen Hinweise darauf, dass das Johannes-Evangelium alles andere als antisemitisch ist), Jesus als Sohn Gottes und König von Israel anrief, in seinem messianischen Bekenntnis zu Jesus der vierte war nach Johannes dem Täufer, Andreas und Philippus (Johannes 1,36; 41; 45), Jünger wurde und später dem Auferstandenen begegnete. Der Name Nathanael kommt in den Jüngerlisten der drei Synoptiker nicht vor; da dort jedoch stets unmittelbar nach Philippus, dem Freund des Nathanael, ein anderswo nicht bezeugter Bartholomäus genannt wird, ist vermutet worden, dass es sich um die gleiche Person handelt. Erleichtert wird diese gleichwohl unbeweisbare Vermutung dadurch, dass »Bartholomäus« eigentlich kein richtiger Eigenname ist, sondern nur den Vater kennzeichnet: »Bar« = Sohn, und zwar des Tolmai, bzw. gräzisiert des Ptolomaeus. Sein vollständiger Name könnte also Nathanael Bar Tolmai/Ptolomaeou gewesen sein. Eine solche unterschiedliche Benennung wäre nicht erstaunlich; sieht man vom oben behandelten Fall des Jona/Johannes ab, gibt es in der antiken Überlieferung, auch im Neuen Testament, noch weitere Beispiele. So kann Markus gelegentlich Johannes genannt werden, dann aber auch wieder Johannes ›mit dem Beinamen Markus‹ (Philemon 24; 1. Petrus 5,13; Apostelgeschichte 13,5; Apostelgeschichte 12,12; u. a. m.).

37 Die Überlieferung, die hier das Grab des Propheten Na[c]hum vermutete, setzt erst im 16. Jahrhundert ein. Wer der Na[c]hum war, der die Siedlung gründete, bleibt unbekannt. Ein Zeitgenosse der ersten und zweiten frühchristlichen Generation, Flavius Josephus, schreibt den Ortsnamen an einer Stelle griechisch ebenso wie die Evangelisten *Kapharnaoum* (Jüdischer Krieg 3,517), in einem anderen seiner Werke aber *Kepharnakôn* (Vita 403), was vermuten lässt, dass die griechische Fassung des hebräischen Ortsnamens nicht eindeutig festgelegt war. Die Form *–nakôn* ist jedenfalls wie in heutigen englischen Umschriften hebräischer Buchstaben ein Versuch, das in manchen Sprachen nicht aussprechbare raue »ch« (hebräisch »Chet«) wiederzugeben, sodass *–nakôn* letztlich nur eine Variante der Umschreibung *–naoum* ist, bei der dieser schwierige Buchstabe einfach ausfällt.

38 Vgl. u. a. W. H. Wuellner, The Meaning of ›Fishers of Men‹, Westminster 1967, v. a. 23–24, 43–44; M. Nun, Ancient Anchorages and Harbours around the Sea of Galilee, Kibbuz Ein Gev 1988, 20–28.

39 J. Wilkinson (Hrsg.), Egeria's Travels, Warminster ³1999, 98. Vgl. B. Pixner, Wege des Messias und Stätten der Urkirche. Jesus und das Judenchristentum im Licht neuer archäologischer Erkenntnisse, Gießen/Basel ³1996, 65–66.

40 Bargil Pixner (wie in Anm. 39) vermutet den Landgrenzort näher an der Abzweigung nach Korazin und Tyrus, bei den heutigen Ruinen von Scheich Kil'ai.

41 Vgl. z.B. Markus 1,33: »Und die ganze Stadt war versammelt vor der Tür.«

42 Ausführliche Zeichnungen und Rekonstruktionsskizzen in: W. Bühlmann, Wie Jesus lebte. Vor 2000 Jahren in Palästina – Wohnen, Essen, Arbeiten, Reisen, Luzern/Stuttgart 1987, 52–56.

43 Man könnte den griechischen Satz in Markus 1,29 vielleicht so verstehen, dass Johannes und Jakobus, die mit den anderen dorthin gingen, auch im gleichen Haus lebten. Daran, dass es ausdrücklich als das Haus des Simon und des Andreas bezeichnet wird, also wenigstens diese zwei Familien hier lebten, besteht aufgrund des Textes kein Zweifel. So oder so erübrigt sich also die gelegentlich vorgebrachte Spekulation, Simon Petrus habe gar nicht in Kapernaum gelebt, sondern immer noch in Betsaida und sei gelegentlich bei seiner Schwiegermutter zu Gast gewesen, um deren Haus es sich gehandelt habe (vgl. F. Strickert, Bethsaida. Home of the Apostles, Collegeville 1998, 26–27; hier auch die These, dass es sich in Wirklichkeit um das Haus des Jairus handeln könnte [Markus 5,22], das dieser später der Urgemeinde von Kapernaum zur Verfügung stellte. Das steht jedoch nicht nur im Widerspruch zu den Angaben in allen drei Synoptikern: Selbst Matthäus und Lukas, die knapper berichten, nennen Simon als [Haupt-?] Besitzer des Hauses. Die These erklärt auch nicht, wie es dann zur Petrushaus-Verehrung gekommen sein sollte. Denn ein Haus des Jairus wäre ja seinerseits, und zwar gerade unter seinem Namen, für die Nachwelt bewahrenswert gewesen, da Jesus hier seine erste Auferweckung vollbrachte. Man hat so etwas an anderer Stelle durchaus getan, sogar aus geringerem Anlass – zum Beispiel beim Haus Simons des Gerbers in Jafo/Joppe, das keineswegs zu einem Haus des Petrus umfunktioniert wurde.).

44 Vgl. Apostelgeschichte 20,7–8.

45 Vgl. C.P. Thiede, The Dead Sea Scrolls and the Jewish Origins of Christianity, Oxford 2000, 124–151.

46 J. Wilkinson (Hrsg.), Egeria's Travels, wie in Anm. 39, 97.

47 S. Loffreda, Recovering Capharnaum, Jerusalem 1985, 63. Bei Loffreda auch hervorragende Farbabbildungen einiger dort entdeckter

Objekte und Graffiti. Zur Baugeschichte ferner V. Corbo, ›The Church of the House of St. Peter at Capernaum‹, in: Y. Tsafir (Hrsg.), Ancient Churches Revealed, Jerusalem 1993, 71–76.

48 Vgl. auch Matthäus 9, 27–28; Markus 2,1; 9,33; Lukas 4,38.

49 So fand beispielsweise die Speisung der Viertausend (Markus 8,1–9) am Ostufer des Sees für die griechischsprachigen, mehrheitlich nicht-jüdischen Bewohner der Dekapolis statt (Markus 7,31). Noch der griechische Begriff für den Henkelkorb, mit dem die Reste eingesammelt wurden – *spyris* –, unterscheidet das Ereignis von der Speisung für die Juden auf dem Nordwestufer, deren Korb der für Juden sprichwörtlich typische *kóphinos* war (Markus 6,43; siehe C.P. Thiede, Ein Fisch für den römischen Kaiser. Juden, Griechen, Römer: Die Welt des Jesus Christus, München 1998, 93–94). Zwei weitere Fälle: Von Kapernaum aus war Jesus bis in die Gegend von Tyros aufgebrochen, wo er mit der Syrophönizierin zusammentraf (Markus 7,24–30). Und wie wir oben sahen, zögerte er keinen Augenblick, direkt aus der Synagoge zur benachbarten römischen Garnison zu gehen, wo der Diener des Standortkommandanten erkrankt war (Matthäus 8,5–13; Lukas 7,1–10).

50 Siehe unten S. 135–137; zur körperlichen Unversehrtheit der Mitglieder des Himmelreichs: »Keiner, der geschlagen ist mit einer von allen Unreinheiten des Menschen, komme in die Gemeinde Gottes. Und keiner, der damit geschlagen wird, darf am Posten bleiben in der Gemeinde. Niemand, der an seinem Fleisch geschlagen ist, ... darf sich in der Gemeinde halten« (1QS28a, 2,3–7). Petrus wendet das an, als er dem Diener des Hohenpriesters im Garten Gethsemane das rechte Ohr abschlägt, denn da nach damaligem Rechtsverständnis der Diener für den Herrn stand, erklärt er mit dieser Handlung ausdrücklich, dass der Hohepriester von nun an aus der Gemeinde Gottes ausgeschlossen sei.

51 Und auch die körperliche Unversehrtheit, die nach der ›Messianischen Regel‹ 1QSa so wichtig ist für einen Platz in der Gemeinde des Himmelreichs, wird von Jesus ausdrücklich nicht als Kriterium anerkannt.

52 Das gilt auch für die allgemeinen Jüngerlisten (Markus 3,13–19; Matthäus 10,1–4; Lukas 6,12–16). Auch wenn diese Listen, wie die anderen Gruppennennungen, die Simon Petrus stets an erster Stelle haben, erst einige Zeit nach Ostern aufgeschrieben worden sind, ändert das nichts an der Tatsache, dass man sich trotz aller Unterschiede in der Perspektive über die Rolle des Petrus einig war. Zu keinem Zeitpunkt scheint es daran einen Zweifel gegeben zu haben.

53 Johannes nennt ihn nie allein Simon, sondern von Anfang an Simon

Petrus, selten nur Petrus, und einmal, bei der Erläuterung des Beinamens (1,42), mit der aramäischen Form von Petrus, »Kephas« (s.o.),
die sonst nur noch Paulus von Zeit zu Zeit gebraucht (1. Korinther
1,12; 3,22; 9,5; 15,5; Galater 1,18; 2,9; 2,11; 2,14).

54 Zur Demut als Voraussetzung für die Aufnahme in das Reich Gottes
siehe oben; zum Einfluss des Petrus auf das Markus-Evangelium siehe
unten, S. 233–236.

55 Ausführlich dazu D. Guthrie, New Testament Introduction, Leice-
ster/Downers Grove ⁴1990, 43–53.

56 R.H. Gundry, Matthew. A Commentary on His Handbook for a Mixed Church under Persecution, Grand Rapids (MI), ²1994, 621–622.

57 Gundry nennt Genesis Rabba 9,4 und 16,3.

58 M. Hengel, Die Evangelienüberschriften, Heidelberg 1984, v.a. 47–51.
Siehe auch C.P. Thiede, Ein Fisch für den römischen Kaiser. Juden,
Griechen, Römer: Die Welt des Jesus Christus, München 1998,
269–279.

59 Außer von Nathanael war Jesus zuvor schon von anderen »Gottes
Sohn« genannt worden: von Gott selbst (Markus 1,11; Matthäus 3,17;
Lukas 9,35), vom Engel Gabriel (Lukas 1,35), versuchend von Satan
(Matthäus 4,3–6) und vom dämonenbesessenen Mann (Markus 5,7;
Matthäus 8,29; Lukas 8,28).

60 Auch bei Lukas fügen eine Reihe wichtiger Handschriften sowie der
›Mehrheitstext‹ nach der Nennung des Petrus »und die, die mit ihm
waren« hinzu. Die so genannte Einheitsübersetzung ist davon so überzeugt, dass sie anders als die revidierte Luther-Bibel diese Erweiterung
berücksichtigt und »Petrus und seine Gefährten« schreibt.

61 Vgl. Strabo, Geographia 16,4,45.

62 Die Ausnahme ist Judas, dessen Beiname Iskariot auf seine Herkunft
aus Kerijot in Moab – östlich des Toten Meeres – oder aus Kerijot-
Hezron südlich von Hebron verweist. Vgl. Anm. 162.

63 Wie unrealistisch dieses Vorurteil war, geht allerdings schon daraus
hervor, dass mit Sicherheit ein anderer Prophet auch aus Galiläa
stammte, Jona aus Gat-Hefer bei Nazareth, vielleicht auch noch
Na(c)hum und Hosea.

64 Matthäus und Lukas verweisen ausdrücklich auf diesen messianischen
Zusammenhang: Matthäus 4,13–16; Lukas 1,78–79 (hier im Lobgesang
des Zacharias, also als Prophetie auf die Erfüllung der Prophetie).

65 Gr. ›eis tas kômas Kaisareías tês Philíppou‹ (8,27). Richtig steht es wieder in der revidierten Elberfelder Bibel.

66 Vgl. Josephus, ›Leben‹, 74–75.

67 Josephus, ›Jüdische Altertümer‹ 18,28.

68 Josephus, ›Jüdische Altertümer‹ 15,164; ›Jüdischer Krieg‹ 404.

69 Vgl. Polybios, ›Geschichte‹ 16,18,2 mit Plinius, ›Naturgeschichte‹ 5,74. Die Umbenennung in »Neronias«, die Agrippa II. zwischen 63 und 66 n. Chr. vornahm, wurde nach Neros Tod 68 n. Chr. aufgehoben. Man gab der Stätte den alten Namen in der Form Paneas zurück. Die Ausweitung des Pan-Kults in eine Verehrung des ›Allgottes‹ war Anfang des ersten Jahrhunderts n. Chr. im Osten des Römischen Reiches populär geworden, abgeleitet aus der etymologisch nicht ganz richtigen Verbindung des Götternamens mit dem griechischen Wort »pan« = »alles«.

70 Diese Inschrift ist datiert auf 150 n. Chr. (in moderne Chronologie übertragen), bestätigt also die fortdauernde Popularität des Heiligtums nach den großen jüdischen Aufständen gegen die Römer. Solche politischen Unruhen wirkten sich auf Caesarea Philippi / Paneas ohnehin kaum aus, da das Gebiet – wie wir sahen – kein Zentrum jüdischer Besiedlung war. Römische Truppen hatten hier unter Vespasian während der ersten Revolte ab 66 n. Chr. vorübergehend Quartier bezogen, und Josephus berichtet, wie Titus hier nach der Eroberung Jerusalems jüdische Gefangene den Tieren vorwarf (›Jüdischer Krieg‹ 7,23–24).

71 Vgl. Markus 1,24; 3,11.

72 So zum Beispiel der älteste erhaltene Kodex der griechischen Bibel, der Codex Sinaiticus; auch der Codex Regius.

73 Häufiger belegt als die kurze Ergänzung, z. B. im Codex Washingtonsensis, im Codex Beratinus, in der Minuskelfamilie f^{13}, in sahidischen und syrischen Übersetzungen.

74 Eine außerbiblische jüdische Tradition bestritt allem Anschein nach, dass selbst der Messias Sünden vergeben werde: Targum zu Jesaja 53,5b. Einmütigkeit herrscht von der Torah (2. Mose 34,6–7) über die Psalmen (u. a. 32,1–5; 51,3–9; 103,3) bis zu den Propheten (u. a. Jesaja 43,25; 44,22; Daniel 9,9) darüber, dass die Sündenvergebung das Privileg Gottes war. Auch in den Qumranrollen wird diese Auffassung bestätigt (Gemeinderegel 1QS 2,9; Damaskusschrift CD 3,18). Zu der alten Streitfrage, ob Jesus sich selbst jemals als Sohn Gottes oder Messias verstand, gibt diese Stelle eine wichtige Auskunft: Er tat noch mehr, er stellte sich unmittelbar neben Gott, er handelte so, wie in jüdischem Verständnis nur Gott selbst handeln konnte. So wird er folglich von denen, die ihn nicht akzeptieren, der Blasphemie beschuldigt. Da diese Handlung und die damit verbundene Selbstdefinition Jesu auch von den anderen Evangelisten überliefert wird, und zwar zweifellos unabhängig (vgl. vor allem Johannes 10,33), kann an ihrer Echtheit kein vernünftiger Zweifel bestehen.

75 Markus hatte aus seiner umfassenden Perspektive von Anfang an kein Geheimnis gemacht – sein ganzes Evangelium beginnt schließlich mit der unmissverständlichen Aussage: »Anfang des Evangeliums von Jesus Christus, dem Sohn Gottes«. Das enthält den Messias-Titel, griechisch »Christos«, bereits wie einen Teil des Namens Jesu. Und es fügt die Gottessohnschaft hinzu.

76 Die von Johannes berichteteten früheren Messias-Aussagen, namentlich von Simons Bruder Andreas (Johannes 1,40) und von Simon selbst (Johannes 6,68–69) unterscheiden sich in diesem wichtigen Punkt: Sie kamen ungefragt.

77 Das wohl bekannteste Beispiel ist Matthäus 1,23, die Ankündigung der Jungfrauengeburt. Viele heutige Übersetzungen des Alten Testaments geben die Stelle, die hier zitiert wird – Jesaja 7,14 – nicht mit »Jungfrau« wieder, sondern mit »junge Frau«, oder erläutern wenigstens in einer Anmerkung, dass bei Jesaja nur von einer jungen Frau die Rede sei. So geriet Matthäus in den Verdacht, keine Ahnung zu haben. Philologisch ist jedoch zweifelsfrei geklärt, dass sich Matthäus direkt auf den vorchristlichen griechischen Text bezog, und da steht in Jesaja 7,14 »*parthénos*«, was nichts anderes als »Jungfrau« heißt. Die Juden, die im 3. Jahrhundert v. Chr. Jesaja ins Griechische übersetzten, waren ihrerseits geschult genug, um eines zu wissen: Das hebräische Wort »*alma*« kann zwar etymologisch als »junge Frau« gedeutet werden, an allen Stellen, an denen es gebraucht wird, steht es aber eindeutig für unverheiratete junge Frauen/Mädchen, und die waren nun einmal in der damaligen Lebenskultur Jungfrauen, sofern nicht ein Ausnahmefall ausdrücklich festgehalten wird. »Alma« wurde als Synonym für ein anderes hebräisches Wort, »betula«, benutzt, das, wenn man so will, etwas biologischer ist. Matthäus wusste sehr genau, was er schrieb.

78 Wie Günther Zuntz notiert, kommt »*christón*« auch in Medizin, Sport und Hautpflege vor: G. Zuntz, ›Ein Heide las das Markusevangelium‹, in: H. Cancik (Hrsg.), Markus-Philologie. Historische, literargeschichtliche und stilistische Untersuchungen zum zweiten Evangelium, Tübingen 1984, 205–222, hier 205.

79 Der Gesalbte ist auch hier im griechischen Text der ›Septuaginta‹ als »*christós*« wiedergegeben.

80 Vgl. ausführlicher C. P. Thiede, The Dead Sea Scrolls and the Jewish Origins of Christianity, Oxford 2000.

81 Und auch in jenem Augenblick gab es direkt beim Kreuz Zuschauer, die das Zitat absichtlich oder aus mangelnder Erkenntnis missverstanden, wie sowohl Markus als auch Matthäus (27,46–47) schonungslos

mitteilen. Es ist ja nicht so, als hätten die ersten Christen solche Stellen und ihre Ausdeutungen erfunden. Auch Hosea 6,1–2 und Jesaja 52,13–15 zum Bespiel gehören hierher.

82 Zum Schwertgebrauch im Garten Gethsemane siehe unten S. 135–137. Auch ein wichtiger Qumrantext, die so genannte Kriegsrolle 1QM 7,5–6, beschreibt die Vorbedingungen für die Schlacht am Tag des Gerichts und verspricht, dass die Gläubigen von Heerscharen der Engel unterstützt werden.

83 Wir sahen schon früher, dass Simon diesen Namen nicht erst in Caesarea Philippi erhielt, sondern dass er dort in der besonderen Szene nur noch einmal ausdrücklich bestätigt wurde. Auch Markus hatte das schon einige Zeit vor Caesarea betont, bei der Einsetzung der Zwölf auf dem Berg in der Nähe von Kapernaum: »Petrus – diesen Namen gab er dem Simon« (3,16).

84 Markus 6,31; 6,33; 7,29; 10,52, usw.

85 Vgl. auch R. Pesch, Das Markusevangelium, 2. Teil, Freiburg ³1984, 54–55.

86 Auch Matthäus (4,1–11) und Lukas (4,1–13) berichten davon.

87 So z. B. A. Lindemann / H. Paulsen (Hrsg.), Die Apostolischen Väter. Gr.-dt. Parallelausgabe, Tübingen 1992, 24.

88 Ausführlich dazu J.A.T. Robinson, Wann entstand das Neue Testament?, Paderborn/Wuppertal 1986, 324–330. Vor Robinson schon mit klugen Argumenten J.B. Lightfoot, The Apostolic Fathers, repr. Hildesheim/New York 1973, 240–242. Ein Datum vor dem Tod Vespasians, 79 n.Chr., scheint durch Kapitel 4,4–6 gesichert zu sein. Einen Kompromiss schlug schon früh Kirsopp Lake vor: Der Brief gehöre zweifellos zum Ende des ersten oder Anfang des zweiten Jahrhunderts (K. Lake [Hsg.], The Apostolic Fathers, I, Cambridge/London 1912, 338).

89 Vor allem seine Auffassung von den »zwei Wegen«, dem Weg der Dunkelheit und dem Weg des Lichtes, Barnabas 18,1 – 21,9 im Vergleich zur Gemeinderegel 1QS 3,17–26 u.a.m.

90 Letzteres zweifellos in 2. Thessalonicher 2,8. Neben dieser Stelle kommt das griechische Wort nur noch in 1. Timotheus 1,9; Römer 2,12, 1. Korinther 9,21 (auf Heiden bezogen) sowie einigen Handschriften von Markus 15,28 vor.

91 So macht es die revidierte Lutherübersetzung in Apostelgeschichte 2,23 überdeutlich: »... habt ihr durch die Hand der Heiden ans Kreuz geschlagen ...«.

92 Das ist sicher die Bedeutung in Apostelgeschichte 2,23. Und so sieht es auch die außerbiblische jüdische Literatur, die »gesetzlos« als außer-

halb des jüdischen Gesetzes für ein Synonym von »böse« (»*resha-jim*«) nimmt und auf die Römer anwendet.

93 S. 22–24. Und wenn dort nicht auf die eigenartige These eingegangen wurde, »Bariona« heiße eigentlich so viel wie Terrorist, dann hatte das seinen Sinn. Die These taucht zwar immer wieder auf, ist aber in etwa so plausibel wie die Vermutung, Simon habe eine Bar besessen, ein Lokal, das »Bar Jona« hieß. Konkrete Anhaltspunkte gibt es weder für die eine noch für die andere These, auch wenn die zweite sicher attraktiver ist.

94 Siehe dazu, im Zusammenhang mit Johannes 1,40–42, oben S. 23–24. Auch bei Johannes geht es um eine Bekräftigung, nicht um eine Neuschöpfung.

95 Manche Ausleger meinen, dass mit dem Felsen hier Gott selbst gemeint ist (wie z. B. in 2, Samuel 22,3, Psalm 18,2–3 u. a. m.). Schon die rabbinische Auslegung verstand den Vers bei Jesaja allerdings als Hinweis auf Abraham. Vgl. P. Fiebig, Die Gleichnisreden Jesu im Lichte der rabbinischen Gleichnisse des neutestamentlichen Zeitalters, Tübingen 1912, 53; H.L. Strack / P. Billerbeck, Kommentar zum Neuen Testament aus Talmud und Midrasch, München ⁵1969, 731. Das aramäische Gegenstück »kêphâ« ist dank der Qumranfunde belegt: Im Targum zu Hiob aus der 11. Höhle (11QtgJob 32,1; 33,9) und in den Fragmenten des Henoch-Buches aus Höhle 4 (4QEnᶜ 4 iii 19 = 1. Henoch 89,29; 4QEnᶜ 4,3 = 1. Henoch 89,32; 4QEnᵃ 1 ii 8 = 1. Henoch 4; vgl. dazu C. C. Caragounis, Peter and the Rock, Berlin/New York 1989, 27–30).

96 Das –s ist im Zuge der griechischen Umschreibung angefügt. Johannes 1,42; 1. Korinther 1,12; 3,22; 9,5; 15,5; Galater 1,18; 2,9–14.

97 E.G. Kraehling (Hrsg.), The Brooklyn Museum Aramaic Papyri: New Documents of the Fifth Century BC from the Jewish Colony of Elephantine, New Haven 1953, 224–231, plate VIII.

98 So schon J.A. Fitzmyer, ›Aramaic Kephâ‹ and Peter's Name in the New Testament‹, in: id., To Advance the Gospel, New York 1981, 112–124.

99 M steht für J. Milik, dem das Fragment ursprünglich zugesprochen war. Zum Text und dessen Kommentierung: J.H. Charlesworth, ›Has the Name »Peter« Been Found among the Dead Sea Scrolls?«, in: B. Mayer (Hrsg.), Christen und Christliches in Qumran?, Regensburg 1992, 213–225. Charlesworth setzt sich hier auch mit der Kritik an seiner noch vorläufigen Edition von 1985 auseinander, wie sie J. Naveh vorgebracht hatte. Das Fragment ist noch nicht präzise datiert worden, gehört allerdings zum herodianischen Schrifttyp, mit dem paläographischen Spielraum ca. 40 v. Chr. bis ca. 70 n. Chr.

100 Der Name ist nach dem P- getrennt und wird in der nachfolgenden Zeile fortgesetzt. Charlesworth nennt ein auch topographisch vergleichbares weiteres Beispiel: den Namen San/ballat auf dem Siegel eines Papyrus aus dem Wadi Dâliyeh. Vgl. F.M. Cross, ›Papyri of the Fourth Century BC from Dâliyeh‹, in: D.N. Freedmann / J.C. Greenfiel (Hrsg.), New Directions in Biblical Archaeology, New York 1969, 45–69.

101 Immerhin weist Rudolf Schnackenburg noch darauf hin, dass die Qumranrollen Beispiele für den Bau oder die Pflanzung als Bild der Gemeinde kennen: 1QS 8,5–9; 9,6; 11,8; 1QH 6,26; 7,9. R. Schnackenburg, Matthäusevangelium 1,1–16,20, Würzburg 1985, 151. Die umfassendste neuere Darstellung der Problemlage, mit eindeutiger Position zugunsten der übertragenen Deutung (der Fels ist das Messiasbekenntnis des Petrus) findet sich bei C.C. Caragounis, Peter and the Rock, Berlin/New York 1989, 88–113.

102 So beispielsweise der weit verbreitete, evangelikal-konservative Kommentar eines führenden anglikanischen Neutestamentlers, Richard France, in dem es heißt: »Es ist nur die protestantische Überreaktion auf den katholischen Anspruch (der natürlich im Text nicht begründet ist), dass das, was hier von Petrus gesagt wird, auch für alle späteren Bischöfe von Rom gilt, die einige zu der Behauptung veranlasst hat, dass der ›Fels‹ hier keineswegs Petrus ist, sondern der Glaube, den er gerade bekannte. Das Wortspiel und die ganze Struktur des Abschnitts verlangen, dass dieser Vers ganz genauso als die Erklärung von Jesus gegenüber Petrus verstanden wird, wie Vers 16 die Erklärung des Petrus gegenüber Jesus war. Natürlich ist das Bekenntnis des Petrus die Grundlage, auf der Jesus seine Rolle als Grundstein der Kirche erklärt, aber die Fels-Metapher wird auf Petrus, nicht auf sein Bekenntnis angewandt. Und es ist natürlich eine historische Tatsache, dass Petrus der anerkannte Leiter der Jüngergruppe und der sich entwickelnden Kirche in den frühen Jahren war.« (R.T. France, The Gospel According to Matthew. Introduction and Commentary, Leicester 1985, 254–255.) France fügt immerhin sofort hinzu, dass das Bild vom Grund- oder Eckstein im Neuen Testament nicht auf Petrus, sondern auf Jesus angewandt wird (1. Korinther 3,10 ff., 1. Petrus [!] 2,6–8 usw.), und dass an anderen Stellen nicht ein einzelner, sondern die Gesamtheit der Apostel als dieses Fundament bezeichnet werden (Epheser 2,20; Offenbarung 21,14).

103 Besonders nachdrücklich z.B. Walter Grundmann in seinem einflussreichen Matthäus-Kommentar (W. Grundmann, Das Evangelium nach Matthäus, Berlin ²1971, 387–388). Die Benutzbarkeit Grund-

manns in einer ernsthaften philologischen Debatte ist allerdings dadurch in Frage gestellt, dass er anders als R.T. France das Jesuswort für eine frei erfundene Konstruktion der nachösterlichen Gemeinde hält. Dass dies nicht so sein kann, haben wir auf den vorangegangenen Seiten bereits gesehen.

104 Thukydides, ›Geschichte des Peleponnesischen Krieges‹ 2,22; Platon, ›Gorgias‹ 4,6b, u.a.m.

105 Weitere Belege z.B. 5. Mose 9,10; 1. Samuel 17,47; Psalm 149,1; Joel 2,16; Micha 2,5.

106 Das griechische Wort für ›Aufseher‹ ist ›epískopos‹, woraus sich ein anderer späterer Amtsbegriff ableitete – der Bischof. Viele Übersetzungen geben es daher schon hier der Einfachheit halber so wieder.

107 Vgl. Psalm 9,13; Psalm 107,18, Weisheit Salomos 16,13, u.a.m.

108 Auch Johannes 20,23 ändert an dieser Begrenzung nichts. Später nimmt noch Paulus dieses auf Lebzeiten begrenzte Recht für sich in Anspruch (2. Korinther 2,15).

109 So schon O. Cullmann, Petrus. Jünger, Apostel, Märtyrer, Zürich ³1985, 234–235.

110 Vgl. auch oben Anm. 74.

111 Brief an die Gemeinde in Smyrna 8,2.

112 Zu den unterschiedlichen Messias-Gestalten, von denen in den Qumranschriftrollen gesprochen wird, siehe C.P. Thiede, The Dead Sea Scrolls and the Jewish Origins of Christianity, Oxford 2000, 192–204. Die aaronitische Abstammung der Maria erschließt sich daraus, dass sie eine enge Verwandte der Elisabeth war, der Mutter Johannes' des Täufers, die als Nachfahrin Aarons beschrieben wird (Lukas 1,5 mit Lukas 1,36); Joseph wird als Davidide in Lukas 3,23 mit 3,31 und Matthäus 1,6 mit 1,16 dargestellt.

113 Auch Paulus bezieht einige Jahre nach Petrus den Ausdruck »der Heilige Gottes« auf Jesus (Apostelgeschichte 13,34–37). Eine Zeit lang gab es in der Forschung die These, von der gelegentlich noch zu hören ist, der Sprachgebrauch des Johannes sei eine Abwertung des Petrus, denn seine griechische Formulierung »ho hagios tou theou« für »der Heilige Gottes« komme ansonsten im Sprachgebrauch der Evangelien nur auf den Lippen von Dämonen vor (Markus 1,24; Lukas 4,34). Da Johannes keine Dämonen kenne, werde ihre übernatürliche Aussage über den göttlichen Ursprung Jesu von ihm auf Petrus übertragen (so A.H. Maynard, ›Peter in the Fourth Gospel‹, in: New Testament Studies 30 [1984], 534–543). Die Auffassung, Johannes halte nicht viel von Petrus und relativiere alle Anerkennung, die er vor allem von Matthäus und Lukas erfährt, ist uns schon früher begegnet, ohne sich am Text als

auch nur ansatzweise richtig zu erweisen. So auch bei diesem Versuch; da bei Lukas die Formulierung »*ho hagious (huios) theou*«, bereits auf Jesus bezogen, in der Verkündigungsgeschichte von einem Engel ausgesprochen wird (1,35) und in der johanneischen Literatur selbst von Jesus als »*ho hagios*« gesprochen wird (1. Johannes 2,20), haben wir es nicht mit Dämonenäußerungen zu tun. Daneben steht natürlich die sicher noch wichtigere Feststellung, dass die Dämonen bei Markus und Lukas ja nicht aus sich selbst heraus sprechen, sondern eine ihnen gegebene richtige Erkenntnis formulieren: Jesus, der Heilige Gottes, setzt ihrer Herrschaft ein Ende. Es ist, mit anderen Worten, eine durchaus göttliche Erkenntnis. Und nicht anders kommentiert Jesus die Äußerung des Petrus in Matthäus 16,17: »Nicht Fleisch und Blut haben dir das offenbart, sondern mein Vater im Himmel.«

Für »der Heilige (Gottes)« gebrauchen das griechische Alte und das Neue Testament zwei verschiedene Begriffe: »*ho hagios* ...« (Richter 13,7; 16,17; Psalm 106,16 und Johannes 6,69; 1. Johannes 2,20; 1. Petrus 1,15–16; Apostelgeschichte 3,14). In Psalm 16,10 und Apostelgeschichte 2,27; 13,35 wird dagegen »*ho hosios* ...« verwendet. Neutestamentlicher Sprachgebrauch, auch im Mund der gleichen Personen, zeigt allerdings, dass es sich um Synonyme handelt. In seiner Pfingstrede zitiert Petrus Psalm 16,10 und sagt, ohne den Wortlaut zu verändern, »*ho hagios*«, während seiner späteren Rede in der Halle Salomos benutzt er dann gleichsam in fließendem Übergang »*ho hosios*« (Apostelgeschichte 3,14). In 1. Petrus 1,15–16 schreibt er »*ho hagios*«. Nach üblichem Sprachgebrauch kann »der Heilige« durch die Synonyme »Gottes« (Richter 13,7; 16,17; Johannes 6,69; Lukas 1,35 u.a.m.) oder »des Herrn« (Psalm 106,16) ergänzt werden.

114   Bei der historisch wahrscheinlichsten Datierung des Markus in die Mitte der vierziger Jahre waren aus der Gruppe der Anwesenden mit Sicherheit Judas Iskariot und der Johannes-Bruder Jakobus tot. Nimmt man das traditionelle Markus-Datum »um 70 n.Chr.« und dazu das noch übliche für Matthäus und Lukas »in den achtziger Jahren«, lebte auch Petrus nicht mehr. Man kann sich schwerlich vorstellen, dass bei Markus, stärker noch bei Matthäus und Lukas mit ihrer engen Petrus-Beziehung, eine Ankündigung Jesu überliefert wird, von der Petrus ausgeschlossen gewesen wäre. (Johannes 21,22 hat damit nichts zu tun, wie wir noch sehen werden, zumal schon sprachlich klar ist, dass bei Johannes eine hypothetische Frage gestellt wird, ohne Versprechen der Erfüllung, während bei Markus und Matthäus eine feste Verheißung steht, die zur Bekräftigung noch mit dem »Amen«, der Wahrhaftigkeitsformel, eingeleitet ist.)

115 Markus und Lukas sagen »nach sechs Tagen«, Lukas schreibt »etwa acht Tage danach«. Die ersten beiden sprechen vom 7. Tag bzw. nach jüdischer Zählung vom Ende des 6. Tages, an dem mit Einbruch der Dunkelheit der 7. beginnt; so wie sie eine Woche Zwischenraum kennzeichnen, tut das auch Lukas, der von etwa acht Tagen = eine Woche so spricht, wie wir das auch gelegentlich noch tun, wenn wir von acht Tagen reden (siehe auch Johannes 20,26).

116 Lukas schwächt das offenbar bewusst ein wenig ab – ohne es allerdings unkenntlich zu machen, indem er pauschaler vom Ablauf einer Woche spricht. Um Johannes etwas näher an Petrus zu rücken (wie auch in 9,18 und Apostelgeschichte 1,13), verändert er auch die Reihenfolge der drei Begleiter Jesu und lässt Johannes auf Petrus folgen.

117 Josua 19,22; Richter 4,6–12; 8,18; Jeremia 46,18; Hosea 5,1.

118 Lukas benutzt das Verb »*metamorphoô*« wohl wegen dieser Anklänge ganz bewusst nicht, sondern schreibt nur, dass sich das Aussehen des Gesichts Jesu veränderte. Der Widmungsträger des Lukas-Evangeliums war ein hochrangiger römischer Beamter, »Seine Exzellenz« (so die Anrede im Widmungsprolog!), Theophilus, der wie viele andere Leser in diesem Umfeld unnötig auf falsche mythologische Spuren gebracht worden wäre. Markus und Matthäus verzichteten auf diese Rücksichtnahme. Um welche Art der Verwandlung es sich handelte – eben gerade nicht vom Typ des Ovid oder anderer Göttererzählungen – erklären auch sie, indem sie schlicht berichten, was sich abspielte.

119 Das letzte Buch des Neuen Testaments greift das, explizit auf Christus bezogen, wieder auf (Offenbarung 1,14).

120 Matthäus und Lukas schreiben nicht »Rabbi«, sondern »Herr« bzw. »Meister«. Die Unterschiede wiegen nicht schwer. Immerhin ist Markus der einzige, der den jüdischen Ausdruck für den jüdischen Lehrer benutzt, das Wort also, das Petrus in dieser Situation benutzt haben dürfte.

121 Der griechiche Text sagt nicht, dass sie eingeschlafen waren und wieder aufwachten: »*diagrêgoreô*« heißt gelegentlich »wieder ganz wach werden« – wie aus dem Halbschlaf –, meist aber »(trotz Müdigkeit) wach bleiben«. So bedeutet die Aussage des Lukas eigentlich: Petrus und seine Begleiter waren so müde, dass sie fast einschliefen, aber gerade noch wach bleibend sahen sie seinen glorreichen Glanz und die beiden Männer, die bei ihm standen. Seine Satzkonstruktion ist ohnehin so aufgebaut, dass zwei gleichzeitige Ereignisse nacheinander berichtet werden: Erst die Erfahrung Jesu – sein Gebet, die Veränderung seines Aussehens, der Auftritt der zwei Männer. Dann die Perspektive des Petrus und der beiden anderen: Erst die Müdigkeit, dann

das volle Wachsein – und zwar genau zum Zeitpunkt des Auftretens von Mose und Elia.

122 Markus 9,6: »*ekphoboi gar* ...«. Hebräer 12,21: »*ekphobós emi* ...«. Markus 16,8: »*ephoboûnto gar*«. Der Moment der Furcht wird von den drei Evangelisten unterschiedlich bestimmt: Bei Lukas tritt er erst ein, als Jesus, Mose und Elia in der plötzlich auftretenden Wolke verschwinden (9,34). Bei Matthäus kommt er noch später, als Gott zu ihnen spricht (17,6).

123 Markus 1,11; Matthäus 3,17; Lukas 3,22. Es ist nicht klar, welche der Jünger bei der Taufe Jesu dabei waren. Mit größter Wahrscheinlichkeit mindestens zwei, Andreas, der aber auf dem Berg der Verklärung fehlte, und ein unbekannter (Johannes 1,40). Beide, wie auch Jesus selbst, werden den anderen davon natürlich erzählt haben.

124 »Auf den sollt ihr hören« ist im griechischen Mosetext die gleiche Formulierung wie in den Evangelien.

125 Die Frage nach der Auferstehung von den Toten beschäftigte die Jünger, dann erneut auch die Frage nach der Bedeutung des Elia. Ahnungslosigkeit ist nicht vorausgesetzt. Auch die Auferstehung von den Toten war spätestens seit Jesaja 26,19 und Hesekiel 37,1–14 ein vertrauter Gedanke. Was die Jünger wissen wollten, war Näheres über die zeitliche Nähe, die Jesus allem Anschein nach meinte, und die persönliche Beziehung zu ihm selbst. In beiden Fällen wird Petrus nicht als Sprechender genannt.

126 Origines, ›Homilia in Librum Jesu Nave‹ 7,1. Die umfangreichste jüngere Studie zur Entstehung des 2. Petrusbriefs hat sich dieses Zitats als Titel bedient: P.H.R. van Houwelingen, De tweede trompet. De authenticiteit van de tweede brief van Petrus, Kampen 1988.

127 Hier zitiert in der Fassung der revidierten Elberfelder Bibel. Diese Übersetzung schreibt mehrdeutig »Abschied«, also nicht missverständlich übergenau, wie fast alle anderen, »Tod« oder »Hinscheiden«. Denn das griechische Wort, das hier steht, ist schillernd. »*Exodos*« hat zwei Bedeutungen, Tod und Weggang. Die zweite Bedeutung ist die häufigere, und im biblischen Sprachgebrauch auch die älteste. Der Titel des zweiten Buches der Bibel, 2. Mose, ist »Exodos«, bzw. latinisiert »Exodus«, und kein Mensch würde auf den Gedanken kommen, dass da vom Tod oder Hinscheiden der Israeliten die Rede ist. Es geht um ihren Weggang, ihren Auszug aus Ägypten. Genau in diesem Sinn gebraucht auch eine neutestamentliche Schrift das Wort, Hebräer 11,22. Daneben kommt das Wort nur zweimal im Neuen Testament vor: in unserer Stelle 2. Petrus 1,15 – und im Lukas-Evangelium 9,31, genau dort, wo Mose und Elia auf dem hohen Berg mit Jesus über seinen

»Exodos« sprechen, der sich in Jerusalem erfüllen würde (9,31). Auch hier ist nicht im krassen Sinn der Tod gemeint, sondern der Auszug, der Abschied aus der einen Seinsphase, der irdisch-messianischen, in die andere, die des erhöhten Christus zur Rechten Gottes. Aber anders als im 2. Buch Mose (oder Psalm 104,38 usw.) ist der leibliche Tod bei Lukas zweifellos mitgedacht. So bleibt die Frage, woran Petrus dachte, als er 1. Petrus 1,15 schrieb – an den mosaischen Sprachgebrauch oder an die Doppeldeutigkeit des Begriffs, wie er auf Jesus passte? Diese Doppeldeutigkeit gibt es auch in der zwischentestamentlichen Literatur, zum Beispiel in der ›Weisheit Salomos‹ 3,2 oder beim jüdischen Philosophen Philo von Alexandria, ›De Virtutibus‹ 77, mit Bezug auf Moses. Eines ist sicher: Den ersten, griechisch schreibenden jüdischchristlichen Autoren stand eine eindeutige Alternative zur Verfügung, das Wort »*thánatos*« = Tod. Es wird laufend im Neuen Testament gebraucht, zum Beispiel im Hebräerbrief (2,9; 11,5) und bei Lukas (2,26), die beide auch das Wort »*éxodos*« kennen. Petrus scheint diese Doppeldeutigkeit im Sinne des Sprachgebrauchs, wie wir ihn bei Lukas und dem um 50 n. Chr. gestorbenen Philo finden, bewusst zu benutzen, denn in 1,13–14 spricht er, inzwischen über sechzig Jahre alt, von der natürlichen Vorahnung des Todes. Sicher ist allerdings keineswegs, dass er nicht noch einmal eine Reise plante, wie sie zum Beispiel auch Paulus gegen Ende seines Lebens von Rom aus an die westlichen Enden des Reiches vorhatte. Er hält sich mit seinem Wortgebrauch die Optionen offen und sagt nur eines mit aller Deutlichkeit: Ein Aufbruch steht ihm bevor, und insofern gilt es, Abschied zu nehmen. Philologisch ist klar: Wer eindeutig nur den physischen Tod meinte, der schrieb nicht »*éxodos*«, sondern »*thánatos*«. Noch Irenäus bestätigt diese Differenzierung. In seiner Notiz über die Entstehung der Evangelien (›Gegen die Häresien‹ 3,1,1; vgl. Euseb, ›Kirchengeschichte‹ 5,8,3) berichtet er, Markus habe sein Evangelium nach dem »éxodos« des Petrus und Paulus geschrieben. Für alle, die hier »Tod« verstanden, war das der Freibrief für eine Datierung des Evangeliums nach 67 n. Chr. Eine Computeranalyse aller erhaltenen Schriften des Irenäus bewies jedoch, dass er stets »thánatos« schrieb, wenn er »Tod« meinte (E.E. Ellis, ›Entstehungszeit und Herkunft des Markus-Evangeliums‹, in: B. Mayer [Hrsg.], Christen und Christliches in Qumran, Regensburg 1992, 195–212, hier 199–200). Da er hier das Wort »éxodos« benutzt, spricht er folglich vom Weggang, der Abreise, nicht vom Tod. Dazu und zur Nennung des Paulus in diesem Zusammenhang siehe C.P. Thiede, Ein Fisch für den römischen Kaiser. Juden, Griechen, Römer: Die Welt des Jesus Christus, München 1998, 281–283, 370–371.

128 Eine nicht sofort umfassende Verbreitung setzt zum Beispiel auch Klemens von Alexandria in seinen beiden Äußerungen zur Verbreitung des Markus-Evangeliums voraus, die von Euseb zitiert werden (›Kirchengeschichte‹ 6,14,7 über die erste Phase und 2,15,2 über die zweite; siehe auch unten S. 233–235).

129 Die Kritik an Mythen – als Gegensatz zum historisch Bezeugten – ist charakteristisch für Petrus und Paulus. Es war für Altphilologen und Althistoriker schon immer ein zwiespältiges Vergnügen, die »Entmythologisierungs«-Bemühungen der Bultmann-Schule zu verfolgen; denn Entmythologisierung – unter wörtlicher Benutzung des griechischen Begriffs »Mythos« – findet bereits auf den Seiten des Neuen Testaments statt (1. Timotheus 1,4; 4,7; 2. Timotheus 4,4; Titus 1,14; 2. Petrus 1,16). Diese Autoren wussten sehr genau zwischen historischem Handeln Gottes und faktischem Geschehen auf der einen Seite und Göttermythen auf der anderen zu unterscheiden. Ähnliches galt in ihrem Umfeld: Der jüdische Zeitgenosse Philo von Alexandria übt Mythen-Kritik ebenso wie später Plutarch und vor ihnen allen bereits Platon (›Timaeus‹ 26e), in der Ablehnung erfundener Geschichten über göttliche Handlungen oder Eingriffe in das Weltgeschehen.

130 Im gleichen Sinn auch emphatisch im 1. Johannesbrief 1,1–3 und zusammenfassend bei Paulus, 1. Korinther 15,5–8.

131 So auch in 2. Makkabäer 3,39 und 7,35 sowie 3. Makkabäer 2,21. Griechisch schreibende Juden kannten es also aus ihrem eigenen Umfeld. Die enge Beziehung zwischen dem 1. und dem 2. Petrusbrief zeigt sich auch daran, dass das verwandte Verb, »epopteúô«, nur zweimal im Neuen Testament vorkommt, und zwar beide Male im 1. Petrusbrief (2,12; 3,2).

132 W. Dittenberger, Sylloge Inscriptionum Graecorum, 4 Bde., Leipzig ³1915–1924, Bd. 3, 1052 f.

133 Das Attribut »*majestätisch/groß* = *mégas*« wird auf Jesus angewandt in einem weiteren neutestamentlichen Brief, der sich mit Mythenmachern kritisch auseinandersetzt, im Titusbrief (2,13).

134 So schon in der Begrüßungsformel, in der er sich hebräisiert als »Symeôn Petros« vorstellt, während es im von Silvanus mitverfassten 1. Brief schlicht nur »Pétros« hieß (1. Petrus 1,1; 5,12). Apokryphes jüdisches Schrifttum, das zu dieser Zeit viel gelesen wurde, spricht ähnlich von Gott – zum Beispiel das Henoch-Buch, das auch im Judasbrief 14–16 zitiert und einmal sogar von Jesus vorausgesetzt wird (Matthäus 22,30 mit Henoch 15,6–7). In Henoch 14,20 wird Gott so beschrieben wie in 2. Petrus 1,17. Andere Beispiele finden sich im ›Testament des Levi‹ 3,4 usw.

135 »*Doxa*«, das griechische Wort für Herrlichkeit, erscheint in 1,17 erst als Attribut Jesu, das er von Gott empfing, dann als Attribut Gottes selbst, hier verbunden mit einem Synonym für »*mégas*« = groß/majestätisch, das hier wiederum nur Petrus im Neuen Testament benutzt, »*megaloprepês*«.

136 »*houtós estin ho huiós mou ho agapêtós, en hô eudókêsa*« / »*ho huiós mou ho agapêtós mou houtós estin,eis hon egô eudókêsa*«. Einige Handschriften des 2. Petrusbriefs versuchen Anpassungen an den Wortlaut entweder des Matthäus oder des Markus. Die Unabhängigkeit des 2. Petrusbriefs ist auch gegenüber Markus und Lukas festzustellen, in der Wortstellung und in einem Textdetail: Bei Markus steht nicht »meines Wohlgefallens«. Die Abweichungen des Lukas von den beiden anderen Evangelisten wurden bereits oben beschrieben. 2. Petrus 1,16–18 verzichtet auf die Erwähnung der Wolke und der geplanten Hütten, er nennt auch nicht die Namen von Mose, Elia, Jakobus und Johannes. Sein Punkt ist allein die Augenzeugenschaft der nicht mythischen, sondern tatsächlichen Offenbarung Gottes in Jesus, durch Gottes eigenes Wort. Und da lässt er alle Begleitumstände aus.

137 Zum Beispiel in der Kriegsrolle 1QM 11,6–7, in der Damaskusschrift CD 7,18–20 und in 4Q Testimonia (4Q175) 13–14.

138 ›Acta Petri‹ 20, zitiert nach W. Schneemelcher (Hrsg.), Neutestamentliche Apokryphen, II. Band, Tübingen ⁵1989, 275. Die Bibelzitate entstammen Jesaja 53,4 und Johannes 10,38.

139 Erst für das künftige Himmelreich ist denen, die jetzt weinen, zugesagt, dass sie lachen werden (Feldpredigt Jesu, Lukas 6,21).

140 Vgl. 2. Mose 30,11–16; 2 Chronik 24,4–11.

141 J.D.M. Derrett, Law in the New Testament, London 1970, 250–251.

142 Josephus, »Jüdischer Krieg« 7,218. Diese zeitlich genau bestimmbare Maßnahme ist in der Forschung einer der wichtigsten Hinweise auf eine Datierung des Matthäus-Evangeliums auf die Zeit vor 70 n.Chr. Eine solche Erzählung, in der es ausdrücklich um die Tempelsteuer geht und darum, mit ihrer wie auch immer begründeten Verweigerung keinen Anstoß zu erregen, wäre bei einer Niederschrift oder freien ›Erfindung‹ nach 70, als der Tempel nicht mehr stand und die Tempel-Steuer nicht mehr eingenommen wurde, für Juden und Judenchristen gleichermaßen unsinnig wie unverständlich gewesen. Dass Matthäus sie bringt, muss einen konkreten Platz in einem Zeitraum haben, als Juden und Judenchristen noch nicht fragten, wie sie sich zu einem Tempel stellen sollten, den es nicht mehr gab. Und Matthäus spielt noch nicht einmal zaghaft darauf an, dass der Tempel nicht mehr stehen könnte. Die Mischna betont das ihrerseits: Im Traktat ›Schekel‹

8,8 heißt es, die Gesetze, die den Tempel betreffen, »gelten nur, solange der Tempel steht«. Vgl. ausführlich J.A.T. Robinson, Wann entstand das Neue Testament?, Paderborn/Wuppertal 1986, 111–116, hier v.a. 114–115. Zur Notwendigkeit, Matthäus vor 70 n.Chr. zu datieren, in diesem Zusammenhang auch R.H. Gundry, Matthew. A Commentary on His Handbook for a Mixed Church under Persecution, Grand Rapids ²1994, 357; dort auch weitere Argumente.

143 Vgl. auch Psalm 76,13; 102,16; 138,4.

144 So der Bericht des dänischen Reisenden Arne Falk-Rønne, Auf Petrus' Spuren. Mit Kamera und Wanderstock durch das Land der Bibel, Frankfurt/Berlin/Wien 1980, 51.

145 Siehe Josephus, ›Jüdische Altertümer‹ 3,194–195.

146 Vgl. C.P. Thiede, Ein Fisch für den römischen Kaiser. Juden, Griechen, Römer: Die Welt des Jesus Christus, München 1998, 83–84.

147 Ausführlicher dazu C.P. Thiede, Ein Fisch für den römischen Kaiser, wie oben Anm. 146, 136–139.

148 H.L. Strack / P. Billerbeck, Kommentar zum Neuen Testament aus Talmud und Midrasch, München ⁵1969, I, 795–797.

149 Gr. »héôs heptákis«.

150 Zu den Zahlen siehe die Erörterung in W. Reinhardt, ›The Population Size of Jerusalem and the Numerical Growth of the Jerusalem Church‹, in: R. Bauckham (Hrsg.), The Book of Acts in Its Palestinian Setting, Grand Rapids/Carlisle 1995, 237–265, hier v.a. 259–263.

151 Vgl. auch Maleachi 2,2; 1 27,29; 4. Mose 23,8; 24,9; Richter 5,23; Hiob 24,18; Nehemia 10,29; 13,2; 13,25.

152 Tacitus, ›Historiae‹ 5,8,1; 5,12,1; Fragment 2.

153 Tacitus, ›Annalen‹, 15,44,4; 1. Klemensbrief 5, 2–4. Dazu auch unten, S. 271–273.

154 Man hat das immer wieder nicht auf die Zerstörung des Tempels bezogen, sondern auf den Plan Caligulas, eine Statue, die ihn göttergleich zeigt, im Tempel aufstellen zu lassen. Da das Vorhaben spätestens am 24. Januar 41 n.Chr. durch die Ermordung Caligulas scheiterte, wurde daraus und aus anderen Indizien gefolgert, dass das Markus-Evangelium präzise im Jahr 40 veröffentlicht wurde. Der bedeutendste neuere Vertreter dieser Auffassung war der Altphilologe Günther Zuntz (G. Zuntz, ›Wann wurde das Evangelium Marci geschrieben?‹, in: H. Cancic [Hrsg.], Markus-Philologie, Tübingen 1984, 47–71; ders., ›Ein Heide las das Markusevangelium‹, in: a.a.O., 205–222, hier 220–221).

155 Diese Voraussage ist einer der Hinweise darauf, dass die Evangelien, die sie enthalten, vor der Flucht nach Pella entstanden sein müssen. Weder flohen die Judenchristen aus Jerusalem oder gar »die Bewohner Ju-

däas« (Matthäus 24,16) in die Berge (Pella liegt in einer Senke, und auch wenn man über Berge dorthin gelangt, sind die Urchristen nicht in die Berge geflohen, sondern in eine Stadt), noch flohen sie durch die Städte Israels, wie die bei Matthäus schon zu einem früheren Zeitpunkt ausgesprochene Warnung lautet (10,23): Pella liegt in Transjordanien, gehört also nicht zu den Stätten Israels. Aus der Situation heraus flohen die Christen, aber sie flohen anders, als es die prophetische Warnung ihnen aufgetragen hatte. Ein ›Ungehorsam‹, den für Matthäus bereits Theodor Zahn richtig kommentierte:»Matthäus würde Vers 23 schwerlich geschrieben haben, wenn die Flucht der Christen (nach Pella) bereits stattgefunden hätte, als er schrieb. Unser Evangelium ist vor 66 geschrieben.« (Th. Zahn, Das Evangelium des Matthäus, Leipzig/Erlangen 1903, ⁴1922, Nachdruck Wuppertal/Zürich 1984, 407)

156 Dazu ausführlich C.P. Thiede, ›A Pagan Reader of 2 Peter: Cosmic Conflagration in 2 Peter 3 and the *Octavius* of Minucius Felix‹, in: Journal for the Study of the New Testament 26 (1986), 79–96.

157 Johannes 13,23–30. Zur traditionellen Identifizierung des Lieblingsjüngers mit Johannes, dem Sohn des Zebedäus, siehe zum Beispiel Th. Zahn, Das Evangelium des Johannes, Leipzig-Erlangen ⁶1921, repr. Wuppertal 1983, 546–548. Alternativen wurden immer wieder erörtert (zum Beispiel jüngst Andreas K. Berger, Im Anfang war Johannes. Datierung und Theologie des vierten Evangeliums, Stuttgart 1997. Vgl. insgesamt M. Hengel, Die Johanneische Frage. Ein Lösungsversuch mit einem Beitrag zur Apokalypse von Jörg Frey, Tübingen 1993).

158 Vgl. u.a. B. Pixner, Wege des Messias und Stätten der Urkirche, Gießen ³1996, 219–221. Die neuerdings gern vertretene These, dass die Essener gar nicht zölibatär lebten, scheitert vor allem für Jerusalem und Qumran an der Auswertung der Quellen und der jüngsten archäologischen Funde. Siehe dazu C.P. Thiede, The Dead Sea Scrolls and the Jewish Origins of Christianity, Oxford 2000.

159 Es bleibt denkbar, dass Johannes auch der namentlich ungenannte Jünger ist, der Petrus den Zugang zum Hof des hohenpriesterlichen Palastes ermöglichte (Johannes 18,15–17). Diese Auffassung verbreitete sich seit ca. 190 n.Chr., als Polykrates von Ephesus in einem Brief an Papst Victor erwähnt, dass»Johannes, der an der Brust des Herrn lernte«, ein»Priester war, der das Stirnband trug, ein Märtyrer und Lehrer, der in Ephesus schläft« (Euseb, ›Kirchengeschichte‹ 3,31,2–4). Was Polykrates, der zu diesem Zeitpunkt Bischof der Todes- und Begräbnisstadt des Johannes war, damit behauptet: Der Zebedaide Johannes, identisch mit dem Lieblingsjünger, sei ein aaronitischer Priester gewesen, der wie Aaron selbst (3 Mose 8,9) das priesterliche Band besaß –

Polykrates benutzt das gleiche Wort, »*pétalon*«, das auch im griechischen Text von 3 Mose steht. Es war Teil der vorgeschriebenen priesterlichen Kleidung (vgl. 2 Mose 28,32; 29,6). Diese Aussagen über Johannes können eine ephesische Lokaltradition gewesen sein. Sie könnten aber auch mit Angaben im Neuen Testament in Verbindung gebracht werden: Markus 15,40 und Matthäus 27,56 deuten zusammengenommen an, dass die Mutter des Johannes Salome hieß. Salome wiederum war die Schwester Marias, der Mutter Jesu (vgl. Johannes 19,25 mit Markus 15,40). Maria ihrerseits war eine enge Verwandte der Elisabeth (Lukas 1,36). Und von ihr heißt es ausdrücklich, dass sie eine Nachfahrin des Aaron war (Lukas 1,5). So ließe sich eine Beziehung zwischen Johannes und dem Erbpriestertum herstellen. In Johannes 18,15, beim Gang in den Hof des hohenpriesterlichen Palastes, wird ganz wörtlich eine Bekanntschaft mit dem Hohenpriester selbst vorausgesetzt. Theodor Zahn machte einen anderen Vorschlag: Der ›Lieblingsjünger‹ kann nicht gemeint sein, denn er wird, wenn er auftaucht, in diesem Evangelium immer als Lieblingsjünger identifiziert. Da im Johannes-Evangelium alle anderen Jünger mit einer Ausnahme bei ihrem Auftreten namentlich genannt werden, bleibt nur die eine Ausnahme übrig: Jakobus, der Bruder des Johannes. (Das Evangelium des Johannes, Erlangen [6]1921, Nachdruck Wuppertal 1983, 626–627, 655–659.) Sollte Zahn Recht haben, bliebe die Sache dennoch in der Familie – unter Brüdern, sozusagen.

160 »*tithêmi*«; Johannes 10,11; 10,15; 10,17–18,

161 1 Petrus 2,13–15; 2,18–21; 3,1–8; 3,4–9; 5,5–6.

162 »Iskariot« bezeichnet die Herkunft. Hebräisch »Isch Kerijot« (= der Mann aus Kerijot) kann sich auf den Ort in Moab beziehen, der in Jeremia 48,24 und Amos 2,2 erwähnt wird, oder, falls Kerijot-Hezron gemeint sein sollte, auf den Ort rund 20 Kilometer südlich von Hebron, den Josua 15,25 nennt. Jedenfalls ist dieser Judas der einzige Jünger, der – soweit wir wissen – nicht aus Galiläa stammte.

163 Markus präzisiert: Die dreifache Verleugnung wird geschehen, ehe der Hahn *zweimal* kräht (14,30). Das bestätigt den Eintritt des Ereignisses vor Ende der Nacht, wie es später auch der römische Satiriker Juvenal als umgangssprachliche Redewendung notiert: »Denn noch wird, was jener beim zweiten Hahnenschrei tut, noch vor Tagesanbruch der Wirt in der Nachbarschaft wissen …« (›Satiren‹ 9,107–109).

164 Die anderen, die beim Kreuz oder wenigstens in Hör- und Sichtweite standen, gehörten nicht dem engeren Jüngerkreis an: Jesu Mutter Maria sowie »seiner Mutter Schwester, Maria, die Frau des Klopas, und Maria von Magdala« (Johannes 19,25), dazu »Maria, die Mutter Jako-

bus' des Kleinen und des Joses, und Salome« (Markus 15,40), ferner »die Mutter der Zebedäus-Söhne« (Matthäus 27,56). Später kam noch Joseph von Arimathäa dazu (Lukas 23,50–52; Johannes 18,38). Alle anderen schauten aus sicherer Entfernung zu, vielleicht von der Stadtmauer, sehend, ohne selbst gesehen zu werden (Lukas 23,49).

165 Es gibt allerdings die These, dass einer der heute noch stehenden Bäume aus dem Wurzelstock eines der abgeschlagenen Olivenbäume aus der Zeit vor 70 n. Chr. gewachsen sei (G. Kroll, Auf den Spuren Jesu, Leipzig/Stuttgart ¹¹1990, 327).

166 Vgl. A. Büchler, ›Learning and Teaching in the Open Air in Palestine‹, in: Jewish Quarterly Review 4 (1913/1914), 485–491; S. Krauss, ›Outdoor Teaching in Talmudic Times‹, in: Journal of Jewish Studies 1 (1948/1949), 82–84.

167 Vgl. D. B. Thompson / R. E. Griswold, Garden Lore in Ancient Athens, Princeton 1963, 6–7. Andere Philosophen und Schüler, die mit Gärten in Verbindung gebracht werden, sind Epikur, oder auch im hainähnlichen ›Lyceum‹ Sokrates und Aristoteles.

168 Markus 13,34; vgl. 1. Petrus 5,8.

169 Mischna Joma 1,4.

170 Dass beide wussten, wer der Mann mit dem Schwert war, ergibt sich aus ihrem Sprachgebrauch. »Heis de tis« (Markus 14,47) und »heis tis« (Lukas 22,50) heißt soviel wie »ein bestimmter«, also einer, von dem wir wissen, den wir aber nicht nennen wollen. Dieser Gebrauch der Formulierung ist schon aus der klassischen griechischen Literatur bekannt; vgl. Sophokles, ›Oedipus‹ 118. Matthäus hält sich hier eng an Markus. Für diesen und für Lukas lag es nahe, den Namen nicht zu erwähnen: Beide schrieben für eine römische Leserschaft – Markus mitten in der Hauptstadt, noch zu Lebzeiten des Petrus, und Lukas widmete sein Werk einem hochrangigen Römer, der Exzellenz Theophilus. Da wäre es wenig ratsam gewesen, den Mann beim Namen zu nennen, der Widerstand gegen die Staatsgewalt leistete – umso weniger, als eben dieser Mann zur Zeit der Abfassung beider Evangelien als Säule der römischen Gemeinde bekannt geworden war. Lukas verfährt später noch einmal so umsichtig: Er verzichtet in seinem zweiten Buch, das ebenfalls Theophilus gewidmet ist, auf die Bekanntgabe des Ortes, an den Petrus aus dem Jerusalemer Gefängnis ging (Apostelgeschichte 12,17). Der »andere Ort« wird erst durch die Verbindung verschiedener Indizien als Rom identifizierbar (siehe unten S. 222–230).

171 ›Jüdische Altertümer‹ 13,366 (siehe auch oben Anm. 50).

172 Zu den Versuchen, diesen Jünger zu identifizieren, siehe oben Anm. 159.

173 Johannes 18,17. Der Eindruck, bei Johannes würde die erste Frage und Verleugnung schon an der Tür stattfinden, täuscht. Der zeitliche Ablauf von 18,17–18 setzt voraus, dass sich alle bereits am Feuer befinden.

174 Einige wichtige Handschriften des Markus-Evangeliums lassen diesen Schluss von 14,68 aus. Literarisch ist er typischer, effektvoll-knapper Markus-Stil:»Und der Hahn krähte« – das ist schon alles. Manche Übersetzungen lassen das dennoch weg; nur nützt es nichts, denn in Vers 72 wird ausdrücklich gesagt»Gleich darauf krähte der Hahn zum zweiten Mal«, und das setzt ein erstes Krähen voraus.

175 Vgl. Markus 13,35 mit der griechischen Zeitbestimmung und die Papyri P37 und P45 zu Matthäus 26,34. Ausführlich dazu C.P. Thiede, Ein Fisch für den römischen Kaiser. Juden, Griechen, Römer: Die Welt des Jesus Christus, München 1998, 103–104.

178 Siehe insbesondere die Studie des britischen Archäologen Martin Biddle, Das Grab Christi, Gießen/Basel 1998, 65–80.

179 Siehe C.P Thiede / M. d'Ancona, The Quest for the True Cross, London 2000, 78–79.

180 Vgl. auch Apostelgeschichte 10,39; 1. Petrus 2,24. Der auffällige Gebrauch des Wortes»Holz« für das Kreuz in diesen Petrus-Stellen ist für einen bibelfesten Juden nicht ungewöhnlich. Es geht auf 5. Mose 21,22–23 zurück und ist auch in der Tempelrolle von Qumran belegt (11Q 64,6–13); siehe auch T. Elgvin, ›The Messiah Who was Cursed on a Tree‹, in: Themelios 22/3 (1997), 14–21.

181 Diese Aussage erwähnt keine Frauen; das hat allerdings nichts mit der angeblichen Frauenfeindlichkeit des Paulus zu tun, sondern nur damit, dass er den Korinthern ein auch juristisch hieb- und stichfestes Zeugenmaterial vorlegen will. Und nach antiker, auch jüdischer Vorstellung hatte das Zeugnis von Frauen keinen Wert. Die Evangelien, die nicht juristisch, sondern historisch berichten, riskieren es dagegen, wahrheitsgemäß die Frauen an die erste Stelle zu setzen. Und die frühe Kirche löste das Problem, indem sie an der Mehrfachbezeugung durch Männer festhielt: Dadurch, dass vier Männer – die vier Evangelisten – von dem Erlebnis der Frauen berichteten, war der Bedingung Genüge getan, dass etwas als glaubwürdig gilt, das aus (mindestens) zweier oder dreier Männer Mund bestätigt ist. Siehe dazu ausführlicher C.P. Thiede, Ein Fisch für den römischen Kaiser. Juden, Griechen, Römer: Die Welt des Jesus Christus, München 1998, 298–299.

182 Zum echten Markus-Schluss mit 16,8 siehe auch C.P. Thiede, wie in Anm. 181, 59–60.

183 Siehe dazu unten S. 231 mit Anm. 280.

184 Die Zahl 153 ist immer wieder auch symbolisch und zoologisch ver-

standen worden. Nach Augustinus zum Beispiel verbirgt sich dahinter ein Hinweis auf die Trinität. Siehe dazu ausführlich C.P. Thiede, Bibelcode und Bibelwort. Die Suche nach verschlüsselten Botschaften in der Heiligen Schrift, Basel 1998, 74–81.

185 Zu »Sohn des Johannes / Jona« siehe ausführlich oben S. 23–24.

186 So versteht es auch die älteste lateinische Übersetzung der Stelle. Für »*agapáô*« gebraucht sie »*diligo*«, für »*philéô*« aber »*amo*«. Ähnlich nuanciert könnte man die unterschiedlichen Wörter deuten, die Jesus für das »Weiden« benutzt. Bei der ersten und dritten Frage gebraucht Jesus das Wort »*bóskô*«, mit dem das Weiden meist im erweiterten Sinn von Füttern und mit Ernährung versorgen gemeint ist. Bei der zweiten Frage benutzt er »*poimaínô*«, das eher das Hüten der Herde impliziert, das Aufpassen auf die Tiere. So gebraucht Petrus das Wort auch selbst in seinem ersten Brief (1. Petrus 5,2).

187 In der ›Gemeinderegel‹ und vor allem in der ›Damaskusschrift‹, dort zum Beispiel CD 13, 9–10.

188 ›Scorpiace‹, 15.

189 E.M. Blaiklock, The Acts of the Apostles, London/Grand Rapids 1959, 89.

190 Vgl. M. Hengel, Zur urchristlichen Geschichtsschreibung, Stuttgart [2]1984, 37.

191 H. Botermann, Das Judenedikt des Kaisers Claudius. Römischer Staat und *Christiani* im 1. Jahrhundert, Stuttgart 1996, 34.

192 Zur Datierung vor 62 n. Chr. im Umfeld der Datierung aller vier Evangelien vgl. u.a. J.A.T. Robinson, Wann entstand das Neue Testament?, Paderborn/Wuppertal 1986; J. Wenham, Redating Matthew, Mark and Luke. A Fresh Assault in the Synoptic Problem, London 1991; H. Riesenfeld, ›Neues Licht auf die Entstehung der Evangelien. Handschriften vom Toten Meer und andere Indizien‹, in: B. Mayer (Hrsg.), Christen und Christliches in Qumran?, Regensburg 1992, 177–194; Vgl. auch C.P. Thiede, Ein Fisch für den römischen Kaiser. Juden, Griechen, Römer: Die Welt des Jesus Christus, 248–264, hier für das Evangelium auch gegen den beliebten Versuch, Lukas fälschlich die Erfindung der Prophezeiung Jesu über die Zerstörung Jerusalems unterzujubeln. Die Analyse zeigt, dass Lukas noch nichts von der Zerstörung wissen konnte, als er schrieb. Siehe allgemein auch H.-J. Schulz, Die apostolische Herkunft der Evangelien, Freiburg/Basel/Wien [3]1997; Ph.E. Hughes, The Second Epistle to the Corinthians, Grand Rapids [2]1986, 312–136, und J. Wenham, Redating (s.o.) 230–238, gehören zu den neueren Autoren, die sich mit der These befassen, 2. Korinther 8,18 beziehe sich bereits auf das Lukas-Evangelium.

193 Zum Grundsätzlichen auch A.D. Baum, Lukas als Historiker der letzten Jesusreise, Wuppertal/Zürich 1993, v. a. 39–154.

194 So wird es z. B. in Lukas 22,10–11 und Markus 14,13–14 vorausgesetzt. Siehe dazu u. a. R. Riesner, Jesus als Lehrer, Tübingen ³1988, 467–471.

195 Der editorische Rahmen dieses Buches setzt übliche antike Gepflogenheiten voraus. Es ist einer Person gewidmet, dem hochrangigen Theophilus. Daraus folgt zwangsläufig, dass es auch von Anfang an einen Verfassernamen hatte, denn anonym gewidmete Schriften konnte es nicht geben. Dass der Name nicht *im Text* selbst steht, liegt auf der Hand. Dort steht er so gut wie nie in literarischen Werken seit der Antike bis heute. Damals war der Autorenname auf einem Leder- oder Pergamentstreifen notiert, dem »Syttibos« or »Syllibos«, der außen am Griff angebracht war, damit man die Rolle nicht öffnen musste, um die erwünschte Information zu erhalten (die gleiche Funktion erfüllt heute der Buchrücken – man muss ein Buch nicht aus dem Regal nehmen und öffnen, um zu wissen, wer worüber schreibt). Als im frühen Christentum, noch vor Ende des 1. Jahrhunderts, der Kodex – also in Form und Aussehen der Vorläufer des heutigen Buches – an die Stelle der Schriftrolle trat, wanderten die bibliographischen Angaben vom Leder- oder Pergamentreifen in die Überschriftzeile, und da stehen sie auch heute noch in allen erhaltenen Handschriften, den griechischen Editionen und den Übersetzungen. Folglich haben wir in dieser frühesten Phase, noch zur Zeit der Schriftrolle, auch den ursprünglichen Titel anzusetzen. »Taten von Aposteln«, wörtlich gr. »*Praxeis Apostolôn*«, geht auf den Verfasser Lukas selbst zurück. Dass hier die Taten aller Apostel in aller Ausführlichkeit behandelt werden, behauptet der Titel natürlich nicht. Siehe ausführlich M. Hengel, Die Evangelienüberschriften, Heidelberg 1984; vgl. C.P. Thiede / M. d'Ancona, Der Jesus-Papyrus, München 1996, 30–32.

196 Vgl. u. a. den Qumrantext 4Q521. Siehe ausführlich, auch zu den verschiedenen Messiasvorstellungen und ihrer gebündelten Erfüllung in der einen Person Jesus und seinem Stammbaum, C.P. Thiede, The Dead Sea Scrolls and the Jewish Origins of Christianity, Oxford 2000. Zu den Essenern als identifizierte Priestergruppe in Apostelgeschichte 6,7 siehe u. a. auch B. Pixner, Wege des Messias und Stätten der Urkirche, Gießen/Basel ³1996, 333–334, 386–387, mit weiterführender Literatur.

197 Man wird erinnert an den Satz, der vor einiger Zeit in einer britischen Diskussion über das heutige Einwanderungsproblem fiel. Könnte es nicht sein, fragte jemand, dass Gott in seiner Großzügigkeit alle die Menschen aus fremden Ländern zu uns geschickt hat, damit wir nicht

zu ihnen gehen müssen und ihnen stattdessen den christlichen Glauben hier bei uns vermitteln können?

198 Lukas betont ausdrücklich, dass die Gemeindemitglieder sich während der Verfolgung »in die Länder Judäa und Samarias zerstreuten«, aber betont ebenso ausdrücklich, dass die Apostel von dieser Vertreibung und Flucht nicht betroffen waren (Apostelgeschichte 8,1).

199 Vgl. C.P. Thiede, The Dead Sea Scrolls and the Jewish Origins of Christianity, Oxford 2000, 218–219; B. Pixner, Wege des Messias und Stätten der Urkirchen, Gießen/Basel ³1996, 219–222, siehe auch oben S. 119–120.

200 Da keiner der Jünger Augenzeuge des Selbstmords war und der Leichnam wohl erst spät von Dritten gefunden wurde, ist es wenig ergiebig, Harmonisierungen zu versuchen. Immerhin hat Augustinus in seiner Abhandlung ›Contra Felicem‹ (1,4) eine elegante Lösung versucht: Judas hängte sich auf (Matthäus 27,5), das Seil riss nach Eintritt des Todes, er fiel, stürzte auf das Gesicht, sein Körper riss auf, die Eingeweide traten hervor (Apostelgeschichte 1,18). Hieronymus schloss sich dieser Interpretation in seiner lateinischen Übersetzung der Bibel (später ›Vulgata‹ genannt) an. Ähnliche Deutungsversuche wurden dem Feld gewidmet, das von den Priestern gekauft wurde (Matthäus 27,7), mit Geld, das legal noch Judas gehörte, so dass es gleichsam in seinem Namen gekauft wurde (Apostelgeschichte 1,18); es war das auf diese Weise von den Priestern gekaufte Feld (Matthäus 27,8–10), auf dem Judas Selbstmord beging (Apostelgeschichte 1,18–19). So könnten beide Begründungen des Feldnamens erklärt werden.

201 Zur Rolle der Brüder und zur Authentizität der beiden Briefe siehe im Detail die maßgebliche Studie von R. Bauckham, Jude and the Relatives of Jesus in the Early Church, Edinburgh 1990.

202 Markus (16,1) erwähnt namentlich auch noch Salome; Johannes (20,1) nennt nur Maria aus Migdal/Magdala, lässt aber erkennen, dass auch er von mehreren Frauen weiß, denn sie spricht zu Petrus von mehreren Frauen am Grab (20,2).

203 »... wie uns das überliefert haben, die es von Anfang an selbst gesehen haben ...« (Lukas 1,2).

204 Euseb, ›Kirchengeschichte‹ 3,25,6.

205 Es gab etwa auch die Überlieferung, dass er schon zu den »Siebzig« gehörte, die von Jesus ausgesandt wurden (Lukas 10,1), siehe Euseb, ›Kirchengeschichte‹ 1,12,3, und dass er später einige asketische Lehren über das Wachstum der Seele mitbeeinflusst habe (›Kirchengeschichte‹ 3,29,4).

206 ›Heilige Lose‹ gibt es auch in 1. Samuel 14,41–42. Sogar die Torah kennt das Los als Entscheidungshilfe in 3. Mose 16,8.

207 Spätere Modifizierungen werden dadurch nicht ausgeschlossen. Auch Paulus durfte sich, unter veränderten Rahmenbedingungen, Apostel nennen, und die Bezeichnung ging in einer noch späteren Phase auch auf andere Gemeindeverantwortliche über (vgl. z.B. Römer 16,7). Einige christliche Kirchen, darunter namentlich die römisch-katholische und die anglikanische, bekennen noch heute die »apostolische Sukzession«, also die ununterbrochene Weitergabe der Autorität und des Amtes der Apostel (symbolisiert durch die Handauflegung) an die ordinierten Geistlichen.

208 Leipzig 1912; Nachdruck Darmstadt 1974.

209 ›Die Apostelgeschichte‹, Leipzig 1908, 110. Man kann sich den Zusammenhang auch mit einem Experiment klarmachen: Die Areopag-Rede des Paulus in Apostelgeschichte 17, 22–31 dauert je nach Vortragsgeschwindigkeit eine gute Minute. Dafür hätten sich die Athener Philosophen nicht versammelt, und für eine so begrenzte Redezeit wäre Paulus nicht vor ihnen aufgetreten. Auch Lukas macht seinen Lesern da nichts vor, und er rechnet damit, dass sie ebenso gut wie er selbst wissen: Es handelt sich um den authentischen Kern, gegebenenfalls darin sogar wörtlich, aber nicht um die ganze Rede.

210 E. Norden, Agnostos Theos, wie in Anm. 208, 9–10.

211 Wegweisend H. Riesenfeld, The Gospel Tradition and Its Beginnings, Berlin 1959; später vor allem B. Gerhardsson, Memory and Manuscript. Oral Tradition and Written Transmission in Rabbinic Judaism and Early Christianity, Lund/Kopenhagen ²1964, und R. Riesner, Jesus als Lehrer, Tübingen ³1988, hier 119–123, 371–379, 392–406, 440–471.

212 Es ist auch früher schon aufgefallen, dass die typische Art der Petrus-Reden mit seiner Behandlung ähnlicher Themen in seinen Briefen zusammenpasst (vgl. E.G. Selwyn, The First Epistle of Peter, London ²1947, 33–36). Zu den Reden bei Lukas im Vergleich mit Reden bei anderen antiken Autoren wie Thukydides und Josephus siehe u.a. auch die ›Klassiker‹, F.F. Bruce, The Speeches in the Acts of the Apostles, London 1944, und ders., ›The Speeches in Acts – Thirty Years After‹, in: R. Banks (Hrsg.), Reconciliation and Hope. Festschrift L. Morris, Grand Rapids 1974, 53–68; s.a. C. Hemer, Speeches and Miracles in Acts, in: ders., The Book of Acts in the Setting of Hellenistic History, Tübingen 1989, 415–443; C. Gempf, ›Public Speaking and Published Accounts‹, in: B.W. Winter / A.D. Clarke, The Book of Acts in Its Ancient Literary Setting (The Book of Acts in Its First Century Setting, Bd. 1), Grand Rapids / Carlisle 1993, 259–303 .

213 Talmud, ›*Megillah*‹ 7b.

214 Siehe das Rezept bei Cicero, ›De re rustica‹, 120.

215 Siehe sehr detailliert das Buch des ehemaligen Leiters des Instituts für Theoretische Astronomie in Wien, K. Ferrari d'Occhieppo, Der Stern von Bethlehem in astronomischer Sicht, Gießen/Basel ³1999, hier v. a. 149–153.

216 Zu dieser typisch jüdischen Sitte und den zahlreichen archäologischen Belegen in Jerusalem und Umgebung siehe ausführlicher C.P. Thiede, Ein Fisch für den römischen Kaiser. Juden, Griechen, Römer: Die Welt des Jesus Christus, München 1998, 141–147.

217 Vgl. 1. Korinther 9,21; Römer 2,12; und auch 2. Thessalonicher 2,8, wo das Wort »*anómos*« im Singular den Satan selbst bezeichnet.

218 In seinem ersten Brief verfährt Petrus zwei weitere Male nach dieser Methode: 1. Petrus 2,3 unter Benutzung von Psalm 34,8, und 1. Petrus 3,15 mit Bezug auf Jesaja 8,13. Zum Gebrauch vom »*kyrios*« als Anrede und Kaisertitel im Römischen Reich siehe C.P. Thiede, Ein Fisch für den römischen Kaiser. Juden, Griechen, Römer: Die Welt des Jesus Christus, München 1998, 206–213.

219 ›Altertümer‹ 18,116–119.

220 Vgl. Römer 10,9: »…wenn du mit deinem Mund bekennst ›Jesus ist der Herr‹ und in deinem Herzen glaubst, dass Gott ihn von den Toten auferweckt hat, so wirst du gerettet.« Die griechische Formulierung »epì tô onómati« in Apostelgeschichte 2,38 heißt so viel wie »mit Bezug auf den Namen«.

221 Der Unterschied zwischen der Handlungsanweisung und der eigentlichen Taufformel sollte nicht übersehen werden. In Apostelgeschichte 10,48 variiert Lukas die Anweisung leicht, indem er aus dem »*epi*« ein etwas eleganteres »*en*« macht, möglicherweise um zu zeigen, dass er zwischen der Petrus-Rede (2,38) und seiner Darstellung in eigener Formulierung (10,48) zu trennen vermag. In der Taufformel Jesu heisst es dagegen »*eis to ónoma*«. Das »*eis*« ist die eigentliche Beschreibung dessen, *worauf* die Täuflinge getauft werden sollen, eben auf die Namen des Vaters, des Sohns und des heiligen Geistes.

222 W. Reinhardt, ›The Population Size of Jerusalen and Numerical Growth of the Jerusalem Church‹, in: R. Bauckham (Hrsg.), The Book of Acts in Its Palestinian Setting (The Book of Acts in Its First Century Setting, Bd. 4), Grand Rapids/Carlisle 1995, 237–265.

223 Vgl. u.a. die ›Gemenderegel‹ aus Qumran, 1QS 6. Siehe detailliert C.P. Thiede, The Dead Sea Scrolls and the Jewish Origins of Christianity, Oxford 2000.

224 Zur Debatte über diese Ergänzung und ihre Datierung siehe u.a. F.

Manns, John and Jamnia. How the Break Occurred Between Jews and Christians, Jerusalem 1988, 15–30; C.P. Thiede / M. d'Ancona, Der Jesus-Papyrus, München 1996, 80–82.

225 Die »Schöne Pforte« ist als Eigenname außerhalb der Apostelgeschichte nicht notiert, es handelte sich offenbar um einen Namen, den dieses Tor aufgrund seiner künstlerischen Ausgestaltung im Volksmund trug. Eine genaue Beschreibung und der offizielle Name, »Nikanor-Tor«, wird von Josephus überliefert (›Jüdische Altertümer‹ 5,201 u.a.m.).

226 Vgl. im zeitgenössischen Judentum auch Philo von Alexandria, ›In Flaccum‹ 7, u.a.m.

227 Vgl. auch weitere Ausführungen des Petrus in 1. Petrus 1,10–12; 2,21, usw.

228 Hippokrates, ›Über die Brüche‹ 25.

229 Siehe auch Lukas 20,27–40 und Josephus, ›Jüdische Altertümer‹, 18,1.

230 Zur Bedeutung der Fähigkeit, auch längere und schwierige Texte auswendig zu lernen, siehe neuerdings A.D. Baum, ›Experimentalpsychologische Erwägungen zur synoptischen Frage‹, in: Biblische Zeitschrift, NF 44/1 (2000), 37–55, hier v.a. 43–48. Zum Grundsätzlichen vgl. R. Riesner, Jesus als Lehrer, Tübingen ³1988, 153–199.

231 Vgl. im Wortgebrauch des Petrus auch 1. Petrus 2,16!

232 Als »Sklaven des Herrn (*kyrios*) Christus« bezeichnen sich nach dem Vorbild der Apostel und vor allem des Petrus auch andere. Vor allem fallen da die beiden Brüder Jesu auf, die mit Briefen im Neuen Testament vertreten sind, Jakobus und Judas. Wir wissen bereits, dass sie zum Zeitpunkt der gerade von Lukas beschriebenen Ereinisse zum erweiterten Kreis um die zwölf Apostel gehörten, beim Gebet also wohl anwesend waren. Da ist zuerst die Grußformel in Jakobus 1,1 und Judas 1. Im Judasbrief kommt noch etwas hinzu, die ungewöhnliche Verbindung beider Titel für Jesus als Gott. In seiner Kritik an den Irrlehrern schreibt er: »Gottlose sind sie, missbrauchen die Gnade unseres Gottes für ihre Ausschweifung und verleugnen unseren alleinigen Herrscher (»*despótês*«) und Herrn (»*kyrios*«) Jesus Christus« (Judas 4). Später schließt sich auch Paulus dem Gebrauch der »Knechtsformel« an, z.B. in Römer 1,1; Philipper 1,1; 1. Korinther 7,22; Galater 1,10; Epheser 6,6.

233 F.M. Blaiklock, Professor für klassische Philologie in Auckland, sah gerade in diesen Abschnitten des 1. Petrusbriefes und der Apostelgeschichte Schlüsselstellen: »Eine Untersuchung der Gedanken und des Vokabulars des Petrus in den Äußerungen, die in der Apostelgeschichte und in seiner eigenen Schrift mitgeteilt werden, demonstriert

höchst überzeugend ihre Einheit.« (E.M. Blaiklock, The Acts of the Apostles. An Historical Commentary, London 1959, 67.)

234 Vgl. Horst, P.W. van der, ›Peter's Shadow‹. The Religio-Historical Background of Acts 5:15‹, in: New Testament Studies 23 (1977), 204–212.

235 Mischna ›Sôtâ‹ 9,15. Mit »Trennung« ist hier die Summe aller pharisäischen Tugenden gemeint. Das Wort »*prischût*«, Trennung oder Abtrennung, ist der Ursprung von »*pruschim*«, woraus die griechisch-deutsche Form »Pharisäer« (Plural) abgeleitet ist.

236 Zum Holz als Synonym für das Kreuz bei Petrus siehe oben S. 142 und allgemein zur hebräischen »Holz/Kreuz«-Terminologie Th. Elgvin, ›The Messiah Who Was Cursed on the Tree‹, in: Themelios 22/3 (1997), 14–21.

237 ›Jüdische Altertümer‹ 20, 200–203.

238 Mischna ›Awot‹ 4,14.

239 Vgl. die so genannten ›Clementinischen Recognitionen‹ 1,65.

240 2. Korinther 11,24. Im Gesetz der Torah waren eigentlich maximal 40 Hiebe festgelegt worden (5. Mose 25,3), in der Praxis setzten sich aber die 39 durch, da das Versehen eines Überschreitens vermieden werden sollte. Vgl. die sehr detaillierte Beschreibung in der Mischna ›Makkôt‹ 3,10–14.

241 Zum göttlichen Mann, dem »*theîos anêr*« oder »*theîos ánthropos*«, siehe die unverzichtbare Studie von D. S. du Toit, THEIOS ANTHROPOS. Zur Verwendung des Begriffs und sinnverwandter Ausdrücke in der Literatur der Kaiserzeit, Tübingen 1997, hier v.a. 5–38.

242 Ein noch immer unterhaltsamer Versuch, allen Spuren dieses Simon nachzugehen, findet sich bei G. R. S. Mead, Simon Magus. An Essay on the Founder of Simonianism Based on the Ancient Sources with a Re-Evaluation of His Philosophy and Teachings, London 1892, repr. Chicago 1985. Siehe auch unten S. 254–255.

243 Die anderen Stellen sind 1. Korinther 1,12; 3,22; 9,5; 15,5; Galater 2,9; 2,11; 2,14. Die eine Ausnahme ist Galater 2,7.

244 Auch in der jüdischen Geschichte gab es bekannte Träger dieses Namens, den Sohn des Idumenäers Antipater (Josephus, ›Jüdische Altertümer‹ 14,248), und jenen Äneas, der zu Aretas wurde, dem König von Petra (›Altertümer‹ 16,294).

245 Möglicherweise hat Lukas sowohl im Evangelium als auch in der Apostelgeschichte bewusst auf Wortgleichheit verzichtet, um nicht den – gleichwohl unsinnigen – Gedanken aufkommen zu lassen, er hätte das gleiche Ereignis einfach von Jesus auf Petrus transponiert. Anhand des Markus-Textes sind vereinzelte Interpreten tatsächlich

auf diesen Gedanken verfallen, denn Markus gibt den Text in der Heilung der Tochter des Jairus aramäisch wieder, und da klingt »Mädchen« ähnlich wie der Eigenname Tabitha: »*Talita kum*« – Mädchen, steh auf! (Markus 5,40).

246 Vgl. C.P. Thiede, Ein Fisch für den römischen Kaiser. Juden, Griechen, Römer: Die Welt des Jesus Christus, München 1998, 183–186. Auch später war es vor allem in Rom nicht selten, dass man sich für das Judentum interessierte.

247 Lukas gebraucht den Ausdruck auch in Apostelgeschichte 10,22; 13,16 und 13,26. An anderen Stellen benutzt er das Synonym »*seboménoi ton thón*« (16,14; 18,7), oder kurz »*seboménoi*« (13,50; 17,4; 17,17). Josephus verwendet den Ausdruck »*seboménoi ton theón*« für Gottesfürchtige, die zum Tempelbau beigetragen hatten (›Jüdische Altertümer‹ 14,110). Die griechischen Begriffe geben die rabbinische Formulierung »*jir'e schamajim*« wieder.

248 Detailliertere Nachweise in C.P. Thiede, Artikel ›Kornelius‹, in: Das Große Bibellexikon, Band 2, Wuppertal/Gießen/Zürich ²1990, 822–823.

249 Josephus berichtet z.B. von einer Kavallerieschwadron mit Männern aus Caesarea und Sebaste: ›Jüdische Altertümer‹ 19,365. Im gleichen Zusammenhang erwähnt Josephus fünf Kohorten. Man hat gelegentlich bezweifelt, dass römische Kohorten in Judäa oder Galiläa stationiert waren, aber die Einschränkungen gelten erst für die Zeit nach Herodes Agrippa I (ab 41 n.Chr.), also einige Zeit nach dem Ereignis um Cornelius in Caesarea.

250 ›Kandake‹ ist kein Eigenname, sondern ein Titel, und zwar meist der Königin-Mutter. Es ist nicht ganz klar, wie die Verhältnisse am äthiopisch-nubischen Hof zu dieser Zeit waren, aber es ist durchaus möglich, dass der Neubekehrte nicht Finanzminister des ganzen Staates, sondern der Finanzverwalter der – gleichwohl sehr einflussreichen – Königinmutter war.

251 Zum »*theios anêr*« siehe oben Anm. 241 und die dort angegebene Literatur (D. Du Toit); vgl. zum allgemeinen Umgang mit solchen Menschen auch L. Bieler, Theios Anêr. Das Bild des ›göttlichen Menschen‹ in Spätantike und Frühchristentum, Darmstadt 1967.

252 Vgl. auch Apostelgeschichte 26,23; Römer 15,10–11.

253 Zur antiken Stenographie, der ›Tachygraphie‹, siehe – mit weiterführender Literatur – C.P. Thiede / M. d'Ancona, Der Jesus-Papyrus, München 1996, 197–203.

254 Umfassend dazu u.a. K. Haacker, ›Die Stellung des Stephanus in der Geschichte des Urchristentums‹, in: W. Haase / H. Temporini (Hrsg.),

Anmerkungen

Aufstieg und Niedergang der römischen Welt, II, 26.2, Berlin/New York 1995, 1515–1553; s. a. C.P. Thiede, Ein Fisch für den römischen Kaiser. Juden, Griechen, Römer: Die Welt des Jesus Christus, München 1998, 167–172.

255 Zu den Dürrekatastrophen und Hungersnöten vor allem unter Kaiser Claudius, also zu der Zeitspanne, die hier gerade beginnt, siehe den römischen Biographen und Historiker Sueton, ›Claudius‹ 18,2; vgl. Cassius Dio, ›Geschichte‹ 60,11, vor allem für die Anfangszeit. Siehe für die Zustände in Judäa auch Josephus, ›Jüdische Altertümer‹ 20,51–53.

256 Dieses Detail in Vers 12,10 wird in einer der für den Text der Apostelgeschichte genauesten Handschriften mitgeteilt, im Codex Bezae Cantabrigiensis (Codex D).

257 Dass es wundersame Befreiungen aus Gefängnissen auch früher schon gegeben hatte, im Alten Testament und in außerbiblischer Literatur, ist kein Gegenargument. Es muss immer der Einzelfall geprüft werden. Ein Geschichtswerk, wie es die Apostelgeschichte zweifelsfrei nicht nur nach eigenem Anspruch ist, wird nicht dadurch weniger Geschichtswerk, dass es sich punktuell im Erzählduktus bekannten und beliebten Modellen annähert, um gegebenenfalls Assoziationen zu wecken. (Vgl. Apostelgeschichte 5,19–21; 16,25–26; Euripides, ›Bacchae‹ 443–450; 586–602; Ovid, ›Metamorphosen‹ 3,696–700; s. a. R. Reitzenstein, Die hellenistischen Wundererzählungen, Leipzig 1906, 120–122). Jeder aufmerksame Leser der vergleichbaren Texte bemerkt ohnehin schnell die entscheidenden Unterschiede: Während Lukas von historischen Personen berichtet – Herodes Agrippa I., der Zebedaide Johannes, Simon Petrus –, erzählen die anderen von mythologischen Gestalten, und während Lukas hervorhebt, dass konkrete Personen handeln, unter ihnen ein Bote Gottes, der in Gottes Auftrag Außergewöhnliches bewirkt, sind bei Euripides (die ›Bakchen‹) und bei Ovid (Akoetes) die betroffenen Gestalten selbst mit wundersamen Kräften ausgestattet.

258 Woher zahlreiche Kommentare zur Apostelgeschichte die Interpretation nehmen, dass Agrippa die Wachen hinrichten ließ, ist rätselhaft. Davon steht auch andeutungsweise nichts im Text. Er lässt die Wachen einfach nur abführen. Im Grunde genommen hätte er es, nach diesem Text, auch bei einer bloßen Ermahnung belassen können.

259 »Da sprachen sie: ›Es ist sein Bote‹.« (12,15). Wieder hat der griechische Text »*ángelos*«; mitunter wird die Stelle daher so aufgefasst, dass hier der Engel des Petrus in seiner Gestalt erscheint (vgl. zu möglichen Voraussetzungen für diese Auffassung Matthäus 18,10; Hebräer 1,14; 5. Mose 3,28; 6,22; Tobit 5,4–16). Aber weder Rhode noch einer der anderen hat jemanden gesehen; sie haben nur die Stimme gehört. Die

vernünftigste Erklärung bleibt daher,»*ángelos*« als Boten des Petrus
aufzufassen.

260 Zur Begründung der Chronologie ausführlich R. Riesner, Die Frühzeit des Apostels Paulus. Studien zur Chronologie, Missionsstrategie
und Theologie, Tübingen 1994, 52–65; 285–296.

261 Erst Johannes, der als einziger auch den Namen des Petrus und den
des hohepriesterlichen Dieners nennt (Malchus), erwähnt noch einmal
das Detail des rechten Ohres (Johannes 18,10). Erinnern wir uns, dass
das Evangelium und seine Fortsetzung, die Apostelgeschichte, keine
Privatliteratur waren. Nach antikem Brauch hatte der Widmungsempfänger, der natürlich vorher gefragt worden war, ob er sich das Buch
widmen lassen wollte, die Aufgabe, die Vervielfältigung zu fördern
und es auf eigene Kosten verbreiten zu lassen (vgl. E. Haenchen, Die
Apostelgeschichte, Göttingen [16]1977, 143, Anm. 4; M. Hengel, Die
Evangelienüberschriften, Heidelberg 1984, 31–32). Lukas und Theophilus hatten also ein gesteigertes, gemeinsames Interesse daran,
unnötig anti-staatliche Verhaltensweisen im Vagen zu lassen. Im übrigen wissen wir, dass die Vorgehensweise des Lukas, wie er sie erstmals
in seinem Evangelium praktizierte, zur Zufriedenheit des Theophilus
funktionierte – denn andernfalls hätte er sich nicht auch noch Teil 2,
eben die Apostelgeschichte, widmen lassen.

262 Vgl. zu diesem Kontext auch O. Cullmann, Petrus. Jünger-Apostel-
Märtyrer, Zürich [3]1970, 93–97.

263 Weiteres ausführliches Material, auch zur ausdrücklichen Gleichsetzung von Babylon mit Rom im rabbinischen Schrifttum und zu inner-
biblischen Belegen: E.G. Selwyn, The First Epistle of Peter, London
[2]1947, 243; 303–305; vgl. auch L. Goppelt, Der erste Petrusbrief, Göttingen [8]1978, 350–354. Beispiele für die Gleichsetzung von Babylon
mit Rom im nichtchristlichen jüdischen Schrifttum sind v.a. die Ba-
ruch-Apokalypse 11,1 und, möglicherweise mit jüdisch-christlichem
Einfluss, die Sibyllinischen Orakel 5,143.

264 Besonders ausführlich dargelegt bei K. Berger, Theologiegeschichte
des Urchristentums, Tübingen/Basel 1994, 568–571 (68 n.Chr. bis
spätestens 69 n.Chr.). Vgl. auch J.A.T. Robinson, Redating the New
Testament, London 1976, 221–223: 68–70 n.Chr; C.P. Thiede, Bibelcode und Bibelwort. Die Suche nach verschlüsselten Botschaften in
der Heiligen Schrift, Basel 1998, 86–87: später als 65 n.Chr. und früher
als der Tod Neros am 9. Juni 68 n.Chr.

265 Eindrucksvoll beschrieben von Tacitus, ›Annalen‹ 16,18–19.

266 ›Satyrica 55‹:»Luxuriae ructu Martis marcent moenia / Tuo palato
clausus pavo pascitur / Plumato amictus aureo Babylonico«.

267 Zur Bedeutung Petrons für die Rezeption des auf Petrus zurückgehenden Markus-Evangeliums siehe jetzt auch I. Ramelli, ›Petronio e i Cristiani. Allusioni al vangelo di Marco nel Satyricon?‹, in: Aevum 70 (1996), 75–80. Vgl. C.P. Thiede, Ein Fisch für den römischen Kaiser. Juden, Griechen, Römer: Die Welt des Jesus Christus, München 1998, 110–121.

268 Zur Benutzung der ›Septuaginta‹-Fassung Hesekiels vor allem durch Lukas und besonders in der Apostelgeschichte siehe M. R. Strom, ›An Old Testament Background to Acts 12:20–23‹, in: New Testament Studies 32 (1986), 289–292.

269 Es sind im Neuen Testament rund 195 Verweise auf Hesekiel und sieben wörtliche Zitate nachgewiesen.

270 Zum Rombild der römischen und anderer Juden in dieser Zeit siehe v. a. J. Juster, Les Juifs dans l'Empire romain, Paris 1914, I, 208–210. Petrus konnte in Rom mit einer Zahl von 50 000 bis 60 000 Juden rechnen. Zur Entschlüsselung von Apostelgeschichte 12,17 mit Hilfe von Hesekiel 12,1–13 siehe erstmals E. Seydl, ›Alttestamentliche Parallele zu Apg 12,17‹, in: Der Katholik 79 (1899), 481–483; dann auch J.E. Belser, Einleitung in das Neue Testament, Freiburg 1901, 197–198; ders., Die Apostelgeschichte, Wien 1905, 156; S. Lyonnet, ›De ministerio romano S. Petri ante adventum S. Pauli‹, in: Verbum Domini 33 (1955), 143–154, hier 145; C.P. Thiede, ›Babylon, der andere Ort: Anmerkungen zu 1. Petr 5,13 und Apg 12,17‹, in: ders. (Hrsg.), Das Petrusbild in der neueren Forschung, Wuppertal 1987, 221–229.

271 Zu damaligen Reisegeschwindigkeiten siehe ausführlich C.P. Thiede, Ein Fisch für den römischen Kaiser. Juden, Griechen, Römer: Die Welt des Jesus Christus, München 1998, 180–189.

272 Zur Datierung siehe unten S. 267–268.

273 Lukas mit Paulus in Rom: Apostelgeschichte 28,16. Als Lukas eintraf, war Petrus bereits zum zweiten Mal in der Stadt, ab 59 n.Chr.: siehe unten S. 249–251.

274 Siehe die Papias-Zitate bei Euseb, ›Kirchengeschichte‹ 2,14,6 und v.a. 2,15,2. Zur Identität des Presbyters Johannes vgl. M. Hengel, Die johanneische Frage. Ein Lösungsversuch, Tübingen 1993, und A.D. Baum, ›Papias und der Presbyter Johannes. Martin Hengel und die johanneische Frage‹, in: Jahrbuch für evangelikale Theologie 9 (1995), 21–42. Hengel verzichtet letztlich auf eine sichere Entscheidung, während Baum den Presbyter Johannes mit dem Verfasser der johanneischen Schriften des Neuen Testaments und dem ›Lieblingsjünger‹ des Johannes-Evangeliums identifiziert. Zu Papias äußert sich ähnlich wie Baum auch R.H. Gundry, Matthew. A Commentary on

His Handbook for a Mixed Church under Persecution, Grand Rapids
²1994, 611–616.

275 ›Kirchengeschichte‹, wie oben; ebenso Eusebs Chronik, die ›Chroni-
corum Libri Duo‹: siehe die Edition von A. Schoene, Band II, Berlin
1866, 152–157. Vgl. auch den ›Catalogus Liberianus‹ aus der Mitte des
4. Jahrhunderts, und das im 6. Jahrhundert veröffentlichte, auf die älteren Quellen zurückgreifende ›Liber Pontificalis‹. Zur problemati-
schen, aber nicht hoffnungslosen Quellenlage im ›Catalogus‹ und im
›Liber‹ siehe A. v. Harnack, Die Mission und Ausbreitung des Christentums in den ersten drei Jahrhunderten, Leipzig ⁴1924, 832–836.

276 ›De viris illustribus‹ (Über berühmte Männer), 8. Hieronymus war
von ca. 382 bis ca. 384 Sekretär des Papstes Damasus. Er hatte daher
freien Zugang zu allen Archiven und Quellen. Es gehört zweifellos zu
den für alle Historiker besonders unerquicklichen Folgen der Erobe-
rungen, Zerstörungen und natürlichen Verlusten, dass für uns heute
aus dieser Zeit so wenig erhalten blieb. Doch das ist kein spezifisches
Problem der frühchristlichen Geschichte; es gilt in gleichem Maße für
die säkulare römische Welt. Wer also allein dem Christentum eine un-
günstig geringe Quellenlage für diese Epoche vorwirft, argumentiert
unaufrichtig. Weiteres Belegmaterial über die frühchristlichen Quellen
umfassend bei G. Edmundson, The Church in Rome in the First Century, London 1913, 47–86.

277 Die Reihenfolge der Landschaften übernimmt Hieronymus aus der
Adressatenliste des 1. Petrusbriefes. Sie gibt eine kreisförmige Route
wieder – Pontus, der erste Landstrich, und Bithynien, der letzte, sind
unmittelbar benachbart und bildeten damals eine Provinz; Bithynien
liegt westlich von Pontus. Alle anderen Gegenden wurden also erreicht, wenn man kreisförmig vom ersten zum letzten dieser Bereiche
reiste. Weder Petrus noch Hieronymus wollen notwendigerweise sagen, dass Petrus tatsächlich genau so reiste. Es wäre von Antiochia aus
gesehen auch unmöglich gewesen, da sich Pontus im hohen Norden
Kleinasiens befindet. Eher ist an eine bildhafte Abfolge zu denken: Indem Petrus alle diese Gegenden aufsuchte, »vollendete« er gleichsam
die Mission Kleinasiens.

278 Zitiert bei Euseb, ›Kirchengeschichte‹ 2,25.

279 Klemens von Alexandria, ›Stromata‹ 7,63,3; Euseb, ›Kirchengeschichte‹ 3,30,2.

280 Es hat immer wieder exegetische Versuche gegeben, den Satz des Paulus in 1. Korinter 9,5 anders zu interpretieren, und sogar eine neuere
deutsche Übersetzung, die katholisch-evangelische ›Einheitsübersetzung‹, ist darauf eingegangen. Aus dem Satz »Haben wir nicht auch das

Recht, eine (Glaubens-)Schwester als Ehefrau mit uns zu führen wie die anderen Apostel und die Brüder des Herrn und Kephas?«, wird dort: »Haben wir nicht das Recht, eine gläubige Frau mitzunehmen …«, und diese Übertragung scheint nicht den Status der Ehefrau nahezulegen, sondern schlicht die Gesellschaft eines weiblichen Wesens in der apostolischen Männergesellschaft. Der Oxforder Neutestamentler und Benediktiner Henry Wansbrough, Übersetzer und Herausgeber der englischen »New Jerusalem Bible«, verzichtet auf die oft auch konfessionell geprägten Deutungsunterschiede und gibt die denkbaren Varianten so wieder: »…und jedes Recht, von einer christlichen Ehefrau (›wife‹) begleitet zu werden…« / »…von einer Ehefrau (›wife‹), die eine Gläubige ist« [The New Jerusalem Bible, S. 1901]. Paulus selbst ist zum Zeitpunkt seiner Bemerkung im 1. Korintherbrief offensichtlich unverheiratet; es hat aber aufgrund von 1. Korinther 7,8 auch die Auffassung gegeben, dass er ein Witwer war, der sich für ein zölibatäres Leben entschieden hatte. Vgl. insgesamt H. Kruse, ›Eheverzicht im Neuen Testament und in der Frühkirche‹, in: Forum für katholische Theologie 1 (1985), 94–116; S. Heid, Zölibat in der frühen Kirche, Paderborn 1997.

281 ›Adversus haereses‹ 3,1,1. Meist wird hier übersetzt und interpretiert, Irenäus habe von der ›Gründung‹ der römischen Gemeinde durch die beiden Apostel geschrieben. Irenäus wusste selbstverständlich, dass es nicht so war, und er behauptet es auch nicht. Das griechische Wort, das er verwendet, »themelióô«, heißt einerseits »den Grundstein für etwas legen« (selten, z.B. in Hebräer 1,10), andererseits aber vor allem »stabilisieren«, »auf festen Grund stellen«, und so gebrauchen es auffälligerweise auch Petrus (1. Petrus 5,10) und Paulus (Epheser 3,17; Kolosser 1,23). In Adv. Haer. 3,1,1 bringt Irenäus auch den ältesten erhaltenen, ausdrücklichen Hinweis darauf, dass das Markus-Evangelium mit dem ersten Aufenthalt des Petrus in Rom zu verbinden ist. Das setzt eine Anwesenheit des Markus mit Petrus in Rom voraus, schon beim ersten Aufenthalt, nicht erst beim zweiten, für den das durch die Abschiedsformel des 1. Petrusbriefes bezeugt ist. [Siehe zum ersten Markus-Aufenthalt gemeinsam mit Petrus u.a. R.H. Gundry, Mark. A Commentary on His Apology for the Cross, Grand Rapids 1993, 1026–1045; M. Sordi, ›7Q5 e la prima venuta di Pietro a Roma‹, in: Il Nuovo Areopago 13 (1994), 51–56.] Das richtige Verständnis der Irenäus-Stelle wurde lange dadurch erschwert, dass man seine Aussage falsch verstanden hatte, Markus habe sein Evangelium nach dem »éxodos«, dem »Tod« des Petrus (und Paulus), verfasst. Das würde zwar immer noch ein Datum kurz nach 67 n.Chr. ermöglichen, ist aber nicht, was Irenäus sagt.

Siehe dazu ausführlich oben Anm. 127. Paulus wird hier nach bewährter Weise in einem Atemzug mit Petrus genannt und hinter ihn gestellt; dass beide gleichzeitig weggingen, wird dagegen nicht behauptet. Um die denkbare Unklarheit zu beseitigen, streicht denn auch der ›Anti-Marcionitische Prolog‹ in seiner Aussage über die Evangelienentstehung wenige Jahre nach Irenäus den Namen des Paulus und spricht nur noch vom *»excessus«* allein des Petrus.

282   Zum Claudius-Edikt siehe ausführlich H. Botermann, Das Judenedikt des Kaisers Claudius. Römischer Staat und Christiani im 1. Jahrhundert, Stuttgart 1996.

283   Siehe dazu schon oben S. 17–18 und Anm. 3–4.

284   Zitiert bei Euseb, ›Kirchengeschichte‹ 3,39,15–16.

285   Notfalls könnte man darüber spekulieren, ob Petrus von Markus ins Lateinische übersetzt wurde. Die Hauptzielgruppe in Rom, die Juden, ›Gottesfürchtigen‹ und Judenchristen, waren allerdings auch in dieser mehrsprachigen Stadt von vornherein eher griechischsprachig. Die These, dass Markus nicht nur Latein beherrschte, sondern sogar sein ganzes Evangelium ursprünglich in lateinischer Sprache verfasste, wurde am ausgiebigsten vorgestellt von P.-L. Couchoud, ›L'Évangile de Marc, a-t-il été écrit en Latin?‹, in: Revue de l'Histoire des Religions 47 (1926), 161–192. Später, bei den beiden Briefen, sieht die Situation wieder ganz anders aus. So wie Paulus beispielsweise den Römerbrief weitgehend von einer anderen Person schreiben bzw. ausgestalten ließ, dem Tertius, der sogar in eigenem Namen grüßen durfte (Römer 16,22), benutzte Petrus auf jeden Fall für seinen ersten Brief einen weitgehend selbständig arbeitenden Sekretär, den Silvanus (1. Petrus 5,12). Das war eine allgemein in der Antike übliche Praxis, die nichts mit der sprachlichen Kompetenz oder Inkompetenz des eigentlichen Autors zu tun hat. Vgl. zur Gesamtsituation E.R. Richards, The Secretary in the Letters of Paul, Tübingen 1991. Vgl. oben Anm. 26.

286   ›Kommentar zum Matthäus-Evangelium‹; Zitat bei Euseb, ›Kirchengeschichte‹ 6,25,5.

287   ›Hypotyposen‹, zitiert in Euseb, ›Kirchengeschichte‹ 6,14,7.

288   Wieder bei Euseb, ›Kirchengeschichte‹ 2,15,2.

289   Für einen ausführlicheren Versuch, das Gesamtgeschehen zu rekonstruieren, siehe C.P. Thiede, Ein Fisch für den römischen Kaiser. Juden, Griechen, Römer: Die Welt des Jesus Christus, München 1998, 264–279.

290   Vgl. R.O.P. Taylor, The Groundwork of the Gospels, Oxford 1946, 21–30; F.F. Bruce, The Acts of the Apostles, Leicester ²1952, 225; C.P. Thiede, ›The Origin and Tradition of the Gospel of Mark in the Light

of Recent Investigations‹, in: Rendiconti. Istituto Lombardo / Accademia di scienze e lettere 126 (1992), Mailand 1994, 129–147, hier v. a. 145–146.

291 Es kommt dann bei anderer Gelegenheit noch zu einer Versöhnung; das können wir jedenfalls aus Philemon 24, Kolosser 4,10 und 2. Timotheus 4,11 entnehmen.

292 Die weit verbreitete Bezeichnung ›Apostelkonzil‹ greift im Grunde genommen zu kurz, denn es wird ausdrücklich betont, dass nicht nur alle Apostel zusammenkamen, sondern auch »die Ältesten«, griechisch »*presbyteroi*« (15,6; 15,22–23). Man kann Lukas auch so verstehen, dass um die Beratenden herum die ganze Jerusalemer Urgemeinde anwesend war und zum Schluss mit abstimmte (15,12; 15,22).

293 So berichtet es der judenchristliche Historiker Hegesipp um 160 n. Chr., zitiert bei Euseb, ›Kirchengeschichte‹ 2,23,6.

294 Vor allem die Anklänge an die ›Damaskusschrift‹, CD 7,16, und an das ›Florilegium‹ 4Qflor (4Q 174) 1,10–13, weisen in diese Richtung. Siehe grundsätzlich dazu C.P. Thiede, The Dead Sea Scrolls and the Jewish Origins of Christianity, Oxford 2000, hier v. a. 214–215.

295 Vgl. 3. Mose 18,6–18.

296 Über die Märtyrer von Lyon berichtet Euseb, ›Kirchengeschichte‹ 5,1,26. Tertullian äußert sich in seinem ›Apologeticum‹ 9,13.

297 Jakobus 1,25; 2,12. Zur Identität des Jerusalemer Sprechers und des Briefautors siehe u. a. P.H. Davids, The Epistle of James. A Commentary on the Greek Text, Exter 1982, 2–22; R. Bauckham, Jude and the Relatives of Jesus in the Early Church, Edinburgh 1990, 128–133; D. Guthrie, New Testament Introduction, Leicester [4]1990, 722–753.

298 Zu diesem Zeitpunkt bildeten Syrien und Zilizien eine Provinz, deren Hauptstadt Antiochia war. Der Brief führt also drei Teile einer verwaltungspolitischen Einheit auf.

299 Zum zeitlichen Ablauf siehe im einzelnen S. Dockx, ›Chronologie zum Leben des heiligen Petrus‹, in: C.P. Thiede (Hrsg.), Das Petrusbild in der neueren Forschung, Wuppertal 1987, 85–108, hier 96–99; vgl. allgemein auch R. Riesner, Die Frühzeit des Apostels Paulus. Studien zur Chronologie, Missionsstrategie und Theologie, Tübingen 1994.

300 Hier wie im folgenden ist vorausgesetzt, dass die Auseinandersetzung in Antiochia (49 n. Chr.) nach der Versammlung in Jerusalem (48 n. Chr.) stattfand und der Besuch des Paulus in Jerusalem, von dem er im Galaterbrief berichtet (2,1–10), das gleiche Ereignis meint. Den Galatern gegenüber, die ausdrücklich nicht zu den Empfängern des Jerusalemer Sendschreibens gehörten, geht er schon deswegen nicht darauf

ein, weil er ansonsten jenseits seines eigentlichen Themenbereichs viel zu weit hätte ausholen müssen, sondern beschränkt sich auf die vorbereitenden und begleitenden Gespräche, die er mit den Jerusalemer Säulen Jakobus, Petrus und Johannes geführt hatte. Vgl. schon A. v. Harnack, Die Mission und Ausbreitung des Christentums in den ersten drei Jahrhunderten, Leipzig ⁴1924, 66–70; G. Strecker, ›Die sogenannte zweite Jerusalemreise des Paulus‹, in: Zeitschrift für die neutestamentliche Wissenschaft 53 (1962), 67–77, hier v. a. 73.

301 A. v. Harnack, wie oben, 68.

302 In dieser Deutlichkeit formuliert es beispielsweise auch J.D.G. Dunn, Unity and Diversity in the New Testament, London 1977, 252–254.

303 S. Dockx, oben a. a.O., 99, denkt an einen Aufenthalt von bis zu sieben Jahren. Da uns vor dem zweiten Eintreffen in Rom, ca. 59 n.Chr., keine präzisen Informationen über weitere Reisen des Petrus vorliegen, ist das eine naheliegende Vermutung, für die sich Dockx im übrigen auch auf einen Abschnitt im allerdings späten ›Liber Pontificalis‹ beziehen kann.

304 ›Lukas-Homilie‹ 6; siehe Euseb, ›Kirchengeschichte‹ 3,36,2.

305 ›Über berühmte Männer‹ 1.

306 ›Gegen Marcion‹ 1,20.

307 ›De mortibus persecutorum‹ 2,30.

307 F. Babudri, ›Lo scisma d'Occidente e i sui riflessi sulla Chiesa di Brindisi‹, in: Archivo Storico Pugliese 8 (1955), 93; vgl. C. d'Angela, La ›Tradizione petrina‹ in Puglia, Bari 1977.

309 ›Annalen‹ 1,74; der Vorschlag stammt von G. Ficker, Die Petrusakten. Beiträge zu ihrem Verständnis, Leipzig 1903, 38–39.

310 Römer 16,5 erwähnt z. B. namentlich das Haus von Priska und Aquila, das als Versammlungsort dient: »*kat' oíkon autôn ekklêsían*«.

311 Vgl. Origenes, ›Kommentar zum Johannes-Evangelium‹ 6,54, zitiert bei Euseb, ›Kirchengeschichte‹ 4,23,11.

312 A. v. Harnack vermutete, dass hier im 3. Jahrhundert der Verwaltungssitz der römischen Gesamtkirche gewesen sein könnte: Die Mission und Ausbreitung des Christentums in den ersten drei Jahrhunderten, Leipzig ⁴1924, 838–840.

313 Ausführlicher, mit Bild und Skizzen und weiterer Literatur: C. P. Thiede, ›Rom, neutestamentliche Zeit (Archäologie)‹, in: Das Große Bibellexikon, Bd. 3, Wuppertal/Gießen/Zürich ²1990, 1298–1301.

314 Der Text im Apsismosaik aus dem späten 4. Jahrhundert bietet den Schlüssel; dort wird Christus dargestellt mit einem geöffneten Buch und der Titulatur »Dominus Conservator Ecclesiae Pudentiane«, »Der Herr (ist) der Bewahrer der pudentianischen Kirche«. Vgl. F. W.

Schlatter, ›The Text of the Mosaic of Santa Pudenziana‹, in: Vigiliae Christianae 43 (1989). Siehe auch B. Vanmaele: L'Église Pudentienne de Rome (Santa Pudenziana), Louvain 1965, und C.P. Thiede, Funde, Fakten, Fährtensuche. Spuren des frühen Christentums in Europa, Wuppertal/Zürich 1992, 144, 146–148, mit mehreren Abbildungen.

315 Erläuterungen und Abbildungen in C.P. Thiede, Funde, Fakten, Fährtensuche (wie oben), 144–146.

316 Vor allem Gerhard Kroll in seiner nach wie vor unverzichtbaren Monographie: Auf den Spuren Jesu, Stuttgart ¹¹1990, 362–363; vgl. C.P. Thiede, Funde, Fakten, Fährtensuche (wie oben), 147–149.

317 Siehe dazu umfassend T.V. Smith, Petrine Controversies in Early Christianity. Attitudes Towards Peter in Christian Writings in the First Two Centuries, Tübingen 1985.

318 ›Apologia‹ I, 26,1–3.

319 ›Kirchengeschichte‹ 2,14,6–15,1.

320 ›Apologia‹ I, 46. In seiner zweiten Apologie wendet sich Justin direkt an den Senat: Das Glaubenszeugnis der Märtyrer möge auch die Senatoren vom betrügerischen Charakter der Lehren Simons und seiner Anhänger überzeugen (II, 15). Kurz vor 180 n. Chr. greift Irenäus von Lyon den Faden auf und argumentiert in seiner Schrift ›Gegen die Häresien‹ (›Adversus Haereses‹) ausgiebig gegen Simon (1,23; 3, Einleitung). Hippolyt von Rom bietet wenig später, um 220 n. Chr., noch eine Variante des legendenumwobenen Simon-Materials: Er erzählt, wie Simon dazu aufgefordert habe, ihn zu begraben; er werde dann am dritten Tage wieder auferstehen. Doch im Grab, so schließt Hippolyt, liegt er noch heute (›Widerlegung aller Häresien‹ 6,20,2–3).

321 Properz, ›Elegien‹ 4,9,71–74.

322 Auch Tacitus verwechselt »Christiani« mit »Chrestiani« in seinem Bericht über die Christen (›Annalen‹ 15,4), und Sueton weiß nicht, wer Christus ist, den er nach gewohnter Vertauschung mit einer auch anderweitig bekannten Namensform »Chrestus« nennt (›Claudius‹ 25,4).

323 Wie oben. Euseb datiert diese Auseinandersetzung in die Zeit des Claudius (41–54 n. Chr.), also während des ersten Rombesuchs des Petrus. Die ›Acta Petri‹ erzählen von der Auseinandersetzung der beiden kurz vor dem Martyrium des Petrus, also während des zweiten Besuchs. Es ist möglich, dass der historische Roman, der auf einen separaten ersten Besuch nicht eingeht, sondern sich auf die letzten Lebensjahre des Petrus konzentriert, hier einfach etwas aus der ersten Phase herübergeholt hat, weil es zu schade gewesen wäre, darauf zu verzichten; es ist aber auch denkbar, dass Euseb zur Information über das Eintreffen des Simon in Rom unter Claudius, die Justin überlie-

fert, schon den erst späteren Konflikt mit Petrus hinzuzieht. Die Chronologie des Euseb scheint gleichwohl plausibler zu sein. Auch wenn es so sein sollte, ist es dennoch sinnvoll, erst an dieser Stelle, bei der Darstellung des zweiten Romaufenthaltes, darauf einzugehen, wo sich die Qualitätsunterschiede zwischen den verschiedenen nachbiblischen Quellen deutlicher abzeichnen.

324 Für den deutschen Text siehe W. Schneemelcher, ›Petrusakten‹, in: ders. (Hrsg.), Neutestamentliche Apokryphen II. Apostolisches, Apokalyptisches und Verwandtes, Tübingen ⁵1989, 243–289; dort auch weitere Literatur. Wer die Texte liest, kann wenig Verständnis für eine allem Anschein nach noch immer weit verbreitete These haben, derzufolge sich hinter »Simon« der Apostel Paulus verbergen soll und die ganzen Geschichten von Judenchristen in die Welt gesetzt wurden, die das paulinische Evangelium ablehnten. Vgl. zu dieser absurden Vorstellung u. a. T.V. Smith, Petrine Controversies in Early Christianity. Attitudes Towards Peter in Christian Writings of the First Two Centuries, Tübingen 1985, 59–60; S. Légasse, ›La polémique anti-paulinienne dans le judéo-christianisme hétérodoxe‹, in: Bulletin de littérature ecclésiastique 90 (1989), 85–93.

325 Siehe u. a. R. Helm, Der antike Roman, Berlin 1948, u. a. m.; vgl. K. Kerény, Die griechisch-orientalische Romanliteratur in religionsgeschichtlicher Bedeutung, Tübingen 1927, 67–69; noch immer nützlich auch J. Wehnert, ›Literaturkritik und Sprachanalyse. Kritische Anmerkungen zum gegenwärtigen Stand der Pseudo-Klementinen-Forschung‹, in: Zeitschrift für die neutestamentliche Wissenschaft 74 (1983), 268–301.

326 Siehe dazu auch T.V. Smith, Petrine Controversies in Early Christianity (wie oben).

327 Das gilt auch für den 2. Petrusbrief, der vom wohl besten Philologen unter den Textkritikern der Alten Kirche, dem Hexapla-Herausgeber und Bibelkommentator Origenes, sechsmal als petrinisch zitiert, als Heilige Schrift bezeichnet und als gleichrangig mit dem ersten Brief bezeichnet wird (›Numeri-Homilie‹ 2,676; ›Josua-Homilie‹ 7,1; vgl. D. Guthrie, New Testament Introduction, Leicester/Downers Grove ⁴1990, 806). Die wegen der geringen Verbreitung und der geringen Zahl namentlicher Zitate offen referierten Bedenken, die in einigen Kreisen kursierten, werden von Euseb ausgesprochen, der Verständnis für sie äußert und dennoch das Votum der anderen für die Echtheit akzeptiert (›Kirchengeschichte‹ 3,25,3). Er unterstreicht das, indem er beide Briefe, hier vor allem den zweiten, scharf von gefälschten Schreiben wie der ›Petrus-Apokalypse‹ unterscheidet.

328 Nur Petrus hätte Grund gehabt, Markus mit dem Attribut »mein Sohn« zu ehren; Paulus stand ihm so nahe wahrhaftig nicht, und Barnabas hatte ein leibliches Verwandtschaftsverhältnis mit ihm, das hier erwähnt worden wäre – sie waren Vettern (Kolosser 4,10).

329 Hier ist natürlich nicht von einem abgeschlossenen ›Corpus Paulinum‹ die Rede, das erst einige Zeit nach dem Tod des Paulus (und des Petrus) zugänglich gewesen wäre, sondern ausdrücklich von einigen wenigen Briefen (der Plural wäre bereits mit zwei oder drei Briefen möglich), und dann auch nur von denen, die irrige Auffassungen vom Ende der Zeiten thematisieren. Deutlicher als Petrus kann eigentlich kein Autor sagen, was er meint. Fälschlicherweise wird in diesem Zusammenhang nach 2. Petrus 3,20 gelegentlich noch behauptet, Petrus erhebe die Paulusbriefe in den gleichen Rang wie die »übrigen heiligen Schriften«. Das tut er ausdrücklich nicht. Das Wort »heilig« kommt bei den modernen Exegeten vor, nicht jedoch bei Petrus. Der erste christliche Autor, der Paulusbriefe tatsächlich als »heilige Schrift« bezeichnet, ist Polykarp um 130 n. Chr. (Philipper 12,1). Bis dahin kann man bestenfalls indirekt annehmen, dass die Apostel von der Verbindlichkeit und Schriftgemäßheit ihrer Sendschreiben ausgehen durften und das auch über die Schreiben ihrer Kollegen schon zu Lebzeiten sagen durften. Paulus beansprucht nichts weniger als das für seine eigenen Briefe: 1. Thessalonicher 5,27; Kolosser 4,16; vgl. 1. Timotheus 4,13; siehe auch Offenbarung 1,3.

330 Noch immer wichtig: B. M. Metzger, ›Literary Forgeries and Canonical Pseudepigrapha‹, in: Journal of Biblical Literature 92 (1972), 3–24; J. H. Charlesworth, ›Biblical Interpretation: The Crucible of the Pseudepigrapha‹, in: T. Baarda / A. Hilhorst / G. P. Luttikhuizen / A. S. van der Woude (Hrsg.), Text and Testimony. Essays on New Testament and Apocryphal Literature in Honour of A. F. J. Klijn, Kampen 1988, 66–78 (zum vorneutestamentlichen Bild in der jüdischen Literatur); die Mehrheitsposition fasst immer noch zusammen K. Aland, ›Das Problem der Anonymität und Pseudonymität in der christlichen Literatur der ersten beiden Jahrhunderte‹, in: ders., Studien zur Überlieferung des Neuen Testaments und seines Textes, Berlin 1967, 24–34.

331 So R. J. Bauckham, Jude, 2 Peter, Waco 1983, 161–162.

332 So z. B. Ignatius, ›An die Römer‹ 4,1, der unmissverständlich sagt, dass er sich nicht auf eine Stufe mit den Aposteln Petrus und Paulus stellen und Anweisungen an seine Leser geben kann; siehe auch sein Brief an die Trallianer, 3,3. Ähnlich argumentiert Polykarp in seinem Brief an die Philipper 6,3. Und das ist die Epoche, in der nach Auffassung vieler Kritiker der 2. Petrusbrief entstanden sein soll.

333 Siehe M.J. Kruger, ›The Authenticity of 2 Peter‹, in: Journal of the Evangelical Theological Society 42 (1999), 645–671, hier 646, mit Belegen.

334 B.M. Metzger, The New Testament: Its Background, Growth and Content, New York 1965, 276.

335 Tertullian, ›De baptismo‹ 17.

336 Bei Euseb, ›Kirchengeschichte‹ 6,12,2. Serapion gebraucht das griechische Wort »*pseudepígrapha*« für die gefälschten Schriften.

337 Vgl. F.F. Bruce, The Canon of Scripture, Glasgow/Downers Grove 1988, 160; s. a. M.J. Kruger, ›The Authenticity of 2 Peter‹ (wie oben), 647–648, mit weiterem Belegmaterial.

338 Das äußere Kriterium, beide Petrusbriefe, vor allem der zweite, seien erst spät und dann auch noch schlecht und in geringem Ausmaß bezeugt, hat mit der Echtheitsfrage naturgemäß nichts zu tun und ist darüber hinaus längt widerlegt. Siehe u. a. R.E. Picirilli, ›Allusions to 2 Peter in the Apostolic Fathers‹, in: Journal for the Study of the New Testament 33 (1988), 57–83; C.P. Thiede, ›Erster Petrusbrief‹ / ›Zweiter Petrusbrief‹, in: Das Große Bibellexikon, Bd. 3, Wuppertal/Gießen/Zürich ²1990, 1169–1174.

339 Siehe für die gesamte antike Literatur E.R. Richards, The Secretary in the Letters of Paul, Tübingen 1991. Petrus gebraucht das Wort »*dia*«, »durch«, um zu sagen, er habe den Brief »durch« Silvanus geschrieben. Dieser Wortgebrauch ist aus Apostelgeschichte 15,22–23 vertraut und taucht im 2. Jahrhundert bei Ignatius wieder auf (Römer 10,1; Philipper 11,2). E.G. Selwyn, The First Epistle of Peter, London ²1947, 10–12, vermutete aufgrund der Nähe der Formulierungen in Apostelgeschichte 15,22–23 und 1. Petrus 5,12 sogar, Silas/Silvanus habe den Brief, der Barnabas, Paulus, Judas Barsabbas und ihm nach Antiochia mitgegeben wird, auch selbst aufgesetzt. Dies würde die Abweichungen zwischen dem Redetext des Jakobus (mündliches ›Dikat‹) und der schriftlichen Fassung des Briefes erklären.

340 R.H. Gundry, ›«Verba Christi» in 1 Peter. Their Implications Concerning the Authorship of 1 Peter and the Authenticity of the Gospel Tradition‹, in: New Testament Studies 13 (1967), 336–350; ders., ›Further »Verba« on »Verba Christi« in First Peter‹, in: Biblica 5 (1974), 211–232.

341 Siehe grundsätzlich zur Echtheit des 1. Petrusbriefes auch F. Neugebauer, ›Zu Deutung und Bedeutung des 1. Petrusbriefs‹, in: New Testament Studies 26 (1980), 61–86; geringfügig überarbeitet in: C.P. Thiede (Hrsg.), Das Petrusbild in der neueren Forschung, Wuppertal 1987, 109–144.

342 Dennoch sind die Übereinstimmungen zwischen beiden Briefen bestechend. Der 1. Petrusbrief umfasst 542 Wörter, der zweite 399 Wörter, und sie haben nicht weniger als 153 gemeinsam. Anders ausgedrückt: Von den Wörtern des 2. Petrusbriefes sind 38% beiden Briefen gemeinsam, während 61,4% allein im 2. Petrusbrief vorkommen. Das entspricht ziemlich genau dem Verhältnis der zweifellos vom gleichen Verfasser stammenden 1. und 2. Korintherbriefe: Von den Wörtern des 2. Korintherbriefes sind 49,3% beiden Briefen gemeinsam, während 50,7% allein im 2. Korintherbrief vorkommen. Im übrigen war schon Hieronymus auf den von den beiden Petrusbriefen selbst nahegelegten Gedanken gekommen, dass sich die Unterschiede zwischen ihnen mit unterschiedlichen Sekretären bzw. Helfern völlig zufriedenstellend erklären lassen (vgl. seinen ›Brief an Hedebia‹ 120,11). In seinem Brief an Paulinus stellt er schließlich beide Briefe gleichrangig nebeneinander.

343 So vor allem R.J. Bauckham, Jude, 2 Peter, Waco 1983.

344 Vgl. E. E. Ellis, ›Prophecy and Hermeneutic in Jude‹, in: ders., Prophecy and Hermeneutic in Early Christianity, Tübingen 1978, 221–236; R. J. Bauckham, Jude and the Relatives of Jesus in the Early Church, Edinburgh 1990.

345 Zu diesem Aspekt im Detail C. P. Thiede, ›A Pagan Reader of 2 Peter: Cosmic Conflagration in 2 Peter 3 and the »Octavius« of Minucius Felix‹, in: Journal for the Study of the New Testament 26 (1986), 79–96.

346 Diesen heute verlorenen Kommentar kannten noch Euseb, ›Kirchengeschichte‹ 6,14,1 (mit 3,25,3), und im 9. Jahrhundert der byzantinische Theologe und Bibliothekar Photius (›Bibliotheca‹, Kodex 109). Die ganze Fragwürdigkeit des Arguments der ›schlechten‹ Bezeugung wurde von Benjamin Warfield entlarvt, der daran erinnerte, dass z.B. Herodot in dem Jahrhundert, in dem sein Œuvre entstand, nur ein einziges Mal zitiert wird, nur einmal im darauf folgenden Jahrhundert, nur zweimal ein Jahrhundert später und überhaupt erst im 5. Jahrhundert wirklich bezeugt ist. Thukydides wird erst zwei Jahrhunderte nach seinem Tod erkennbar zitiert, Tacitus rund achtzig Jahre nach Abfassung seiner Werke, und zwar erstmals durch den christlichen Autor Tertullian. Dennoch bezweifle niemand die Verfasserschaft und allgemeine Authentizität der überlieferten Werke des Herodot, Thukydides oder Tacitus (B. B. Warfield, ›The Canonicity of Second Peter‹, in: J. E. Meeter [Hrsg.], Selected Shorter Writings of Benjamin B. Warfield, Bd. 2, New Jersey 1973, 65). Auf den 2. Petrusbrief wird immerhin auch nicht erst im 2., sondern schon im 1. Jahrhundert hingewiesen: Selbst ohne Namensnennung ist das wörtliche Zitat aus 2. Petrus 2,2, in 1. Klemens 35,5 unmissverständlich, und der 1. Klemensbrief ist spätestens um 98

n. Chr., wahrscheinlich aber schon vor 70 n. Chr. entstanden (vgl. dazu K. Erlemann, ›Die Datierung des ersten Klemensbriefes – Anfragen an eine Communis opinio‹, in: New Testament Studies 44 (1998), 591–607. Für weiteres Belegmaterial zur guten Bezeugung des 2. Petrusbriefes in der frühen Kirche siehe M. J. Kruger, ›The Authenticity of 2 Peter‹ (wie oben), 649–656. Grundsätzlich zum 2. Petrusbrief immer noch wichtig: E. M. B. Green, ›Der 2. Petrusbrief neu betrachtet‹, in: C. P. Thiede (Hrsg.), Das Petrusbild in der neueren Forschung, Wuppertal 1987, 1–50.

347 Der 2. Petrusbrief spricht von den Bedrohungen durch die Irrlehrer als wirklicher Gefahr (2. Petrus 2,10–22), aber er spricht von ihnen als Ereignissen, deren Realität zwar für seine Leser absehbar, jedoch noch nicht tatsächlich eingetroffen ist (2. Petrus 2,13; 3,3; 3,17). Der Judasbrief dagegen setzt voraus, dass die Gefahr bereits eingetreten ist (Judas 3–4, 17–19). Daraus sollte man schließen dürfen, dass Judas der spätere Autor ist, der nun seine eigene Autorität derjenigen des Petrus hinzufügt und zentrale Argumente des 2. Petrusbriefes mit seinen Worten zuspitzt. Der Judasbrief ist dennoch keine epigonale Abschrift. Der Herrenbruder bringt sehr wohl eine persönliche Note hinein, durch die Henoch-Passage beispielsweise (14–16) und in der enthusiastischen Freude über Glaube und Hoffnung in Christus (24–25). So sah die Beziehung zwischen Judas und Petrus auch schon Theodor Zahn, Einleitung in das Neue Testament, Leipzig [2]1900, II, 91–93. Zum Textbefund in den Papyri vgl. J. Crehan, ›New Light on 2 Peter from the Bodmer Papyrus‹, in: E. A. Livingstone (Hrsg.), Studia Evangelica VII, Berlin 1982, 145–149, hier 148. Das gäbe uns die Möglichkeit, den 2. Petrusbrief kurz vor das Jahr 62 zu datieren.

348 Zur Wahrscheinlichkeit, dass die Irrlehrer zuvor schon in Korinth aufgetreten waren, siehe 1. Korinther 11,10 mit 2. Petrus 2,11. Der 1. Korintherbrief dürfte unter den Briefen sein, auf die sich Petrus in 2. Petrus 3,16 bezieht. Vgl. allgemein zum Hintergrund M. Hengel, Judentum und Hellenismus, Tübingen [2]1983, 412–417. Das Problem, das hier angesprochen wird, nämlich die Rolle der Engel als Wächter über die Reinheit des Gottesdienstes und deren Verachtung, ist auch in den Schriftrollen von Qumran gegenwärtig – vgl. z. B. 1QSa 2,8–9. Der Verfasser des 2. Petrusbriefes hätte also sofort, in der ersten Zeit des Christentums, so darüber schreiben können; wir haben hier eines der nützlichsten Argumente gegen die Spätdatierung.

349 Vgl. hierzu u. a. J. A. T. Robinson, Wann entstand das Neue Testament?, Paderborn/Wuppertal 1986, 149–210.

350 Dass er dabei fröhlich fiedelnd zusah, ist allerdings eine spätere Le-

gende. Immerhin wird leichtgläubigen Touristen oberhalb des Trajansforums noch heute der Turm gezeigt, auf dem Nero gestanden haben soll.

351 ›Annalen‹ 15,44.

352 Über Poppäa siehe Josephus, ›Vita‹ 16; zum Hintergrund vgl. C.P. Thiede, Ein Fisch für den römischen Kaiser. Juden, Griechen, Römer: Die Welt des Jesus Christus, München 1998, 183–186.

353 Das traditionelle Datum des Briefes ist ca. 96 n. Chr., doch siehe neuerdings K. Erlemann, ›Die Datierung des ersten Klemensbriefes‹ (wie oben) und früher schon J.A.T. Robinson, Wann entstand das Neue Testament?, Paderborn/Wuppertal 1986, 338–346.

354 Vgl. dazu z.B. Philipper 1,15–17; 3,2–20; Römer 12,14–21; 13,1–14; 16,17–20; 1. Petrus 2,11–17; 3,13–17; 2. Petrus 3,14–16.

355 Siehe dazu auch Sulpicius Severus, ›Chronik‹ 2,29,3. Sulpicius, der Tacitus zitiert, erwähnt länger anhaltende Verfolgungsmaßnahmen, die gesetzlich geregelt wurden und in deren Verlauf die Apostel zu Tode kamen. Ähnlich schreibt auch Tertullian (›Adversus Nationes‹ 1,7,9) von einem sogenannten ›Institutum Neronianum‹, das weit über Rom hinausgreifende Verfolgungen regelte. Auch der römische Historiker Sueton scheint längere Verfolgungsmaßnahmen vorauszusetzen (›Nero‹ 16).

356 Vgl. Hieronymus, ›Über berühmte Männer‹ 5.

357 Siehe oben S. 230.

358 Laktanz, ›Über die Todesarten der Verfolger‹ 2,6; Origenes, Genesis-Kommentar 3, bei Euseb, ›Kirchengeschichte 3,1,2. Auch die ›Petrusakten‹ berichten das schon vor diesen beiden, mit zahlreichen legendenhaften Ausschmückungen (7–39), so dass es noch ältere Quellen gegeben haben muss. Auf die lange Rede, die Petrus dort, mit dem Kopf nach unten gekreuzigt (um sich nicht die Kreuzeswürde Jesu anzumaßen), an die Umstehenden hält, können wir hier ebensowenig eingehen wie auf die dort erzählte Geschichte, dass Petrus aus der Stadt floh, weil ihn Ehemänner, die auf ihn eifersüchtig waren, da er ihre Frauen zum Glauben verführt hatte, umbringen wollten, dann auf der Via Appia Jesus begegnete, ihn fragte, wohin er denn gehe (das sprichwörtliche »Quo vadis?«), die Auskunft erhielt, dass er – Jesus – sich in Rom erneut kreuzigen lassen müsse, da Petrus geflohen sei, daraufhin sofort in die Stadt zurückkehrte und dem Kreuzigungstod überantwortet wurde.

359 Euseb, ›Kirchengeschichte‹ 2,25–27; vgl. Ch. Mohrmann, ›A propos de deux mots controversés de la Latinité chrétienne: tropaeum – nomen‹, in: Vigiliae Christianae 7 (1954), 154–173.

360 Vgl. die zahlreichen Publikationen der jüngst verstorbenen, nie unumstrittenen Altmeisterin archäologischer Petrusforschung in Rom, Margherita Guarducci, zuletzt: Guida ai sotteranei della Basilica Vaticana. Cammino verso le reliquie di Pietro, Casale Monferrato 1995. Zur Kritik auf neuestem Stand umfassend H. G. Thümmel, Die Memorien für Petrus und Paulus in Rom, Berlin/New York 1999, 15–72.

361 Vgl. dazu auch P. Lampe, Die stadtrömischen Christen in den ersten beiden Jahrhunderten, Tübingen ²1989, 82–94.

362 A. Ferrua, ›La storia del sepolcro di San Pietro‹, in: La Civiltà Cattolica 103 (1952), 25 und Abb. 3. Der zusammenfassende Bericht des Entdeckers am ausführlichsten: A. Ferrua, ›Pietro in Vaticano‹, in: La Civiltà Cattolica 135 (1984), 573–581; Photos dazu und zum Umfeld u. a. ausgiebig bei M. Guarducci, ›Guida ai sotteranei‹ (wie oben). Eine nüchterne Untersuchung insgesamt dazu: E. Dassmann, ›Ist Petrus wirklich darin?‹, in: E. Kirschbaum, Die Gräber der Apostelfürsten St. Peter und St. Paul in Rom, Frankfurt ³1974, 223–248.

363 Siehe u. a. M. Guarducci, ›Die Ausgrabungen unter Sankt Peter‹, in: R. Klein (Hrsg.), Das frühe Christentum im römischen Staat, Darmstadt ²1982, 364–414, mit zahlreichen Abbildungen und Skizzen; zu den Knochenanalysen J. E. Walsh, The Bones of St. Peter, London 1983, 99–107; 163–169.

364 H. G. Thümmel, Die Memorien (wie oben). Dort auch zur späteren, vorübergehenden Auslagerung einiger Petrus-»Reliquien« bei San Sebastiano ad Catacumbas, S. 73–95.

365 Siehe u. a. C.P. Thiede, Ein Fisch für den römischen Kaiser (wie oben Anm. 352), 141–148. Wenig plausibel ist der Vorschlag A. Ferruas, der Petrus-Text sei sogar noch weitergegangen und habe »Petros en irênê« gelautet, »Petrus [ruhe] in Frieden« (vgl. H. G. Thümmel, wie oben, 71).

Ausgewählte Bibliografie

(Weitere benutzte Literatur ist in den Anmerkungen nachgewiesen.)

Achtemeier, P. J., 1 Peter. Philadelphia 1996.

Adamson, J. B., James. The Man and his Message. Grand Rapids 1989.

Alberto, S. (Hrsg.), Vangelo e storicità. Un dibattito. Milano 1995.

Amicone, L., ›A Casa di Pietro‹, in: id., Sulle tracce di Cristo. Viaggio in Terrasanta con Luigi Giussani. Milano 1994, 63–89.

Apolloni Ghetti, B. M. / Ferrua, A. / Josi, E. / Kirschbaum, E., Esplorazioni sotto la Confessione di San Pietro in Vaticano, 2 Bde. Città del Vaticano 1951.

Arcais, F. D. / Brezzi, P. / Ruysschaert, R. (Hrsg.), Pietro a Roma. Roma 1967.

Bammel, E., Jesu Nachfolger. Nachfolgeüberlieferungen in der Zeit des frühen Christentums. Heidelberg 1988.

Barclay, J. M. G., Jews in the Mediterranean Diaspora. From Alexander to Trajan (323 BCE – 117 CE). Edinburgh 1996.

Barrett, C. K. / Thornton, C. J., Texte zur Umwelt des Neuen Testaments. Tübingen [2]1991.

Bauckham, R. J., Jude and the Relatives of Jesus in the Early Church. Edinburgh 1990.

Bauckham, R. J., Jude, 2 Peter. Dallas/London/Sydney/Singapore 1990.

Bauckham, R. J. (Hrsg.), The Book of Acts in its First Century Setting, vol. 4: The Book of Acts in its Palestinian Setting. Grand Rapids/Carlisle 1995.

Baum, A. D., Lukas als Historiker der letzten Jesusreise. Wuppertal/ Zürich 1993.

Beck, J. T., Petrusbriefe. Ein Kommentar. Gütersloh 1896, repr. Gießen 1995.

Bénétreau, S., La première épître de Pierre. Vaux-sur-Seine 1984.

Bénétreau, S., La deuxième épître de Pierre. L'épître de Jude. Vaux-sur-Seine 1994.

Berger, K., Theologiegeschichte des Urchristentums. Tübingen/Basel 1994.

Berglar, P., Petrus. Vom Fischer zum Stellvertreter. München 1991.

Beyschlag, K., Simon Magus und die christliche Gnosis. Tübingen 1974.

Bigg, C., The Epistles of St. Peter and St. Jude. Edinburgh [2]1902.

Blaiklock, E. M., The Acts of the Apostles. London/Grand Rapids 1959.

Boccaccini, G., Middle Judaism: Jewish Thought 300 BCE to 200 CE Minneapolis 1991.

Borgen, P., Early Christianity and Hellenistic Judaism. Edinburgh 1996.

Botermann, H., Das Judenedikt des Kaisers Claudius. Römischer Staat und *Christiani* im 1. Jahrhundert. Freiburg 1996.

Brown, R. E. / Donfried, K. P. / Reuman, J. (Hrsg.), Peter in the New Testament. London 1974.

Bruce, F. F., Außerbiblische Zeugnisse über Jesus und das frühe Christentum. Hrsg. v. E. Güting. Gießen/Basel 1991.

Cangh, J.-M. van / Esbroeck, M. van, »La primauté de Pierre (Mt 16,16– 19) et son contexte judaïque«, in: Révue théologique de Louvain 11 (1980), 310–324.

Caragounis, Ch. C., Peter and the Rock. Berlin/New York 1990.

Caragounis, Ch. C., »From Obscurity to Prominence: The Development of the Roman Church between Romans and *1 Clement*«, in: Donfried, K. P./ Richardson, P. (Hrsg.), Judaism and Christianity in First-Century Rome. Grand Rapids/Cambridge 1998, 245–279.

Cilia, L. (Hrsg.), Marco e il suo vangelo. Atti del convegno internazionale di studi »Il Vangelo di Marco«. Venezia, 30–31 maggio 1995. Cinisello Balsamo/Milano 1997.

Clowney, E. P., The Message of 1 Peter. The Way of the Cross. Leicester/ Downers Grove 1988.

Cullmann, O., Petrus: Jünger, Apostel, Märtyrer. Zürich [3]1970.

Davids, P. H., The First Epistle of Peter. Grand Rapids 1990.

Denaux, A., »John and the Synoptics«, in: Bibliotheca Ephemeridum theologicarum Lovaniensium 102 (1992), 432–452.

Dinkler, E., »Petrus und Paulus in Rom. Die literarische und archäologische Frage nach den *tropaia ton apostolon*«, in: Gymnasium 87 (1980), 1–37.

Dockx, S., »Chronologie de la vie de saint Pierre«, in: id., Chronologies néotestamentaires et Vie de l'Église primitive. Recherches exégétiques. Louvain [2]1984, 161–178. Deutsch »Chronologie zum Leben des heiligen Petrus«, in: C. P. Thiede (Hrsg.), Das Petrusbild in der neueren Forschung. Wuppertal 1987, 85–102.

Donfried, K. P. / Richardson, P. (Hrsg.), Judaism and Christianity in First-Century Rome. Grand Rapids/Bristol 1998.

Dschulnigg, P., Petrus im Neuen Testament. Stuttgart 1996.

Dungan, D. L. (Hrsg.), The Interrelations of the Gospels. A Symposium led by M. E. Boismard, W. R. Farmer, F. Neirynck. Leuven 1990.

Eckey, W., Die Apostelgeschichte. Der Weg des Evangeliums von Jerusalem nach Rom. Neukirchen-Vluyn 2000.

Ellis, E. E., The Old Testament in Early Christianity. Tübingen 1991.

Elton, G. E., Simon Peter. A Study of Discipleship. London ²1967.

Erlemann, K., »Die Datierung des ersten Klemensbriefs – Anfragen an eine Communis Opinio«, in: New Testament Studies 44 (1998), 591–607.

Farmer, W. R. / Kereszty, R., Peter & Paul in the Church of Rome. The Ecumenical Potential of a Forgotten Perspective. New York/Mahwah 1990.

Feldmeier, R., »Die Darstellung des Petrus in den synoptischen Evangelien«, in: Stuhlmacher, P. (Hrsg.), Das Evangelium und die Evangelien. Tübingen 1983, 267–271.

Feuillet, A., La primauté de Saint Pierre. Paris 1992.

Fink, J., Das Petrusgrab in Rom. Innsbruck/Wien 1988.

Fornberg, T., An Early Church in a Pluralistic Society. A Study of 2 Peter. Lund 1977.

Gächter, P., Petrus und seine Zeit. Innsbruck/Wien/München 1958.

Genot-Bismuth, J., Un Homme nommé Salut. Genèse d'une ›hérésie‹ à Jérusalem. Paris ²1995.

Gill, D. W. J. / Gempf, C. (Hrsg.), The Book of Acts in its First Century Setting. Vol. 2: The Book of Acts in its Graeco-Roman Setting. Grand Rapids/Carlisle 1994.

Gilmour, M. J., »2 Peter in Recent Research: A Bibliography«, in: Journal of the Evangelical Theological Society 42/2 (1999), 673–678.

Grant, M., Saint Peter. London 1994.

Grappe, C., D'un temple à l'autre. Pierre et l'église primitive de Jérusalem. Paris 1992.

Green, E. M. B., 2 Peter Reconsidered. London 1961.

Green, M., The Second Epistle General of Peter and the General Epistle of Jude. An Introduction and Commentary. Leicester/Grand Rapids ²1987.

Grudem, W., The First Epistle of Peter. An Introduction and Commentary. Grand Rapids/Leicester 1988.

Guarducci, M., La tomba di Pietro. Roma 1959.

Guarducci, M., Pietro in Vaticano. Roma 1983.

Guarducci, M., Il primato della Chiesa di Roma. Documenti, riflessioni, conferme. Milano 1991.

Guarducci, M., Le chiavi sulla Petra. Studi, ricordi e documenti inedito intorno alla tomba di Pietro in Vaticano. Casale Monferrato 1995.

Guarducci, M., Guida ai sotteranei della Basicila Vaticana. In cammino verso le reliquie di Pietro. Casale Monferrato 1996.

Gundry, R. H., »»Verba Christi‹ in 1 Peter. Their implications concerning the authorship of 1 Peter and the authenticity of the Gospel Tradition«, in: New Testament Studies 13 (1967), 336–350.

Gundry, R. H., »Further ›Verba‹ in ›Verba Christi‹ in First Peter«, in: Biblica 55 (1974), 211–232.

Gundry, R. H., Mark. A Commentary on His Apology for the Cross. Grand Rapids 1993.

Gundry, R. H., Matthew. A Commentary on His Handbook for a Mixed Church under Persecution. Grand Rapids ²1994.

Hagner, D. A., »The Use of the Old Testament and the New Testament in Clement of Rome«, in: New Testament Studies 34 (1989), 1–25.

Head, P. M., Christology and the Synoptic problem. An argument for Markan priority. Cambridge 1997.

Heiligenthal, R., »Petrus, der Papst und der Jünger, den Jesus liebte«, in: MUT Nr. 363 (November 1997), 80–95.

Hemer, C. J., The Book of Acts in the Setting of Hellenistic History. Tübingen 1989.

Hengel, M., Judentum und Hellenismus. Tübingen ²1983.

Hengel, M., Die Evangelienüberschriften. Heidelberg 1984.

Hengel, M., »Jakobus der Herrenbruder – der erste ›Papst‹?«, in: Grässer, E./ Merk, O. (Hrsg.), Glaube und Eschatologie. FS W.G. Kümmel. Tübingen 1985, 71–104.

Hengel, M., Judaica et Hellenistica. Kleine Schriften I. Tübingen 1996.

Herzer, J., Petrus oder Paulus? Tübingen 1998.

Hillyer, N., 1 and 2 Peter, Jude. Peabody/Carlisle 1992.

Hoerni-Jung, H., Unbekannter Petrus. Schlüssel zum Menschsein. München 1997.

Horrell, D., The Epistles of Peter and Jude. Peterborough 1998.

Horsley, G. H. R., »The Inscriptions of Ephesos and the New Testament«, in: Novum Testamentum 34 (1992), 150–152.

Houwelingen, P. H. R. van, De tweede trompet. De authenticiteit van de tweede brief van Petrus. Kampen 1988.

Jaroš, K., Jesus von Nazareth. Geschichte und Deutung. Mainz 2000.

Karrer, M., »Petrus im paulinischen Gemeindekreis«, in: Zeitschrift für die neutestamentliche Wissenschaft 80 (1989), 210–231.

Kirschbaum, E., Die Gräber der Apostelfürsten. St. Peter und St. Paul in Rom. Mit einem Nachtragskapitel von E. Dassmann. Frankfurt ³1974.

Kistemaker, S. J., Exposition of the Epistles of Peter and of the Epistle of Jude. Grand Rapids/Welwyn 1987.

Klauck, H. J., Die religiöse Umwelt des Urchristentums. Stuttgart/Berlin/Köln, Bd. I 1995, Bd. II 1996.

Knoch, O., Der erste und zweite Petrusbrief. Der Judasbrief. Regensburg 1968.

Knight, J., 2 Peter and Jude, Sheffield 1995.

Kopp, C., Die heiligen Stätten der Evangelien. Regensburg ²1964.

Kroll, G., Auf den Spuren Jesu. Stuttgart ¹¹1990.

Kruger, M. J., »The Authenticity of 2 Peter«, in: Journal of the Evangelical Theological Society 42 (1999), 645–671.

Lampe, P., Die stadtrömischen Christen in den ersten beiden Jahrhunderten. Untersuchungen zur Sozialgeschichte. Tübingen ²1989.

Leon, H. J., The Jews of Ancient Rome. Peabody ²1995.

Levinskaya, I., The Book of Acts in its First Century Setting, Vol. 5: The Book of Acts in its Diaspora Setting. Grand Rapids/Carlisle 1996.

Lieu, J. / North, J. / Rajak, T. (Hrsg.), The Jews Among Pagans and Christians, London/New York ²1994.

Lövestam, E., »Eschatologie und Tradition im 2. Petrusbrief«, in: E.C. Weinrich (Hrsg.), The New Testament Age: Essays in Honor of Bo Reicke. Macon 1984, 287–300.

Lucas, D. / Green, Ch., The Message of 2 Peter and Jude. The Promise of his Coming. Leicester 1995.

Maier, G., »Die Kirche im Matthäusevangelium: Hermeneutische Analyse der gegenwärtigen Debatte über das Petrus-Wort in Mt 16,17–19«, in: C. P. Thiede (Hrsg.), Das Petrusbild in der neueren Forschung. Wuppertal 1987, 171–191.

Manns, F., Le Judaisme, Milieu et Mémoire du Nouveau Testament. Jerusalem 1992.

Manns, F. / Alliata, E. (Hrsg.), Early Christianity in Context. Monuments and Documents. Jerusalem 1993.

Marshall, I. H., 1 Peter. Downers Grove/Leicester 1991.

Mayer, B. (Hrsg.), Christen und Christliches in Qumran? Regensburg 1992.

Méhat, A., Simon dit Képhas. La vie clandestine de l'Apôtre Pierre. Paris 1989.

Merkel, H., »Frühchristliche Autoren über Johannes und die Synoptiker«, in: Biblioteca Ephemeridum theologicarum Lovaniensium 101 (1992), 403–408.

Meyers, E. M. (Hrsg.), Galilee through the Centuries. Confluence of Cultures. Winona Lake 1999.

Michaels, J. Ramsey, 1 Peter. Waco 1988.

Mimouni, S. C., Le judéo-christianisme ancien. Essais historiques. Paris 1998.

Minnerath, R., De Jérusalem à Rome. Pierre et l'unité de l'église apostolique. Paris 1994.

Montevecchi, O., La papirologia. Milano ²1988.

Moo, D. J., 2 Peter and Jude, Grand Rapids 1996.

Neugebauer, F., »Zur Deutung und Bedeutung des 1. Petrusbriefs«, in: New Testament Studies 26 (1980), 61–86.

Neyrey, J. H., 2 Peter, Jude. A New Translation with Introduction and Commentary. New York 1993.

Niemann, R. (Hrsg.), Petrus, der Fels des Anstoßes. Stuttgart 1994.

Nodet, É., A Search for the Origins of Judaism. Sheffield 1997.

Nodet, É. / Taylor, J., Essai sur les origines du christianisme. Paris 1998.

O'Callaghan, J., Los primeros testimonios del Nuevo Testamento. Papirologia neotestamentaria. Córdoba 1995.

O'Connor, D. W., Peter in Rome. The literary, liturgical and archaeological evidence. New York 1969.

Owen, J. G., From Simon to Peter. Welwyn 1985.

Passoni dell'Acqua, A., Il Testo del Nuovo Testamenta. Introduzione alla critica testuale. Leumann/Torino 1994.

Penna, R., »The Jews in Rome at the Time of the Apostle Paul«, in: id., Paul the Apostle. Jew and Greek Alike. A Theological and Exegetical Study. Collegeville 1996, 19–47.

Penna, R., Qumrân e le origine cristiane. Bologna 1997.

Perkins, Ph., Peter. Apostle for the Whole Church. Edinburgh 2000.

Pesch, R., Simon Petrus. Geschichte und geschichtliche Bedeutung des ersten Jüngers Jesu Christi. Stuttgart 1980.

Pixner, B., Wege des Messias und Stätten der Urkirche. Gießen/Basel ³1996.

Pixner, B., Mit Jesus durch Galiläa nach dem fünften Evangelium. Rosh Pina 1992.

Pixner, B., Mit Jesus in Jerusalem. Seine ersten und letzten Tage in Judäa. Rosh Pina 1996.

Quast, K., Peter and the Beloved Disciple. Figures for a Community in Crisis. Sheffield 1989.

Rapske, B., The Book of Acts in its First Century Setting, vol. 3: Paul in Roman Custody. Grand Rapids/Carlisle 1994.

Reinbold, W., Propaganda und Mission im ältesten Christentum. Eine Untersuchung zu den Modalitäten der Ausbreitung der frühen Kirche. Göttingen 2000.

Ridderbos, H. N., The Speeches of Peter in the Acts of the Apostles. Cambridge/London 1962.

Riesenfeld, H., »Neues Licht auf die Entstehung der Evangelien. Handschriften vom Toten Meer und andere Indizien«, in: B. Mayer (Hrsg.), Christen und Christliches in Qumran? Regensburg 1992, 177–194.

Riesner, R., »Der zweite Petrus-Brief und die Eschatologie«, in: Maier, G. (Hrsg.), Zukunftserwartung in biblischer Sicht. Beiträge zur Eschatologie. Wuppertal/Gießen/Basel 1984, 124–143.

Riesner, R., Die Frühzeit des Apostels Paulus. Studien zur Chronologie, Missionsstrategie und Theologie. Tübingen 1994.

Riesner, R., Essener und Urgemeinde in Jerusalem. Neue Funde und Quellen. Gießen/Basel ²1998.

Roloff, J., Die Kirche im Neuen Testament. Göttingen 1993.

Rusconi, C., Il grande pedagogo. Il popolo ebreo nella Bibbia. Con i contributi di S.E. Christoph Schönborn e del Rabbino David Rosen. Milano 1997.

Sacchi, P., Storia del Secondo Tempio. Israele tra VI secolo a.C. e I secolo d.C.. Turin 1994.

Sänger, D., »Heiden – Juden – Christen. Erwägungen zu einem Aspekt frühchristlicher Missionsgeschichte«, in: Zeitschrift für die neutestamentliche Wissenschaft und die Kunde der älteren Kirche 89 (1998), 145–172.

Schneemelcher, W., »Petrusakten«, in: Schneemelcher, W. (Hrsg.), Neutestamentliche Apokryphen, II: Apostolisches, Apokalyptisches und Verwandtes. Tübingen ⁵1989, 243–289.

Schürer, E., The History of the Jewish People in the Age of Christ, 3 vols., rev. hrsg. v. G. Vermes / F. Millar / M. Goodman. Edinburgh 1973–1987.

Schulz, H.-J., Der apostolische Ursprung der Evangelien. Freiburg ³1998.

Schwartz, D. R., Agrippa I. The Last King of Judaea. Tübingen 1990.

Sherwin-White, A. N., Roman Society and Roman Law in the New Testament. Oxford 1963.

Smith, T. V., Petrine Controversies in Early Christianity. Attitudes Towards Peter in Christian Writings of the First Two Centuries. Tübingen 1985.

Sordi, M., I Cristiani e l'Impero romano. Milano ²1991.

Sordi, M., »I rapporti fra cristiani e l'Impero da Tiberio ai Severi«, in: Humanistica e Teologia 13 (1992), 59–71.

Sordi, M., »7Q5 e la prima venuta di Pietro a Roma«, in: Il Nuovo Areopago 13 (1994), 51–56.

Stegemann, E. W. / Stegemann, W., Urchristliche Sozialgeschichte. Die Anfänge im Judentum und die Christusgemeinden in der mediterranen Welt. Stuttgart/Berlin/Köln 1995.

Stone, M. E. (Hrsg.), Jewish Writings of the Second Temple Period. Assen/ Philadelphia 1984.

Strickert, F., Bethsaida. Home of the Apostles. Collegeville 1998.

Thiede, C. P., »A Pagan Reader of 2 Peter: Cosmic Conflagration in 2 Peter 3 and the ›Octavius‹ of Minucius Felix«, in: Journal for the Study of the New Testament 26 (1986), 79–96.

Thiede, C. P., »Babylon, der andere Ort: Anmerkungen zu 1. Petr. 5,13 und Apg. 12,17«, in: Biblica 67 (1986), 532–538.

Thiede, C. P. (Hrsg.), Das Petrusbild in der neueren Forschung. Wuppertal 1987.

Thiede, C. P., »Petrus«, in: Das Große Bibellexikon, Bd. 3 (Wuppertal/ Gießen ²1990), 1166–1169.

Thiede, C. P., »Erster Petrusbrief«, in: Das Große Bibellexikon, Bd. 3 (Wuppertal/Gießen ²1990), 1169–1171.

Thiede, C. P., »Zweiter Petrusbrief«, in: Das Große Bibellexikon, Bd. 3, Wuppertal/Gießen ²1990, 1171–1174.

Thiede, C. P., »Rom, neutestamentliche Zeit (Archäologie)«, in: Das Große Bibellexikon, Bd. 3, Wuppertal/Gießen ²1990, 1298–1301.

Thiede, C. P., »Schrift VII: Tachygraphie/Kurzschrift«, in: Das Große Bibellexikon, Bd. 3, Wuppertal/Gießen ²1990, 1401– 1403.

Thiede, C. P., Funde, Fakten, Fährtensuche. Spuren des frühen Christentums in Europa. Wuppertal/Zürich 1992, 1–30.

Thiede, C. P., »Petrus (Apostel)«, in: Evangelisches Lexikon für Theologie und Gemeinde. Wuppertal/Zürich 1994, Bd. 3, 1550–1551.

Thiede, C. P. / d'Ancona, M., Der Jesus-Papyrus. München 1996.

Thiede, C. P., Ein Fisch für den römischen Kaiser. Juden, Griechen, Römer: Die Welt des Jesus Christus. München 1998.

Thiede, C. P., Bibelcode und Bibelwort. Die Suche nach verschlüsselten Botschaften in der Heiligen Schrift. Basel 1998.

Thiede, C. P. / d'Ancona, M., The Quest for the True Cross. London 2000.

Thiede, C. P., The Dead Sea Scrolls and the Jewish Origins of Christianity. Oxford 2000.

Thornton, C.-J., Der Zeuge des Zeugen. Lukas als Historiker der Paulusreisen. Tübingen 1991.

Thümmel, H. G., Die Memorien für Petrus und Paulus in Rom. Die archäologischen Denkmäler und die literarische Tradition. Berlin 1999.

Ausgewählte Bibliografie

Vernet, J. M., »Si riafferma il papiro 7Q5 come Mc 6,52–53?«, in: Rivista Biblica 46 (1998), 43–60.

Victor, U., »Pax Romana«, in: Berliner Theologische Zeitschrift 4 (1987), 95–106.

Victor, U., »Was ein Texthistoriker zur Entstehung der Evangelien sagen kann«, in: Biblica 70 (1998), 499–513.

Waldmann, H., Der Königsweg der Apostel in Edessa, Indien und Rom. Tübingen ²1997.

Walsh, J. E., The Bones of St. Peter. The Fascinating Account of the Search for the Apostle's Body. London 1983.

Wander, B., Trennungsprozesse zwischen Frühem Christentum und Judentum im 1. Jahrhundert n. Chr.: Datierbare Abfolgen zwischen der Hinrichtung Jesu und der Zerstörung des Jerusalemer Tempels. Tübingen/Basel 1994.

Wehr, L., Petrus und Paulus. Kontrahenten und Partner. Münster 1996.

Wylen, S. M., The Jews in the Time of Jesus. An Introduction. New York/Mahwah 1995.